集人文社科之思　刊专业学术之声

集 刊 名：城市史研究
主办单位：天津社会科学院
　　　　　中国史学会城市史专业委员会

Urban History Research

第48辑

集刊序列号：PIJ-2014-085
集刊主页：www.jikan.com.cn/ 城市史研究
集刊投约稿平台：www.iedol.cn

城市史研究

（第48辑）

URBAN HISTORY
RESEARCH

任吉东　主编

任云兰　执行主编

天 津 社 会 科 学 院
中国史学会城市史专业委员会 主办

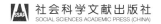
社会科学文献出版社
SOCIAL SCIENCES ACADEMIC PRESS (CHINA)

目　录

古代城市研究

城市经济

城市社会生活

1

Contents

Urban Social Life

Urban Culture

Urban Space and Urban Governance

Contents

Ecology and Environment

Academic Review

权力的实践：商代城市空间
布局的社会史观察*

邓国军

内容提要 商代城市功能空间的划分因城邑性质及规模的不同而有明显的差别，其中宫殿区、作坊区、居住区构成了商代各城市基本的功能区，王陵区、池苑区则为商代都城所独有，军事重镇很少设有独立的祭祀区。商代城市被划分为不同功能区，同时，这些功能区也建构了商代城市的人文地理空间，它们在商代城市中的空间位置关系不仅展现了城市空间布局形态，亦揭示了商代社会秩序。商代城市空间布局以功能为导向，体现出如下特征：政治中心与地理中心并不重合，尚未发现专业商业区，没有形成贯穿全城的中轴线，宫殿区内排除了丧葬功能。这些特征是从显的"物"的角度所能得出的关于商代城市空间布局特征最大限度的认知。如果从隐的"人"的角度切入，通过分析不同功能区的用途与社会阶层之间的关系，我们可以看到权力关系对商代城市空间布局和空间结构的影响及其运作机制。

关键词 商代城址　宫殿区　祭祀区

空间不仅是人类社会存在方式及其变迁的一个基本维度，亦是探究人类社会秩序及其演进的一个基本视域。空间对商代社会秩序研究来说尤其有特殊的重要性，因为商代正处于中国早期城市功能分区形成的关键阶

---

* 本文系国家社科基金青年项目"空间方位观念与商周社会秩序研究"（项目编号：20CZS012）阶段性成果。

段，该时期生人与死人的区别、休息与劳作的区别、身份的区别和族类的区别等，逐渐成为商人城邑营造活动要予以考虑的问题。尤其是随着阶级的分化与对抗，都邑的防御与空间区别要求更加明确。城邑空间分区也许最初是靠增加空间上的距离和利用物质元素加以阻隔形成的。随着经验的积累，商人逐渐开始利用方位手段来达到城邑空间分区目的。在商人看来，城邑如同"天下"一样，也是有主从、有中心、有边界的。① 因此，他们的城市空间布局自然不是杂乱无章的，而是遵循了一定的内在逻辑。那么，商人在城市空间布局时遵循着怎样的内在逻辑？殷商都城、离宫别馆、军事重镇、方国都邑在空间布局上有何不同？学界围绕上述问题形成诸多有价值的研究。如俞伟超、许宏等论及了殷商城市的形态特征；② 常怀颖、何毓灵等从个案出发，详细考察了偃师商城、郑州商城以及部分功能区的空间布局；③ 张国硕、王震中等从整体上考察了殷商都邑的形成、年代、布局等。④ 不仅如此，王立新、王涛已经注意到了商代方国都邑与商王朝军事重镇的异同。⑤ 总体来看，商代城市规划近年来逐渐成为显学，越来越多的学者投身这一领域，有价值的成果不断涌现。不过，现有研究多从物质性角度理解城市空间布局，对城市空间布局的社会性重视不够。事实上，商代城址中的宫殿基址、祭祀遗存以及房址、墓葬等遗迹都是商人社会活动的产物，它们在城市空间中的布局无疑是商人社会关系网络在空间上的投射。是故，将商代城市空间布局纳入社会史的视野，"透物见

---

① 王鲁民：《中国古代建筑思想史纲》，湖北教育出版社，2002，第 11 页。

② 俞伟超：《中国古代都城规划的发展阶段性——为中国考古学会第五次年会而作》，《文物》1985 年第 2 期；许宏：《先秦城市考古学研究》，北京燕山出版社，2000，第 10～12 页；徐苹芳：《中国古代城市考古与古史研究》，《中国城市考古学论集》，上海古籍出版社，2015，第 1～4 页；杨宽：《中国古代都城制度史研究》，上海古籍出版社，2016，第 21～58 页；曲英杰：《先秦都城复原研究》，黑龙江人民出版社，1991，第 31～90 页。

③ 王学荣：《偃师商城布局的探索和思考》，《考古》1999 年第 2 期；常怀颖：《夏商都邑铸铜作坊空间规划分析》，《中原文物》2018 年第 5 期；何毓灵：《论殷墟手工业布局及其源流》，《考古》2019 年第 6 期；刘亦方、张东：《关于郑州商城内城布局的反思》，《中原文物》2021 年第 1 期。

④ 张国硕：《夏商时代的都城制度研究》，河南人民出版社，2001，第 171～197 页；王震中：《商代都邑》，中国社会科学出版社，2010，第 15～448 页。

⑤ 王立新、王涛：《试析商代方国都邑与商王朝军事重镇的异同——以三星堆和吴城城址为例》，《江汉考古》2015 年第 2 期。

人"分析城市功能区①的布局与殷商社会阶层之间的关系，不仅有助于揭示权力关系对商代城市空间布局和空间结构的影响及其运作机制，亦可为商代城市空间布局的研究带来新思考。

一　多元一体：商代城市体系与城市内部的功能区划

城市主要有两方面的特征：一是位置与分布的特征，即城市体系；二是城市内部要素的演变和组合，即内部空间结构。② 由此对于殷商时期城市的研究，既可以把城市放在一定的区域里，研究城址选址与城市分布，即城市体系，也可以把城市当作一个区域空间，研究城市内部的地域结构。目前考古发现的商代城市遗址已有 12 处，按时间顺序可分为早商城址、中商城址、晚商城址。其中早商城址有偃师商城、郑州商城、东下冯商城、垣曲商城、黄陂盘龙城、焦作府城商城，中商城址有郑州小双桥商城、洹北商城、新郑望京楼商城，晚商城址有殷墟、广汉三星堆、吴城城址。从这些城市的位置与分布特征来看，都城性质的城市如偃师商城、郑州商城等均分布于商王朝统治的腹心地带——河洛地区，非都城性质的城址多分布于商王朝统治区的边鄙地带或交通要道上，如垣曲商城、焦作府城商城、新郑望京楼商城位于交通枢纽，东下冯商城、黄陂盘龙城靠近资源产地，方国都邑城址如广汉三星堆、吴城城址则位于王朝统治区之外、方国统治区的核心区域。这些城市大多分布于黄河流域，仅有 3 座城市分布于长江流域，地域上呈现出北多南少的区域特征。

考古材料显示，以上诸城址内部已体现出明显的功能分区意识，即城址内部不同空间承担着城市的不同功能，相似的功能一般在城址空间中呈现集聚特征。不过，这些城址的内部空间并非整齐划一，因城邑的性质及城址规模的不同，其功能区划表现出明显的差别。

---

① 从学理层面而言，首先需要对所讨论的核心概念"功能区"做一说明，功能区是指能实现相关社会资源空间聚集、有效发挥某种特定城市功能的地域空间，是城市有机体的一部分。本文所涉及的宫殿区、祭祀区、墓葬区、池苑区、手工作坊区等，都是在该定义基础上使用的。参见顾朝林、甄峰、张京祥《集聚与扩散——城市空间结构新论》，东南大学出版社，2000，第 18 ~ 23 页。

② 肖爱玲：《西汉城市体系的空间演化》，商务印书馆，2012，第 2 ~ 3 页。

（一） 商代都城的功能区划

都城既是商代王朝政治中心，也是权力中心。目前可确定为商代都城遗址分别是郑州商城、偃师商城、洹北商城和殷墟。这 4 处殷商都城遗址规模庞大，内部功能分区成熟，其城市形态不仅揭示了商代等级最高城市的规划理念，也反映了当时的社会组织结构。

郑州商城城址由内城和外郭城组成。① 在内城范围内，考古工作者已发掘多座大型夯土基址，这些大型夯土基址所在区域为商城的宫殿区。在宫殿区的东北部发现有平面呈长方形，东西长约 100 米、南北宽 20 米的池苑遗迹。② 在池苑区东北的平坦高地上发现了以"立石"为主的祭祀遗迹，祭祀遗迹所在区域即为商城的一处祭祀区。③ 考古工作者还在商城的手工作坊内、城墙周围等地发现了零星的祭祀坑。④ 在内城东北部白家庄沙岗高地上发现多座高等级铜器墓，其为商人贵族墓地，墓地所在位置应为商城的一处墓葬区。此外，郑州商城内部发现 2 处铸铜作坊遗址、2 处制骨作坊遗址，⑤ 这些作坊遗址所在区域即为手工作坊区。普通居住区主要分布于郑州商城内城与外郭城之间。以上资料表明郑州商城有着明确的功能区划，至少可划分出宫殿区、池苑区、祭祀区、作坊区、普通居住区、墓葬区，这些不同功能区之间具有排他性，功能区内部则呈现出集聚特征。

偃师商城由宫城、小城和大城构成。在宫城内已发掘 10 余座大型夯土建筑基址，这些夯土建筑基址所处的位置即为宫殿区。宫殿区北面有东西长达 200 米的祭祀场所，在其内发现了大量的祭祀遗迹，发掘者认为该区域为祭祀区。在祭祀区北面发现有东西长约 130 米的水池，以水池为中心

---

① 河南省文物研究所：《1992 年度郑州商城宫殿区发掘收获》，河南省文物研究所编《郑州商城考古新发现与研究（1985～1992）》，中州古籍出版社，1993，第 98～143 页；河南省文物考古研究所编《郑州商城：1953～1985 年考古发掘报告》，文物出版社，2001，第 178 页。

② 河南省文物考古研究所：《1992 年度郑州商城宫殿区发掘收获》，《郑州商城考古新发现与研究（1985～1992）》，第 98～143 页；曾晓敏：《郑州商代石板蓄水池及相关问题》，《郑州商城考古新发现与研究（1985～1992）》，第 87～89 页。

③ 《郑州商城：1953～1985 年考古发掘报告》，第 494 页。

④ 《郑州商城：1953～1985 年考古发掘报告》，第 506～519 页。

⑤ 《郑州商城：1953～1985 年考古发掘报告》，第 494 页。

的区域应是供商王室休闲的池苑区。① 在小城的西南隅、东北隅发现有 2 处类似 "府库" 的建筑群，其所在区域被称为府库区。在大城东北隅城墙内及小城的东南部发现 2 处铸铜遗迹。不过，偃师商城内部并未发现独立的墓葬区，只是在大城东北隅的城墙内侧、东墙中段内侧及宫殿区附近发现 100 多座等级较低的墓葬。② 平民居住区密集分布于城址的东北部。以上功能区相互之间并不重叠，表明偃师商城内部至少可划分出宫殿区、祭祀区、池苑区、府库区、作坊区、普通居住区。

洹北商城位于洹河北岸，由宫城、外城和西南角的小城组成。③ 在宫城内发现 30 多处布局严整有序的大型夯土建筑基址，大型夯土建筑所在区域应为宫殿区。在一号宫殿建筑的主殿、门塾、"西配殿" 附近均发现有祭祀遗迹。一般居住区位于宫城与外城之间，目前发现两处：一处在商城中部偏东，共发现长条形夯土遗迹 40 余处；一处在洹北花园庄村东，发现有房屋基址、水井、窖穴、灰坑、墓葬等遗迹，部分墓葬出土有青铜礼器。④ 此外，在洹北商城北部宫城与外城之间发现了 1 处铸铜作坊、1 处制骨作坊，二者所在位置为商城的作坊区。⑤ 以上材料表明洹北商城内部至少可划分出宫殿区、祭祀区、普通居住区、作坊区。

殷墟分布在洹河两岸，总面积约 30 平方公里。⑥ 宫殿区位于洹河南岸的小屯村一带，在宫殿区的东北部共发现甲、乙、丙、丁四组大型夯土建筑基址群。在洹河北岸的武官村和侯家庄北的一片高地上发现了商代王陵区。宫殿区的丁组、乙组建筑周围以及王陵区内部存在大量的祭祀遗迹，这些祭祀遗迹所在区域应为殷墟的祭祀区，只不过其与宫殿区、王陵区有

---

① 中国社会科学院考古研究所河南第二工作队：《河南偃师商城宫城池苑遗址》，《考古》2006 年第 6 期。

② 杜金鹏、王学荣主编《偃师商城遗址研究》，科学出版社，2004，第 445～565 页。

③ 中国社会科学院考古研究所安阳工作队：《河南安阳市洹北商城的勘察与试掘》，《考古》2003 年第 5 期；中国社会科学院考古研究所安阳工作队：《1998 年～1999 年安阳洹北商城花园庄东地发掘报告》，刘庆柱主编《考古学集刊》第 15 集，文物出版社，2004，第 296～357 页；中国社会科学院考古研究所安阳工作队等：《河南安阳市洹北商城遗址 2005～2007 年勘察简报》，《考古》2010 年第 1 期。

④ 何毓灵、岳洪彬：《洹北商城十年之回顾》，《中国国家博物馆馆刊》2011 年第 12 期。

⑤ 中国社会科学院考古研究所安阳工作队等：《河南安阳市洹北商城铸铜作坊遗址 2015～2019 年发掘简报》，《考古》2020 年第 10 期。

⑥ 中国社会科学院考古研究所编著《殷墟的发现与研究》，科学出版社，1994，第 40 页。

所重叠。宫殿区域外分布着众多的族邑居址、家族墓地以及多处铸铜、制骨、制陶等手工作坊。此外，近年来考古学者在甲组、乙组基址的西侧，丙组与妇好墓一线的北面，还发现了 1 处池苑遗迹。以上材料表明殷墟遗址内部功能分区意识明显，可划分出宫殿区、王陵区、祭祀区、居住区、作坊区、池苑区等功能区，仅有个别部分功能区在空间上有所重叠。

概言之，无论是早商都城郑州商城、偃师商城，还是中商都城洹北商城，抑或是晚商都城殷墟，其内部均体现了较高水平的空间分化。这种高水平的空间分化不仅表明商王朝已具备了某种城市规划制度，也提示了殷商王都内部已经产生高度复杂的社会分层。

（二）商代非都城性质的城市功能分区

非都城性质的商代城邑按性质具体又可细分为方国都邑、军事重镇、离宫别馆。其中垣曲商城、东下冯商城、焦作府城商城、新郑望京楼商城、黄陂盘龙城属于商王朝的军事重镇，郑州小双桥商城属于商王朝的离宫别馆，[①] 广汉三星堆、吴城城址属于商王朝统治下的方国都邑。它们与殷商王都的关系：从平面结构看，二者是一种中心遗址与边缘遗址的关系；从垂直结构看，它们之间又是一种高级中心和次级中心聚落的关系。平面和垂直两种空间结构，使我们能以立体的视角清楚地看出殷商王都与非都城性质的城市在空间布局上的联系与区别。

首先考察商王朝军事重镇的功能分区。垣曲商城城址呈不规则长方形，[②] 在城内发现 6 座大型夯土台基，其性质当为宫殿建筑。城内的东南部为当时主要的居住区、作坊区和墓葬区。在居住区的西侧，发现有数座

---

① 郑州小双桥商城的性质，目前有隞都说、祭祀场所说、离宫别馆说、宗庙说，但从郑州小双桥城址的规模以及内部功能空间来看，其空间分化程度显然与郑州商城、偃师商城存在一定的差距。另外，据张国硕、王震中、陈隆文等学者考证，郑州商城与小双桥商代城址一度并存，并非一废一兴的关系，而且小双桥商代城址所在的位置与传世文献所载仲丁迁隞的地点也不符合。综合以上内容，笔者赞成其性质为离宫别馆。详参张国硕《小双桥商代遗址的性质》，《殷都学刊》1992 年第 4 期；王震中《商代都邑》，第 261～263 页；陈隆文《郑州小双桥商代城址非隞都说》，陕西历史博物馆编《陕西历史博物馆论丛》第 28 辑，三秦出版社，2021，第 57～67 页。

② 中国历史博物馆考古部等编著《垣曲商城（一）：1985～1986 年度勘察报告》，科学出版社，1996，第 164、165、211 页；中国国家博物馆田野考古研究中心等编著《垣曲商城（二）：1988～2003 年度考古发掘报告》，科学出版社，2014，第 373～469、670～674 页。

陶窑，应为制陶作坊区。在西城门内外分布着一些祭祀遗迹。东下冯商城位于遗址的中部，目前只是在城址的西南角发掘了 40～50 座圆形建筑基址，学者们推测该建筑区域为东下冯商城的仓储区。① 此外，在遗址内还发掘出部分灰坑、墓葬以及窑洞式小型平民房屋建筑。焦作府城商城城址平面呈方形。在城址内发现 4 处大型夯土建筑基址，其所在位置应为宫殿区。在东城墙附近分布有密集的灰坑，出土了不少陶质生活器皿、制陶工具及骨镞等生产生活用具，推测当时城内有制陶和制骨作坊区。② 黄陂盘龙城城址平面呈平行四边形。在城址内发现一组大型夯土建筑基址，发掘者称其为宫殿建筑。在城外李家嘴岗地、杨家湾、杨家嘴、楼子遗址内发掘了数十座中小型墓葬、多处铸铜作坊和房基等遗迹，表明城外四周为平民居住区、墓葬区以及手工作坊区。③ 新郑望京楼商城平面近方形。在城址内发现并发掘遗迹包括道路、大型夯土建筑基址、祭祀坑、房基、陶窑、水井、墓葬，大致可以划分出宫殿区、居住区、作坊区等功能区。④

其次考察商王朝离宫别馆的功能分区。郑州小双桥商城城址平面呈长方形。宫殿区位于遗址的东北部，目前发现 9 座大型夯土建筑基址。在遗址范围内发现了祭坛、燎祭遗址以及宗庙祭祀遗存，这些祭祀遗存所在区域应为该商城的祭祀区。此外，在遗址中还发现多处与冶铜相关的遗存，说明该商城应有铸铜作坊区。⑤

最后考察方国都邑的城市空间布局。广汉三星堆城址平面呈四边形。在城址内发现 1 座大型夯土建筑基址，⑥ 8 座器物祭祀坑，18 座中小型房屋建筑基址，4 座长方形竖穴土坑墓以及部分陶窑，城址空间

---

① 杭侃：《夏县东下冯的圆形建筑浅析》，《中国文物报》1996 年 6 月 2 日，第 3 版；程平山、周军：《东下冯商城内圆形建筑基址性质略析》，《中原文物》1998 年第 1 期。

② 袁广阔、秦小丽：《河南焦作府城遗址发掘报告》，《考古学报》2000 年第 4 期。

③ 湖北省文物考古研究所编著《盘龙城——1963～1994 年考古发掘报告》，文物出版社，2001，第 217 页。

④ 井中伟、王立新编著《夏商周考古学》，科学出版社，2013，第 99 页。

⑤ 河南省文物研究所：《郑州小双桥遗址的调查与试掘》，《郑州商城考古新发现与研究（1985～1992）》，第 242～271 页；河南省文物考古研究所等：《1995 年郑州小双桥遗址的发掘》，《华夏考古》1996 年第 3 期。

⑥ 四川省文物考古研究院：《四川广汉市三星堆遗址青关山一号建筑基址的发掘》，《四川文物》2020 年第 5 期。

大致可划分出宫殿区、居住区、制陶作坊区、祭祀区。吴城城址平面近圆角方形，城址内的重要遗存分布大多有规律，大致可划分为居住区、祭祀区、手工作坊区以及墓葬区，目前暂不能确认宫殿区的具体位置。①

以上方国都邑、军事重镇、离宫别馆在政治上与殷商王都保持着密切的联系，在城市功能布局方面也有模仿都城的倾向。其中广汉三星堆城址较为特殊，该城址整体走向亦为东北—西南，与中原都城遗址的走向大体相似，可能受到商文化的影响。但其自身特点也相当明显，如宫殿宗庙建筑位于整个城址的西北部，祭祀区则位于城址的中南部，这些都明显区别于中原地区都邑城址。不过，这些城市的规模及内部分化水平皆低于王都，体现出如下特点：除东下冯商城和吴城城址尚未发现宫殿区外，其余城市皆设有宫殿区；离宫别馆与方国都邑的宗教功能比军事重镇突出；东下冯商城最为特殊，其仓储功能尤其突出。这些城市空间布局的不同，或体现了商王朝对不同性质的城市采取了差异化的社会管理模式。

综上，殷商都城与非都城之间、都邑内部不同功能区之间形成了一种多元一体、有层次、有主从的层级结构体系。在该体系中，商代城市功能空间的划分因城邑性质及规模的不同而有明显的差别（见表1），如果将不同性质的商代城市的共同功能区抽离出来，便会发现，宫殿区、作坊区、居住区其实构成了商代各城市最基本的功能区，王陵区、池苑区则为商代都城所独有，军事重镇尚未发现设有独立祭祀区。商代城市空间在划分为不同功能空间的同时，这些功能空间也建构了商代城市的地理空间，反映着城市的社会组织结构。因为无论是宫殿区、祭祀区、池苑区，还是墓葬区、居住区、作坊区，它们已不是单纯的自然空间，而是一个个人文空间。这些人文空间在商代城市中的空间位置关系不仅展现了商代城市空间布局形态，亦展示了商代社会秩序。可以说，城市功能空间的布局形态是商代城市空间结构的一种表现形式，我们通过不同功能空间的位置关系可获悉商代城市空间秩序建构的内在逻辑。

---

① 江西省文物考古研究所、樟树市博物馆编著《吴城——1973～2002年考古发掘报告》，科学出版社，2005，第35～86页。

表 1　商代城市功能分区情况一览

城址名称	宫殿区	祭祀区	墓葬区	池苑区	府库区	作坊区	居住区	其他区	性质
郑州商城	●	●		●		●	●		都城
偃师商城	●	●		●	●	●	●		
洹北商城	●	●				●	●		
殷墟	●	●	●	●		●	●	王陵区	
郑州小双桥商城	●	●				●			离宫别馆
垣曲商城	●						●		军事重镇
东下冯商城					●		●		
焦作府城商城	●					●			
黄陂盘龙城	●		●			●			
新郑望京楼商城	●					●	●		
广汉三星堆	●	●				●	●		方国都邑
吴城城址		●	●			●	●		

注：居住区指一般居民生活居住区域；广汉三星堆目前仅发现了 1 座宫殿建筑。

二　定其君所居：宫殿区在商代城址中的空间布局

殷商时期宫殿与宗庙一般是相伴存的，二者皆是统治者举行祭祀和大型礼仪活动的场所。在考古实践中，宫殿与宗庙基址有时很难区别，不排除一些大型夯土基址原本兼有宫殿、宗庙功能的可能性，或先为宫殿后为宗庙，故可笼统称作"宫殿宗庙区"，或简称"宫殿区"。① 宫殿区作为商代城市的基本功能区，既是统治者礼仪施政之所，亦是商代王朝人文地理世界的中心，其在商代城市空间秩序建构过程中起着参照系作用。是故，宫殿区的空间布局自然成为商代城市建设的重中之重，理应受到商代统治者的重视。

（一）宫殿区在商代都城中的空间布局

就考古遗存而言，判断商代宗庙宫殿区最核心和决定性的标志物便是大型夯土建筑基址。大型夯土建筑基址是商代贵族重大礼仪活动舞台的物

---

① 张国硕、缪小荣：《试论夏商都城遗址的认定方法》，《江汉考古》2018 年第 5 期。

化形式，其以特殊的视觉和物质形式，强化了当时的权力概念，并成为商代统治权力的象征。大型夯土建筑在商代城市遗址中的空间位置实际上标示着宫殿区在商代城市中的空间布局。郑州商城的宫殿区位于内城东北部一带，宫殿区内发现 10 余座带回廊式的大型建筑基址。① 由于宫殿区内存在现代建筑，无法进行普遍的钻探和发掘，对宫殿区的布局尚不能完整认识。偃师商城的宫城位于小城正中略偏南的位置，宫殿区占据宫城的南半部，东、西两侧宗庙建筑群以通过南门的道路为中轴线，大体呈对称状分列于中轴线两侧。洹北商城的宫殿区位于宫城之内，而宫城位于城址南部略偏东的位置。宫城内发现 30 余处坐北朝南的基址，相互间没有叠压或打破关系，显示出严整有序的布局。② 殷墟宫殿区位于整个殷墟遗址的东北部，其东、北有洹河环绕，西、南两面至迟在殷墟文化二期已挖掘一道宽广的深壕与洹河相接，宫殿区周围的洹河和壕沟实际上具有了围墙的性质。宫殿区内共发现甲、乙、丙、丁四组 61 座大型夯土基址。

以上考古材料揭示了两方面信息：一是除偃师商城宫殿区位于城址正中偏南、洹北商城宫殿区位于城址南部略偏东之外，郑州商城、殷墟的宫殿区皆位于城址的东北部；二是宫殿区皆处于相对封闭的区域里，并通过城墙或壕沟与手工作坊区、平民居住区等相隔离。

（二）宫殿区在其他商代城址中的空间布局

郑州小双桥商城的宫殿区位于城址东北部。宫殿区内发现 9 处大型夯土基址，这些大型夯土建筑基址，"一改郑州商城北偏东为主的取向，一方面与地形的走向一致，另一方面也朝向郑州商城，应当反映了小双桥都邑的营建既结合了地形又朝向先王都邑的设想"。③ 垣曲商城的宫殿区位于城内中部偏东，宫殿区共发现 6 座排列整齐的大型夯土台基。④ 焦作府城

① 《郑州商城：1953～1985 年考古发掘报告》，第 230 页。

② 中国社会科学院考古研究所安阳工作队：《河南安阳市洹北商城的勘察与试掘》，《考古》2003 年第 5 期。

③ 侯卫东：《郑州小双桥商代都邑布局探索》，《中国国家博物馆馆刊》2016 年第 9 期。

④ 《垣曲商城（一）：1985～1986 年度勘察报告》；王睿、佟伟华：《1988～1989 年山西垣曲古城南关商代城址发掘简报》，《文物》1997 年第 10 期；佟伟华、王睿：《1991～1992 年山西垣曲商城发掘简报》，《文物》1997 年第 12 期。

商城宫殿区在城址的东北部，宫殿区内共发现 5 座夯土基址。① 新郑望京楼商城城中南部发现一处大型回廊式夯土建筑基址，主殿坐北朝南，西、南、东有庑，中部为庭院。② 黄陂盘龙城的宫殿建筑位于城内东北部，其中 3 座建筑坐落于一个大型夯土台基之上，自西南向东北平行排列。③ 此外，广汉三星堆城址内的西北部仅发现 1 座大型夯土基址，位于遗址的最高处。④ 东下冯商城、吴城城址内并未发现宫殿区。质言之，殷商非都城性质的城市与都城相比，最大的区别就是不设宫城。非都城性质的城市往往通过空间方位或者拉大宫殿区与其他功能区之间距离的方式，来保持宫殿区相对的独立性，以体现鲜明的社会分层特征。

综上，宫殿区是商王、贵族及方国首领的居住、生活、施政之所，在城市中往往占据显要位置。不过，商代城市的地理中心与政治中心并不重合，即宫殿区鲜有布局于城址正中心者。宫殿区在以上诸城址中的空间布局并非遵循"择中"原则，而是表现出多元化的特征，其中郑州商城、黄陂盘龙城、焦作府城商城、殷墟的宫殿区位于城址的东北部，偃师商城、新郑望京楼商城的宫殿区位于城址的南部居中，垣曲商城的宫殿区位于城址的中部偏东，洹北商城的宫殿区位于城址的东南部。宫殿区位置的多元化客观上说明了商人在宫殿区布局时，并非死守故有空间观念，而是综合考量了地势地貌、安全防御等自然及人文因素。统治者作为宫殿区的主要使用者，他们利用围墙、壕沟、河流、方位、距离等手段将宫殿区与其他功能区予以区隔，实现了城内与城外、中心与边缘的价值分野，以确保自身的至尊之位。

三　定其神所居：祭祀区在商代城址中的空间布局

统治者作为祭祀区的主要使用者，他们与神灵之间的权力关系塑造着

---

① 袁广阔、秦小丽、杨贵金：《河南焦作市府城遗址发掘简报》，《华夏考古》2000 年第 2 期；袁广阔、秦小丽：《河南焦作府城遗址发掘报告》，《考古学报》2000 年第 4 期。
② 郑州市文物考古研究院：《望京楼二里岗文化城址初步勘探和发掘简报》，《中国国家博物馆馆刊》2011 年第 10 期。
③ 《盘龙城——1963～1994 年考古发掘报告》，第 42～44 页。
④ 四川省文物考古研究院：《四川广汉市三星堆遗址青关山一号建筑基址的发掘》，《四川文物》2020 年第 5 期。

祭祀区在城市中的空间布局。詹鄞鑫指出："祭祀活动从本质上说，就是古人把人与人之间的求索酬报关系，推广到人与神之间而产生的活动。所以祭祀的具体表现就是用礼物向神灵祈祷（求福曰祈，除灾曰祷）或致敬。"① 在政祭合一的殷商时代，祭祀不仅关系着王权的合法性问题，亦牵涉着商代宗法关系问题。无疑，祭祀是商王朝政治生活中的一项重要内容，与其相关的祭祀区在商代城市空间中势必会占有重要位置。从商代卜辞材料来看，商人对自然神、祖先神等神灵进行频繁的祭祀，祭祀活动又有内祀和外祀之分。② 那么，内祀场所和外祀场所在商代城址中是如何布局的呢？从现有考古资料来看，郑州商城、偃师商城、殷墟、洹北商城设有独立祭祀区，非都城性质的商代城址只有郑州小双桥商城、广汉三星堆、吴城城址中设有独立的祭祀区。黄陂盘龙城、垣曲商城等军事重镇仅发现个别祭祀坑，附属于其他遗址，并未形成独立祭祀区。

（一）祭祀区在商代都城中的空间布局

郑州商城祭祀区在商城内城东北部的平坦高地上，西南50米为宏伟壮观的宫殿区，以祭"立石"为其主要象征。③ 除此之外，考古工作者还在商城的手工作坊内、城墙周围等地发现有零星的祭祀坑。

偃师商城祭祀区位于宫城中部偏北，主体部分自东向西分为A、B、C三个区域。有学者指出B、C两区有可能就是社祀场所，其中一个区域属于夏族，一个属于商族。④ 笔者认为这种推测的证据不足，理由是B、C两区并未出现坛式建筑基址，也没有发现社主，更未发现有屋顶的建筑遗迹，其祭祀对象还有待于进一步考察。

洹北商城祭祀区主要分布于一号宫殿基址周围。在一号宫殿建筑的西

---

① 詹鄞鑫：《神灵与祭祀——中国传统宗教综论》，江苏古籍出版社，1992，第172页。

② 根据祭祀场所的不同，古人认为祭祀又分为内祀和外祀，城内祭礼叫"内祀"，四郊的祭礼叫"外祀"。外祀包括郊祭天地、日月、四方五帝、山川等，内祀包括宗庙、社稷之祭祀。亦有学者或把宗庙以外皆称为"外祭祀"。王国维曾指出卜辞所记祭事大都内祭也，其可确知为外祭者，有祭社二事。详见《殷礼征文》，《王国维遗书》第5册，上海书店出版社，2011，第472页。岛邦男亦分商代的祭祀为对先王、先妣的内祀和对自然神、高祖神及先臣神的外祭两类。岛邦男：《殷墟卜辞研究》，温天河、李寿林译，台北：鼎文书局，1975，第52页。

③ 《郑州商城：1953～1985年考古发掘报告》，第494～505页。

④ 魏建震：《先秦社祀研究》，人民出版社，2008，第102页。

配殿台阶前以及庭院里均发现有祭祀遗存，所埋均为猪、羊等动物骨骸。杜金鹏先生怀疑西配殿为社祀遗址，^① 后来发掘者在复原研究中指出："西厢建筑可能并非如杜金鹏先生所推测的是没有屋顶的建筑，它原本应该还是建有屋宇，只是屋顶结构已经无法复原而已。"^② 由此看来，与西配殿相关的祭祀遗存的性质可能为宗庙祭祀遗存而非社祀遗址。

殷墟祭祀区主要有两处，一处是西北岗王陵区祭祀遗址，一处是宫殿宗庙祭祀区。西北岗王陵区的祭祀遗存目前有 1483 座祭祀坑，这些祭祀坑形成了一个总面积在 10 万平方米以上的巨大祭祀场所。宫殿宗庙祭祀区：在乙七基址和丙组基址范围内都分布有大量的祭祀遗存。乙七基址以南发现大批成排分布的小葬坑。发掘者曾将这些小葬坑划分北、中、南三组。其中北、中两组与基址有关，是商人祭祀祖先留下的遗迹。^③ 丙组建筑基址共发掘 17 座，这些基址的面积都较小，其中丙三与丙四、丙五与丙六、丙十四与丙十五等 6 座皆为小而方的基址，基址上也未发现柱洞和墙基，石璋如先生认为其为祭社遗存。^④

概言之，祭祀区是商代都城的基本功能区之一，其在都城中的空间布局并不统一，体现出了如下特点：早商时期祭祀区和宫殿区相互独立，二者共存于宫城或内城之内；时至晚商，祭祀区与宫殿区、王陵区开始杂处，祭祀区在宫殿建筑群、王陵区内均有分布。不过，终有商一代，祭祀区始终处于商代都城的核心区域，这也彰显了其与王权的密切关系。

（二）祭祀区在其他商代城址中的空间布局

《左传·哀公六年》载"三代命祀，祭不越望"，意即夏、商、周三代诸侯国有独立的祭祀对象与祭祀范围。不过，从前文来看，军事重镇尚未发现设立独立的祭祀区，商代离宫别馆与方国都邑中皆设有独立的祭祀区。那么，祭祀区在商代离宫别馆与方国都邑中是如何布局的呢？

---

① 王震中：《商代王都的"社"与"左祖右社"之管见》，《中国古代文明的探索》，云南人民出版社，2005，第 475～493 页。

② 唐际根等：《洹北商城宫殿区一、二号夯土基址建筑复原研究》，《考古》2010 年第 1 期。

③ 石璋如：《小屯·遗址的发现与发掘·乙编·殷墟建筑遗存》，台北：中研院史语所，1959，第 78～89、288～301 页。

④ 石璋如：《小屯·遗址的发现与发掘·乙编·殷墟建筑遗存》，第 89 页。

郑州小双桥遗址祭祀区由祭坛、燎祭遗址以及宗庙祭祀遗存组成。祭坛位于遗址东北部，台顶上有厚达 0.8 米的红烧土堆积，发掘者认为该遗址是当时的祭坛。① 燎祭遗址位于宫城夯土墙的西北角，现有遗迹为两排石块铺底而成的烧土坑以及部分陶器残片和少量烧土块。一号宫殿建筑基址南侧发现了多牲坑、牛头丛葬坑、牛角坑等祭祀遗存。此外，在已发掘的几座夯土建筑基址之间也形成了规模较大的祭祀区域，祭祀以人牲为主。关于小双桥祭祀区的性质，有学者认为其与祭祀天地有关，② 有学者认为可能是对自然神或战争进行祭祀的场所。③

三星堆祭祀区位于整个城址的中部偏南。1986 年在三星堆土堆的南侧发现了 1 号、2 号祭祀坑。④ 2019～2020 年，三星堆遗址新发现 6 座商代晚期祭祀坑。这 8 座祭祀坑共同分布于三星堆城墙与南城墙之间的三星堆台地东部。⑤ 发掘者根据 1 号、2 号坑出土遗物，推测两个祭祀坑应该是古蜀人的遗存，其祭祀对象主要是祖先的亡灵以及各种自然神灵、精灵，同时还有太阳神。⑥

吴城城址的祭祀区是由红土台地、道路、建筑基址、红土台座、柱洞群组成的大型祭祀场所，它位于城址中部的中轴线上，属于方国的内祀场所。

以上资料提示了祭祀区在离宫别馆和方国都邑城市中布局因城而异。郑州小双桥遗址在城址北部以及宫殿建筑周围设立祭祀区，其布局思路与殷商都城基本一致。三星堆的祭祀区位于城址中部偏南，吴城城址的祭祀区在城址中部，二者布局明显区别于殷商都城，体现出了方国都邑布局的地域特色。

综上，除军事重镇之外，商王朝都城、离宫别馆、方国都邑皆设有独

---

① 河南省文物考古研究所等：《1995 年郑州小双桥遗址的发掘》，《华夏考古》1996 年第 3 期。

② 裴明相：《论郑州市小双桥商代前期祭祀遗址》，《中原文物》1996 年第 2 期。

③ 黄可佳：《试论郑州小双桥商代祭祀遗存的有关问题》，《中原文物》2005 年第 5 期。

④ 四川省文物考古研究所等：《广汉三星堆遗址一号祭祀坑发掘简报》，《文物》1987 年第 10 期；四川省文物考古研究所等：《广汉三星堆遗址二号祭祀坑发掘简报》，《文物》1989 年第 5 期。

⑤ 杨雪梅、王明峰、宋豪新：《神秘三星堆 考古再解谜》，《人民日报》2021 年 3 月 22 日，第 12 版。

⑥ 四川省文物考古研究所编《三星堆祭祀坑》，文物出版社，1999，第 447 页。

立的祭祀区。在"国之大事，在祀与戎"的殷商时期，祭祀区不仅为各级统治者祭祀活动的展开提供了具体场所，同时也构成了社会权力运转的场域。由各级贵族统治者专擅的祭祀活动，"得以使上层社会权力的运作经由神权的肯定而强化，同时又借助于社会固有的精神信仰观念，发挥着稳定社会人心和维护国家政治秩序的功能"。① 祭祀区所具有的这种社会功能，决定了其势必会与宫殿区共处于商代城市空间中的核心位置。具体而言，早商时期都城的祭祀区与宗庙区共处于宫城之内，其中祭祀区多位于宫殿区之北或偏北的位置。时至中商，宗庙区附近设有祭祀遗址，不过，此时仍存在独立的祭祀区，且位于宫殿区的北面。晚商时期出现了祭祀区与宗庙区、王陵区交错布局的局面。此外，离宫别馆中祭祀区的布局形态与殷商都城相似，方国都邑中祭祀区的布局虽然呈现出不同于都城的面貌，但它们也处于方国都邑的核心区域。

四　定逝者、工者等所居：其他功能区在商代城市中的空间布局

除宫殿区、祭祀区之外，池苑区、府库区、墓葬区、手工作坊区、居住区亦是商代城市的重要功能区，它们在商代城市空间中所处的位置也值得关注。其中池苑区是供商王及王室成员游乐的场所，这也决定了池苑区仅会出现在殷商都城中，且离宫殿区不会太远，如郑州商城的池苑区位于宫殿区的东北部，偃师商城的池苑区位于宫殿区的北部，殷墟的池苑区位于宫殿建筑的西部。府库区为储藏兵甲、物资之所，使用者为下层官吏以及管理人员，其功能决定了其会被排斥在宫殿区之外，如偃师商城的府库区布局于宫殿区之外、小城的西南部和东北部。墓葬区、手工作坊区、居住区作为商代城市的组成要件，它们在城市中的空间布局反映了商代生人与死人，统治者与手工业者、普通民众在社会空间上的区别。

（一）墓葬区在商代城市空间中的布局

在"事死如事生"的商代社会，墓葬区代表着安顿已逝祖先的居所，

---

① 宋镇豪：《夏商社会生活史》，中国社会科学出版社，2005，第 99～100 页。

其在城市空间中的位置理应受到商统治者的重视。《礼记·檀弓下》有文曰："葬于北方，北首，三代之达礼也。"意即夏、商、周三代统治者皆将墓葬区设置于城市的北部，来安葬死者。考虑到《礼记》成书时间较晚，商代统治者是否遵循着这一礼制，还得通过商代墓葬资料来说明。

目前，在偃师商城、郑州商城、殷墟、东下冯商城、黄陂盘龙城、垣曲商城、洹北商城、新郑望京楼商城等诸多商代城址内部或城墙周围均发现了商人墓葬，但是除郑州商城、黄陂盘龙城、殷墟之外，其他城址内部所发现的墓葬多数为中小型墓葬，且多以"路土葬"或"居址葬"的形式分布在宫城或内城之外，尚未见到专门的贵族墓葬区。郑州商城高等级的铜器墓分布于内城的东北部、西南部。就其规模和等级而言，这些墓葬尚不能与殷墟带墓道的商王大墓相提并论，充其量是郑州商城内高级贵族墓葬。殷墟王陵区位于洹河北岸小屯村北的西北岗，内部可分为东、西两区：西区是大墓区，只有少量小墓；东区以祭祀坑为主，但也有几座大墓。此外，在后岗、小屯西北地、殷墟西区、花园庄东、高楼庄、薛家岗、大司空、郭家庄等地也发现了大量的家族墓地。除王陵区位于宫殿区之西北外，殷墟其他贵族墓地鲜有居于宫殿区之北者。黄陂盘龙城城外李家嘴岗地的东南部发掘了4座贵族墓葬。它们是与城址同时期的贵族墓葬，墓主至少是盘龙城统治集团成员。以上发现有高等级贵族墓葬区的商代城市，仅殷墟王陵区在商代城址的位置大致符合"葬于北方"礼俗。不过，由于偃师商城、郑州商城暂未发现王陵区，我们尚不能仅凭个案得出商人统治者遵循着"葬于北方"礼俗。此外，商代早中期城市中，宫殿区范围内罕见墓葬，不同等级墓葬以"路土葬"或"居址葬"的形式分布在宫城以外的区域。晚商殷墟的王陵区更是与宫殿区隔河相望，即便在宫殿区发现了大量家族墓地，但它们并未位于宫殿建筑区域内，上述现象暗示了作为王室贵族日常礼仪场所的宫殿区与墓地代表的丧葬区存在明确区分，宫殿区内可能有意排除丧葬功能。

（二）手工作坊区在商代城市空间中的布局

手工作坊区一般由生产空间、居址空间、墓葬空间等共同组成。手工作坊区的使用者主要是从事手工业的工匠和管理者，他们的身份和地位决定了手工作坊在城市空间中的位置会与贵族集团所活动的宫殿区保持一定

16

距离。不过，手工作坊与统治集团的日常生活息息相关，它们不仅是统治者赖以生存和发展的基本条件，也是王室直接管理的机构之一，铸铜、制骨、制陶、制玉等手工业更是直接服务于殷王室。在商代，手工作坊通常为官府所垄断，它们在商代城市中的空间布局自然不是杂乱无章的，而应受到政治权力的支配。

郑州商城目前共发现 4 处大型手工作坊遗址，其中有 2 处铸铜作坊遗址，一处位于宫城南墙外约 700 米的南关，一处位于宫城北墙外 200 米的紫荆山北。[①] 在紫荆山铸铜作坊的北面发现了 1 处大型制骨作坊。此外，宫城西城墙北段外侧约 700 米发现 1 处制陶作坊。[②] 以上 4 处手工作坊位于宫城与外城之间的地势较高之地。

偃师商城发现 2 处铸铜作坊。一处位于大城东北隅城墙内侧堆积物下，使用时间应在大城东北隅城墙修建之前。[③] 待其废弃后，统治者在小城西南，即宫城与小城之间新建了一处手工作坊。

洹北商城发现 1 处铸铜作坊，该铸铜作坊位于宫城与外城之间。在洹北商城铸铜作坊附近还发现了大量骨器的成品、半成品以及制骨废料，这些遗物表明该区域存在制骨作坊。[④] 殷墟手工业发达，手工作坊不仅数量众多，种类也十分丰富，形成了专门的手工作坊区。

殷墟宫殿区以外已发现多处铸铜、制骨、制陶作坊。其中铸铜作坊至少 4 处，分布于苗圃北地、孝民屯南、薛家庄和小屯东北地；[⑤] 制骨作坊至少 2 处，分布于大司空村、北辛庄；[⑥] 制陶作坊至少 1 处，分布于刘家庄北地。[⑦] 此外，在殷墟宫殿区内存在由王室或王族成员直接组织生产的

---

① 《郑州商城：1953~1985 年考古发掘报告》，第 334、367 页。
② 《郑州商城：1953~1985 年考古发掘报告》，第 384~385 页。
③ 中国社会科学院考古研究所编著《偃师商城》第 1 卷，科学出版社，2013，第 722~723 页。
④ 何毓灵：《无心插柳柳成荫：洹北商城铸铜、制骨手工业作坊的发现》，《大众考古》2017 年第 3 期。
⑤ 中国社会科学院考古研究所编著《殷墟发掘报告（1958~1961）》，文物出版社，1987，第 60~69 页；岳洪彬、何毓灵：《新世纪殷墟考古的新进展》，《中国文物报》2004 年 10 月 15 日，第 7 版；《殷墟的发现与研究》，第 92 页。
⑥ 《殷墟发掘报告（1958~1961）》，第 75~89 页。
⑦ 中国社会科学院考古研究所安阳工作队：《河南安阳市殷墟刘家庄北地制陶作坊遗址的发掘》，《考古》2012 年第 12 期。

铸铜作坊，考古人员曾在甲组、乙组基址的地层中发现有陶范、铜锈块和铜炼渣等遗存。[①]

垣曲商城城址内发现了多处与铸铜遗迹相关的灰坑，这些灰坑集中分布于西部偏北的西城门内。此外，遗址内发现陶窑12座，集中分布于西城门东南部和南城门东北部。[②] 这些手工作坊主要位于宫殿区之外，商城的西城门、南城门之内。

黄陂盘龙城西城门外的小嘴地点发现1处铸铜作坊遗址。[③]

郑州小双桥遗址的铸铜遗存位于宫殿区南部边缘，周围伴有大规模的祭祀坑。[④]

吴城城址手工业内部分工明确，制陶区位于城址的西北部，铸铜作坊区位于城址的东北部。[⑤]

以上材料说明，手工作坊区在商代不同性质城市中皆有发现，但尚未形成统一的布局模式。商代早期城市的作坊区与宫殿区往往通过城墙等物质形态相隔离分散布局。从商代中期开始，部分手工作坊出现在个别城市的宫殿区内。不过，终有商一代，手工作坊区绝大多数被排斥于宫殿区外。商代城市作坊区的这种空间布局，一则是出于宫殿区防火安全的考虑，二则也是受到政治权力的支配，毕竟作坊区是商王朝政治权力运作的一种重要场所。

此外，居住区主要为普通民众的生活和聚居场所，而普通民众处于商代社会阶层结构的底层，这客观上也决定了居住区在商代城市空间中势必会处于核心区的边缘。该结论刚好与商代考古资料相吻合。在内城外郭的都城结构中，居住区主要分布于内城与外郭之间；在"大都无城"的殷墟，平民居住区主要分布于宫殿区以外；在不设宫城的军事重镇或方国都邑中，居住区绝大多数分布于城内，并通过空间方位与拉大距离的方式与宫殿区保持区分，也有个别城市如黄陂盘龙城的居住区则位于城外，通过

---

① 石璋如：《小屯·遗址的发现与发掘·乙编·殷墟建筑遗存》，第73、75、329～331页。
② 《垣曲商城（二）：1988～2003年度考古发掘报告》，第670～674页。
③ 张昌平：《湖北黄陂盘龙城遗址又获重大发现》，《中国文物报》2016年4月8日，第8版。
④ 河南省文物考古研究所编著《郑州小双桥——1990～2000年考古发掘报告》，科学出版社，2012，第724页。
⑤ 《吴城——1973～2002年考古发掘报告》，第75、83页。

城墙与宫殿区相分离。

综上，池苑区、府库区、王陵区仅出现于商代都城，其中池苑区紧邻宫殿区，府库区（偃师商城有发现）置于宫殿区之外、小城之内，王陵区（仅殷墟有发现）位于宫殿区的西北部。贵族墓葬区在商代各城址中的位置并不固定，并不遵守"葬于北方"的礼俗。作坊区与居住区在地缘上往往相邻，共同分布于城址的边缘地带。以上功能区在商代城市空间中的分布规律和特征，反映出商代统治者对城市建设初期的规划，也展示了权力对社会空间的塑造。

五　结语：城市空间布局之于商代社会秩序建构的意义

城市是政治权力与空间结构互动的典型场所，城市以最大的密集度集中展示了政治权力与空间功能区间的复杂联系。商代城市空间尽管划分为不同功能区，但这些功能区之间的关系是"多元一体"的，它们以政治权力、王朝体制为核心，展示出了如下特征：（1）政治中心与地理中心并不重合，即宫殿区虽然居于城市的核心位置，但鲜有居于城市正中心者；（2）商代城市虽然产生了功能区划意识，但尚未发现专门的商业区，[①] 城市作为商品集散地的功能可能并不突出；（3）商代城市空间布局是以功能为导向，尚未形成礼制化的空间布局，功能区的空间布局遵循着权力的逻辑，服务于政治王权的要求；（4）只有局部区域或局部城市体现出了中轴线的特征，没有形成贯穿全城的中轴线；（5）殷商城市中普遍流行居葬分离，即宫殿区内排除了丧葬功能，墓葬区置于宫殿区之外。这些内容不仅构成了商代城市空间布局区别于古代西欧城市[②]的最主要特征，也体现出

---

① 要判断考古发现的城址中是否存在市场并不容易，一个最大的问题就是考古遗址中市场的遗迹还很难确定。虽然李鑫推测郑州商城内城的南部就可能是市场的位置，但受资料限制，市场在商代城市中占据怎样的地位目前还无法确证。参见李鑫《商周城市形态的演变》，中国社会科学出版社，2012，第286页。

② 西欧社会以神学为中心，上帝至高无上，神庙和教堂及其广场占据城市中最好最高的位置。如公元前500年古希腊城邦时期产生的希波丹姆建城模式，便是以方格网络道路系统为骨架，以城市广场为中心，这在米利都城中得到了完整体现。古罗马时期建筑师维特鲁威在其《建筑十书》中所提出的建城方案，亦是在市中心设置一个广场，在广场中心设置一座神庙，城市道路网呈放射状分布。中世纪代表性城市法国的卡尔卡松城和德意志诺林根城，平面形态为椭圆形，城市中心为教堂、市政厅及其广场。

了中国早期城市空间规划的特色。以上结论是从静态的、显的"物"的角度所能得出的关于商代城市空间布局最大限度的认知。如果我们基于社会史视角，从动态的、隐的"人"的角度来观察商代城市空间布局，便会发现城市功能空间因"人"而变得丰满，固定的城市布局亦可"活"起来。

从社会史视角来考察商代城市空间布局，其实就是重视城市功能空间在商代社会秩序建构中的作用和意义，这正好暗合于后过程考古学所主张的"将考古材料放在具体的社会与历史中进行情境分析与空间结构分析，去揭示物质文化在构建社会规范与社会关系等方面的意义"。① 殷商时期的城市遗址及其建筑、墓葬、作坊等物质文化遗存是商人社会活动的历史载体，记录和保留了殷商社会生活的部分原始痕迹，将它们放在殷商城市规划史中进行空间结构分析，不仅可以有效地揭示商代城市空间布局与社会秩序建构之间的"互动"关系，亦可揭示商代城市空间规划的内在逻辑。具体而言，随着社会分工的初步实现，社会阶级的进一步细化，殷商城市建设有了初步的规划，殷商统治者依据自身的统治需要、社会群体的不同身份以及城市的不同功能，将城市空间划分为宫殿区、祭祀区、作坊区、墓葬区等功能区。商代城市空间被划分为不同功能区，同时，这些功能区的空间位置及其相互关系组成了商代城市的空间结构；而居住和生活于其中的统治者、官僚贵族、平民、手工业者、府库管理人员以及殷商贵族与他们所祭拜的神灵之间的相互关系则构成了商代社会关系网络。城市不同功能空间在为商代社会网络的展开提供具体场域的同时，也规范着生活于其中的空间使用者的行为。空间使用者的社会关系尤其是权力关系反过来又影响和制约着商代城市空间的基本格局。宫殿区作为统治者生活和居住之所，它既是政治权力的中心，也是整个城市布局的重心，同时还是其他功能区规划的参照系，统治者将其置于城市的核心位置，并通过城墙、壕沟与墓葬区、手工作坊区、平民居住区相隔离，以显示王位之独尊。居住区、祭祀区、墓葬区、池苑区、手工作坊区等则按自身功能呈拱卫之势分布于宫殿区周围。商代城市这种层次清晰的空间分布格局，构成了商代社会关系和社会秩序的"物化"形式，展现出了等级分明的权力秩序。这种

① 刘岩：《日常生活实践：查海遗址聚落空间的社会考古学研究》，《考古》2020年第12期。

权力秩序，实际上构成了商代城市规划的内在逻辑。

综上，商代城市空间布局体现在"显"和"隐"两个层面上，在"显"的考古遗址上我们看到的是商代城市不同功能区的物质形态，但在不同功能区物质形态的关系之间，却可以推断出"隐"的社会规则与理念的存在。我们通过分析不同功能区的用途与使用者身份之关系，可以看到权力关系在商代城市空间布局中所起的作用以及其对商代城市空间结构的塑造。商代城市空间布局中的"显"与"隐"是并行不悖、互为补充的，无论是"显"的事实层面还是"隐"的观念层面的商代城市空间布局，均为我们提供了一种不同于传世文献所载的先秦城市规划模式。是故，探究该时期的城市空间布局理念，无论是对于探寻中国早期城市空间布局的影响机制，还是对于推动城市社会史研究，抑或是对于构建具有中国特色、中国风格、中国气派的古代城市空间功能区划的阐述体系，都具有重要的现实意义。

作者：邓国军，湖南大学岳麓书院、"古文字与中华文明传承发展工程"协同攻关创新平台

（编辑：龚宁）

政治秩序的投影：唐五代成都城的唐都风景

伍　磊

内容提要　唐五代时期，从唐都长安而来的帝王和统治阶层为维护特定政治秩序，在成都城植入了以长安城为主的唐都风景。唐玄宗到达成都十多天后，唐廷权力中心名义上转移至肃宗处，成都城呈现的唐都风景较为低调；唐僖宗驻跸成都四年，为重塑行朝威权，在成都城营造了比肩长安的行在风景；五代前蜀统治阶层利用唐玄宗、僖宗在蜀遗景，借鉴唐长安旧景营建都城景观，模仿唐长安的宫廷生活场景，构建了唐都式的成都城风景，借此安抚统治集团，增强割据统治的合法性。唐五代成都城唐都风景的再现，是特定政治秩序在城市中的投影。

关键词　唐五代　成都城　长安

成都自秦代建城以来，城址未变，到南北朝时，即为天下名城，城市风景为蜀外之人所向往。东晋王羲之致帖益州刺史周抚，称"成都城池、门屋、楼观，皆是秦时司马错所修，令人远想慨然"，"扬雄《蜀都》，左太冲《三都》，殊为不备悉。彼故为多奇，益令其游目意足也"。[①] 王羲之观点表明，南北朝时期成都城的风景以秦代旧迹和西汉扬雄、西晋左思《蜀都赋》的叙述闻名海内。随着时代变迁，城市风景逐渐进化。唐代中期张何《蜀江春日文君濯锦赋》称成都城风景"形胜有类夫咸秦"，与长安相似。[②] 五代时期，成都城风景中引人注目的部分，就是浓厚的唐都长安元素。如罗天全认为，成都前蜀永陵出土的二十四伎乐浮雕石刻乐器图

---

① 张彦远：《法书要录》卷10《右军书记》，浙江人民美术出版社，2012，第272、270页。
② 张何：《蜀江春日文君濯锦赋》，董诰等编《全唐文》卷457，中华书局，1983，第4669页。

像之内容应直接继承自唐代长安宫廷。① 宋代，成都城唐风犹存。如宋人李石观览成都建筑壁画时称"风流五代余，轨躅参隋、唐"。② 可见，系统性厘清唐五代成都城唐都风景的内涵，具有一定的材料和研究基础。

唐五代城市的"风景"，是"目之所视且心之所感的景色"，③ 应包括实体空间景观和人群生活场景两个主要内容。唐代城市按照政治等级，采用相似而有等第的营建手段，④ 从而呈现出具有秩序的风景特征。首都与地方城市最大的差异，就在于前者驻有皇帝。承平时期，围绕皇帝的风景只存在于都城，包括"实施律令制"和举行"王权礼仪"的场所和景观；⑤ 地方城市中，只存在与其政治等级相对应的风景。两者之间界限分明，但存在一些特殊情况，比如在皇帝"宸游"和地方割据称尊之时。唐代皇帝出奔成都，五代地方割据集团建立前蜀，都因应时局在成都城植入了唐都风景。揭示唐都风景被植入成都城的过程，有助于增加对中古城市的体系化认知。

一 唐代成都城的唐都风景

成都城与唐都风景的第一次交织，是在唐玄宗幸蜀时期（756 年 8 月至 757 年 12 月）。玄宗在奔蜀途中之时，剑南节度副大使崔圆即开始仿照长安城在成都营建行宫，"增修城池，建置馆宇，储备什器。及乘舆至，殿宇牙帐咸如宿设"。⑥ 从崔圆修补城池的情况推测，他预备的行宫应在成都城内。玄宗将长安城的王权礼仪景观带到了成都城，"乘舆至蜀，朝廷

---

① 罗天全：《前后蜀是唐宋音乐传承的纽带》，《音乐研究》2010 年第 1 期。
② 李石：《府学十咏·礼殿晋人画》，袁说友等编《成都文类》卷 4，中华书局，2011，第 72 页。
③ 妹尾达彦：《帝都的风景、风景的帝都——建康·大兴·洛阳》，郭雪妮译，陈金华、孙英刚编《神圣空间：中古宗教中的空间因素》，复旦大学出版社，2014，第 23 页。
④ 宿白认为，"隋唐建城有一定的等级制度"，比如"地方城"中"坊"的数量多少。宿白：《隋唐城址类型初探（提纲）》，北京大学考古系编《纪念北京大学考古专业三十周年论文集（1952~1982）》，文物出版社，1990，第 280~285 页。
⑤ 妹尾达彦：《帝都的风景、风景的帝都——建康·大兴·洛阳》，郭雪妮译，陈金华、孙英刚编《神圣空间：中古宗教中的空间因素》，第 45 页。
⑥ 《旧唐书》卷 108《崔圆传》，中华书局，1975，第 3279 页。

羽仪，如京之制"。① 这与胡三省所论唐代皇帝的巡幸场景相符，"行幸所至，宿次之地，宿卫将士外设环卫，近臣宿直各有其次，与宫禁无异，故行宫内亦谓之禁中"。② 一如长安的帝居场景被称为"蜀京""皇宫"。据大历八年（773）裴友让墓志铭载："玄宗访道于蜀，蜀京南营兵卒暴散……公……端立阙下，将环皇宫。"③ 玄宗在成都设置了与长安城十王宅相似的"内宅"，安置近支宗室。④ 老君祥瑞出现在成都城南，玄宗应为此设置了与长安城唐圣祖庙庭类似、享有国家祀典、位在宗庙之前的太清宫。⑤ 在成都的唐廷机构具备中枢职能，⑥ 被时人称为"行朝"⑦ 或者"南朝"⑧。

成都城的唐都风景与时局亦有呼应之处。玄宗到达成都17日后，承认肃宗自立，"称太上皇……其四海军郡，先奏取皇帝进止"，将"传国宝玉册"送往肃宗处。⑨ 唐权力中心名义上转移给肃宗，但玄宗与肃宗两个朝廷又并存，"关系微妙"，冲突与妥协兼具。⑩ 应是出于权力交接的政治观瞻，玄宗并未居住在成都城中，而是以城东北郊约二里、鲜于仲通任剑南节度使时（750～752）创设的使院⑪为上皇观⑫居住，该地又被称为"受

① 李华：《唐赠太子少师崔公神道碑》，董诰等编《全唐文》卷318，第3230页。
② 《资治通鉴》卷256，唐僖宗光启二年正月戊子，中华书局，1956，第8329页。
③ 李儋：《唐故朝散大夫成都府犀浦县令河东裴府君（友让）墓志铭》，吴钢主编《全唐文补遗》第8辑，三秦出版社，2005，第82页。
④ 《资治通鉴》卷219，唐肃宗至德元载十月，第7003页。
⑤ 据唐末杜光庭记载："玉局化玉像老君……时明皇幸蜀，梦有圣祖真容在江水之内。果有人因见神光，夜于光处得玉像老君以进……驾回，留镇太清宫。"唐末，老君石像供奉在玉局化中，玉局化或是"太清宫"。杜光庭：《道教灵验记》，罗争鸣辑校《杜光庭记传十种辑校》，中华书局，2013，第209页。
⑥ 任士英：《唐肃宗时期中央政治的二元格局》，《中国史研究》1996年第4期。
⑦ 杜光庭：《仙传拾遗》卷1《杨通幽》，罗争鸣辑校《杜光庭记传十种辑校》，第778页。
⑧ 《资治通鉴》卷219，唐肃宗至德元载十月，第7002页。
⑨ 宋敏求编《唐大诏令集》卷30《明皇令肃宗即位诏》，中华书局，2008，第117页；《资治通鉴》卷218，唐肃宗至德元载七月庚辰，第6987页。
⑩ 任士英：《唐肃宗时期中央政治的二元格局》，《中国史研究》1996年第4期。
⑪ 《旧唐书》卷117《崔宁传》，第3399页。
⑫ 《册府元龟》有"玄宗幸蜀时道宫玄元殿"之语；又《三洞群仙录》载"唐威仪白先生……明皇幸蜀之年别得度住上皇观"。玄宗应将鲜于仲通使院改建为道观，以此作为行宫。王钦若等编纂《册府元龟》卷593《掌礼部》，凤凰出版社，2006，第6802页。陈葆光：《三洞群仙录》卷17，《道藏》，文物出版社、上海书店、天津古籍出版社，1988，第32册，第346页。

养之宫"。① 中和四年（884）上都太清宫文章应制弘教大师杜光庭撰写《历代崇道记》，收录了唐代诸多老君祥瑞事，并未将成都老君祥瑞事纳入，或是唐廷有意低调处理。② 五代僧人贯休读《玄宗幸蜀记》后诗叙玄宗在成都的大致情景，"及溜飘沧日，行宫寂寞时"。③ 由此推之，玄宗驻跸成都的大部分时间，围绕其的朝廷和奉侍景观应该都较为低调。

太上皇玄宗在蜀的大部分时间所居住的行宫并非在成都城内，其规制也应与肃宗处有别。成都被称为"蜀京"，行宫被称为"皇宫"，重点所指应是玄宗加持的唐都意象。至德二载（758），因玄宗巡幸，唐廷升蜀郡为成都府，加京号称"南京"。④ 此时玄宗已经离蜀，但在时人眼中，成都城的风景仍具比拟都城的资格。如杜甫寓居成都作《野老》诗称"城阙秋生画角哀"，杜氏自注曰："南京同两都，得云城阙也。"南宋赵彦材又注曰："惟国都而后有'城阙'。"⑤ 成都府虽号"南京"，但没有证据表明其有"阙"等景观。杜氏此称，着重于唐都意象的表达。因帝居而将唐都意象寄于成都风景之中的表述，集中体现在李白的《上皇西巡南京歌十首》中，相关文字节录如下：

> 九天开出一成都，万户千门入画图。草树云山如锦绣，秦川得及此间无。
>
> 华阳春树号新丰，行入新都若旧宫。柳色未饶秦地绿，花光不减上阳红。
>
> 地转锦江成渭水，天回玉垒作长安。
>
> 万国同风共一时，锦江何谢曲江池。
>
> 北地虽夸上林苑，南京还有散花楼。
>
> 天子一行遗圣迹，锦城长作帝王州。⑥

---

① 张式：《徐浩神道碑铭》，董诰等编《全唐文》卷445，第4542页。
② 杜光庭：《历代崇道记》，罗争鸣辑校《杜光庭传十种辑校》，第359~373页。
③ 贯休撰，陆永峰校注《禅月集校注》卷8《读玄宗幸蜀记》，巴蜀书社，2012，第186页。
④ 成都府称"南京"的时间为至德二载十二月至上元元年九月（758年1月至760年10月）。王溥撰《唐会要》卷68《诸府尹》，中华书局，1960，第1191页。
⑤ 杜甫：《野老》，郭知达编《九家集注杜诗》卷21《近体诗》，安徽大学出版社，2020，第980页。
⑥ 李白撰，杨齐贤集注，萧士赟补注《李太白集分类补注》卷8《上皇西巡南京歌十首》，景印文渊阁四库全书，台湾商务印书馆，1986，第1066册，第551~552页。

李白将长安、洛阳与成都风景（圣迹）进行排比，表达了成都城的"南京帝王州"意象。涉及的具体风景对比有［前者为成都风景，后者为长安（洛阳）风景］：成都与秦川、新都与旧宫、华阳县与新丰县、花光与上阳宫（洛阳）、锦江与渭水、玉垒与长安、锦江与曲江池、散花楼与上林苑。李白列举的成都风景，除隋蜀王杨秀所建散花楼①外，其余多为自然和指代性景观。玄宗居蜀期间，应是出于承认肃宗即位的原因，并未突出营造成都城的王权礼仪场所。李白难以找出成都城可与长安（洛阳）城相类似或相匹配的都城建筑风景，只得以宽泛的自然和指代性景观相对照。

唐都风景第二次被植入成都城，是在唐僖宗幸蜀时期（881 年 3 月至885 年 2 月）。乾符三年（876），剑南西川节度使高骈主持修建了成都罗城，为僖宗驻跸提供了重要空间，"顷镇龟城，别营雉堞……幸遇巡游，谓申绩效"。② 中和二年（882）八月，在成都城西郊的玄中观青羊肆，发掘出刻有篆文"太上平中和灾"的古砖，唐廷以为中兴之兆，借此改建玄中观为青羊宫。③ 随后（中和三年）在《西川青羊宫碑铭》中，僖宗君臣表达了以成都城为中兴福地的祈愿：

> 太元城内，化出行宫；濯锦江边，权安正殿。执玉帛者数盈万国，列鹓鹭者位满千官……牵剑阁之灵威，尽归行在；簇峨嵋之秀气，半入都城。……献巨逆之三颅，告行朝之九庙。④

"太元城"是高骈筑罗城后成都城的别称。虽然成都城仅是僖宗躲避黄巢军队的行在，但皇帝威仪和中枢权力随之投射到成都旧景之中。"行宫"和"正殿"以旧有节度使衙署权置，⑤ 行庙以玄宗旧居上皇观改造，⑥ "灵

---

① 李白撰，杨齐贤集注，萧士赟补注《李太白集分类补注》卷 21《登锦城散花楼》，景印文渊阁四库全书，第 1066 册，第 671 页。

② 崔致远撰，党银平校注《桂苑笔耕集校注》卷 8《西川柳常侍》，中华书局，2007，第233 页。

③ 杜光庭：《道教灵验记》卷 2《青羊肆验》，罗争鸣辑校《杜光庭记传十种辑校》，第 171 页。

④ 乐朋龟：《西川青羊宫碑铭》，董诰等编《全唐文》卷 814，第 8571 ~ 8573 页。

⑤ 《资治通鉴》载，中和元年正月，僖宗"车驾至成都，馆于府舍"，胡三省注曰："就西川府舍为行宫。"《资治通鉴》卷 254，唐僖宗中和元年正月丁丑，第 8245 页。

⑥ 玄宗所居道观改为行庙事，《册府元龟》载："中和元年四月，僖宗在成都府……左丞崔厚为太常卿，遂议立行庙，以玄宗幸蜀时道宫玄元殿之前，架幄幕为十一室，又无神主，题神版位而行事。"王钦若等编纂《册府元龟》卷 593《掌礼部》，第 6802 页。

威""秀气"则是帝王加持的意象。成都城王权礼仪景观完备，被称为"都城"。成都城皇权意象与城市旧景结合的都城风景在时人表达之中亦有体现，如高骈在目睹中和三年（883）陈敬瑄任行朝中书令的除书后撰别纸曰："秩归凤阙，化洽龟城，蹑高踪于黄闼紫扉，耀伟质于朱衣皓带。"①凤阙②、黄闼紫扉是宫城的代称，朱衣皓带意指显宦，龟城是成都城的旧景别称。高骈以都城意象与旧景合指成都风景。

僖宗在蜀四年，时间相对较长，其间有较多王权礼仪和律令实施场景。如唐廷在成都举办了进士科试，中试者在城北郊的昭觉寺中题名，宋代此寺中还遗留"有僖宗幸蜀放随驾进士三榜题名记"；③又如僖宗在罗城北门大玄楼举行了数次献俘仪式，中和二年十二月，"（高）仁厚以阡能首来献，帝御大玄楼宣慰回戈将士"，中和四年七月，"时溥遣使献黄巢及家人首并姬妾，上御大玄楼受之"；④再如僖宗召成都昭觉寺僧人讲法，"说无上秉，若麟德殿故事"，⑤举行了与长安城大明宫麟德殿相似的宗教讲论；⑥另如玄宗驻蜀的遗物也被崇奉，"僖宗幸蜀，御座是明皇幸蜀故物"。⑦

唐僖宗在成都城营造的唐都风景，应是出于重塑行朝威权而有意为之。如僖宗到达成都不久，敕称为了"冀表显恩，式彰异礼"，仿长安凌烟阁故事，"于大慈寺御真院写朕真并扈从宰臣等真"，令画工在大慈寺墙壁绘制了从中书令到都虞候、诸司使副等各级官员一百余人，⑧几乎囊括整个行朝班子和一些外镇重臣。僖宗亲作"真赞"，而后派遣使者携带外臣"真"摹本"远飞宠诏"，宣示本人。淮南节度使高骈在得到御赐"真赞"后表称："陛下展义陈诗，停銮驻跸，遂征绘事，俾写圣容。其于侍从之臣，宜居左右……千年嘉遇，万代美谭，唯当志励风霜，永验松筠之

---

① 崔致远撰，党银平校注《桂苑笔耕集校注》卷8《西川陈敬瑄相公》，第206页。
② 李合群：《论中国古代凤阙及其演变》，《古建园林技术》2020年第2期，第40页。
③ 李畋：《重修昭觉寺记》，袁说友等编《成都文类》卷37，第723页。
④ 《资治通鉴》卷255，唐僖宗中和二年十二月，第8282页；卷256，唐僖宗中和四年七月壬午，第8312页。
⑤ 李畋：《重修昭觉寺记》，袁说友等编《成都文类》卷37，第722页。
⑥ 杜文玉：《唐大明宫麟德殿功能初探》，《晋阳学刊》2012年第2期，第107页。
⑦ 王谠撰，周勋初校证《唐语林校证》卷7《补遗》，中华书局，1987，第671页。
⑧ 黄休复：《益州名画录》卷上《常重胤》，四川人民出版社，1982，第42~43页。

不改。"① 从君臣敕、表可知，大慈寺中绘制的唐廷君臣图像，不仅昭示了行朝班子之完整，还有助于凝聚人心，为在危局中形塑行朝威仪起到了一定的作用。又如前文所述的青羊宫符命和行朝风景，被"告示诸道及军前"，"颁示天下，以表皇家……实万代之无穷也"，② 这是唐廷利用老君降生宣传模式，"形塑威权"、安拢人心的"政治宣传"。③

唐廷借此向外界传递如此信息：即使朝廷在蜀，仍旧威仪壮丽，天下之人可以安心。这一点至关重要，时人皆知僖宗奔蜀，对此颇有议论。如宋代计有功《唐诗纪事》记载了行朝进士裴廷裕与其友人李抟以诗唱和的典故，"僖宗在成都，（裴）廷裕登第"。李抟作诗戏谑裴廷裕曰："闻道蜀江风景好，不知何似杏园春？"蜀江指绕成都城而过的内、外两江；杏园在长安城曲江池西，进士发榜后于此宴集。李抟调侃式地询问成都登科与长安之情景有何异同，身在成都城的裴廷裕严肃地回应：

> 何劳问我成都事，亦报君知便纳降。……富春不并穷师子，濯锦全胜早曲江。高卷绛纱杨氏宅，半垂红袖薛涛窗。浣花泛鹢诗千首，净众寻梅酒百缸。若说弦歌与风景，主人兼是碧油幢。④

"纳降"或指前文所提的献俘仪式；"富春"指富春坊，为成都歌舞胜地；"师子"指唐宫廷立部伎"太平乐，亦谓之五方师子舞"；⑤ "濯锦"指成都城南濯锦江；"曲江"指长安城南曲江池；"高卷绛纱""半垂红袖"指官员寓居成都城的场景；"浣花泛鹢"指在成都城西南浣花溪泛舟；"净众寻梅"指在成都城西净众寺赏花。裴廷裕严肃的回应诗，表达了唐廷在成都城所营造的唐都风景威仪繁华，并不落魄，几与长安城比肩。

唐玄宗、僖宗前后巡幸成都，唐都风景随之而来，成都城因行朝政治

---

① 崔致远撰，党银平校注《桂苑笔耕集校注》卷2《谢赐御制真赞表》，第42~43页。
② 杜光庭：《历代崇道记》，罗争鸣辑校《杜光庭记传十种辑校》，第372~373页。
③ 吴晓丰：《僖宗入蜀与唐王朝的符命宣传——〈西川青羊宫碑铭〉考释》，武汉大学中国三至九世纪研究所编《魏晋南北朝隋唐史资料》第36辑，上海古籍出版社，2017，第182、185页。
④ 计有功撰，王仲镛校笺《唐诗纪事校笺》卷61《李抟》，中华书局，2007，第2069页。
⑤ 杜佑：《通典》卷146《乐·坐立部伎》，中华书局，1988，第3718页。

而具有了王权礼仪和律令实施的场景。因时局不同，玄宗、僖宗所致成都城的唐都风景又有所差异。玄宗幸蜀，成都行朝仍具中枢职能，也有行宫、王宅、太清宫等王权礼仪场所。同时，玄宗抵达成都十多天后即退居太上皇，为表示权力移交的观瞻，唐都风景整体相对低调。玄宗行朝撤离后，成都虽加号为"南京"，唐都风景却多是意象。僖宗幸蜀时，在成都城营造了比肩长安城的唐都风景，以求在乱局中塑造行朝权威。

二　前蜀都城景观与唐都要素

907 年，前蜀建立，以成都为都城。前蜀君臣对其立国合法性的论述主要是承唐之德，"金承土运，开国于坤"。① 前蜀的立国过程，被叙述为唐朝"迁都而灭国"，"朝市丘墟"，王建不得已而割据自保。② 蜀都成都城与唐都景观的继承关系，直接昭示了前蜀"被迫"割据的合法性。其中可分为两个内容：一是利用唐玄宗、僖宗在成都的遗景。前蜀统治者将唐玄宗、僖宗所致成都城的皇权意象作为割据的依据之一。如武成三年（910）前蜀先主答梁帝书曰："西蜀……称雄虽处于一隅，避狄曾安于二帝。鼎峙之规模尚在，山呼之气象犹存。"③ 又如后唐同光三年（925）伐蜀檄文称："矧彼蜀民，代承唐德。玄宗朝以兵兴河塞，久驻金銮。僖宗时以盗起中原，曾停玉辂。"④ 维护二帝遗景是前蜀昭示承唐而治的重要措施。二是蜀都要素对唐长安旧景的模仿。前蜀典章文物，多承袭唐朝制度，"典章文物有唐之遗风"，⑤ "盛行唐典法"。⑥ 前蜀模仿唐都改造成都城，营造了甲于诸国的实体空间景观，"蜀之四主崇奢，宫殿、苑囿、池亭〔亭〕，世罕其比"。⑦

---

① 陈尚君辑校《全唐文补编》卷 7《前蜀后主王衍·永陵哀册文》，中华书局，2005，第 2364 页。
② 句延庆：《锦里耆旧传》卷 5，傅璇琮等主编《五代史书汇编》，杭州出版社，2004，第 6028 页。
③ 句延庆：《锦里耆旧传》卷 6，傅璇琮等主编《五代史书汇编》，第 6036 页。
④ 王钦若等编纂《册府元龟》卷 416《将帅部》，第 4730 页。
⑤ 《资治通鉴》卷 266，后梁太祖开平元年九月，第 8685 页。
⑥ 贯休著，胡大浚笺注《贯休歌诗系年笺注》卷 16《寿春节进》，第 736 页。
⑦ 黄休复：《益州名画录》卷中《黄居寀》，第 72 页。

（一）对唐二帝遗景的利用

前蜀对唐代二帝在成都遗留的少量景观进行了维护和扩展。如大慈寺是唐玄宗在蜀期间敕建，僖宗在蜀时，令画工在寺中御容院绘制了自己和随扈官员的画像。前蜀将玄宗行宫——上皇观中的玄宗御容转移至大慈寺御容院供奉，① 同时派画工"模写大唐二十一帝圣容，及当时供奉道士叶法善、禅僧一行、沙门海会、内侍高力士于大圣慈寺玄宗御容院上壁"。② 叶法善、僧一行、高力士与玄宗关系亲近，可见前蜀虽摹写唐二十一帝之御容，但重点是幸蜀之玄宗。前蜀皇帝时常拜谒玄宗和僖宗御容。如唐大顺二年（891），蜀先主王建甫入成都，就至大慈寺拜谒僖宗御容，"王先主既下蜀城，谒僖宗御容"；③ 又如前蜀乾德三年（921）七月，蜀后主"避暑大慈寺，观唐明皇、僖宗御容"。④ 前蜀皇帝维护唐玄宗、僖宗遗景，应是出于继承唐朝合法性的考虑。如前蜀武成元年（908）僧贯休向先主进诗称："圣运关天纪，龙飞古帝基。……恩颁新命广，泪向旧朝垂。"⑤ "帝基"当包含汉昭烈帝、唐玄宗、唐僖宗等在成都的遗景，"旧朝"当指唐朝。前蜀维护唐二帝遗景，既可照顾由唐入蜀统治集团的感情，也能昭示权力的合法性。后者尤为重要，这从玄宗行宫上皇观的维护可以窥见。

唐晚期，上皇观被更名为兴圣观，前蜀永平年间（911～915）又被改建为军营。⑥ 后唐同光元年，庄宗"遣使以灭梁告吴、蜀，二国皆惧"。次年四月，庄宗再次遣使到成都，以"混一天下之志"威胁蜀廷。⑦ 后唐自叙为中兴唐朝，前蜀后主为向后唐示好，急忙恢复唐玄宗行宫兴圣观，"甲申岁，为蜀少主生日，僚属将率俸金营斋。忽下令，遣将营斋之费，

① 黄休复：《益州名画录》卷下《陈若愚》第 101 页。
② 黄休复：《益州名画录》卷下《宋艺》，第 112 页。
③ 郭若虚：《图画见闻志》卷 5《常生》，人民美术出版社，2016，第 134 页。
④ 吴任臣：《十国春秋》卷 37《前蜀·后主本纪》，中华书局，2010，第 537 页。
⑤ 贯休著，胡大浚笺注《贯休歌诗系年笺注》卷 16《寿春节进》，第 735 页。
⑥ 《资治通鉴》载："玄宗之离蜀也，以所居行宫为道士观，仍铸金为真容。"《益州名画录》称："王氏永平，废兴圣观为军营，其观有五金铸《天尊形明皇御容》一躯，移在大圣慈寺御容院供养。"兴圣观应是玄宗行宫上皇观更名之称。《资治通鉴》卷 224，唐代宗永泰元年闰十月，第 7187 页；黄休复：《益州名画录》卷下《陈若愚》，第 101 页。
⑦ 《资治通鉴》卷 272，后唐庄宗同光元年十月，第 8903 页；卷 273，后唐庄宗同光二年四月，第 8918 页。

巫修兴圣观。左徒藏事，急如星火，不日而观成"。①

（二）对唐长安旧景的借鉴

现存关于前蜀都城的文字记载并不多，考古发现亦较少。从零散的材料中，可以发现大量唐都旧景对蜀都的显著影响。

1. 对王权礼仪场所的模仿

王建称帝时，所利用的宫城主体直接由西川节度使、成都府的衙署更名而来，土木改作不多。诸多建筑名称直接借鉴、模仿了唐都城。正如胡三省注《资治通鉴》前蜀"文思殿""文明殿"时称"蜀盖袭唐殿名"，"蜀宫仿唐宫之制"。② 可考者详见表1。

表1　前蜀成都城与唐长安城建筑名称对照

成都城名称	成都城位置	长安城名称	长安城位置
承乾殿	宫城正殿	承乾殿	太极宫
日华门	宫城门	日华门	太极宫/大明宫门
月华门	宫城门	月华门	太极宫/大明宫门
东上阁门	宫城门	东上阁门	大明宫门
西上阁门	宫城门	西上阁门	大明宫门
翔鸾阁	宣华苑	翔鸾阁	大明宫
龙跃池	宣华苑	龙池	兴庆宫
玄武门	宫城正北与皇城间中隔门	玄武门	太极宫/大明宫北门
宜春院	宣华苑	宜春院	太极宫东
神雀门	宫城正南与皇城间中隔门	朱雀门	皇城正南门
延秋门	罗城西南门	延秋门	禁苑西南门

资料来源：张唐英《蜀梼杌》卷上，傅璇琮等主编《五代史书汇编》，第6073页；《资治通鉴》卷190，唐高祖武德五年十一月，第5958页；宋敏求《长安志》卷6《宫室·唐》，三秦出版社，2013，第232~243页；崔令钦撰，任半塘笺订《教坊记笺订》，中华书局，1962，第12、14页。

前蜀对长安城王权礼仪建筑的模仿，不仅有"名"的表象，还蕴含了景观层面"实"的内容。以蜀都皇城正门——宗礼门为例，《茅亭客话》载：

---

① 李昉等编《太平广记》卷140《征应六·兴圣观》，中华书局，1961，第1012页。
② 《资治通鉴》卷272，后唐庄宗同光元年八月，第8892页；卷274，后唐庄宗同光三年十一月丙申，第8943页。

　　　　王先主自天复甲子岁封蜀王，霸盛之后，展拓子城西南，收玉局
　　　化，起五凤楼，开五门，雉堞巍峨，饰以金碧，穷极瑰丽，辉焕通
　　　衢，署曰"得贤楼"，为当代之盛。①

　　前蜀先主王建受封蜀王之后，谋求割据自立，在成都城中营造王权礼
仪景观，南拓子城至玉局化一带。"开五门"指修建拥有五个门道的新正
南门。"起五凤楼"指新门的城楼左右展开，有五楼呈凤翅状，"绘以朱
丹"，因此又称"红楼"。②成都皇城的南门景观，显然是有意模仿唐长安
城大明宫正南门——丹凤门。大明宫丹凤门的关键元素亦是五个门道和丹
凤楼，"龙道双回，凤门五开"。③"为当代之盛"意为王建模仿大明宫丹
凤门之举在五代至宋初较为罕见，北宋东京宫城正南宣德门可以作一佐
证。宣德门"本汴州鼓角门，至梁建都，谓之建国门。历五代，制度极庳
陋，至祖宗时，始增大之，然亦不过三门而已"。蔡京当政时，才以"唐
亦为五门"为由，模仿唐大明宫丹凤门拓展宣德门为五门道。④

　　2. 对后苑的模仿

　　前蜀乾德三年，后主在皇城中扩建了后苑——宣华苑。宣华苑位于蜀
皇城以内、宫城西部和北部，其景观体现了浓厚的唐长安色彩。据《蜀梼
杌》载：

　　　　宣华苑成，延袤十里。有重光、太清、延昌、会真之殿，清和、
　　　迎仙之宫，降真、蓬莱、丹霞之亭，土木之功，穷极奢巧。⑤

　　宣华苑围绕宣华池（龙跃池）而建，"延袤十里"指宣华池岸线建筑
群的规模。围绕宣华池的蜀都苑囿，与围绕太液池的大明宫苑囿景观相
似。具体而言如下。

---

①　黄休复：《茅亭客话》卷2《崔尊师》，朱易安、傅璇琮等主编《全宋笔记》第2编第1
　　册，大象出版社，2006，第16页。
②　路振：《九国志》卷6《前蜀·王宗涤传》，傅璇琮等主编《五代史书汇编》，第3287页。
③　李庚：《两都赋》，董诰等编《全唐文》卷740，第7644页；杨军凯：《唐大明宫"五门"
　　考》，《文博》2012年第4期。
④　陆游：《家世旧闻》卷下，上海师范大学古籍整理研究所编《全宋笔记》第5编第8册，
　　大象出版社，2012，第258页。
⑤　张唐英：《蜀梼杌》卷上，傅璇琮等主编《五代史书汇编》，第6079页。

首先是景观主题相似。前蜀宫苑以道教为景观主题，这从太清、迎仙、降真、蓬莱等殿、宫、亭之名可以直接看出。前蜀先主王建后妃花蕊夫人《宫词》主要描写了宣华苑的环境和生活，概括成都宫苑景观为"三十六宫连内苑，太平天子坐昆山"。① 南宋杨齐贤引《瑞应图》称："昆山，即昆仑山，有凤巢。"② 花蕊夫人是将宣华苑比作神人之居。前蜀蒲禹卿上表后主，叙述成都宫苑景观："玉京金阙，宝殿珠楼，内苑上林，瑶池琼圃……簇神仙于紫禁，耀珠翠于皇宫。如论万乘之居，便是三清之境。"③ 前蜀翰林校书尹鹗作《满宫花》词，称蜀宫"何处醉迷三岛？漏清宫树子规啼"。④ 由此可以推知宣华苑具有"一池三岛"的仙境意象。这与唐长安城大明宫后苑"一池三山"，即太液池、蓬莱山、方丈山、瀛洲山的道教主题景观相似。⑤

其次是前蜀后苑借鉴了大明宫的诸多景观元素。如对画廊、廊院的借鉴。花蕊夫人《宫词》叙述宣华苑景观为"安排诸院接行廊，水槛周回十里强"，"先向画廊排御幄，管弦声动立浮油"，前蜀皇帝在画廊围合的宣华池周边诸院中进行娱乐活动。⑥ 前蜀后苑的廊院可通过与之相邻的前、后蜀宫城廊院观察，据宋初知益州张咏称，前、后蜀宫城廊院在宋初仍存，"堂有掖室，室前回廊。廊南暖厅，屏有黄氏（名筌）画双鹤花竹怪石在焉，众名曰'双鹤厅'"。⑦ 前蜀后苑画廊、廊院与考古人员在唐大明宫遗址中发现的廊院及壁画遗迹类似。⑧ 又如对名贵园林植物的借鉴。中唐开始，牡丹成为长安城禁苑中的重要观赏植物，号"京国牡丹"。⑨ 蜀中本无牡丹，前蜀从长安等地移植于宣华苑中。《茅亭客话·瑞牡丹》载：

① 水赉佑编《苏轼书法史料集·花蕊夫人宫词并跋》，上海书画出版社，2017，第196页。
② 李白撰，杨齐贤集注，萧士赟补注《李太白集分类补注》卷10《赠溧阳宋少府陟》，景印文渊阁四库全书，第1066册，第576页。
③ 何光远撰，邓星亮等校注《鉴诫录校注》卷7《陪臣谏》，巴蜀书社，2011，第173页。
④ 赵崇祚编，杨景龙校注《花间集校注》卷9《尹鹗》，中华书局，2014，第1343页。
⑤ 中国社会科学院考古研究所、日本独立行政法人文化财研究所奈良文化财研究所联合考古队：《西安市唐长安城大明宫太液池遗址》，《考古》2005年第7期，第34页。
⑥ 水赉佑编《苏轼书法史料集·花蕊夫人宫词并跋》，第196~197页。
⑦ 张咏：《益州重修公宇记》，袁说友等编《成都文类》卷26，第521页。
⑧ 中国社会科学院考古研究所、日本独立行政法人文化财研究所奈良文化财研究所联合考古队：《西安唐大明宫太液池南岸遗址发现大型廊院建筑遗存》，《考古》2004年第9期，第4、6页。
⑨ 舒元舆：《牡丹赋》，董诰等编《全唐文》卷727，第7485页。

西蜀自李唐之后，未有此花，凡图画者，唯名洛州花。……至伪蜀王氏，自京洛及梁洋间移植，广开池沼，创立台榭，奇异花木，怪石修竹，无所不有，署其苑曰宣华。①

从长安等地移植而来的牡丹是宣华苑的重要观赏植物，"宣华"之苑名或与牡丹有关。后蜀时宣华苑又被称为"牡丹苑"。② 从"洛州花"可以窥见，时人常据牡丹联想到唐都意象。蜀地牡丹与都城意象在宋代仍具联系，成都府路彭州种植牡丹较多，彭州因此号"小西京"，"以其俗好花，有京洛之遗风"。③

3. 对十王宅和夹城的借鉴

唐开元十三年（725）后，唐廷施行诸皇子集中居住管理的"十王宅制"，在长安城东北角修建皇子集中居住区"十王宅"，再沿长安城墙起复道为夹城，诸皇子可由夹城潜行于"十王宅"与大明宫、兴庆宫之间，而与外界不相扰。④《资治通鉴》载前蜀"太子衍好酒色，乐游戏。蜀主尝自夹城过，闻太子与诸王斗鸡击球喧呼之声"，胡三省注曰："蜀盖仿长安之制，附夹城为诸王宅。""王宅"应指"十王宅"，"夹城"应是王宅与宫城潜通之处。⑤ 后唐天成元年（926）三月，前蜀后主王衍及其宗族在迁洛途中被杀，时人议论曰："六宫嫔御，挫红绿于征途，十宅公王，碎金珠于逆旅。"⑥"十宅公王"代指前蜀诸王，侧面印证前蜀采用了唐代的"十王宅制"。前蜀夹城的规模应较为宏大。北宋乾德三年（965）平后蜀，不久蜀兵乱，"时蜀兵几三万人屯城南教场，全斌虑其应贼，徙置夹城中"，⑦宋将王全斌担忧成都城中屯驻的三万蜀兵响应起事，遂将他们尽数徙置夹城中，由此可略窥夹城之规模。

4. 对太清宫的模仿

前蜀乾德五年（923），后主仿照唐长安太清宫御容供奉和郊庙制度，

---

① 黄休复：《茅亭客话》卷8《瑞牡丹》，朱易安、傅璇琮等主编《全宋笔记》第2编第1册，第58页。

② 胡元质：《牡丹谱》，杨慎编《全蜀艺文志》卷56，线装书局，2003，第1691页。

③ 陆游：《天彭牡丹谱·风俗记》，杨慎编《全蜀艺文志》卷56，第1689页。

④ 陈丽萍：《再议唐"十王宅制"》，《中国史研究》2022年第1期。

⑤ 《资治通鉴》卷270，后梁均王贞明四年正月，第8824页。

⑥ 何光远撰，邓星亮等校注《鉴诫录校注》卷5《徐后事》，第113页。

⑦ 李焘：《续资治通鉴长编》卷6，太祖乾德三年三月，中华书局，2004，第151页。

在成都城修建了上清宫，"王蜀少主以高祖受唐深恩，将兴元节度使唐道袭私第为上清宫……写大唐二十一帝御容于殿堂……殿堂行事，斋宫职掌，并依太清宫故事"。① 上清宫主要奉祀唐朝诸帝，"于正殿塑玄元皇帝及唐诸帝"。②

总之，前蜀自称德运承唐，典章制度袭唐而治，都城风景中充满了浓厚的唐都色彩，主要包括唐玄宗、僖宗遗景和唐长安城景观元素两个内容。前蜀有选择地维护玄宗、僖宗遗景。前蜀后苑对唐长安城大明宫的模仿痕迹显著，十王宅、夹城、上清宫亦效仿长安城的十王宅、夹城、太清宫而建。前蜀都城以长安为主的唐都式实体空间景观给居住在其中的统治阶层营造特定生活场景提供了空间。

三 前蜀宫廷生活与唐都场景

人群的生活场景是城市风景的另一重要层面，其特点是依托城市实体空间展开。人群活动结束后，相关风景随即消失。城市生活场景因人群的迁徙、观念的传袭，亦可"场景式"重构。前蜀统治集团大多由唐入蜀，正如同光四年正月后唐伐蜀榜敕所称："伪蜀文武臣僚等，或本朝旧族，或本朝旧贤。"③ 他们中的重要成员如皇帝王建、宰相韦庄等还曾经生活于唐长安城中。他们割据蜀地的主要政治目的是在乱世之中"保天禄于三川"，维持旧有的统治秩序不变。④ 前蜀统治集团将他们熟悉的长安宫廷场景融入唐都式的景观之中，建构了唐都式的蜀都风景。一幕幕长安式的宫廷场景在成都城中呈现。

第一，皇帝诞辰日的宗教场景。唐代皇帝诞辰日，"请两街供奉讲论大德及道士于内里设斋行香。请僧谈经，对释教道教对论义"。⑤ 前蜀亦有道教两街威仪等职，他们与僧人在蜀主诞辰日开展相应的宗教活动。《鉴诫录·旌论衡》记述了蜀先主诞辰日的宗教仪式，释教国师称道教科仪

① 黄休复：《益州名画录》卷中《杜龁龟》，第63~64页。
② 《新五代史》卷63《前蜀世家·王衍》，中华书局，1974，第792页。
③ 句延庆：《锦里耆旧传》卷6，傅璇琮等主编《五代史书汇编》，第6040页。
④ 何光远撰，邓星亮等校注《鉴诫录校注》卷4《得夫地》，第101页。
⑤ 圆仁著，白化文等校注《入唐求法巡礼行记校注》卷4，中华书局，2019，第429页。

为"夜深灯火满坛铺，拔剑挥空乱叫呼。黑撒半筐兵甲豆，朱书一道厌人符"；道教威仪称释教活动是"比来降诞为官家，堪笑群胡赞佛牙。手软阿师持磬钹，面甜童子执幡花"。① 上述虽是道、释人士相互攻诘之语，但道出了蜀先主诞辰日成都城中有与唐长安城类似的盛大宗教活动场景。

第二，"御厨进食"宫苑场景。南宋吴曾观前蜀花蕊夫人《宫词》描写宣华苑诗："厨船进食簇时新，列坐无非侍从臣。日午殿头宣索脍，隔花催唤打鱼人。"吴曾又见唐代王建《宫词》描写长安宫城诗："御厨进食索时新，每到花开即苦春。白日卧多娇似病，隔帘教唤女医人。"对于两诗描写的"御厨进食"等相似内容，吴曾认为"不惟第一句同，而末章词意，皆相缘以起也"。② 实际上，花蕊夫人《宫词》与王建《宫词》的"词意"相似，不仅是前者对后者文字的模仿，亦是宣华苑与唐长安宫苑场景相似的反映。《五国故事》记载了前蜀"御厨进食"的细节，后主王衍在宣华苑中"以缯彩数万段结为彩楼山……山前，列以金银锜釜之属，取御厨食料烹燀于其间……谓之当面厨。彩山之前复穿一渠，以通其宫中"。③ "厨船进食"应是通过水渠船运宫中食物至宣华苑"当面厨"。

第三，宫廷乐舞场景。前蜀宫廷乐曲，多承自唐廷教坊，如宋王灼《碧鸡漫志》称"（王）衍自执板唱《霓裳羽衣》《后庭花》《思越人》曲"，"决非开元全章"。④ 见诸唐崔令钦《教坊记》⑤ 记载的蜀曲还有《甘州》《折红莲》。⑥ 一些歌舞场景与唐廷较为相似，当有直接承袭关系。如唐廷有山车、陆船等歌舞场景。⑦ 王衍在成都蜀宫仿置了"蓬莱山"，宋田况《儒林公议》有详细描述：

---

① 何光远撰，邓星亮等校注《鉴诫录校注》卷6《旌论衡》，第145页。
② 吴曾：《能改斋漫录》卷8《沿袭·隔花催唤打鱼人》，《全宋笔记》第5编第3册，第216页。
③ 佚名：《五国故事》卷上，傅璇琮等主编《五代史书汇编》，第3186页。
④ 彭东焕等：《碧鸡漫志笺证》卷3《霓裳羽衣曲》，巴蜀书社，2019，第123页。
⑤ 崔令钦撰，任半塘笺订《教坊记笺订》，第152页。
⑥ 蜀廷《甘州》曲见《青箱杂记》，《折红莲》见后文。吴处厚：《青箱杂记》卷7，中华书局，1985，第69页。
⑦ 《资治通鉴》载"上皇每酺宴……以山车、陆船载乐往来"，胡三省注曰："山车者，车上施棚阁，加以彩绘，为山林之状。陆船者，缚竹木为船形，饰以缯彩，列人于中，舁之以行。"《资治通鉴》卷218，唐肃宗至德元载八月，第6993页。

> 庭为山楼，以彩为之，作蓬莱山。画绿罗为水纹地衣……复以杂
> 彩为二舟，辘轳转动……载妓女二百二十人，拨棹行舟，周游于地衣
> 之上，采折枝莲到阶前出舟，致辞长歌。①

《折红莲》是唐廷教坊乐曲名，② 蜀宫"蓬莱山""舟"应是与其配套
的乐舞布景。《折红莲》乐舞场景与唐廷山车、陆船较为类似。疑似继承
自唐教坊的乐舞场景还有《二郎神》《女冠子》《回鹘队》。③

前蜀自称德运和典章制度承袭于唐，权力和礼仪运行机制一致，必然
会外溢至宫廷生活之中。前蜀对唐代宫廷场景的模仿，亦有基于政治因素
的考量。宋代叶梦得《避暑录话》记载了一个前蜀宫廷典故：

> 唐御膳以红绫饼餤为重。昭宗光化中放进士榜，得裴格等二十八
> 人……会燕曲江……作二十八饼餤赐之。卢延让在其间，后入蜀，为
> 学士。既老，颇为蜀人所易。延让……乃作诗云："莫欺零落残牙齿，
> 曾吃红绫饼餤来。"王衍闻知，遂命供膳，亦以饼餤为上品，以红罗
> 裹之。④

卢延让在唐昭宗时中进士，曲江宴时得享昭宗赏赐的"红绫饼餤"。
五代前蜀时卢氏为近侍学士，仍以曾经参与前唐宫廷活动为荣。后主王衍
为示恩重，仿唐制赐卢氏"红罗饼餤"。王衍此举，意在昭示新蜀与旧唐
一以贯之，以此安抚由唐入蜀的旧人群体。

前蜀对旧唐宫廷场景的模仿还具有因应割据的政治意义。后唐建立之
后，无论从军事实力还是合法性上，均对自称继承唐运的前蜀构成了挑
战。同光二年四月、五月，后唐使者李严朝见蜀主王衍称："大蜀皇帝柔
怀远迩，居安虑危；喜我帝祚中兴，群妖悉灭。特遣苏、张之士，来追
唐、蜀之欢。"李严以军事和合法性威胁前蜀向后唐示好。⑤ 为此，蜀主王

---

① 田况：《儒林公议》卷下《王建子衍之灭》，中华书局，2017，第116页。
② 崔令钦撰，任半塘笺订《教坊记笺订》，第106页。
③ 崔令钦撰，任半塘笺订《教坊记笺订》，第78、130页；张唐英：《蜀梼杌》卷上，傅璇
　琮等主编《五代史书汇编》，第6079、6081、6084页；《宋史》卷142《乐志·教坊》，
　中华书局，1985，第3347、3350页。
④ 叶梦得：《避暑录话》卷下，朱易安、傅璇琮等主编《全宋笔记》第2编第10册，第301页。
⑤ 句延庆：《锦里耆旧传》卷6，傅璇琮等主编《五代史书汇编》，第6038页。

衍亲到成都上清宫拜谒唐代诸帝，"躬自荐享，城中士女游观阗咽"，并召后唐使者李严观谒享之礼。王衍亲祀唐代郊庙的场景给成都城民众带来了极大的心理冲击，时人"谓之'寻唐魂'"，① 认为此举是在认唐归宗，"以为朝唐之列圣，盖归中原之兆也"。② 王衍还将《折红莲》乐舞场景展示给后唐使者李严，"以夸之"。③ 王衍借旧唐宫廷场景演示，企图缓和前蜀与后唐的关系，"唐国通好"。实际上，李严返回洛阳后，评价王衍"童騃荒纵"，④ 或是认为王衍模仿唐长安宫廷场景的表演在政治上过于不成熟。

　　总而言之，前蜀政权在成都城呈现了与唐都长安相仿的生活场景，此当出于安抚由唐入蜀的统治阶层和示好后唐等割据政权而有意为之。唐都式的景观和宫廷生活场景一起构成了时人所感知的蜀都风景。近似唐长安城的前蜀都城风景，在割据时代具有"人间胜致，天下所无""蜀都强盛，诸国不如"的政治意涵，为前唐旧人割据统治、生活于成都提供了一定的合法性、合理性。⑤

余　论

　　五代后蜀与前蜀面临的割据形势较为相似，前蜀之亡成为后蜀理政的重要鉴戒，如茂州录事参军幸寅逊向后主孟昶上《谏击球疏》称"博戏击鞠……奔车跃马……前蜀王氏，覆车不远矣"，前蜀一系列宫廷场景被认为是亡国之因。⑥ 前蜀承唐的旧景不再被重视，如与前蜀宣华苑的日常盛大游宴场景相比，后蜀宣华苑则寂寥许多。⑦ 虽然后蜀都城直接继承自前蜀，但两者景观的相似性并未转化为风景的相似性，可见人们的生活场景

---

① 吴处厚：《青箱杂记》卷7，中华书局，1985，第69页。
② 佚名：《五国故事》卷上，傅璇琮等主编《五代史书汇编》，第3187页。
③ 田况：《儒林公议》卷下《王建王衍之灭》，第116页。
④ 《资治通鉴》卷273，后唐庄宗同光二年五月戊申，第8921页。
⑤ 何光远撰，邓星亮等校注《鉴诫录校注》卷7《陪臣谏》，第173、175页。
⑥ 幸寅逊：《谏孟昶书》，袁说友等编《成都文类》卷19，第406页。
⑦ 后蜀广政三年（940）赵崇祚所编《花间集》收录历仕前、后蜀的鹿虔扆《临江仙》词曰："金锁重门荒苑静……翠华一去寂无踪……夜阑还照深宫。藕花相向野塘中。暗伤亡国，清露泣香红。"鹿虔扆所伤之国，当为前蜀，"荒苑"应指宣华苑。赵崇祚编，杨景龙校注《花间集校注》卷9《鹿虔扆·临江仙》，第1295页。

在城市风景中的重要地位。

　　中古城市的风景往往由统治者决定。统治者通过实体空间景观和人们生活场景等城市风景向大众传递政治意图。唐五代唐都风景被植入成都城的过程，与唐中晚期二帝奔蜀、藩镇割据建国的政治秩序相呼应。唐玄宗、僖宗到达蜀地后，唐都的风景随之而来。玄宗在成都时，为展示权力交接的决心，成都城所呈现的唐都风景较为低调。成都后加"南京"之号，但只具唐都意象。僖宗在蜀时，唐廷营造了气象不减于长安的行朝风景，行庙、行宫、科举、符命、献俘等都城景观均得以呈现，有利于稳定行朝和人心。五代前蜀时，统治阶层成员大都由长安而来，由唐入蜀，在典章制度一应旧唐的同时，都城风景亦与唐都相类，包括唐都旧景要素、唐二帝遗景和基于此建构的唐长安式宫廷生活场景，昭示王氏蜀国承唐而治，能够给予统治阶层旧都长安式的风景感知，为割据统治提供一定的合理性。中古时期，政治秩序就像一道投影，寓于城市风景之中，城市风景在观瞻、感知层面向人们传递时局信息。本文只是略述唐五代时期唐都风景被植入成都城的过程及其所蕴含的政治秩序因素，更多内容，有待将来补充。

作者：伍磊，成都大学文学与新闻传播学院

（编辑：熊亚平）

朝鲜燕行使者眼中的清代东北城市发展与变迁[*]

王广义　王　丹

内容提要　清代的东北地区作为"龙兴之地"，城市实现新的发展。朝鲜燕行使者描绘游历的东北城市，通过"他者"视域反观"自我"变化，深化对清代东北城市的认识。朝鲜燕行使者视域下清代东北城市的样貌类型及空间形态类型，呈现东北城市在政治、经济、文化等方面的发展变迁，反映了旗民并行的二元城市行政管理制度转变，区域农业、手工业及商业市场的发展，精神信仰、社会风俗的文化融合等。本文从域外的视角观察，有助于还原清代东北社会的历史细节，丰富对东北城市的认知记忆。

关键词　朝鲜燕行使者　清代　东北城市

清代东北地区呈现与中原地区不同的发展特点。根据历史记载，朝鲜使者出使中国朝贡的文字记录纵跨从元到清将近 700 年的时间，最早的"燕行录"文献可追溯到元世祖至元十年（1273）李承休的《宾王录》。清代朝鲜燕行使者留下的《燕行录》，由于其特定的入华燕行路线，描绘了大量从朝鲜出发到北京沿途的所见所闻，特别是对凤凰城到山海关这一路的政治、经济、文化和社会风俗的观察，多维度勾勒出东北地区州县城池的建设发展，对研究清代东北地区城市史具有一定的史料价值。学术界目前对东北城市的探讨主要集中在城市近代化①、城市空间形

---

* 本文系 2017 年国家社科基金重大项目"'亚细亚文库'文献整理与研究"（项目编号：17ZDA215）的阶段性成果。

① 孙鸿金、曲晓范：《奉天开埠与城市自主性近代化的启动》，《社会科学战线》2012 年第 12 期；荆蕙兰、张恩强：《近代东北城市化进程中的关内移民》，任吉东主编《城市史研究》第 44 辑，社会科学文献出版社，2021，第 66~83 页。

态①、城市发展变迁②及单一城市③的相关研究上，利用朝鲜使者的"异域"视角分析东北城市的研究成果并不多见。本文以燕行使者汉文的《燕行录》作为基础文献资料，通过"他者"视域反观"自我"，分析清代东北城市的样貌类型及空间形态，从不同视角呈现东北城市的发展态势，丰富对清代东北城市的认知与研究。

一 燕行使视域下清代东北城市的样貌类型

清代东北城市主要以屯堡、卫所、驿城、市镇等形式存在，城市与村落一样为生活集聚点，是东北民众日常生活的场所。燕行使者观察到的东北城市样貌类型，对清代定居场所进行多维度考察，有助于还原东北城市的历史样貌，留存东北社会文明的记忆。

（一） 军事政治型城市

清代东北城市最初多应军事防御需求建造，呈现出军事功能主导的城市样貌与发展方向。出于战争防御的考虑，东北城市的最初选址往往是险要高地，城内建筑以军事设施为主，如兴京赫图阿拉"城高七丈，杂筑土石，或用木值〔植〕横筑之城上"，④ 辽阳东京城"凡城堞必以细熟石先筑地台六七层"，⑤ 通常会利用制高点的防守优势建造城市，"林木稠密处按伏以守之"。⑥ 燕行使者眼中的东北城市建造与朝鲜有较大区别，"大抵都城及宫墙其长既高，其筑又坚固，固如削无可接足处，非如我国城墙石齿出没可以逾越矣"，⑦ 开原、广宁、锦州、山海关甚至"皆有内外瓮城，

① 邹艳丽：《东北地区古代城市空间形态发展背景与进程》，《地理科学》2010 年第 1 期。
② 何一民：《清代东北地区城市发展与变迁》，《四川大学学报》（哲学社会科学版）2010 年第 1 期。
③ 王国义、李琳：《清代沈阳城市格局的特色研究》，《沈阳建筑大学学报》（社会科学版）2007 年第 1 期。
④ 程开祜辑《筹辽硕画》（一），东夷努尔哈赤考，明万历刻本影印，第 2 页。
⑤ 李押：《燕行记事》，林基中编《燕行录全集》卷 53，东国大学校出版部，2001，第 23 页。
⑥ 杨同桂辑《沈故》卷 3，辽海书社，1931～1934 年铅印本，第 10 页。
⑦ 李押：《燕行记事》，林基中编《燕行录全集》卷 53，第 24 页。

城堞皆设垛口及敌楼、角楼，各门之外皆设火炮二坐"。[1] 可见，军事防御是东北城市的最初功能。

另外，由于封建中央集权的政治特性，东北城市的政治功能与军事功能关联密切，城市既具有军事防御功能，又行使政治统治职能。随着清廷统治日趋稳定，东北城市的政治功能日益凸显，驻守防御和军事控制退居次要地位，政治功能逐渐居于主导地位。一般来说，东北城市的军事功能与政治功能总体呈正相关的发展态势，越是处于重要战略位置，越会受到统治者的重视，军事地位的重要促使政治功能增强。盛京最初作为军事重镇，不仅城内驻扎大量的军队维持秩序，同时城外修建高大的城墙、城楼、城门和护城河抵御外患，燕行使者描述的"增拓其城，外有土城，土城之内筑壕十五丈，内城周九里，高三丈五尺，厚一丈八尺，可驰五马。门楼皆三层，内外砖筑，坚若削铁"，[2] 反映了军事功能的强化促进城市政治地位的进一步提升，使其日益发展成为区域政治中心。东北城市的样貌由此受到行政权力的影响，政治功能演变为城市发展的首要因素。燕行使朴世堂眼中的东京城宫殿设计，"北门内有屋岌然尖高，被以青黄瓦"，[3] 城内建筑材料与以往不同，开始使用黄绿色的琉璃瓦，装饰虽采用象征君主权力的图案，但大殿的建造与等级制度关联并不紧密，城市的政治功能并不十分明显。不同于辽阳城，清朝统治日益强化之时，盛京更加突出权力核心地位，皇宫建于井字街道的中心，这与关内建造都城的"王城居中"思想保持一致。盛京宫殿中"正门曰大清，正殿曰崇政殿……东有大政殿，乃太宗御以听政之所，左右列署十则诸王大臣议政之所也"。[4] 大政殿的两翼辅有十王亭，依照八旗序列呈八字形排开，彰显满洲八旗为核心的政治制度对城市建筑的影响。城区内官署林立，井字街道规划整齐，"创天地坛壝，营太庙，建宫殿，置内阁六部、都察院、理藩院等衙门，修学宫，设阅武场，而京阙之规模大备"。[5] 城市样貌的改变同时也影响了城市的布局，奠定了沈阳这座城市的基本格局。清代东北的军事政治型城

---

① 李押：《燕行记事》，林基中编《燕行录全集》卷53，第23～24页。
② 朴来谦：《沈槎日记》，林基中编《燕行录全集》卷69，第63页。
③ 朴世堂：《西溪燕录》，林基中编《燕行录全集》卷23，第347页。
④ 潘祖荫：《沈阳纪程》，出版者不详，1753，第17页。
⑤ 《盛京通志》卷18《京城》，辽宁民族出版社，2013，第369页。

市在建立之初军事政治功能多作为主导功能，随着东北社会的变迁，城市功能的递增往往会产生协同效应带动城市的多元发展。由此，军事政治功能对东北城市的影响十分显著。

（二）交通驿站型城市

在以畜力交通为主的时代，燕行使者入中国朝贡路途遥远，休息住宿、传达信息及交通转运的驿站发挥了重要作用。通过燕行文献对沿途东北驿站的详细记录，发现九连城、汤山站、通远堡、新民屯及广宁驿站，由于人口的聚集和交通便利，逐渐形成小城。

九连城又名"镇江城"，是燕行使者到达中国东北地区的第一个驿站，历史上长期作为交通枢纽，发展成为一座小型城镇。明清之际遭战争破坏，成为"芦乱蔽野，长过人头，野无线路，人烟断绝"的无人区，[1]外加清政府实行的封禁政策，周围的荒地尚未开垦。"彼我两弃，遂成闲区。……其为空地且将百余年，漠然徒见山高而水清者是也"，此描述流露出燕行使对这片土地闲置荒芜的惋惜之情。[2] 直到东北禁令稍弛，大量流民涌进交通节点的九连城，荒地才得到垦殖开发。李承五的观察从"初无人烟，从前使行视若寻常"，[3] 到"耕者务农，商旅通货，今为边门一都会也"。[4] 燕行使者的记录证实九连城的发展与交通条件密切相关。可见，交通因素成为东北驿站型城市发展的前提条件。发达的道路网络，大大降低了城市发展的成本，促进了城内人口、物产和信息的流动。因此，商贸、物流的集散中心位于交通干道及节点，进一步提升了城市的驿站功能，使之成为具备初级功能的交通驿站型城市。

此外，道路交通的发展、变迁及空间分布等都会影响驿城的发展。新民一带原本无路可走，因皇太极时开通"大御道"，成为经盛京通往关内的要道，作为交通枢纽的新民屯发展成为新兴城市。燕行使金海一途经此地，"路上见熊、鹿、猪、獐载车而去者，可累百数，皆是进贡北京云"，[5]

① 李俣：《朗善君癸卯燕京录》，林基中编《燕行录全集》卷 24，第 403～404 页。
② 朴趾源：《热河日记》（上），林基中编《燕行录全集》卷 55，第 423～424 页。
③ 李承五：《燕槎日记》，林基中编《燕行录全集》卷 86，第 125 页。
④ 李承五：《燕槎日记》，林基中编《燕行录全集》卷 86，第 126 页。
⑤ 金海一：《燕行日记续》，林基中编《燕行录全集》卷 28，第 238 页。

城内货物运送往来情形与《满洲地志》中清政府以此为交通起点设立粮仓、运送军粮的记载相符。交通的便利一度让新民屯成为货物运输的重要节点，带动城市的兴起。多年之后燕行使朴齐仁来到新民屯，看到"人物之殷盛，廛市之繁丽，稍有可观亦沈西大都会也"的热闹都市景象，[①] 体现出位于交通干线节点的驿城发展速度较快。运输线路的兴起、交通条件的改善成为驿站型城市兴盛的重要因素。当然，驿站的位置并不是固定不变，交通条件也是可以转换的，随着环境、形势及政策的变化，不断会有一些道路走向发生变化，也有一些新的驿站开通、旧的驿站废弃，由此交通驿站型城市受到影响，进而出现城镇中心的迁移，或者造成昔日繁华小城的衰落。

（三）商业贸易型城市

清初的东北城市大多出于防御需要而设立，尽管军事及政治力量对城市影响仍然较大，但封建经济在城市发展中的推动作用日渐增强，引起东北地区一些城市的经济功能不断叠加，政治军事功能为主的镇与贸易聚集的市彼此融合，出现以商业贸易为主体的市镇融合体。这种融合形态的商业区域大量兴起，带来丰厚的经济效益，促使镇的军事政治功能迅速转变，打破原有的封闭状态进行贸易往来，商业贸易型城市由此兴起。

到清中期，不少东北城市人口迅速增长，商业兴盛，手工业发达，凤凰城、广宁、盛京、山海关等出现商业贸易繁荣的景象，引起燕行使者的关注。李正臣提到，凤凰城因有栅门互市贸易，"每当市期，金、福、海、盖之载绵［棉］花者；沈阳、山东之载大布三升者；中后所，盛京之运贩帽子者，车马辐凑。南方商船直泊于牛庄海口，近又有北京人多以锦缎载到于栅门，而城中所关店铺，几如关内大处，间阎栉比，旁近诸城，尽为乐土，取次开荒，无一空地"，[②] 大量货物每日往来中转，开始出现较大规模的区域贸易，城市的空间逐渐突破限制，向周边更开阔地带呈放射状延展。《凤城琐录》中记载"边门在凤凰城东南三十里"。[③] 康熙时期进行展

---

① 朴齐仁：《燕槎录》，林基中编《燕行录全集》卷75，第83页。
② 李正臣：《燕行录》，《栎翁遗稿》卷8，转引自刘铮《燕行与清代盛京：以〈燕行录〉为中心》，九州出版社，2019，第93页。
③ 博明：《凤城琐录》，辽沈书社，1934，第1页。

边，栅门"移设于二十里外，此由于凤城人渐多"，① 人口大幅度增加，城市不断发展辐射周边地区，边门后迁到城外，位于凤凰城南边，这与《凤城琐录》的记载基本符合。正是商品经济的发展，东北城市经济功能呈递增效应，城市的商业空间分区更为突出。相比于国内文献对城市经济的记载，燕行使者的观察更为具体细致。《农隐入沈记》里详细描述盛京城的商业状况，"杂货诸肆，罗列成行"，② 改变了旧有的街道分布，商业区与政治区、文化区界限更加明显。"城中有钟鼓二楼，百货集其下"，③ 钟鼓楼两侧产生专业化经营特色的商业区，典当行、酒楼、油坊、面粉铺等一应俱全，除了满足城市人群消费需求，也面向周边农村地区销售。与此同时，农村个体家庭手工业专业化水平大幅提高，并日益集中到城市，这种突破封闭双向互动促使分工出现，城市中的商贾、工匠、佣工及仆从等逐渐聚集，带动城市经济结构发生变化。总之，商品流通作为商业贸易型城市商品活动的重要基础，不仅增强了城市的经济功能，还凸显商品集散地作用，带动商品贸易迅速发展，从而对城市周边地区产生辐射作用，成为东北地区商业贸易型城市兴起、发展和变迁的重要动因。

二　燕行使视域下清代东北城市的空间形态

清代东北城市大部分与明代有着承续关系，一般城市保持前代的城墙、道路和建筑风格等原有样貌，城市的空间形态并未出现显著不同，仅有部分重要城市在原址的基础上扩建或者在附近新建。当然，由于地域环境及活动范围限定城市空间结构，东北地区不同层级的城市空间形态并不相同，依据等级规模呈现一定的规律性，主要体现在外部形态与内部结构等方面。

---

① 金昌业：《老稼斋燕行日记》，林基中编《燕行录全集》卷32，第372～373页。
② 李田秀：《农隐入沈记》，林基中编《燕行录全集》卷30，第121页。漆永祥、左江、朱玉等（漆永祥：《〈燕行录全集〉考误》，《中国学论丛》第24辑，韩国高丽大学中国学研究所，2008，第234～235页；左江：《〈燕行录全集〉考订》，张伯伟编《域外汉籍研究集刊》第4辑，中华书局，2008，第37～66页；朱玉、张杰：《韩国文献〈入沈记〉作者应为李田秀考》，《沈阳故宫博物院院刊》2009年第1期）经过梳理考证认为《农隐入沈记》的作者为"李宜万"有误，应为"李田秀"，笔者认同此种观点，下同。
③ 杨宾：《柳边纪略》卷1，商务印书馆，1936，第3页。

（一）外部形态

中国古代城市外部形态大多呈正方形或长方形，结合燕行使对东北各城的描述，发现大部分东北城市呈较规则的方形。燕行使者途经的城市多呈正方形，如凤凰城"城周不过七八里，而四面方正"，[①] 汤山站的"周可八九里，四面正方"。[②] 崔德中路过宁远卫登上内城西门，发现"外城乃方城，而一面不过二里余，内城亦方城"。[③] 这反映出方形设计利于建筑施工，同时便于规划使用土地的理念。燕行使者记载的东北各城，以规则的正方形居多，包括重建或扩建的城市，如凤凰城，也包括新建的城市，如新民，还包括出于政治或军事需求移建的城市，如盛京等。金景善的《燕辕直指》对盛京多有关注，指出"城周四十里，亦以砖筑，四面方正，每面皆有二门，合为八门"。[④] 一般来看，东北城市的平面大多呈方形。当然也有例外，有一些城市的外部形态并不规则，如辽阳、广宁及锦州等城，主要是修建关墙或向外扩墙所致。《锦州府志》里记载"池湮东有关厢，小城相附"，[⑤] 外城与内城城墙之间形成扇形的关厢，此种内方外圆的形态符合天圆地方的传统文化理念，但这样不规则形状存在则为少数。从燕行使者观察中可知，大部分的东北城市形态呈方形，当然这种正方形或长方形并非绝对，在城墙修筑的过程中，或南北、东北方向稍长，或可能出现凸凹的一角。

城墙作为古代城市的标志，其设置不仅反映了当时的社会环境，也反映了城市形态的特点。东北城市的城墙最初具有"护安"用途，以后又渐渐具备"守民"功能。由于社会的不断发展，城墙的建造技术日益提高，俞彦述通过对比，认识到"城郭之制与我国大不同，皆用砖筑，而其高比我国城几倍之基，厚六丈二尺，顶收五丈"，[⑥] 发现东北城市城墙的军事防御功能日渐增强，"城上内外边皆筑女墙，中可驰五马，每五里许筑

---

① 金景善：《燕辕直指》（一），林基中编《燕行录全集》卷70，第342页。
② 金景善：《燕辕直指》（一），林基中编《燕行录全集》卷70，第318页。
③ 崔德中：《燕行录》，林基中编《燕行录全集》卷39，第474页。
④ 金景善：《燕辕直指》（一），林基中编《燕行录全集》卷70，第408页。
⑤ 《锦州府志》卷3《建置志》，辽海书社，1934，第1页。
⑥ 俞彦述：《燕京杂识》，林基中编《燕行录全集》卷39，第281页。

马道，自地渐高，至于城上可以驰马，而上以其筑于平野之故，内外绝高不可攀登，城在野地窥见尤无路"。① 以凤凰城为例，"城筑于明成化十七年，……为边关要地，周围三里八十步，南一门"，② 此时城墙与城门互相依存，共同构成城市的防御体系。燕行使者还注意到关厢防御设施，说明城市的形态不仅依据形状区分，也根据防御设施进行分类。如沈阳、宁远修筑的两道城墙；凤凰城、大凌河城、巨流河城修筑的一道城墙；辽阳、锦州府、广宁、中后所城主要为关厢城墙。不同的城墙防御形态反映城市的不同规模。其中城镇的规模最大；卫城的规模相对变小，相当于城镇的一半或三分之一；所城更小，一般仅有二分之一的卫城大小；驿站及屯堡的形态最简单，规模最小，但在东北地区分布的数量却较多。无论从东北城市的外部形态还是防御设施来看，都反映出统治者内聚防御的心理，同时也体现出内向、封闭的城市形态。

（二）内部结构

清代东北城市内部规划受城市外部形态和功能布局的影响，街道基本为网格结构。从众多燕行使者的描述中可知，东北城市的街道大多属于横纵规则的体系，主要承担连接各个城门的具体功能。城中街道与城市级别、城门数量密切相关。清代东北城市的路网普遍为十字形街道系统，布局更多遵循功能及使用的便利，井字形的街道布局方式大多出现于较高级别及较大规模的城市，其余不同结构的变异反映了清代城市建筑及经营理念的发展。

1. 井字形城市。沈阳和辽阳为主要代表城市，通常由城市的不断发展扩大演变而来。迁都沈阳后的都城扩建，使原有的十字形街道变为四条垂直相交的井字形街道，实现了街道的布局转型。燕行使金昌业看到"沈阳城方二里许，而每各二门，共八门，门路纵横贯城中如井字状，而南北两门路与上东上西两门之路交界处皆有十字楼"，③ 布局为两横两纵的井字形道路网格框架。燕行使以太子河为界，对辽阳的新旧两城比较观察。东京城设八门，每墙有两门，街道连接城门呈东与西、南与北的对称格局，

---

① 俞彦述：《燕京杂识》，林基中编《燕行录全集》卷39，第282页。
② 《盛京通志》卷29《城池一》，第615页。
③ 金昌业：《燕行日记》（一），林基中编《燕行录全集》卷31，第339页。

"历路北望，粉堞逶迤于平地，楼阁峥嵘是新辽东也"，① 城中各式建筑林立。新修建的辽阳城"城郭颓废，虹霓门间间犹存，而以甓筑成，极其精致坚固"，② 基本为大南门与大北门、大西门与大东门相对应，由此城中构建成四条主要街道纵横贯穿的井字形分布格局。

2. 十字形城市。广宁和宁远为主要代表城市。广宁城在"北镇庙东南五里许，又是锦州属县古辽西地也"，③ 为"关外巨镇云"。④ 燕行使者见到的广宁城分为内城和外城，"内城南面有两门，余三面皆一门，外城东西南各有一门，城中街路极广大，小巷口皆对立石柱"。⑤ 金景善在《燕辕直指》中记载"广宁城中十字街迤北数百步，有宁远伯李成梁牌楼"，⑥ 内部结构结合城内标志建筑物形成"十字街"的基本格局。除广宁城外，燕行使者更加关注明清长期争夺的宁远城。闵镇远到达宁远时看到"城堞尽皆颓圮"，⑦ 与《宁远州志》记载的"内城周围五里一百九十步，外城周围九里一百二十四步，城楼俱颓"的情况基本相符。⑧ 韩泰东记载的宁远"所筑内外城周颇阔大，而颓废不修，阛阓市肆人户车马之盛比之沈阳稍逊，亦甚繁富"。⑨ 内城设有四门，东门为春和，南门为延辉，西门为永宁，北门为威远，贯通城内并连接为十字街，"内城中当衢路有十字闾状"。⑩ 十字街的交会处成为城市的中心，矗立着雄壮的钟鼓楼。燕行使者见到的十字形城市，城市内部结合十字街规划布局，连接城门，同时将城市划分为四个区域，标志建筑物在十字街的交会处，这种内部结构与明代辽东城市的设置基本保持一致。

3. 丁字形城市。一般规模较小的城市大多采取如此结构，功能布局较为单一，城门一般较少。康乾盛世时的凤凰城为丁字形城市的变异，燕行

---

① 金舜协：《燕行录》，林基中编《燕行录全集》卷38，第224页。
② 赵荣福：《燕行日录》，林基中编《燕行录全集》卷36，第220页。
③ 《燕辕日录》（二），林基中编《燕行录全集》卷95，第354页。
④ 吴道一：《丙寅燕行日乘》，林基中编《燕行录全集》卷29，第160页。
⑤ 《燕辕日录》（二），林基中编《燕行录全集》卷95，第355页。
⑥ 金景善：《燕辕直指》，林基中编《燕行录全集》卷72，第167页。
⑦ 闵镇远：《燕行日记》，林基中编《燕行录全集》卷34，第353页。
⑧ 《宁远州志》卷2《建置志》，辽海书社，1934，第1页。
⑨ 韩泰东：《两世燕行录》，林基中编《燕行录全集》卷29，第285页。
⑩ 《燕行日录》（二），林基中编《燕行录全集》卷39，第474页。

使者途经凤凰城"只见南门，东西北不见门"。① 即使城内只有南门，但是基本功能具备，城内外"村间殷盛，左右廛肆亦盛，前有大野长川萦纡作一雄镇也"。② "城外人家四五百户，城中有市多奇玩之物。"③ 内城小而外城大，"内外城丁字相接"，④ 由此组合为内外两城的丁字形城市。

此外，东北的屯堡等小城也有乙字形或一字形的内部结构，但因燕行使急于赶路并未在小城过多停留，其文字中未见有详细记载，仅能从燕行使者途经城市的线路方向中略知一二。

三 燕行使视域下清代东北城市的发展变迁

步入康乾盛世之后，燕行使者改变初见东北印象，进一步对东北地区形成新认识，注意观察东北传统封建社会的转变，其中最先反映在城市的发展变迁进程中。

（一）城市的行政管理转变

东北社会的旗署之外，为管理迁入民人，设置府州县的民署管理体制，确立旗署民署并行的二元行政管理制度。随着移入的民人日益增多，旗民分治的二元管理体制越来越不适应东北城市的发展，行省州县制的变革势在必行。

1. 旗署民署并行的行政管理体制确立

清初，"盖其山海关以东根本之制则无一汉人兵"，⑤ 实行八旗驻防管理制度，建立旗署管理旗人的一切事宜。燕行使李喆辅观察到清代的管理与明代"大不同，无尚书"。⑥ 清入关后的东北以城为中心设置将军衙门为最高管理机构，这与燕行使者描述的"设三将军总重兵以守之"，⑦ "其一

① 徐有闻：《戊午燕录》，林基中编《燕行录全集》卷62，第162页。
② 赵最寿：《壬子燕行日记》，林基中编《燕行录全集》卷50，第374页。
③ 徐有闻：《戊午燕录》，林基中编《燕行录全集》卷62，第162页。
④ 权时亨：《石湍燕记》（人），林基中编《燕行录全集》卷91，第185页。
⑤ 赵荣福：《燕行日录》，林基中编《燕行录全集》卷36，第391页。
⑥ 李喆辅：《丁巳燕行日记》，林基中编《燕行录全集》卷37，第449页。
⑦ 俞彦述：《燕京杂识》，林基中编《燕行录全集》卷39，第304页。

镇守奉天等处地方而坐沈阳城"的情形基本一致。① 将军下设驻防官员分级管理旗地和旗民的事务，从而控制东北城镇周边土地和旗人，形成"金字塔"式的旗署管理结构。此后，考虑到东北地区"荒城废堡，败瓦颓垣，沃野千里，有土无人"，② 统治者颁布辽东移民招垦令，鼓励关内汉族民人到东北开垦荒地。为管理迁入的民人，顺治十年（1653）"以辽阳为府，置辽阳、海城二县"，③ 成为东北地区设立州县之始，标志着旗民分治的双重管理体制初步形成。燕行使洪命夏路过辽阳时描述"人家稠密，左右关肆。记余癸巳年（顺治十年）间奉使往来时，城中只有若干人家，今则人物甚众，问其所以，则自北京移民于此地，业商者多聚云"。④ 由于迁入的民人越来越多，顺治十四年，"改辽阳为县，设奉天府，以府尹治之"。⑤ 1664 年盛京地区出现设立府州县的高潮，行政管理体制进一步完善。由此，东北地区形成区别于旗署的民人行政管理体制，清政府规定"凡满洲、蒙古、汉军八旗事务，则统之于奉天将军，凡民人事务，则统之于奉天府尹"。⑥ 此后，各驻防城设置城守公署细化管理，"凤城将即城守尉，而汉人呼以城上老爷，又有栅门守同坐秩为章京，呼以门御史，亦称门上老爷"。⑦ 这样，"旗署管理旗人，民署管理民人"的二元行政管理体制正式确立。

2. 从二元到一元的管理体制变革

顺治至康熙年间，东北地区的旗民界限分明，混居现象并不多见，彼此之间矛盾并不凸显。燕行使者曾对禁止混居提出不解，"汉人清人俱是民，此何太相异耶？"⑧ 此时的"民"作为东北社会的基本人群分类，与旗人的政治地位、行政隶属、社会功能等有着明显界限。对不入旗籍的移居汉民，一般参照关内的州县行政管理制度，成立专门管理民人的机构，与旗署成为两个并行的系统，二者之间各自独立。但到康熙末年，城内旗民

---

① 赵荣福：《燕行日录》，林基中编《燕行录全集》卷36，第391页。
② 《清圣祖实录》卷2，顺治十八年四月丁巳，中华书局，1985，第65页。
③ 《盛京通志》卷23《建置沿革》，第435页。
④ 洪命夏：《燕行录》，林基中编《燕行录全集》卷20，第266～267页。
⑤ 《盛京通志》卷23《建置沿革》，第437页。
⑥ 《清朝文献通考》卷271《舆地考三·盛京》，浙江古籍出版社，1988，第7276页。
⑦ 李田秀：《农隐人沈记》，林基中编《燕行录全集》卷30，第83页。
⑧ 沈乐洙：《燕行日乘》（一），林基中编《燕行录全集》卷57，第23页。

杂居十分普遍。成以性经宁远时"余存之家，清汉杂居"的记载，① 沈乐洙经凤凰城时"汉人三分清人七分"的答复，② 证实旗民原有居住情况发生改变，由于混居，矛盾时有发生。然而法律条文区分的"旗"与"民"生活并不能解决现实问题，二元行政管理体制下的同一城市空间，暴露出旗署压制民署的不公正管理，这与燕行使者记录的"旗"与"民"之间差距相互印证。看似分工明确彼此独立的两个系统，当旗署和民署共同处理事务时，旗人的待遇优于民人，责任划分不清、遇事推诿现象十分普遍，"汉人百事不及清人"现象比比皆是，③ 民人向往之余往往会利用制度漏洞，选择性游走于八旗与州县两个系统之间，为旗署的管理缺失制造混乱，旗署治理能力的薄弱势必推动东北行政管理制度的变革。因此，东北的同城设治要求旗官与民官合作办理职能加强，需要打破满汉界限加强州县管理，削弱八旗制度对地方行政管理权力，将旗署的管理权力大部分让渡给民署，明确权责分配落实责任，统一行政管理部门，为由二元向一元管理体制转变奠定基础。

（二）城市的区域经济发展

清朝入关后，东北地区旗人"兵"的群体身份发生转变，促使城市的经济功能逐渐增加。东北各驻防城整合为不同的地方行政区，从传统农业经济占主体的形态转向商品经济的发展过程，对东北城市由军事功能向经济功能转变产生深远影响。

1. 区域农业的基础

对比明朝，清代燕行使者观察到东北地区农业逐步恢复发展，主要表现为耕种方式和生产工具的改进。农作物种类大多集中种植蜀黍、玉蜀黍等，小麦"初不取深耕，仅破土皮而种谷。种后，以石作圆筒，大如石臼，用驴曳之。横曳倒曳，土平如场，盖取其破块云"，④ 特别辽东地区"以两牛并驾"，越向西，耕牛越少，以山海关为界，大多"或以驴耕之，

---

① 成以性：《燕行日记》，林基中编《燕行录全集》卷18，第148页。
② 沈乐洙：《燕行日乘》（一），林基中编《燕行录全集》卷57，第23页。
③ 沈乐洙：《燕行日乘》（一），林基中编《燕行录全集》卷57，第24页。
④ 俞彦述：《燕京杂识》，林基中编《燕行录全集》卷39，第278页。

或以人引之，而不尽驾牛"。① 康乾盛世时期，农具的生产采用冶炼和铸造技术，燕行使者看到盛京的冶铁发展，铸造的"炉制如洞，炉而高，执钳锤者皆立而不坐"，② 制作农具的"锄犁之属用铁为模，方圆曲直切中其规及器成，而开模辄迭铸如神"。③ 相比以前，清代东北地区农业有了明显发展。农业的发展，一方面提供了充足的粮食，粮食开始进入商品生产的行列，农业商品化有助于推动东北城市的经济发展；另一方面，经济作物的种植为东北城市的手工业发展提供源源不断的原材料，明显促进了手工业的进步。

2. 手工业的改进

作为城市生产的绝对主力，手工业在东北城市经济中占有重要地位。东北农业生产在提高粮食产量的同时，剩余农副产品集中到城市，经过加工，作为商品在市场销售，手工业的发展带动了商业的繁荣，双方之间的互动形成良性循环。乾隆四十五年（1780）来到东北的燕行使朴趾源描绘道："所经市铺若凤城、辽东、盛京、新民屯、小黑山、广宁等处，不无大小奢俭之别。"锦州出现油坊、磨房、烧锅等产业，多样的手工产品和多方位手工服务满足了城市人口日常生活需求，手工业发展日益活跃。盛京街头各类店铺林立，"酒肆金碧尤盛"。④ 同时，手工业需要较多人力尤其是强壮劳动力参与，雇工性质的手工作坊出现，此种新型生产方式引起燕行使的兴趣。洪大容观察到帽厂"帽匠四五十人环坐，班行不乱，皆浑脱衣帽，徒着单裤，身手齐力，挥霍骁敏，其踊跃跳荡之状，始见莫不惊怪"。⑤ 经营者组织多人生产，避免人力分散造成效率低、成本高及机器闲置等问题，井然有序的生产人员发展为一定规模的雇佣工人，手工业的专业化、集中化生产，对东北城市中传统的自给自足的生产方式构成不小的冲击。手工业与商业的联系日趋紧密，城市发展为其提供了重要平台，城市逐渐成为大量商品的集散地，不再单纯是消费场所，而逐渐具备雇佣性质的生产制造功能。当然，这时手工业依托传统人力进行的工商结合的经

① 徐长辅：《蓟山纪程》，林基中编《燕行录全集》卷66，第582页。
② 金景善：《燕辕直指》（五六），林基中编《燕行录全集》卷72，第306～307页。
③ 徐长辅：《蓟山纪程》，林基中编《燕行录全集》卷66，第551页。
④ 朴趾源：《热河日记》（三），林基中编《燕行录全集》卷53，第475页。
⑤ 洪大容：《湛轩燕记》，林基中编《燕行录全集》卷42，第229页。

营活动，仍以家庭或私营作坊为主，虽然具有商品生产意义，但并未摆脱封建经济的范畴。

3. 商业市场的演变

清代中前期，随着区域城市不断扩大，城市功能逐渐叠加，东北地区商业空间和市场发生演变。一方面，商业空间向外扩展。外来人口的增加和商品经济的发展，使城市突破城墙的界限而外溢。盛京的商业活动主要分布在瓮城中，燕行使者眼中的盛京"称馆铺者皆酒食肆，称当者典物贷钱之肆，称号者即百货之肆，如长春、兴隆、昌盛等号皆取美名以题"。[①]其他的小型城市因城区规模有限，一般商业区选择临城主干街道或者城门附近设立，凤凰城"筑土为城，城内外村闾殷盛，左右廛肆亦盛"，[②] 发展规模和数量往往依据城市的空间大小不同有所差异。这时的城门远超管理城内外进出的职责范围，已经为新的商业贸易区域占据，承担起城乡沟通的重要通道，城墙势必被经济发展的动力突破。城市的商业经营打破了传统农业时代城墙内的封闭格局，商业空间逐渐向外扩展，这样的布局为近代经济型城市产生奠定了基础。另一方面，专业性市场形成。东北一些城市的商业活动突破地域空间限制，形成以商品销售为主的专业性区域。零售型商品市场以城内的本地居民为主要消费对象，东北各城市几乎皆有此类街区分布。燕行使李田秀记载盛京城内"道北生药铺……两牌楼间二书铺……道南毛物铺"，而"其余卖缎、卖布、卖器，杂货诸肆，罗列成行"的商业分区依次出现。[③] 与零售型商品市场不同，商贸集散型市场主要从事地区特产的集散及转运，商品大多不直接出售给消费者，通过中间商参与商品交易业务，将其运送到最终消费市场进行销售。如燕行使者观察的凤凰城与朝鲜的边境互市贸易，辽东太子河"多积连抱之材，殆数里许，其数不知为几万株，往往如丘山之高"的木材中心市场等。[④] 可见，东北城市的发展对周边地区产生辐射带动作用，将资源、交通、劳动力等聚集产生效应，促进东北边境城市的经贸交流，形成具有区域特色的专业性市场，对区域城市开发起到带动作用，并为东北地区近代对外贸易形态的发

---

① 李田秀：《农隐入沈记》，林基中编《燕行录全集》卷 30，第 375 ~ 376 页。

② 赵最寿：《壬子燕行日记》，林基中编《燕行录全集》卷 50，第 374 页。

③ 李田秀：《农隐入沈记》，林基中编《燕行录全集》卷 30，第 120 ~ 121 页。

④ 李士甲：《燕行记事》，林基中编《燕行录全集》卷 58，第 527 页。

展奠定基础。

（三）城市的多元文化融合

作为复杂且处于动态变化的系统，所有的文化本身处于演化之中。东北城市的文化活动并不是一成不变的，区域内满族与其他民族逐渐融合，交流往来间形成"你中有我，我中有你"的互动关系，文化的多元融合趋势在城市生活的多个层面得到充分体现。

1. 精神信仰的多元

清初，东北居民宗教信仰以萨满教为主，少数人信仰佛教、道教。入关以后，满族人从"不知有佛，诵经则群伺而听，始而笑之"转变为"近则渐习，而合掌以拱立矣"。[①] 本地原居住民众和关内移民共同生活的东北区域，双方互相包容与借鉴。东北民众根据自身的需要，精神信仰对象呈多元化发展，更多信奉与现实生活密切关联的神灵，在东北城中多将关公作为崇拜对象。赫图阿拉城内建有昭公祠、城隍庙、关帝庙、魁星楼等，与燕行使者观察的"若一民之家，并有家庙、关庙、火神庙、佛庙，家家尽然"相互印证。[②] 燕行使者注意到盛京地区几乎家家供奉关公，"关帝则无家不供，或画或塑，朝夕焚香顶礼，其崇信神佛之风盖如此"，[③] 说明汉文化中关公的忠义勇武形象备受东北民众尊崇，信仰呈现普遍或者交叉的现象。这些记载折射出满族认同关帝庙营造的神灵形象，同时结合自身的利益需求，将关帝当作祈求财运的神灵，这一做法在东北商人中较为普遍，反映出东北民众多元化的精神信仰，其中含有包容性与现实性的双层诉求。

2. 社会风俗的融合

社会风俗作为社会传承的特征，其实并不是一成不变的，清初统治者提出的"但务守满洲本习，不可稍有疑贰"的状况发生变化。[④] 不同民族的交流、迁移和文化碰撞，促使东北社会风俗发生变化，趋同倾向不断加强，且呈现出从被动到主动的过程，出现多民族文化交流融合的趋势。东

[①] 方拱乾：《绝域纪略》，郑毅编《吉林纪略》（一），吉林文史出版社，2021，第138页。

[②] 《赴燕日记》，林基中编《燕行录全集》卷85，第35页。

[③] 金昌业：《老稼斋燕行日记》，林基中编《燕行录全集》卷32，第393页。

[④] 《清世宗实录》卷22，雍正二年七月甲子，中华书局，1985，第361页。

北城市的满族民众，日常生活方式往往呈现一种与汉人相似的节制状态。燕行使金昌业记载了满族人喝酒方式，"主胡暖酒斟以小钟先劝余，余辞不饮，吴自饮半钟，余皆与主胡夫妻及他胡共三人分饮其钟"，① 可见早期的"喝大碗酒"习俗已成为过去，出于对汉文化的逐渐认同，适度节制成为满族人生活的常态。同时满族的居住习俗亦与汉族互相融合，朴趾源在凤凰城见到满族房屋保留传统木栅之外，"栅内闾阎皆高起五梁，苫草覆盖，而屋脊穹崇，门户整齐，街术平直，两沿若引绳然。墙垣皆砖筑，乘车及载车纵横途中，摆列器皿皆画瓷，已见其制度绝无村野气"，② 建造房屋材料大多采用砖瓦，整体结构相比之前更为高大，利用木材支撑房屋使举架高大宽敞，门户排列整齐，更加注重房内摆设布置。除此之外，中朝之间的器物交流对东北的社会生活产生影响，盛京冬天用的高丽盆，"青铜制成，圆形三足，高可周尺八寸，光洁异常"，还有高丽纸，"木棉所钞，长短大小各式皆备，每年八月中到省，人家多用以糊窗"。③ 这些朝鲜物品在东北城内的出现，反映出满族既保持原有民族的独特风格，又在不同文化的影响下有所调适，表现为对不同民族先进文化的认同趋向，融合自身形成东北城市独特的社会风俗。总的来看，满族与其他民族的社会习俗认同缘于双方之间地位平等，整体保持和平发展的基本形态，经历短暂的冲突之后，更大、更全面的融合交流存在于民族共同文化中，建立彼此相互依存关系。

结　语

朝鲜燕行使者作为"他者"，以"域外"视角描述东北城市，清晰呈现东北城市的样貌类型，多角度观察东北城市的空间结构，见证清代东北城市的发展变迁。虽然燕行文献带有隔阂和偏见等局限性，现实的东北城市远比燕行使者描述的更加立体与复杂，但借助"他者"的信息却能感受到东北城市的别样生动与独特魅力。东北城市的变迁呈现与关内不同的特点：一是城市发展相对滞缓，屯堡、卫所、军镇等聚落形态长期存在，但

---

① 金昌业：《老稼斋燕行日记》，林基中编《燕行录全集》卷32，第551～552页。
② 朴趾源：《热河日记》，林基中编《燕行录全集》卷53，第279页。
③ 缪润绂：《陪京杂述》，袁闾琨、吴学贤校注，沈阳出版社，2009，第92～93页。

数量增长较快，"慢"与"快"两种现象的交替出现，恰恰说明外部力量在城市发展过程中的影响。二是城市发展具有波动性，频繁的战争往往造成社会衰落，打破城市发展的时间连续性。三是城市发展突破单一功能趋向多样性，军事政治功能叠加经济交通功能产生协同效应，成为带动东北城市发展的内生动力。总的来说，清代东北城市的历史变迁，为近代东北区域形成较为完整合理的城市体系奠定了基础，展现出与内地城市"一体化"的趋向历程，印证了东北城市的生机与活力。

作者：王广义，吉林大学中国区域社会史研究中心

王丹，吉林大学马克思主义学院、长春财经学院

（编辑：任云兰）

自开商埠分关的势力交替与命运兴衰

——以山东周村为例（1904~1930）

梁冰玉　徐永志

内容提要　清代周村为传统工商业市镇，1904年辟为自开商埠济南之分关。开埠后的周村典型地映射出本土工商业内力与外资势力的互动与博弈。以"权操诸我"为初衷的周村商埠，凭借深厚的工商业基础，与外力相争相融而兴，并一度实现超迈省会商埠的奇迹。然而伴随政局动荡，加之内生动力不足，商埠后期呈现衰落之态。周村商埠的衰落既反映出其个体小、竞争力弱、适应性差的劣势，也在一定程度上折射出近代中国小型自开商埠的时代命运。

关键词　自开商埠　分关　周村　内外力　社会经济

1904年，由直隶总督与地方巡抚共同奏请、清政府批准，山东周村与潍县作为济南分关一同辟为自开商埠。周村开埠初期工商业兴盛，民国调查报告称其"工商两业鼎盛时期，驾乎省垣而上之"。[①] 清政府缘何同时开放包括省会在内的三处山东内陆商埠？周村作为分关何以创造超迈省会商埠的奇迹，又为何在开埠后不久走向衰落？其所呈现出的普遍性与必然性是什么？凡兹种种，值得深入思考。

21世纪初是自开商埠研究的兴盛期。杨天宏的《口岸开放与社会变革——近代中国自开商埠研究》是一部自开商埠宏观研究力作。[②] 唐凌

---

① 胶济铁路管理局车务处编《胶济铁路沿线经济调查报告分编五·长山县》，胶济铁路管理局车务处，1934，第392页。
② 杨天宏：《口岸开放与社会变革——近代中国自开商埠研究》，中华书局，2002。

等的《自开商埠与中国近代经济变迁》则以国家和民族特征为基本出发点，将近代中国自开商埠与日本商埠对比。① 吴松弟、樊如森等将自开商埠置于近代经济地理系统进行由点到面的阐释。② 就山东自开商埠而论，研究者着重山东自开商埠的整体考察，或基于丰富史料对济南详加探讨，立足实地调研与地方史料而对自开商埠分关如周村、潍县的研究略显不足。现有周村商埠的研究成果侧重对商埠内部因素的考察，集中于工商业经济③、城市近代化④和商埠文化⑤三方面。

综上所述，现有成果逐渐由浅入深、不断细化，却缺少对自开商埠分关历史特征和普遍命运的观照，如以周村为代表的县级小型商埠的历史脉络与个性特征值得重视，有待将其置于近代山东口岸体系乃至全国自开商埠潮流中进行探讨。本文以中外关系视角关注1904～

---

① 唐凌等：《自开商埠与中国近代经济变迁》，广西人民出版社，2002。

② 吴松弟等：《港口—腹地与北方的经济变迁（1840～1949）》，浙江大学出版社，2011；吴松弟主编《中国近代经济地理——绪论和全国概况》第1卷，华东师范大学出版社，2015；樊如森：《中国近代经济地理——华北与蒙古高原近代经济地理》第7卷，华东师范大学出版社，2015。

③ 参见李平生《近代周村蚕桑丝绸业》，《文史哲》1995年第2期；许檀《明清时期山东商品经济的发展》，中国社会科学出版社，1998；陈为忠《山东港口与腹地研究（1860～1937）》，硕士学位论文，复旦大学，2003；刘强《论清代山东周村的发展模式——清末民初转型期经济性市镇发展道路的再认识》，《滨州学院学报》2006年第2期；许檀《清代山东周村镇的商业》，《史学月刊》2007年第8期；梁民愫、黄志强《自主开埠与城市经济现代化——以济南、潍县、周村三地为中心》，《江西师范大学学报》（哲学社会科学版）2007年第5期；尹红宝《周村开埠与近代周村商业发展研究》，硕士学位论文，山东大学，2008；王本成《论周村开埠与丝绸业的兴衰（1904～1937）》，硕士学位论文，华中师范大学，2009；庄维民《近代山东市场经济的变迁》，中国社会科学出版社，2015。

④ 参见官美堞《清代山东的周村镇》，《历史档案》1990年第4期；李岫《周村开埠与山东近代化学术讨论会综述》，《山东大学学报》（哲学社会科学版）1995年第1期；孔令仁、李德征主编《周村开埠与山东近代化》，山东大学出版社，1996；王守中、郭大松《近代山东城市变迁史》，山东教育出版社，2001；魏永生编著《晚清山东商埠》，山东文艺出版社，2004；黄志强《济南、潍县、周村三地主动开埠与山东区域社会变迁》，硕士学位论文，江西师范大学，2008。

⑤ 参见刘学良《论自开商埠的文化培植——以周村商埠文化为例》，《管子学刊》2009年第3期；张光明、李国经主编《周村商埠文化与鲁商文化研究》，山东人民出版社，2010；梁民愫、黄志强《自开商埠城市建设与市民观念变迁新探——以济南、潍县、周村三地为中心》，《江西师范大学学报》（哲学社会科学版）2011年第2期。

1930 年周村商埠内外力①的互动博弈，探讨由周村分关映射出的近代中国自开商埠发展态势与潜在问题。

一 内外力交织下的周村自辟商埠历程

周村地居鲁北平原与沂蒙山区交界处。清康熙年间，由省城至青州的东西干道在长山改线，周村遂成为鲁中陆路交通枢纽。周村有定期举行商业集会的习俗："查得长山县集场，旧有周村东关二处，间有经纪在集评价交易。"② 周村市集每旬开市四次："三、八日小集，四、九日大集。"③周村商业的兴盛离不开乡宦的支持，康熙年间乡宦李化熙"代完周村市税"，④ 此后其子孙李斯伫等相继代完周村市税，⑤ 从而推动周村义集繁荣。此外，农村及附近诸县皆以周村为采购市场："邑人向工于织，以避税累，多于集日携织品至周村出售。……工以商兴，商以工盛，工商日趋发达，市面遂愈显繁荣。"⑥ 可见，周村悠久的工商业为自辟商埠奠定了经济基础，而处于鲁中陆路交通枢纽的优越区位也成为其开埠的关键因素。

时至近代，魏源、夏燮分别提出的"自我德之以收其指臂""大张通商之谕"的主张为自开商埠思潮之嚆矢。⑦ 随着郑观应"习兵战不如习商战"⑧ 及陈炽《大兴商埠说》等言论在思想界的推动，清政府在巨额赔款压力下意识到自开商埠的重要性。1898 年 8 月清廷颁布谕旨：

> 欧洲通例，凡通商口岸，各国均不得侵占。现当海禁洞开，强邻环伺，欲图商务流通，隐杜觊觎，惟有广开口岸之一法……着沿江沿

---

① 周村自开商埠蕴含着以本地商人为代表的传统工商业内部力量和以洋商为代表的外来工商业力量，前者以手工自制、小规模经营、产品多内销为特征，后者指胶济通车后以德、日为主的洋商在周村设置的以丝织行业为代表的洋行，较之前者具有设备先进、规模较大、资金充裕、以外销为主的特征。

② 嘉庆《长山县志》卷一《舆地志·市集》，第 32 页 a。

③ 康熙《长山县志》卷一《舆地志·市集》，第 17 页 a。

④ 民国《长山县乡土志》，《耆旧录》，第 7 页。

⑤ 民国《长山县乡土志》，《耆旧录》，第 9 页。

⑥ 《胶济铁路沿线经济调查报告分编五·长山县》，第 392 页。

⑦ 《筹海篇三·议战》，《魏源全集·海国图志》第 4 册，岳麓书社，2004，第 28 页；夏燮：《中西纪事》，高鸿志点校，岳麓书社，1988，第 55 页。

⑧ 夏东元编《郑观应集》，上海人民出版社，1982，第 586 页。

边各将军督抚迅就各省地方悉心筹度，如有形势扼要商贾辐辏之区，可以推广口岸展拓商埠者，即行咨商总理衙门办理。惟须详定节目，不准划作租界，以均利益而保事权。①

自开商埠思潮颇具"以夷制夷"的政治意味。1898年，山东巡抚张汝梅对鲁省自开商埠状况进行详细探讨。然而此时，拟定的山东自开商埠地点仍局限于沿海与沿河商业重镇。受到烟台开埠的消极影响，限于海口礁石与内河淤积的不利条件，张汝梅最终认定："查明东省现无可开口岸之处。"②

初次萌生的自辟商埠主张中途流产，但外力的渗入却日趋加剧。1898年德国侵占胶澳，并以此为据点向山东内部拓展势力范围，此时周村作为烟台、青岛腹地，已经营有少量洋行，详见表1。

表1　周村奏准开埠前部分洋行情况

名称	创建年份	位置	负责人	主要商品
德国礼和洋行	1889	火车站西	韩士礼	美孚石油制品
美国烟草公司	1889	马路街中段路南		各类卷烟
德国德园号	1890	商埠街中段	韩士礼	煤油
德国利康洋行	1898	商埠街东首路北		缝纫机、自行车
日本东棉洋行	1899	丝市街中段路南		棉花

资料来源：山东省政协文史资料委员会等编《周村商埠》，山东人民出版社，1990；张光明、李国经主编《周村商埠文化与鲁商文化研究》；郭济生《周村老字号》，青海人民出版社，2004。

1903年德方主持修建的胶济铁路已通至周村，③ 此时德国早派专人驻扎济南，可谓"（德人）握山东全省生计界之实权，已足以制我死命"。④山东巡抚周馥亦通过对烟台、青岛的考察，认识到了洋商在条约口岸争夺利权而华商"无抗拒之理"的弊害，指出"惟有讲求工商诸务、通功易事，与之相维相制，而因以观摩受益"。⑤ 可见，周馥等地方官吏已然认清

① 朱寿朋编《光绪朝东华录》第4册，张静庐等校点，中华书局，1958，第4158页。
② 中国第一历史档案馆编《光绪朝朱批奏折》第102辑，中华书局，1996年影印本，第575页下栏。
③ 青岛市档案馆编《帝国主义与胶海关》，档案出版社，1986，第119页。
④ 《论胶济铁路与德国权利之关系》，《东方杂志》第1卷第6期，1904年6月，第61页。
⑤ 《周馥奏：察看烟台华商及威海、胶澳英、德两国租界情形折》（光绪二十八年十一月二十四日），转引自山东省历史学会编《山东近代史资料》第3册，山东人民出版社，1961，第141页。

主动开埠的必要性。1904 年 5 月 1 日，直隶总督袁世凯、山东巡抚周馥奏请济南并周村、潍县辟为自开商埠：

> 在于济南城外自开通商口岸，以期中外咸受利益。至省城迤东之潍县及长山县所属之周村，皆为商贾荟萃之区。该两处又为胶济铁路必经之道，胶关进口洋货、济南出口土货，必皆经由于此。拟将潍县、周村一并开作商埠，作为济南分关，更于商情称便，统归济南商埠案内办理。①

自开商埠旨在维护中国主权，因而对入埠洋行设立了严格的准入条件：“准有约各国在该处设立照料商务之官员，准各国商民任便往来，租地设栈，与华商一体居住贸易。其商埠定界以外，所有城厢附近各处，仍照内地章程，不准洋商租赁房屋、开设行栈。”② 在这一原则指导下，袁世凯拟定《济南城外开埠章程清单》③ 及《续订济南城外自开商埠章程》④，限定外人经营范围：“商埠既辟，信息必须灵通，邮政、电报、电话（即德律风）均是中国主权，应一并设立，并严立限制，不得由外人开设。”⑤ 根据上述章程，清政府准许将周村车站及城东门间，南以铁道线路为界划为商埠区（见图 1），由何彦昇、徐抚辰先后任周村潍县商埠局总办事。⑥

---

① 《直隶总督袁世凯等为添开济南潍县及周村商埠事奏折》（光绪三十年三月十六日），转引自叶志如《清末济南潍县及周村开辟商埠史料》，《历史档案》1988 年第 3 期，第 27 页。

② 《北洋大臣袁世凯为济南城外开埠缮拟开办章程事奏折》（光绪三十一年正月二十六日），转引自叶志如《清末济南潍县及周村开辟商埠史料》，《历史档案》1988 年第 3 期，第 30 页。

③ 《北洋大臣袁世凯为济南城外开埠缮拟开办章程事奏折》（光绪三十一年正月二十六日），转引自叶志如《清末济南潍县及周村开辟商埠史料》，《历史档案》1988 年第 3 期，第 30 页。

④ 《袁世凯等为济南商埠续订开埠专章通行试办缘由奏片》（光绪三十二年正月二十五日），转引自叶志如《清末济南潍县及周村开辟商埠史料》，《历史档案》1988 年第 3 期，第 37 页。

⑤ 《北洋大臣袁世凯为济南城外开埠缮拟开办章程事奏折》（光绪三十一年正月二十六日），转引自叶志如《清末济南潍县及周村开辟商埠史料》，《历史档案》1988 年第 3 期，第 31 页。

⑥ 《奏为委任徐抚辰接充周村潍县商埠局总办事》（光绪三十三年），中国第一历史档案馆藏，档案号：04 - 01 - 13 - 0418 - 042。

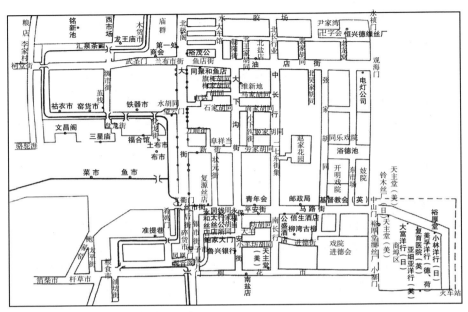

图 1　周村主要街道、商埠区及商铺布局

资料来源：张光明、李国经主编《周村商埠文化与鲁商文化研究》，第 103 页。

尽管当地严格划定"商埠区"以限制外商势力，然而开埠后，洋商利用铁路之便，在多次申请进入周村城未被批准的情况下，利用代理商方式侵入周村内地。如图 1 及表 2 所示，就在周村开埠后不久，德、英、日、比等国的洋行已突破了"商埠区"，在周村西部的大街、银子市街与丝市街开店设厂。

表 2　周村奏准开埠后部分洋行情况

名称	创建年份	位置	负责人	主要商品
德国德华洋行	1904	火车站前街西北角		
英美烟草公司	1904	大街中段路东	刘鹏山	卷烟
日本大富洋行	1905	商埠街中段路南，1939 年迁至大街中段路西	丁山英	棉纱、杂货
日本三井公司	1905	丝市街中段路南	常谷川	人造丝
比利时万顺洋行	1906	裴家胡同南首路西	哈里	丝绸、杂货
日本悦来公司	1908	周村火车站	松井	

名称	创建年份	位置	负责人	主要商品
德国大陆公司	1908	大街中段路西		卷烟
美国德士古洋行	1910	商埠街中段路南		石油制品
日本岩田洋行	1910	银子市街 100 号	岩田	百货、丝绸
瑞士气巴洋行	1910	兴隆街路南		颜料
美国鸿记油栈	1912	军民路西首	陈福堂	石油制品
英荷义太鸿	1913	火车站西	孙子旋（轩）	石油制品
铃木洋行	1916	东门外商埠大街路北	铃木格三郎	蚕丝、棉纱
德国谦信洋行	1919	大街中段路东		颜料
日本寺村洋行	1925	商埠街东首路北	寺村	棉花

资料来源：《周村商埠》；张光明、李国经主编《周村商埠文化与鲁商文化研究》；郭济生《周村老字号》。

以内外力交织的视角观察周村分埠的开辟历程，可见周村开埠既与其交通地理、传统商业发达等内部因素相关，又面临列强以条约口岸为据点、争夺中国市场与原料的战略企图，隐含执权者"权操诸我"的政治要义，亦蕴含着"以夷制夷"的底层逻辑。由此，在中外势力胶着对抗的态势中，以济南为总关，周村、潍县为分关的胶济铁路"三点一线"自开商埠格局应运而生。

二　内外力作用下周村商业社会的兴衰演替

开埠后的周村呈现出洋商群体小、经营业态多样、华洋商文化互鉴与经济竞争并存的特征。据《周村市区调查报告录》记载，开埠 14 年后常住周村的外国人约有 500 人，此时周村本地人已达 11 万人。就资产而论，外国人在周村营业仅有洋行 12 处、房产 6 处。[①] 由此，以商人、铁路职工为主的洋人群体对周村之影响实难与济南商埠相提并论。

周村的华洋商关系既有互融互补的一面，也有互相斗争压制的一面。开埠后，外币汇兑仍需依靠外商，而外商进驻周村后根基未稳，必得当地

---

① 《周村市区调查报告录》，作者、出版单位不明，1918，第 32～35 页。

信赖之人操持店内业务。据田中洋行张德馥回忆："我在田中洋行三年多，和田中交谊颇深。有时到他办公室，他殷勤让坐，他姨太太递烟献茶，十分热情。"[1] 但华洋关系仍然存在摩擦，外商对本地雇员的戒备使得受雇的周村人无法接触核心业务，如张德馥回忆："田中办公的地方在楼上，一切财务帐簿、来往信件都不对中国人公开。"[2] 另外，火车站附近的洋行多以卖药为名贩卖海洛因，引发市民多次抗议。而洋商间亦有利益相争，德商礼和洋行、美商鸿记油栈、英荷义太鸿为争夺山东煤油市场而于周村展开激烈商战，[3] 正所谓"各国洋行之来周村驻在者，若英若美若德若俄若法，皆往来多年，络绎不绝"。[4] 可见，周村开埠前期洋商数量小，加之各国势力彼此制约，因而周村本地商人牢牢把握着商埠市场的主导权。

在此种内外力互融之下，周村传统工商业卷入了新一轮兴衰演替。开埠后，中外技术互鉴推动丝织工厂萌发与织机改进，由于"织机俱属旧式，周转不灵而织物纹样简单平板，仅能制单层织物，宜改用加柯尔机，以期纹样翻新，织物进步"，[5] 至20世纪30年代，周村机坊和织绸工厂普遍采用加柯尔织机，个别资金充裕的机坊如华中机厂与庆和永商号亦使用电力织机。但总体而言，周村丝织业多为资本500～2000元的小型机坊机户，开埠30年，拥资在3000元及以上的丝绸纺织工厂仅有6家，详见表3。

开埠后的周村被动卷入国际市场，这也为其工商业带来了一定的生产和经营风险。20世纪20年代后，国外人造丝进口给予周村缫丝业致命冲击，周村每箱丝由1600两降至720两。[6] 时人评："山东东部周村、青州、临朐等处，素以产丝著名，往年营业颇称发达。近自民国十二年以来，因受外人经济势力压迫，已濒破产，危险万分。"[7] 面对此险局，周村丝织商迅速调整，以较强的适应性在国际丝市变化之际保有一定的商利：

---

[1] 张德馥：《我所知道的田中洋行》，政协周村区第十届委员会编《百年商埠·周村（1904～2004）》，青海人民出版社，2004，第198页。

[2] 张德馥：《我所知道的田中洋行》，《百年商埠·周村（1904～2004）》，第197页。

[3] 于洪谋：《在周村的外国商号及代理商》，《周村商埠》，第293～297页。

[4] 《周村市区调查报告录》，第7页。

[5] 王永熙：《周村丝织业调查报告》，山东工业试验所编《山东工业试验所第一次报告书》，山东工业试验所，1921，第212页。

[6] 李耕等口述《裕厚堂——华成丝厂的五十年》，《周村商埠》，第83页。

[7] 《鲁日商侵略周村丝业　华厂多受压迫破产　省府亟谋救济》，《农业周报》第1卷第6期，1931年6月，第239页。

表 3　20 世纪 30 年代初周村丝绸业工厂、机坊、织户的资本构成情况

单位: 元, 家

资本	家数	资本	家数
10000	1	1250 ~ 1750	54
5000	1	1000	57
3000	4	750	26
2250 ~ 2500	10	500	66
2000	24	250	8

资料来源: 此表为汤敏根据全面抗战前周村 960 家工厂、机坊、织户中有资可查的 251 家资本构成的统计数字整理而成。汤敏《周村开埠后的丝绸业及其对山东丝绸业的影响》,《历史教学问题》1995 年第 5 期, 第 24 页。

泊乎民八年以后, 国外人造丝大事进口。周村机坊以其价贱可以赢利, 争相采用, 改织改良葛、中山葛、麻葛、素葛等以应市面, 纯用丝织之洋绉、华丝葛、湖绉、线春等出品, 行将退化几尽。以数千年来负有丝织盛名之周村, 畅销土丝之集中市场, 而今一变为麻织品之周村, 为山东销行日本人造丝之冠军。①

周村丝织业由纯丝织品向丝麻织品乃至麻织品的转化, 映射出周村丝织业在外力刺激下降低成本、汲取微末商利的艰难生存之态。不过, 这一举措的确在短期内收到良好效应:"在织品初出世时, 因其光泽美丽, 不让真丝。一般人士, 不识质理若何, 又贪价格低贱, 外表悦目, 大为欢迎。"② 然而这种繁荣局面未能维持长久。九一八事变后周村丝织业失去东北市场, 丝织品销路受阻, 而运销南方的劣质品引起江浙同行的激烈矛盾, 遂使不法商人走私人造丝之情暴露。③ 南京国民政府委派胶海关前往周村缉私, 限令丝织户补交海关税, 限制丝织产品出境。④ 人造丝难以维持长久, 周村丝织户因原料提价、销路受阻而相继停歇。⑤

---

① 赵占元:《周村丝麻织业调查》,《工商半月刊》第 6 卷第 9 期, 1934 年 5 月, 第 67 ~ 68 页。

② 赵占元:《周村丝麻织业调查》,《工商半月刊》第 6 卷第 9 期, 1934 年 5 月, 第 68 页。

③ 《走私声中　周村运沪人丝织物突增》,《纺织时报》第 1313 期, 1936 年 8 月, 第 5024 页。

④ 于洪谋:《周村开埠后丝绸行业的发展和演变》,《百年商埠·周村 (1904 ~ 2004)》, 第 39 页。

⑤ 实业部国际贸易局编印《中国实业志: 全国实业调查报告之三·山东省》, 1934, 第 78 (辛) 页。

　　相对于丝织业较为明显的由盛转衰态势，周村行栈业则呈现扩大化与专业化的发展状态。清末周村即设丝店，"自逊清中叶，该镇设有丝店，代客买卖而后，遂成山东丝业市场"。① 开埠后行栈业迅速发展，贸易范围不再局限于省内，如永和丝店少东王和卿回忆："蚕丝来自全国各地，如山西、河南、河北、广东、四川、湖南、湖北等省，新泰、莱芜、蒙阴、沂水、临朐、益都等县，都运来周村。"② 逢四、九大集，买卖双方麇集于周村丝店看货谈价，"价既一定，然后报告丝店，由丝店公平过秤，开具正副凭单，单上开明买卖主姓名，丝之数量价格，成交月日，及支付银钱数目，丝店盖章，将正据交给买主，副据交给卖主，即算成交"。③ 至收货付款时，中介丝店抽取佣金"每包五角"，由买卖客商各担一半。1934年周村丝店计有7家，"资本共七千五百元，每年代客买卖生丝，约三万九千八百块，每块重五斤，平均价四十三元，计值一百七十一万一千四百元"。④ 较之受国际市场变动而处境艰难的丝织商贩，丝店所受影响相对较小："丝是商贩的，不是丝店的，钱随货涨，相应的多抽佣金，不存在钱多货短受亏损。相反买卖越多，获利越大。"⑤ 丝店外亦有绸麻店⑥、绸绫庄⑦、粮食行栈⑧、铁货栈⑨等扮演相似角色，绸绫庄还诞生了专业的"跑街"负责外

---

① 《中国实业志：全国实业调查报告之三·山东省》，第151（丁）页。

② 王和卿：《周村规模最大的永和丝店》，《周村商埠》，第61页。

③ 《中国实业志：全国实业调查报告之三·山东省》，第153（丁）页。

④ 《中国实业志：全国实业调查报告之三·山东省》，第152（丁）～153（丁）页。

⑤ 王和卿：《周村规模最大的永和丝店》，《周村商埠》，第63页。

⑥ "每逢集期，机坊将织成白货，送往绸麻店内，经店内看绸员看验，始行治价，合者成交，随付现款，店内收买成数，分别等次，交染厂染色，然后打包运往外埠销售。"见《中国实业志：全国实业调查报告之三·山东省》，第154（丁）页。

⑦ "每届集期，机坊将出品送到绸绫庄，由绸绫庄内之看货者验货后，始开始谈价，价合者成交，不合者仍由机坊携出，再向他绸绫庄出售。"见赵占元《周村丝麻织业调查》，《工商半月刊》第6卷第9期，1934年5月，第90页。

⑧ "周村粮食行栈，……系代客买卖性质，……货之来源，以桓台、高苑、青城、齐东、邹平、长山、淄川等县为主。是种县份粮食运来周村，均用火车，每车可装千斤，到栈后，由栈代客兜销，得有主顾，介绍买卖主自行谈价，并从中酌配成交，过觲后始结算账目，买主付款时乃抽取佣金从价百分之二。"《中国实业志：全国实业调查报告之三·山东省》，第155（丁）页。

⑨ "周村祠堂街、汇龙街二处，有铁货栈十家，专事贩卖旧铁及零星杂货……资本共一万六千元，统计全业营业共约十四万元，而来源皆自青岛，其向青岛购货，交款以一个月为限。"《中国实业志：全国实业调查报告之三·山东省》，第155（丁）～156（丁）页。

埠兜销事务。[1] 可见，开埠后以行栈商人资本为核心的商品购销网络成为沟通周村与外埠的重要纽带。

金融业方面，"周村钱业，始于清初，最盛于民国七八年间，几达一百余家"。[2] 乾隆年间鸿昌福、阜祥号等金融机构便已开设，道光至同治年间，大德通、三晋源、大德川等山西银号相继于周村开办。[3] 山西帮"资本雄厚，通汇便利，信誉卓著"，[4] 至光绪初年已在周村银钱业中取得垄断地位。随后周村商人开设钱庄者增多，地主、官僚、豪绅纷纷入股，逐渐冲击山西帮势力。自辟商埠后，周村金融业日趋繁荣："民国四年前，（周村）工商两业俱较今繁盛，营钱业者，亦甚发达……山西汇票庄十余，当地钱庄八十余，该时金融市场，殊呈活跃气象。"[5] 山东银行也于1913年在周村设立分号，为减少官办银行对本地商号干预，周村商号继之兴办周村商业银行。[6] 但由于资东迁移及动荡时局干扰，这些银行经营时间短暂，远不及钱庄持久，详见表4。

表4　民国时期周村银行业概况

机构名称	性质	负责人	地址	开业年份	停业年份
山东银行周村分号	官商合办	张崇德	丝市街	1913	1925
中国银行周村分号	官商合办	马文丙	丝市街	1914	1918
周村商业银行	商办	李敬斋	大街	1914	1919
山东商业银行	官商合办	张崇德	丝市街	1925	1926
山东民生银行周村办事处	官办		保安街	1933	1937
中国银行周村办事处	官商合办	钱道康、梁日仁	长安街	1934	1938

资料来源：郭济生《周村的金融老字号》，《百年商埠·周村（1904~2004）》，第191页。

但这种近代金融机构毕竟凭借强大的资本在一定时期冲击了本地钱庄业。面对银行的竞争，钱庄亦不断革新，或拓宽放款范围，高价倒卖营

---

[1]　赵占元：《周村丝麻织业调查》，《工商半月刊》第6卷第9期，1934年5月，第90页。
[2]　《中国实业志：全国实业调查报告之三·山东省》，第158（丁）页。
[3]　郭济生：《周村的金融老字号》，《百年商埠·周村（1904~2004）》，第180~189页。
[4]　左世昌：《解放前周村的银钱业》，《周村商埠》，第185页。
[5]　《胶济铁路沿线经济调查报告分编五·长山县》，第405页。
[6]　郭济生：《周村的金融老字号》，《百年商埠·周村（1904~2004）》，第190页。

利，或凭借稳固的社会关系吸收多方资本，并衍生出资本雄厚的"银号"与银行相抗。① 需要注意的是，传统钱庄、银号的非规范操作有时比规范操作的银行更具适应能力，如部分钱庄为弥补资本弱势，通过向银行借贷再转贷他人从中获利，从而在周村流传着"银号吃银行"的俗语，② 表明尽管近代银行凭借雄厚资本占据优势，传统钱庄借助内生机制的调适亦能在金融市场竞争中占据一席之地。然而动荡局势未能提供稳定的外部环境，"自民五年经护国军之变后，中交两行歇业，汇票庄倒闭，各钱庄衰落殆尽"。③ 随后张宗昌督鲁"滥发省钞及军用票，致金融恐慌，于是发生挤兑风潮，银行因而歇业者，为数颇多"。④ 废两改元政策又致周村钱业节节赔累。⑤

值得注意的是，作为济南商埠分关，开埠对周村这一传统商业中心具有双向作用。胶济铁路开通初期推动了周村海内外市场的扩大和商埠的繁盛，但从 20 世纪 20 年代开始，周村受到了强大的外力冲击，引起了经济腹地的相对萎缩。1904 年济南、周村、潍县奏准自开商埠后，自青岛、烟台沿海商埠直通内地济南的商贸网络形成。1905 年周村的市场贸易额已增至 2500 万银两，⑥ 其营业区域"除胶东一隅外，伸张至鲁西鲁南鲁北各县，俨然一鲁省经济中心"，⑦ 而经由周村站运销货物也扩展至山西、河南、天津、北京等地。⑧ 与此同时，外资势力亦渗入周村。1905 年由青岛港运往周村和附近地区的洋货总值相较 1904 年增加了 659401 海关两。但输入周村的洋货依然鲜见工业制成品，如表5 所示。诚然，山东自开商埠的"三点一线"网络为周村兴盛提供了契机，到 20 世纪 20 年代，盛极一时的周村工商业却出现衰落现象，如图 2 所示。

---

① 《中国实业志：全国实业调查报告之三·山东省》，第 25（癸）页。
② 左世昌：《解放前周村的银钱业》，《周村商埠》，第 188 页。
③ 《胶济铁路沿线经济调查报告分编五·长山县》，第 405 页。
④ 《中国实业志：全国实业调查报告之三·山东省》，第 1（癸）页。
⑤ 《工商要闻：周村商业调查》，《检验月刊》第 4 期，1933 年 4 月，第 7 页。
⑥ 东亚同文会编《支那经济全书》第 5 辑，1908，第 602 页，转引自庄维民《近代山东市场经济的变迁》，第 144 页。
⑦ 《胶济铁路沿线经济调查报告分编五·长山县》，第 393 页。
⑧ 民国《长山县乡土志》，《物产》，第 28 页。

表 5　青岛港 1905 年由胶济铁路运入周村和附近地区的洋货数量

（附 1904 年运量总值）

货物名称 （单位）	周村和附近地区		总计		周村和附近地区洋货 占总值比例	
	数量	价值	数量	价值	数量	价值
棉布（匹）	611775	1737381	1274500	3677870	48.00%	47.24%
棉纱（担）	22550	586631	104863	2725641	21.50%	21.52%
毛货（匹）	629	6119	2611	23140	24.09%	26.44%
金属（担）	15025	82995	45779	595939	32.82%	13.93%
黄铜扣（罗）	75163	22549	100118	30035	75.07%	75.08%
苯胺	—	39618	—	88689	—	44.67%
火柴（罗）	477900	92234	1389033	268087	34.41%	34.40%
针（千支）	261503	49947	340004	64941	76.91%	76.91%
煤油（加仑）	248755	36813	706485	104173	35.21%	35.34%
家用杂物	—	1390	—	17654		7.87%
糖（担）	14033	65364	33047	155917	42.46%	41.92%
酒	—	1316	—	18582		7.08%
其他杂货	—	257915	—	1110081		23.23%
总计	—	2980272	—	8880749		33.56%
1904 年运量总计	—	2320871	—	6992977		33.19%

资料来源：笔者根据交通部烟台港务管理局编《近代山东沿海通商口岸贸易统计资料（1859~1949）》（对外贸易教育出版社，1986）第 143 页数据统计整理而成。

　　邻近省府济南是周村商埠难以持久繁荣的关键因素。由于上述二者市场界域存在重合面，兼具政治优势与中心市场的济南及邻近站点逐渐挤占了周村的发展空间。据《胶济铁路沿线经济调查报告》记载："自胶济通车济南开埠，鲁西各县之营业，逐渐移集济南。张博支线通车，鲁南各县之营业区域，被博山夺去，周村市面，益形衰落。"[1]

　　综上可知，开埠促进周村快速崛起，自开商埠与约开商埠相互联结，形成立体的商贸网络，奠定了周村"商贸兴区"的发展架构。周村新型华

---

[1] 《胶济铁路沿线经济调查报告分编五·长山县》，第 393 页。

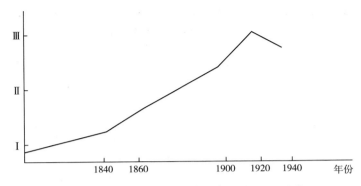

图2　山东周村市场位次的演变（1800～1936）

注：纵线，市场位次。Ⅰ. 原始市场（自然经济范畴）；Ⅱ. 一级市场（县或几个县的商货集散市场）；Ⅲ. 二级市场（全省性的市场）。

资料来源：宓汝成《交通运输体系的演变和周村的盛衰》，孔令仁、李德征主编《周村开埠与山东近代化》，第43页。

洋关系的形塑激发传统工商业的兴衰演替，周村工商业逐渐吸纳新兴因素并与国际市场密切联结，如丝织户在外力刺激下快速接纳新式织机，行栈成为跨区域商贸的中介纽带，传统钱庄则在与银行的竞争中衍生为新兴"银号"。然而，由于分埠规模小，此种短暂的繁荣仅使嬗变中的周村经济赢得缓和之机，随着外力侵入加剧，本地商人非法竞争，丝织业衰竭，钱庄银行多受战火波及相继停歇。胶济通车造成的站点竞争和腹地萎缩也使得周村优势被济南与周边市镇抢占，其兴盛一时的商贸中心地位终被济南取代，仅作为区域性集散市场存续至今。

三　得失之间：内外力互动下周村商埠的时代命运

较之约开商埠，周村商埠分关更多呈现国人"权操诸我"的主观诉求。外资势力的侵入与主权意识的萌生，刺激内陆自开商埠积极转型。山东巡抚周馥上奏开埠之举即在胶济通车之际，可谓先发制人，《东方杂志》时评："周中丞见此情形，深知其害，遂将济南、潍县、周村镇三处，辟为商埠，俾利权不至为德人垄断。密奏朝廷，既获俞允，忽然宣布万国。德人闻之，亦惟深叹其手段之神速而末［未］可如何也。"[①] 而《济南城

---

① 《时评：东抚之办事》，《东方杂志》第1卷第8期，1904年8月，第57页。

外开埠章程清单》将德日势力限制在商埠界区内，这无疑为本国工商业发展提供庇护，使本地势力在与外力博弈时可占尽地利。

周村自开商埠促进了本地工商业的近代转型，此种转型亦体现着商埠内力的积极调适。开埠后，传统工商业在外力刺激下不断革新设备，即使在人造丝输入引发混乱之时，周村丝织业亦随之调整商业模式，避免丝织业完全为进口丝所控。而行栈的出现，以及钱庄银号与近代银行并存的特殊现象，更反映出自开商埠在力有未逮的境况下，以主动变革应对外力挑战。

尽管周村商埠仅为分关，但对山东近代经济格局发挥着显性影响力。开埠初期，周村从乡镇性的集散市场一跃而成山东省内屈指可数的商贸重镇。而胶济一线济南、周村、潍县三大自开商埠构成的"三点一线"格局也使山东近代物流方向由依靠京杭大运河的南北纵向流动模式，蜕变成借助铁路沟通内陆与沿海的东西横向流动模式。周村商人成为区域文化传播的中介，其"在外国或本国各大商埠贸易者日多，见闻既广，回籍后即将文明输入市内"，① "洋式房屋近日渐有修造者"，"食洋餐、服洋装者亦渐有之"。② 由此，地处内陆的周村却别具一格成为周边村镇争相趋附的区域性"商业文化中心"。

不可否认，自开商埠缺乏总体筹划的局限，使周村商埠始终处于省会与约开商埠的抑制之下。就个体而论，周村工商业的有限转型难为商埠发展提供充足的内力。就鲁省自开商埠总体而论，作为一种试验性的商战政策，自开商埠的奏请、章程拟定等均由地方官员一手操办，中央仅有批准之功却未能整体统筹。邻近济南的区位预设了胶济通车后周村市场的萎缩前景，而分埠的地位也注定了周村商埠的洋行多属分号。周村商人认识到此种局限却无计可施，只得顺应市场规律将商号迁至济南。胶济铁路也使外资势力通过约开口岸间接控制自开商埠的经济脉络，遂使周村逐渐沦为约开商埠的土货集散地与洋货市场。

此外，鲁省三地自开商埠经费匮乏，后续管理不完善，也是周村商埠最终衰落的因素之一。经过多年交涉，鲁省三地自开商埠共从清政府国库

① 《周村市区调查报告录》，第94页。
② 《周村市区调查报告录》，第98页。

中支取开办经费"三十九万一千五百两白银"，① 这与最初设想之"七八十万"有较大差距。② 济南商埠尚不足支付，何况周村分埠。就商埠管理而论，尽管开埠章程具备政治强制力，商业发展却并非由政治力量单方操控。关于商埠区与城区分开的禁令也未能贯彻始终。究其根源，混乱政局和有限财力使国家难有充足力量介入自开商埠，特别是其分关的管理。因此，周村商埠实际处于放任自流的状态，未能形成持续且有效的管理模式。

周村社会内部的颓势是商埠衰落的重要因素。周村商埠工商业类型单一，且多局限于传统模式，部分商人甚至采取以次充好手段营利。如此不成熟的经营体系在面对外力的急剧冲击时，无疑显露出其保守性与无序性。同时，频繁的战乱与突发灾难更加深了广泛的商业危机，如"民五年护国军踞周村，工商业损失约千余万元。民六年各业虽得复活，但中国、交通两银行，停止营业，山西汇票庄十余家亦一蹶不振，大商号多移至济南，市面所赖以维持者，仅丝业与织业"。③ 但由于世界经济下滑，加之麻丝充斥，"丝织品因质工欠佳，用途不广，未克畅销"，④ 而新崛起的麻织工业"又遭日人之竞争，南洋市场被夺，东北沦亡，市场益形狭小"，⑤ 商业利润的流失增加了商人经营难度，导致其纷纷外流以谋生路。

总之，周村商埠具有新旧并存、华洋杂糅的混合特征，并在内外力的作用下呈现出"昙花一现"的小型商埠发展模式。将周村作为突破点，以小见大，则能够透视清末小型自开商埠相似的历史轨迹。如有"七省锁钥"之称的吴淞商埠，开埠后经费缺乏，埠界难展，终在黄浦疏浚后被上海挤占；海州关商埠资金筹划历经30年方才敲定，开埠后又颇受天津与上海港的牵制。此外，尚有鼓浪屿、新民屯等处于准开而难开的境遇。⑥ 这

---

① 《山东巡抚孙宝琦等会陈济埠经费归还商股本息奏折》（宣统二年五月十五日），转引自叶志如《清末济南潍县及周村开辟商埠史料》，《历史档案》1988 年第 3 期，第 42 页。

② 《袁世凯请饬胶关拨解山东洋务暨济埠款项事呈外务部咨文》（光绪三十一年三月初四日），转引自叶志如《清末济南潍县及周村开辟商埠史料》，《历史档案》1988 年第 3 期，第 33 页。

③ 《胶济铁路沿线经济调查报告分编五·长山县》，第 393 页。

④ 《胶济铁路沿线经济调查报告分编五·长山县》，第 393 页。

⑤ 《胶济铁路沿线经济调查报告分编五·长山县》，第 393 页。

⑥ 《清季自开商埠年月表》，杨天宏：《口岸开放与社会变革——近代中国自开商埠研究》，第 112~113 页。

类自开商埠既缺乏省会商埠的区位优势，亦无约开商埠从不平等条约中攫取的特殊权益保护与市场优势，加之行政层级低，即使凭借独特契机自辟商埠，商埠建设与维持也不尽如人意，从而难免沦为大商埠发展的附庸，在近代中国通商口岸体系中难以摆脱"边缘性"的角色与"昙花一现"，甚至"未现"的时代命运。

结　语

周村开埠是多元因素整合的结果，是在内、外两种动力下不断进行的。就内外力互动而言，周村商埠体现出开埠前以本地传统工商业为代表的内力强盛吸引外资势力投入，并在开埠后形成内外力激荡融合的态势。在周村开埠后，尽管外力有发挥或显或隐的影响，但因洋商的彼此制衡和资本的较少投入，本地的工商业内力成为引导周村经济社会发展的关键。然而商埠新兴力量仍十分脆弱，使其既难以与外商竞争，亦无法适应海外市场带来的挑战，而周村恰又缺乏有力的调控机制来抑制这种不利条件。20 世纪 30 年代后，外力的强势侵入增加了周村工商业的不稳定成分，政局动荡和利润缩减更使得内外力衰落或转移，曾一时"驾乎省垣之上"的周村遂日渐没落。

从周村内外力此消彼长的过程可以透视此类小型自开商埠的时代价值。以"隐杜觊觎，保全主权""伸张利权"为初衷的自开商埠在列强环伺的清末，一方面声张坚守"权操诸我"，对外来势力坚韧抵抗，是为自开商埠时代价值与民族精神的凝练彰显，另一方面却因国力及自身力量所限，不得不为微薄商利而艰难挣扎。而清末民初国家和地方政府宏观规划的缺失、商埠未能弥补的资金缺陷和纳入条约口岸的限制等，均为周村的衰落埋下了伏笔。就此而言，周村商埠曲折地反映出近代中国自开商埠的使命与命运，是传统城镇向近代化艰难转型之路的一个缩影。

作者：梁冰玉，中国人民大学历史学院清史研究所
徐永志，中央民族大学历史文化学院

（编辑：王静）

全面抗战时期界首的商业[*]

史行洋

内容提要 全面抗战时期，位于豫皖边界的界首迅速成长为国统区与沦陷区间极为重要的商业中心之一，其税收一度为国统区之冠。界首商业得以发展的关键因素有二：一是全面抗战时期国统区与沦陷区之间存在密切的经济联系，界首的边境区位为其成为商业中心提供了可能；二是全面抗战时期界首成为国统区与沦陷区之间的一个水运枢纽，而界首交通地位的提升与抗战及黄河南泛有关。抗战胜利后，界首发展步伐虽减慢，但商业规模仍大于全面抗战前，并在后来形成以其为中心的县级行政区域。

关键词 全面抗战时期 黄泛区 界首商业

全面抗战时期的经济研究一直是学界的重要议题之一，取得了大量的科研成果。以往学者多区分为国统区与沦陷区各自表述，事实上两者之间还存在大量贸易，甚至由此一批新兴商业市镇兴起，并对地方及国家经济产生诸多影响。位于全面抗战前线的界首为我们思考这一课题提供了案例。[①]

界首，原只是安徽太和县境内一个集镇，处于与河南交界处，解放初

---

* 本文为国家社科基金重大项目"大阪产业部近代中国及'海上丝路'沿线调查资料整理与研究"（批准号：18ZDA188）和浙江农林大学科研发展基金项目"花园口决堤与豫东乡村社会变迁（1938 – 1955年）"（2021FR047）的阶段性成果。

① 本文所称界首包含当时安徽太和县界首镇、临泉县刘兴镇以及河南沈丘县皂庙镇，时人统称界首或界首三镇。为行文方便，一般称为界首。韦光周编《界首一览》，政协界首市委员会文史资料委员会，1990，第2页。

期以之为中心新成立一个县级行政区域，但其基础却是全面抗战时期的发展（见图1）。① 全面抗战时期，界首位居国统区最前线，地处黄泛区之中。在这一非常态时空背景下，界首商业得以发展，并成为沟通国统区与沦陷区的重要经济动脉，税收曾居国统区之首，时有"小上海"之称。② 对此，学界已有所关注。③ 不过，囿于史料或研究视角，先行研究较少详细考察全面抗战爆发前后界首商业的发展样貌，也有学者认为抗战胜利

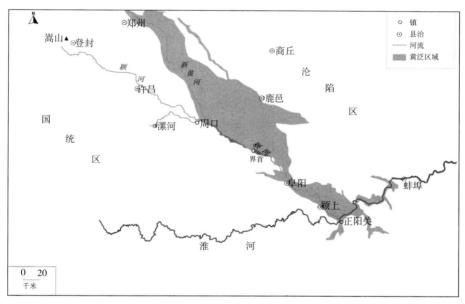

图1 全面抗战时期界首地理区位示意

资料来源：区位示意图采用复旦大学历史地理研究中心官网 1911 年层数据 CHGIS V4；黄泛区底图据罗来兴《1938～1947 年间的黄河南泛》（《地理学报》1953 年第 2 期）所附地图改绘。

---

① 1947 年 10 月 1 日界首解放，正式设市，1953 年 9 月撤市建县，县境包括原太和县大黄、光武二区和原临泉县陶庙、砖集、洪庄三区，1989 年撤县设市。参见界首市地方志编纂委员会编《界首县志》，黄山书社，1995，第 1～26 页。

② 郝心恒：《抗日时期的界首三镇》，政协界首县文史资料委员会编《界首史话》第 1 辑，1986，第 14 页。

③ 林美莉：《抗战时期的走私活动与走私市镇》，"国史馆"编《纪念七七抗战六十周年学术研讨会论文集》，台北：联经出版公司，1997，第 593～597 页；齐春风：《中日经济战中的走私活动：1937～1945》，人民出版社，2002，第 227～230 页；傅亮：《太平洋战争爆发后洛阳关的征税与缉私（1942～1945）》，《抗日战争研究》2018 年第 3 期；刘岩岩：《全面抗战时期安徽界首"小上海"现象探析》，《安徽史学》2020 年第 6 期。

后的界首市况趋于沉寂。① 此外，战时界首商业得以发展的关键因素亦有待进行深入探讨。因此，本文立足于原始档案、民国报刊及其他相关史料，在考察界首商业发展历程的基础上，重点对全面抗战时期界首商业发展状况及兴起原因进行分析，既可明晰界首商业的兴起机制，又可深入理解抗战前线的人地关系。

一 1938 年之前的界首商业

颍河，古称颍水，发源于河南登封嵩山，向东南流经周口、项城等地，于界首进入皖境，在正阳关汇入淮河，为其最大支流，有良好的水运条件，历来是连接豫、皖等省重要的水上交通。界首地处颍河中游，尤为该地商业发展提供了良好的地理条件。淮河不仅水深面宽，且河道较直，适合船身较长、载重量大的船只行驶；而颍河水浅湾多，界首以上更甚，除界首及豫东籍船只外，下游船舶多不愿由此上行，是以界首成为颍河流域内极为重要的水运中转站。② 也正如此，至晚在北宋，界首便是通往京师汴梁的驿站之一，③ 同时亦是当地的重要商镇，④ 熙宁十年（1077）向朝廷缴纳商税 800 余贯。⑤ 金朝时，该地为十大集镇之一。⑥ 元代界首一度衰落，并改名界沟店。⑦ 明正统十年（1445），时任河南、山西巡抚于谦上奏朝廷，称"陈州、项城壤地与凤阳相接，两界之交难于管束"，建议在此设置界首巡检司，负责查缉盐货和维持社会秩序。⑧ 咸丰年间，当地士绅为御匪修筑寨墙，是以该地也被称为界首堡。⑨ 1912 年，鉴于界首商业

---

① 林美莉认为 1943 年后界首市况趋于沉寂（参见林美莉《抗战时期的走私活动与走私市镇》，《纪念七七抗战六十周年学术研讨会论文集》，第 597 页），该观点有待商榷。

② 東亜同文会『支那省別全誌・安徽省』1918、838 頁。

③ 国家文物局主编《中国文物地图集・安徽分册》（下），中国地图出版社，2014，第 120 页。

④ 王存：《元丰九域志》，王文楚、魏嵩山点校，中华书局，2005，第 35～36 页。注：宋时界首又称界沟，可参见《方舆考证》卷 51，清济宁潘氏华鉴阁本；谭其骧主编《中国历史地图集（宋・辽・金时期）》第 6 册，中国地图出版社，1996，第 12～13 页。

⑤ 《宋会要辑稿》食货 15，刘琳等校点，上海古籍出版社，2014，第 6302 页。

⑥ 《金史》卷 25《志第六・地理中》，中华书局，1975，第 598 页。

⑦ 《界首县志》，第 43 页。

⑧ 《明英宗实录》卷 132，正统十年八月壬子，台北中研院历史语言研究所校印，第 2624 页。

⑨ 民国《太和县志》，邓建设点校，黄山书社，2014，第 73 页。

兴旺，政府在此设立警察分所。① 民国《太和县志》提及界首"商业麦豆为大宗，舟车络绎，境内镇称第一"。② 20世纪30年代，地方人士称界首是"商务繁盛，烟赌充斥"之地。③ 关于其商业情况，可从中共对界首的调查资料中一探究竟（见表1）。

表1 1938年前界首的商业

业别	商号	数量	营业概况	销路	附注
盐业	周予公、□瑞昌、亿中、三太、瑞丰、恒通、荣昌等	14家	每日出售100包至200包	太和、临泉，淮盐不能西售	旧制河南省境销天津卫盐，皖省销淮盐
粮业	永顺兴、同心栈、永兴□、协太等	25家	每日全市成交粮食50石至100石	出售至江苏的无锡，以小麦、黄豆为大宗	
花布业	昌和、荣兴等	14家	每年进口棉花50万斤，土布出口约30万斤	棉花来源六安、麻城□□间，土布出口至正阳关、颍上、淮河流域	
杂货业	中和祥、万福和等	18家	迷信品、糖、洋油、颜料、纸	潢川、新蔡、鹿邑、水寨	

注：表中□代表模糊不清的字体，下同。

资料来源：《十二年来界首市商行情况变动表》（1948年8月25日），界首市档案馆藏，档案号：002-01-0005-012，第29页。

据表1可知，在1938年前，界首主要有盐、粮、花布和杂货四大行业，已存在专业化商店，行使专门的经济职能。从数量上来看，该地共71家商号，其中粮业商号最多，其余三业商号数量之间相差较小。就销售范围而言，盐和杂货主要在界首周边地区贩卖，而以小麦、黄豆为主的粮食被运往江苏无锡出售，土布每年向东部地区发售约30万斤，由此可知，粮食、土布的销售范围不仅在淮河流域，亦涉及长江流域。界首的手工业以

---

① 民国《太和县志》，第297～298页。

② 民国《太和县志》，第73页。

③ 《呈请恢复该县界首、倪邱两集派出所》，《安徽民政月刊》第27期，1931年，第112页。

传统纺织业为主，几乎没有现代工业。时人回忆，该地"平日，日中为市，四乡村民交换些农副产品"，[1] 这表明界首市场属于每日集类型。值得注意的是，据施坚雅研究，传统中国社会市场可分为三个层次，即基层市场、中间市场和中心市场，不同层级的市场，其集期也是不一样的，每日集在中心市场才会经常出现，且中心市场的专业化商店代替了基层市场的"杂货店"。[2] 要之，1938 年之前的界首商业已发展到一定的规模，在当地社会中发挥着重要的贸易职能。由此可见，有学者认为"抗战之前的界首甚是平常，不过是一个闭塞的土乡镇"[3] 的论断有待商榷。

二　1938 年后界首商业的兴起和发展

对于界首商业发展而言，1938 年是一个特别关键的年份。七七事变爆发后，华北、华东地区先后沦陷，1938 年 10 月武汉会战结束，抗战进入战略相持阶段。之后，界首因其地理区位等因素，从地方集镇迅速成长为国统区前线最为重要的商业中心之一。本节从传统商业、金融业、人口数量以及娱乐业四个方面考察其发展情况。

（一）传统商业

首先，界首的传统商业在战时获得了较大发展。如表 2 所示，界首的盐、粮、花布、杂货行业的商号数量分别比全面抗战前（见表 1）有不同程度的增长，同时，盐、粮、花布的交易额均增长 2～10 倍。从销售范围看，因卫盐销路不畅，淮盐经界首被运往河南各地销售。花布、杂货最畅销，西北远至陕西、宁夏和甘肃，西南到重庆和成都，东及蚌埠一带。就花布业来说，全面抗战爆发前，安徽省年产土布 209 万匹，其中合肥产量最高，年达 98 万匹，其次为怀宁、芜湖、舒城，各在 10 万至 30 万匹。[4] 而全面

---

① 郝心恒：《抗日时期的界首三镇》，《界首史话》第 1 辑，第 15 页。
② 施坚雅：《中国农村的市场和社会结构》，史建云、徐秀丽译，中国社会科学出版社，1998，第 92～93 页。
③ 刘岩岩：《全面抗战时期安徽界首"小上海"现象探析》，《安徽史学》2020 年第 6 期。
④ 王鹤鸣：《安徽近代经济探讨（1840～1949）》，中国展望出版社，1987，第 144 页。

抗战爆发后界首外输土布年达 100 万~300 万斤，[①] 为 33 万~100 万匹，[②] 大致相当于全面抗战前合肥的产量。与全面抗战前相比，此时界首的杂货商号数量最多，成为市场上的主要行业。这里所谓的杂货是指纸张、日用百货等，[③] 多系工业品，而其产能集中在东部地区。也就是说，此时界首商业辐射范围远超全面抗战前，不仅包括国统区前线和沦陷区，大后方也成其经济腹地。

表 2　1938~1945 年的界首商业

业别	商号	数量	营业概况	销路	附注
盐业	周予公、三太、顺兴、福源、济生、协太、大成等	30 余家	每日销盐 300 包至 1000 包	淮盐西运漯河、南阳、襄县及沙河*两岸	日寇占领铁道，卫盐不能南运
粮业	永和、西瑞昌、同心栈等	50~60 家	每日成交 100 石至 200 石		
花布业	昌和、荣兴、文昌祥、三兴合、锦源、土产推销社、采购站、供应社、祥太、利源等	34 家	土布出口 100 万~300 万斤	西至西安、重庆、平汉道两侧，东至蚌埠	国军采购制军服（西运）
杂货业	□□公司（郝姓官僚资本）、广大（渝）、济生昌、天太、林大等	180 家	百货（京广洋货）	西安、宝鸡、成都、重庆、洛阳、甘肃、宁夏	

＊沙河是颍河主要支流，因此颍河也被称为沙颍河，为行文方便，除引文外，本文一般称为颍河。

资料来源：《十二年来界首市商行情况变动表》（1948 年 8 月 25 日），界首市档案馆藏，档案号：002 - 01 - 0005 - 012，第 29 页。

---

① 一说界首土布年产 500 余万斤，比战后调查数据最大值高出 67%。详见韦光周编《界首一览》，第 3 页。
② 清末民国各地土布制作规制、材料不同，重量有些许差异，本文换算比率为 1 匹布等于 3 斤。参见徐新吾主编《江南土布史》，上海社会科学院出版社，1992，第 82、435~436 页。
③ 姚雪垠：《界首集》，《全民抗战》第 94 号，1939 年，第 1389 页。

通过考察界首历年商业交易额，亦可略知其商业发展之兴盛。1939年，该地"每天的交易大约有四十万到六十万"（年交易额合12000万至20000万元——笔者注），① 1943年"贸易总值年约八万八千余万元"。② 此外，其税收在国统区亦占有极其重要的地位。1941年，"以税收而论，则以界首为第一，三十年全年海关收入凡一万万元，为全国之冠"。③ 又据1943年国统区财政报告，当年"界首税收占全国第三位"。④ 考虑到界首税收占洛阳关税收的绝大部分，⑤ 因此，还可从洛阳关税收在全国的排名来推测界首的税收情况。当时国统区共有18处总关，以进口额而论，洛阳关"1942年排第四位，1943年排第一位，1944年排第六位，1945年排第四位"。⑥ 就关税而言，1943年度洛阳关所收税款计90678807元，居第一位，梧州关74982151元，居第二位；1944年1月至3月洛阳关46289841元，居第一位，梧州关35150805元，居第二位。⑦ 难怪时人惊叹，界首税收"由百万而千万，而万万，仍蒸蒸日上而不已"，"竟使全国人士，咸知界首之名，为大河以南，长江以北，津浦、平汉两路之间，华中惟一之巨大市场者"。⑧

随着商业的发展，界首的市场空间迅速扩大。全面抗战爆发前，界首"多系商人临街设摊肆而已，皂庙、刘兴人烟尚稀，无商务可言"。⑨ 全面抗战时期，界首的商业市场扩展至皂庙镇（属河南沈丘县）和颍河南岸的

---

① 姚雪垠：《界首集》，《全民抗战》第94号，1939年，第1390页。

② 韦光周编《界首一览》，第3页。

③ 中央调查统计局特种经济调查处编《六年来黄泛区之走私》，《敌伪经济参考资料》第68号，1944年7月20日，第15页。需要说明的是，这里所指"全国"，是指当时国民党控制的大后方地区，并不包括东部被日伪占领的地区。下同。

④ 杨志：《解放区印象记》，新潮社文化事业有限公司，1949，第39页。

⑤ 傅亮：《太平洋战争爆发后洛阳关的征税与缉私（1942～1945）》，《抗日战争研究》2018年第3期。又据时人统计，当时界首税收约占洛阳关税收的78%。参见阿章《界首一瞥》，《中原月刊》第6卷第3期，1942年9月1日，第63页。

⑥ 傅亮：《太平洋战争爆发后洛阳关的征税与缉私（1942～1945）》，《抗日战争研究》2018年第3期。

⑦ 中国第二历史档案馆编《中华民国史档案资料汇编》第5辑第2编《财政经济》（2），江苏古籍出版社，1997，第75页。

⑧ 韦光周编《界首一览》，第12页。

⑨ 韦光周编《界首一览》，第17页。

刘兴镇（属临泉县），① 时人称之为"界首三镇"。② 据查，界首三镇共有商家 662 家，其中皂庙镇商家数量最多，为 306 家，界首镇次之，为 212 家，刘兴镇最少，为 144 家。③ 值得注意的是，三镇之间具有明确的职能分工，如粮、盐、棉、布、百货、饭馆等行业主要分布在颍河北岸的界首、皂庙，南岸刘兴镇主要经营交通运输、牲畜等行业。可见，界首三镇已形成一个互利合作、有机统一的市场，事实上已成为一座商业城市。④

界首商业的兴起促使行帮组织日益增多。除了本地原有行帮外，很多外地商帮开始进入界首从事商业贸易。国民党中央调查统计局发现："黄泛区走私之初期，多为灾民以一二百元往来负贩，小本商人，亦参与其间，惟以利薮所在，各方大行商旋即云集，成为走私之中心人物。"⑤ 那么，这些商人群体来自哪里？据时人回忆："商旅中有河南省郑州、洛阳、新乡、怀庆府者，全国其它各地相继而来者有汉中、银川、兰州、石家庄、保定、天津、南京、武汉、青岛、周村和哈尔滨等地。"⑥ 笔者认为，时人回忆稍有疏漏，除上述地方之外，安徽亦为商人群体来源地。中央调查统计局调查发现，"界首一带之行商，多来自山东、河南、安徽各地"。⑦

（二）金融业

当商品生产和流通发展到以某一地区为中心时，一方面从生产领域游离出大量的货币寻求投资场所，另一方面，生产和流通又需大量的货币资金，这便产生对金融的需求。界首亦是如此。全面抗战前没有一家现代金融机构在此营业。全面抗战爆发后，界首商业的兴起和发展吸引了诸多金

---

① 韦光周编《界首一览》，第 2 页。另，全面抗战前皂庙人口稀少，战时由于商业兴盛，才被设为镇。韦光周编《界首一览》，第 17 页。

② 《通济公司界首豫皖边区的重要据点参考资料》（1944 年），上海市档案馆藏，档案号：Q413 - 1 - 4。

③ 韦光周编《界首一览》，第 26 页。原统计数字有误，文中数字为笔者计算所得。

④ 韦光周编《界首一览》，第 24 ~ 26 页。

⑤ 中央调查统计局特种经济调查处编《六年来黄泛区之走私》，《敌伪经济参考资料》第 68 号，1944 年 7 月 20 日，第 18 页。

⑥ 魏敬修等：《三盛昌估衣棉布绸缎庄》，安徽省界首市政协编《小上海岁月——抗日时期界首文史资料集》，黄山书社，1997，第 62 页。

⑦ 中央调查统计局特种经济调查处编《六年来黄泛区之走私》，《敌伪经济参考资料》第 68 号，1944 年 7 月 20 日，第 19 页。

融机构纷纷来此开展金融服务（见表3）。

表3　20世纪40年代界首现代金融机构一览

金融机构	开业时间	性质
安徽地方银行	1941年6月1日	地方银行
太和地方银行	1942年	地方银行
河南农工银行	1942年11月	地方银行
华侨银行	约1943年	外资银行
中国银行	约1943年	国家银行
交通银行	约1943年	国家银行
邮政储金汇业局	至迟1944年已成立	国家行局
中央信托局	至迟1944年已成立	国家行局
中国农民银行	1944年2月28日	国家银行
中国通商银行	约1944年	商业银行
四明商业储蓄银行	约1944年	商业银行
沈丘地方银行	约1944年	地方银行
新华储蓄银行	约1944年	商业银行
江苏省农民银行	约1944年	地方银行
中央银行	不详	国家银行

资料来源：韦光周编《界首一览》，第69~70页；汤来若《抗战前后的界首》，政协安徽省委员会文史资料研究委员会编《安徽文史资料》第17辑，安徽人民出版社，1983，第184页；李品仙《安徽概览》，1944，安徽省图书馆藏，第70页；郝心恒《抗日时期的界首三镇》，第22页；《中国农民银行三十三年上期》，1944，第90页；许汉三《抗战时期我在太和县的经历》，政协安徽省委员会文史资料研究委员会编《安徽文史资料》第32辑，安徽人民出版社，1989，第78页；《四明商业储蓄银行筹设迪华界首漯河等行呈财政部来往函件》，上海市档案馆藏，档案号：Q279-1-129；雷勇《屯溪：界首镇通沦陷区路线……》，《经济新闻》第3卷第3期，1944年，第3~4页。

　　由表3可知，自安徽地方银行在界首设立分行后的短短3年内，便有14家实力雄厚的金融机构相继在此成立。[①] 据国民政府调查，截至1945年

[①] 1944年下半年界首正筹备及未挂牌商业银行尚有四五家。参见雷勇《屯溪：界首镇通沦陷区路线……》，《经济新闻》第3卷第3期，1944年，第4页。有关1941年后界首现代金融业较快发展的原因参见后述。

8月，皖省43个城市及县镇，共有72家现代金融机构，[①] 即平均一地拥有约1.7家现代金融机构，而界首一地就有15家银行，占比约为21%。值得注意的是，全面抗战时期皖西北中心城市阜阳有2家银行，即安徽地方银行和阜阳县银行，即使是皖省临时省会立煌县（今金寨县），亦只有4家银行，分别是中央银行、中国农民银行、中央信托局及安徽地方银行，[②] 可见界首金融业之繁盛。

除现代金融机构外，界首亦有一定数量的传统金融机构，且发展态势良好。当时界首街旁路口设有钱桌三四十处（时称钱笼子），私人经营，零整兑换，收取贴水（手续费），调剂金融，活跃市场。[③] 此外，沦陷区的部分钱庄也转移至此，如1939年日寇侵占亳州，便有一些钱庄移至界首继续经营。[④] 综上可见，此时界首的金融业已经形成了由国家行局、省县地方银行、商业银行、钱庄钱铺等各类金融机构组成的金融体系，成为联系各经济区域的重要保障。

一般而言，金融机构的所在地，也是金融资本活动的范围，其多分布在经济发达地区，而商品行为的背后是金融产品的反向运动，商业交易必然伴随金融交易。1944年3月，一名银行职员前往界首进行实地调查，发现该地"每月海关税三千万元，盐税及直接税等各二千余万元，合计国税月约八千万元左右，据云为国内战时边区税收最旺区域……我行为活跃目前西北各联行汇兑业务并为协助政府抢运沦陷区物资，界首设行殊属必要"。[⑤] 由此可见，界首商业的兴盛，吸引了大量金融机构来此设立分支机构，为商业贸易提供了便利，并进一步促进了界首商业的发展。

（三）人口数量

一般而言，越是人口稠密的地方，商业愈发繁荣兴旺，进而吸引更多

---

① 中央银行金融机构业务检查处编印《全国金融机构分布一览》，1945，第133~138页。
② 《全国金融机构分布一览》，第134、136页。
③ 《界首县志》，第266页。
④ 安徽省文物局编《安徽省全国重点文物保护单位纵览》，安徽美术出版社，2015，第373页。
⑤ 《四明商业储蓄银行筹设迪化、界首、漯河等行呈财政部来往函件》（1944年3月），上海市档案馆藏，档案号：Q279-1-129，第11~12页。

的常住人口和流动人口，使得该地区的人口更加集中。① 全面抗战爆发前，界首人口约5000人，全面抗战爆发后，该地人口数量呈爆发式增长，1944年时常住人口与流动人口一度超过25万人，可从侧面反映其商业经济之发达。② 那么，其中有多少从事商业的人员呢？对此，我们可从时人统计界首的常住人口职业数据中略窥一二。据载，界首"人口三万七千九百八十九人……业农者五千三百余人，业工者三千六百余人，业商者一万四千余人，自由业者三千五百余人，余系无业"。③ 由此可见，商人占界首常住人口的比重超过1/3，说明界首商人群体之庞大、商业之发达。

（四）娱乐业

随着界首商业的发展及人口的增长，戏院、游艺场及动物园等娱乐场所开始兴建。兹以剧院为例，管窥其娱乐业之盛。当时界首拥有10余所剧院（见表4）。④ 其中，"新舞台"建筑最坚固，"明星舞台"座位最多，"民众舞台"最大。各剧院表演内容亦十分丰富，包括京剧、评剧、豫剧、落子、越调、曲子、二夹弦。⑤ 此外，还有坤书、相声等书词节目。这些剧目曲种繁多、雅俗各异，分布在界首不同区域，由此可知流入界首的人口来自天南海北不同的社会阶层，进一步佐证了该地商业之繁荣。

表4　战时界首剧院一览

名称	戏种	地址
新舞台	国剧	林森路
第一舞台	评剧	建设街
明星舞台	豫梆	建设街
民众舞台	豫梆、国剧	升平街

---

① 姬翠兰：《谈人口增长与商业规模的关系》，《北京商学院学报》1995年第4期。
② 《界首县志》，第112页。另外一说是界首当时人口有30万人之多，参见徐学林《安徽建置沿革》，安徽省水利设计院，出版时间不详，第118页。
③ 韦光周编《界首一览》，第3页。该统计为固定人口，流动人口不计入统计数字。
④ 韦光周编《界首一览》，第93～100页。一说界首戏院最多时有20余家，参见鲁莽《北国行》，文风书局，1943，第28页。
⑤ 王醒民自述，郝心恒整理《我了解的"旧界首"》，政协界首县文史资料委员会编《界首史话》第2辑，1988，第29页。

续表

名称	戏种	地址
文化村	评剧、国剧	文化街
醒众舞台		仁和街
三义剧社		中正路
民乐舞台	相声、坤书	游艺场
新兴舞台		东庙
易俗社		刘兴镇
三星舞台		
璇宫舞台		
沙河舞台		

注：由于原书尚未记载，故有十处文字缺失。

资料来源：韦光周编《界首一览》，第93~100页。

由上可知，全面抗战爆发后，界首成为沟通国统区前线一个极其重要的商业中心。据时人观察："自抗战后，津浦陇海两铁路，先后截断，前后方赖此为交通孔道。平津宁沪货运，亦由此输入内地，遂由战火弥漫中，畸形发展，日趋繁荣，商旅云集，大改旧观，有'小上海'之声誉。……以界首为我沦区进入内地之第一门户，复为豫皖边区文化、政治、建设、经济之重点，更为国防之最前哨。"[①] 要之，随着界首商业的兴起和发展，界首由县级商业中心跃升为华中区域商业中心。然而，正如其他全面抗战时新兴的城镇一样，全面抗战胜利后，由于战乱等原因，界首仅房子便被拆掉1/3,[②] 人口迅速减少,[③] 商业衰落,[④] 失去了往日的重要地位。

---

① 韦光周编《界首一览》，第1页。

② 河南省税务局、河南省档案馆编《中原解放区工商税收史料选编》，河南人民出版社，1989，第464页。

③ 就皖北城市而言，1953年，与界首相邻的亳县和阜阳人口规模还处于5万~10万人。参见 Theodore Shabad, "The Population of China's Cities," *Geographical Review*, Vol. 49, No. 1(1959), pp. 32－42。另见郝心恒《抗日时期的界首三镇》，《界首史话》第1辑，第19页。

④ 《十二年来界首市商行情况变动表》（1948年8月25日），界首市档案馆藏，档案号：002－01－0005－012，第29页。

三　全面抗战时期界首商业发展的原因

地处皖北的界首，在全面抗战时期成为国统区与沦陷区间极其重要的商业中心之一。那么，界首商业为何能在这一时期迅速发展起来呢？笔者认为，全面抗战时期界首商业的兴起，至少应该是如下多重因素叠加的效应。

（一）全面抗战时期界首的地理区位

全面抗战时期国统区与沦陷区之间存在密切的经济联系，界首的边境区位促成了其贸易中心的形成。一方面，近代以来，东部沿海地区经济率先起步，在发展过程中与腹地形成了互相依赖、互相作用的经济关系。[①] 全面抗战前的中国经济发展水平极不平衡，超过 70% 的工厂集中在江浙、沪皖等地，内地工业基础十分薄弱。[②] 在这种情况下，大量工业品从东部地区输入中西部，反之，大量农产品、工业原料也源源不断运往东部。全面抗战爆发后，国民政府西迁重庆，虽然号召、组织了大量工厂搬迁大后方，但并不能满足抗战需求，需从外界购买商品，而沦陷区是其重要货源地之一。[③] 另一方面，抗战时期，中日之间不仅展开军事热战，同时也进行经济战，而经济战的具体表现，就是大后方与沦陷区之间的走私活动。[④] 因处于战争这种非常态时期，是以国统区与沦陷区之间的贸易一般选择在二者的分界线附近进行，由此形成了一批新兴商业市镇。全面抗战爆发后，界首的地理区位发生了重大改变。1938 年 6 月初，为了阻挡日军"西进"郑州，国民党军队先后在中牟赵口、郑州花园口等地决开黄河南岸大堤，致使黄河溃决南泛，新黄河形成一条人为的河堑，日军被阻于中牟—尉氏—周家口—沙河—蚌埠一线以东，中日两军形成隔河对峙的局面（参

---

① 吴松弟：《中国近代经济地理变迁中的"港口—腹地"问题阐释》，《河南大学学报》（社会科学版）2018 年第 3 期。

② 清庆瑞：《抗战时期的经济》，北京出版社，1995，第 255 页。

③ 齐春风：《中日经济战中的走私活动：1937～1945》，第 108 页。

④ 林美莉：《抗战时期的走私活动与走私市镇》，《纪念七七抗战六十周年学术研讨会论文集》，第 562 页。

考图 1）。① 界首位于新黄河以西不远处，处于国统区最前线，为其成为沟通沦陷区与国统区的贸易中心提供了可能。

（二）战争、黄泛与界首水运交通枢纽地位的形成

全面抗战时期，界首成为沟通国统区与沦陷区之间的一个交通枢纽，而这与战争和黄泛有关。先看前者，战争导致沟通中国东西部地区的主要铁路及公路运输不畅，而水路受战争毁坏程度较轻，故大宗物资、人员运输改走水路。传统时期一直作为沟通豫皖等省的颍河，此时东西部的大量物资多经此河转运，其交通重要性陡升。②

前已述及，由于颍河上下游河道、水情等因素有所差异，因此在该河上下游行驶的船只尺寸、吃水深度亦有不同，界首处于颍河中游，系两种船只对接之地，这使其成为颍河流域内一处非常重要的水运中转站。据时人记载，界首"有沙河水运之利，复为沪宁商埠等地进入内地之第一门户。是以各方商贾咸来集聚，因此而日渐繁荣，……成为豫皖边区贸易之中心与货运交通孔道矣"。③ 又据海关报告记载，"自上海及天津方面运来之物品，如染料、棉织品、西药、化学产品，均集中界首，与内地纸张及药材等物品相交换。界首俨然成为贸易之中心"。④ 据调查，在豫皖区"私货主要来源为蚌埠、商邱，而交易中心□在界首、漯河、周口及五沟营等地，……此区走私货物数量，可与广东、浙赣各区相比，影响我后方物资，至为重大，即以界首一地而论，……每日金融活动不下数百万元"。⑤

需要注意的是，在全面抗战期间，因其他沟通国统区与沦陷区的交通孔道先后受阻，商品须由界首转运内地，促使其在 1943 年、1945 年形成商业贸易发展的高潮（见图 2）。前者是因 1942 年香港、金华的失守，据中央调查统计局称，"自三十一年香港、金华相继沦陷后，界首之出入口

---

① 渠长根：《功罪千秋：花园口事件研究》，兰州大学出版社，2003，第 135 页。
② 《沙河船管处的设立及其发展》，《华中日报》1943 年 1 月 6 日。
③ 韦光周编《界首一览》，第 17 页。
④ 《中国旧海关史料》编辑委员会编《中国旧海关史料》第 146 册，京华出版社，2001，第 355 页。
⑤ 中央调查统计局特种经济调查处编《第五年之倭寇经济侵略》，1943，第 76 页。

贸易，更独冠全国，俨然川鄂陕豫间之唯一吐纳港，影响后方经济者至巨"。① 加之当时地处颍河下游的商业重镇正阳受到日军的攻击和破坏，诸多客商西迁界首，进一步促进界首商业发展。② 后者则与河南会战有关，1944 年洛阳沦陷后，界首未受较大影响，"西行者仍可推小车至南阳，或走老河抵巴平以达重庆，或由豫陕公路经西安抵宝鸡，以达重庆，故界首仍不失其原有之地位"。③ 河南会战后，"界首又趋繁盛，城区扩大近一倍，街道整修，市房全改为一层楼。日本投降前夕，无论商贸、运输、文化娱乐等，都达到鼎盛时期"。④ 事实上，日本侵华期间，因兵力及军事战略目标等缘故，其多在沿铁路、公路主要交通线及附近作战，而界首区位偏僻，"北距陇海路商丘，西距平汉路的漯河，东距津浦路的宿县，均有二三百里"，⑤ 从而免遭日军占领，为其战时发展提供了可能。

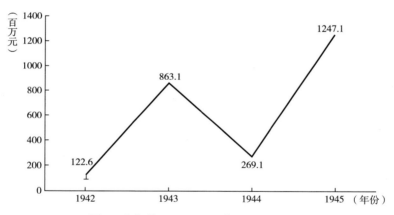

图 2　洛阳关 1942～1945 年进口洋货价值

注：前已提及，界首税收占洛阳关税收绝大部分份额，以此反映界首商业发展过程应无不妥。
资料来源：《中国旧海关史料》第 146 册，第 355 页。

---

① 中央调查统计局特种经济调查处编《六年来黄泛区之走私》，《敌伪经济参考资料》第 68 号，1944 年 7 月 20 日，第 3 页。
② 寿县地方志编纂委员会编《寿县志》，黄山书社，1996，第 307 页。
③ 《界首小识》，《前线日报》1946 年 6 月 24 日，第 8 版，副刊。
④ 韦光周编《界首一览》，第 1 页。
⑤ 何柱国口述《何柱国将军生平》，施文淇等整理，中国文史出版社，1992，第 211～212 页。

随着界首商业地位的提升，国民政府开始重视该地，派军队进驻豫东、皖北地区，这给其商业发展提供了必要的安全环境。1939 年，何柱国部奉令至沈丘和阜阳一带，之后专门设立界首警备司令部维持纪律，[①] 在维持社会治安方面起到了重要作用。时人对此颇有体会，"界首现在变成抢运物资的集中地，治安十分重要。现在拿着成千上万的法币在街头行走，不会再有什么顾虑，治安已有显著的进步"。[②] 此外，四明商业储蓄银行人员在调研界首后认为，该地设有警备司令部，治安较有保障，可以在此设置银行。[③] 国民政府驻军在一定程度上稳定了界首的社会秩序，有助于其商业的持续发展。

再看后者，1938 年黄河决口改道南泛，冲毁了豫东、皖北等地既有的陆路交通线，水路的重要性开始凸显。1939 年姚雪垠前往界首时发现，"因为别的路都被黄水隔断"，于是"私货和仇货就经由商邱、毫县而运到界首来"，之后"溯着颍河西上，运到周口和漯河，分散到河南、湖北和陕西各地"。[④] 值得注意的是，黄泛部分水流汇入颍河，后者水量得以补充，这对于颍河的航运是有利的。对此，时人深有感受，"（民国）二十七年，黄水改道，与颍水合流，河水高长。恰正方便了水上交通，于是数千只帆船而外，界首码头还经常的停着几只上下来往的小轮船"。[⑤] 另据战时皖省政府调查颍河水运情报，可知部分黄河水注入颍河确实有利于其水上运输。[⑥] 又据界首商人称，"本市水路，以终年水势浩大，帆船上达漯、襄，下迄正、蚌，畅通无阻，汽船亦可上抵周口，夏秋间直驶漯河"。[⑦] 言语中透露"水势浩大"对水上运输的重要性。由此可见，黄河南泛重塑了豫东、皖北泛区的交通地理形势，提升了界首的交通区域地位，有利于其商业的发展。

---

① 何柱国口述《何柱国将军生平》，第 206 页。
② 《通济公司界首豫皖边区的重要据点参考资料》（1944 年），上海市档案馆藏，档案号：Q413－1－4，第 2 页。
③ 《四明商业储蓄银行筹设迪化、界首、漯河等行呈财政部来往函件》（1944 年），上海市档案馆藏，档案号：Q279－1－129，第 10 页。
④ 姚雪垠：《界首集》，《全民抗战》第 94 号，1939 年，第 1390～1391 页。
⑤ 阿章：《界首一瞥》，《中原月刊》第 6 卷第 3 期，1942 年 9 月 1 日，第 62 页。
⑥ 《安徽省各县关于交通运输方面的通则、办法、规程及统计图表及太和、凤台等县电话线路图等文件》（1939～1946 年），安徽省档案馆藏，档案号：1－1（2）－644。
⑦ 《界市商人的心情（十五）》，《颍川日报》1943 年 8 月 14 日，第 2 版。

那么，界首身处泛区之中，为何没有被黄泛淹没呢？首先，这是因为界首地势相对较高，黄水来袭对其影响较小。① 据史料记载，1938 年黄河决口后，泛水在距离界首镇东北的七八里外。② 其次，前文提及咸丰年间界首士绅为御匪修寨堡，而寨墙不仅防盗，也在一定程度上阻挡了洪水的入侵。③ 此外，参阅 20 世纪 30 年代河南军用地图可知，界首寨堡在豫东、皖北当属较大规模。④ 最后，在界首商业兴起后，国民党军队非常重视该地，采取了一系列措施防止洪水侵袭，这也在一定程度上为界首商业的发展提供了保障。⑤

结　语

通过上述考察可知，至迟从北宋开始，界首便是当地一个较为重要的市镇，在民国前期甚至一度是太和县境内最为繁华的商业集镇，并非有学者认为的是一个闭塞的土乡镇。尤其是全面抗战时期，界首因其特殊地理区位等，从地方集镇迅速成长为国统区前线最为重要的商业中心之一。究其原因，大体可总结为两点：第一，全面抗战时期国统区与沦陷区之间存在密切的经济联系，界首的边境区位为其成为贸易中心提供了可能；第二，抗战时期界首成为国统区与沦陷区之间的一个水运枢纽，而这与抗战形势及黄河南泛有关。先看前者，全面抗战时期，沟通东西部地区的铁路、公路交通系统或遭到破坏，或被日伪占领，物资、人员运输不畅，相对而言水运受战争影响较小。在此背景下，颍河航道成为沟通国统区与沦陷区的运输大动脉，而界首是颍河的货运中转站，这促使其一跃成为国统区与沦陷区间的交通枢纽，这是界首兴起的直接推力。再看后者，黄河南泛重塑了豫东、皖北泛区的交通地理，一方面冲毁了豫东、皖北既有陆路交通线，另一方面，部分黄水汇入颍河，有利于颍河水运，提升了界首的

---

① 《安徽文史资料》第 17 辑，第 177 页。

② 《界首的水灾》，《颍川日报》1942 年 8 月 15 日，第 2 版。

③ 徐公卿：《"花园口事件"和我的故乡双楼》，政协河南省郸城县委员会编印《郸城文史资料》第 5 辑，1990，第 110 页。

④ 侯巧芬主编《民国时期五万分一河南地图集 3》，台北：汉珍数位图书股份有限公司，2018，第 308 页。

⑤ 何柱国口述《何柱国将军生平》，第 212 页。

区域交通地位，进一步促进了界首商业的发展。可以说，界首商业的兴起是上述多重因素叠加作用的结果。抗战胜利后，虽然界首发展步伐减慢，但商业规模仍大于全面抗战前。也许也因如此，后来形成了以其为中心的县级行政区域。

作者：史行洋，浙江农林大学马克思主义学院、
　　　　浙江农林大学生态文明研究院

（编辑：刘凤华）

政府行为与近代旅馆业劳资关系[*]

——以上海新运会"取缔额外小账"为中心

邓逸伦　郑　焱

内容提要　20 世纪 30 年代，在新生活运动背景下，国民政府推行"取缔额外小账"引发了上海旅馆业的劳资纠纷。旅馆业劳资关系共经历了劳资冲突加剧—政府调节失效—劳资结盟一致对外三个阶段的转变。三个阶段中，近代旅馆业呈现了与工业企业不同的劳资特征，而政府行为在政治与经济上的协同度、协调劳资冲突的制度安排以及行业的意思自治都牵动着劳资关系的最终走向。国民政府通过"政府行为"以"干预者"身份介入劳资关系后，交织着劳、资、政三方繁复的互动与博弈，对这一过程的分析有助于我们更好地理解国家权力向基层社会渗透过程中，当外部制度环境变化时，近代服务业劳资双方选择冲突与合作的条件与成因。

关键词　劳资关系　上海新运会　新生活运动　近代旅馆业

1934 年 2 月，蒋介石在南昌发起了"新生活运动"并迅速推向全国。在推行"规矩"、"清洁"与"三化"运动的背景下，新生活运动总会认为旅馆、酒菜馆、茶馆、浴堂、理发店、戏院等商办公共场所中收取小账的行为实属行业恶习，^① 特别是长期养成的茶房侍役向客人强行索取小账、

---

* 本文为湖南省教育厅科学研究项目"民国新生活运动对旅馆业的影响研究（1934 - 1937）"（项目编号：19C1166）的阶段性成果。

① 近代旅馆业小账共有两种：一种为"加一小账"，在消费金额基础上加收一成充作小账，此种小账多归旅馆业主或账房所有，普通职员（茶房、侍役等）无权享用；另一种称为"额外小账"，在"加一小账"之外，是茶房、侍役提供服务后，顾客自愿赏赐给职工的小费，归职工个人所有。参见《取缔旅馆业额外小账》，《申报》1936 年 8 月 25 日，"本埠增刊"，第 1 版。

故意刁难顾客的社会风气，"既能助长奢侈之风，且易养成人民阶级观念，殊与新运宗旨大相违背，故应彻底加以改革"。[①] 1936 年 7 月，新运总会制定《取缔额外小账实施办法》，并请各地新运会、党部、政府、商会、各业公会、宪警机关共同筹备实施。[②] 不想这条禁令却成为引发公共服务领域各业劳资冲突的导火索，受到了劳资双方的强烈抵抗。此次纠纷并非因劳资双方的内部利益冲突而起，而是源于外部的政府行为干预，这在近代劳资纠纷的案例中实属少见。

近年来近代劳资关系研究以革命史观为基础扩充到社会史观，研究的主要议题从"工运史""阶级斗争"向"劳资合作""劳、资、政三方互动"发展，已有不少代表性成果。[③] 不过，现有研究多从劳资双方内部自身利益探讨其冲突与合作，较少关注在近代社会转型背景下由资本主义生产方式、社会思潮、社会舆论、政府行为、党派政治以及民族主义运动等外因所致的劳资因应及其呈现的复杂实态。[④] 另外，以往有关"劳资合作"的研究，较强调对于资方惠工、劳方主动降薪及劳资双方共同妥协而达成互适关系的考察，尚缺乏劳资合作共同应对外部制度环境变化的研究成果。最后，以往劳资关系研究成果多聚焦于工业、手工业等领域，而对于服务业、商业等领域讨论较少。[⑤] 鉴于此，本文以 20 世纪 30 年代上海旅馆业发生的"取缔额外小账"事件为研究样本，探讨政府通过"政府行为"以"干预者"身份介入劳资关系后，劳、资、政三方繁复的互动与博弈。对这一过程的分析，有助于我们更好地理解在国家权力向基层社会渗

---

① 《节约运动及取缔额外小账运动之筹办》，《新运月刊》第 37 期，1936 年 10 月，第 53 页。

② 《取缔额外小账实施办法》，《新运月刊》第 38 期，1936 年 11 月，第 98～99 页。

③ 相关代表性研究成果参见杨在军《中国劳资关系近代转型研究——劳方、资方与政府关系视角》，人民出版社，2018；田彤《民国劳资争议研究（1927～1937 年）》，商务印书馆，2013；田彤《民国时期劳资关系史研究的回顾与思考》，《历史研究》2011 年第 1 期；王奇生《工人、资本家与国民党——20 世纪 30 年代一例劳资纠纷的个案分析》，《历史研究》2001 年第 5 期；徐思彦《合作与冲突：劳资纠纷中的资本家阶级》，《安徽史学》2007 年第 6 期；魏文享《雇主团体与劳资关系——近代工商同业公会与劳资纠纷的处理》，《安徽史学》2005 年第 5 期。

④ 霍新宾：《近代中国劳资关系研究之省思》，《史林》2018 年第 1 期。

⑤ 近代服务业与商业领域劳资关系现有研究成果较少，仅在部分行业或群体研究中稍有涉及。参见巴杰《民国时期的店员群体研究（1920～1945）》，博士学位论文，华中师范大学，2012；龚敏《近代旅业业发展研究（1912～1937）》，博士学位论文，湖南师范大学，2011。

透的过程中，当外部制度环境变化时，近代服务业劳资双方选择冲突与合作的条件与成因。

一　"取缔额外小账"与旅馆业劳资冲突

1936 年 7 月 24 日，上海市新运会奉总会命令，通告全市公共场所实施取缔额外小账。政令发布后，立刻引起了各业劳方的集体抗议，其中以旅馆业的反响最为激烈。上海旅馆业职业工会先后通过三次会议呈请上海市新运会，表明取缔额外小账前应先解决劳方生计问题，不然可能引起社会动荡。劳方的理由是，茶房工作时间长久繁重，饮食待遇苛刻，且几乎没有固定薪资，收入全靠额外小账，此种现状皆因雇主贪婪所致。① 原本旅馆业资方对此事基本处于观望状态，认为索取额外小账并非资方规定，乃是茶房的个人行为，取缔额外小账后还可减少客人投诉，有益于旅馆经营，表面上是赞同的。但得知劳方立场后，资方表示，无固定工资的茶房制度并非店家贪婪，而是因为时局动荡，商业凋零，如若要求资方给予固定工资，资方只能选择裁撤职工或者干脆歇业，恐将引起劳资间重大纠纷。② 在劳方态度影响下，资方立场发生转变，认为取缔额外小账只会徒增劳资纠纷，危及店家生存。此后，劳、资、政三方陷入焦灼的协商状态，取缔额外小账的政令迟迟不能推进实施，行业劳资关系也因此陷入紧绷状态。

从表象上看，新生活运动对反映社会整体面貌的公共场所展开治理，是近代中国进行社会文化层面改革的一次尝试，但实际上其背后的政治意图远大于社会的真实诉求。建立政权的合法性，解决社会对于国民政府的认同危机，是蒋介石发动新生活运动的政治意图。③ 因此，政府在推行"新生活"理念过程中所扮演的是规训和教化民众的角色，④ 以期展现出

---

① 《上海旅馆工会沥陈取缔额外小账意见》，《国际劳工通讯》第 3 卷第 10 期，1936 年 10 月，第 57 页。

② 《旅业昨召开大会　讨论额外小帐问题》，《申报》1936 年 8 月 24 日，第 12 版。

③ 温波：《重建合法性：南昌市新生活运动研究（1934~1935）》，学苑出版社，2006，第 253~256 页。

④ 刘文楠：《规训日常生活：新生活运动与现代国家的治理》，《南京大学学报》（哲学·人文科学·社会科学）2013 年第 5 期。

对社会基层的控制力，从而达到获取民众认同、重构政权合法性的目的。具体到公共场所中，就要求各业能够无条件地配合各项政府行为，迅速达到改观社会风气的效果。新运总会书记阎宝航在谈及取缔额外小账时说道："'当以劲疾之风扫除社会上污秽之恶习。'所谓劲疾之风，即强制办法是也。"① 可见政府取缔额外小账强调的是行业的服从而非认同。

事实上，取缔小账并非空穴来风，民众对于取缔小账的呼声由来已久，市民曾有联名集体呼吁取缔小账的行为，② 说明取缔额外小账具有一定的社会认同基础，这是新生活运动将其视作标志性工程的原因。而公共行业中的劳资双方作为市民社会中的一部分又为何会在认同上出现偏差呢？旅馆业劳方表明，只要资方愿意发放固定工资，劳方自愿废除额外小账。③ 资方表明："只要店方能勉强维持生存之最低限度，无不乐于接受。"④ 保障基本生存的经济利益是劳资双方认同取缔额外小账的前提，而作为消费者的普通民众认同取缔额外小账亦是基于对自身经济利益的考量。经济因素将始终贯穿政府对社会文化干预和改革的行为之中，而劳资关系作为社会中最为重要的经济利益表达方式，自然极其敏感。社会效用与经济效用的协同性将影响民众对政府行为的认同度。

遗憾的是，无论是从发起运动背后的政治目的还是从政府所扮演的规训角色上看，新生活运动始终强调的是行政效率而非经济影响，并不重视劳资平衡崩坏后所产生的社会成本。新运会期望用一纸禁令来重构公共场所的新秩序，以此满足官方对于现代社会的想象，简单地将额外小账预设为不被现代社会允许的陋习，对其背后蕴藏的经济逻辑却视而不见，是此次劳资冲突产生的核心原因。当政府推行的社会文化改革行为直接危及行业群体生存的既定经济规则时，行业的反馈可以是服从但不认同的"阳奉阴违"，也可能是既不服从也不认同的"请愿抗议"，预示着改革的困难重重，诸多现实问题需要协商解决。

---

① 《阎宝航谈取缔额外小账》，《中央日报》1936年7月30日，第7版。
② 《市民联名函请取缔小账》，《中央日报》1934年9月6日，第7版。
③ 《上海旅馆工会沥陈取缔额外小账意见》，《国际劳工通讯》第3卷第10期，1936年10月，第57页。
④ 《旅业公会分呈党政　取缔小账请愿事实》，《民报》1936年8月25日，第8版。

二　"劳资不可两利"的困境

劳资双方寻求协商空间，因各自立场及利益诉求的不同产生互动，由此带来的劳资冲突问题，在20世纪20～30年代多以劳资自行协商或依靠政府第三方调停机制解决，呈现出劳资合作的结果。当时的上海市党政机关就先后成立了"劳资调节委员会""劳资仲裁委员会""社会局"等机构居中调停劳资冲突。从调停结果看，政府在调停劳资冲突时并未一味偏袒资方，实际上大多数调停以有利于劳方结束。产生这种结果的原因在于，政府基于社会稳定的利益诉求，通过各种协调方案试探劳资反应和评估劳资双方的让利空间，劳资双方则在对自身采取行动的利益与成本进行不断评估后达成新的互适关系，而相较于劳方，资方一般有更多的让利空间，呈现出惠及劳工的趋势。通过资方让利于劳方或双方互有得失的方法重建劳资平衡，是第三方调停机制平息劳资冲突的常用手段，其背后的核心逻辑是，劳资之间存在利益冲突和阶级对立。

取缔额外小账政令引发旅馆业劳资冲突后，上海市新运会与党政机关迅速启动了第三方调停机制，邀请上海市社会局协调处理旅馆业的劳资纠纷。1928～1931年上海共发生劳资纠纷1238起，其中1150起经第三方协调解决，占比高达92.9%。上海市政府下属社会局作为第三方调停机构解决的劳资纠纷案占比53.6%，[1] 充分说明上海市社会局在协调劳资冲突上具有丰富的经验和极强的能力。社会局第一次参与取缔额外小账会议后便对新运总会《取缔额外小账实施办法》的内容进行了调整，针对上海市旅馆业的特殊情况做出了新运会与商会协商规定工资标准、劳方享受全部加一小账、资方应提取保证金存入可靠银行等方面的修订。[2] 显然此次修订的条款内容有利于劳方，希望以资方让利的方式平息劳资纠纷，但立刻遭到旅馆业资方的强烈反对，拒不配合此次条款的修订。资方表明，如按新运会要求，必将造成大量旅馆倒闭，引起社会动荡。[3] 劳资冲突并未在上海市社会局的介入下有所缓和，反而呈现出更加激烈的斗争态势，第三方

---

① 上海市政府社会局编《近五年来上海之劳资纠纷》，中华书局，1934，第63页。
② 《取缔额外小账　定九月十五日实施》，《申报》1936年8月15日，第13版。
③ 《取缔额外小账　旅业测验工友》，《申报》1936年8月26日，第13版。

调停机制遭遇顿挫。

根据当时对上海旅馆业极少数拥有固定薪金的劳方工资调查，最高工资为 8 元/月，全年收入不到 100 元，[①] 但其每月额外小账收入可达 20~30 元，数倍于固定工资。额外小账是劳工选择从事旅馆业工作的主要原因，由此产生了"闻有工人不问工资多寡，而径行工作，借工作机会以求收入者，实例虽不多，但海上旅馆饭店之侍役，颇近乎此"的怪象。[②] 而据上海市社会局对于当时劳工生活状况的调查，上海市五口之家，平均一年收入约为 467.5 元，支出 454.3 元。[③] 取缔额外小账对于劳方来说并非让利减薪的问题，而是危及生存的根本问题。因此上海市社会局在修订条款中提出了"劳方享受加一小账 + 固定工资"的利益补偿方案。但是，减去加一小账收入、增加工资支出，这一增一减对于当时"百分之九十以上是亏本的，资方生存较劳方更为迫切"的旅馆业而言同样也是危及生存的根本问题。[④] 若维持现状，就要选择涨价，但又由于市场萧条，涨价只会变相赶走客人，导致旅馆倒闭。可见资方具有更多让利空间的条件并不成立。另外，不给薪金即没有人力成本，因此旅馆业形成了侍役人数众多的局面，在有发放工资的成本后资方必定裁撤员工，劳资冲突将进一步加剧。

取缔额外小账实际上减少了旅馆业的行业效益，压缩了劳资双方的获利空间，造成了无论内部如何协商劳资双方都将遭受损失，都不能重新建立互适关系的局面。这也从一定程度上反映出近代公共行业还未能实现真正意义上的产业升级转型，尚缺乏支撑生产力革新的经济环境和社会条件。在此背景下的劳资关系并不稳定，抵御外部政策和环境威胁的能力较弱，劳资生存空间极其有限，呈现出一定的"脆弱性"。而上海市社会局主观上却并不关心这种行业特殊性，没有从产业经济发展的角度去寻求对劳资利益的补偿，而是尝试通过重新分配劳资内部利益来摊派相应的社会

---

① 陈问路：《最低工资与中国劳工的生活水准》，《劳动季报》第 3 期，1934 年，第 65~97 页。

② 《经济业谈风险问题》，《申报》1936 年 2 月 18 日，第 8 版。

③ 《上海工人生活程度之调查》，《劳动季报》第 4 期，1935 年，第 50 页。

④ 《就旅馆业立场对于新运会拟取缔额外小账之商榷》，《上海报》1936 年 8 月 3 日，第 4 版。

成本。换言之，第三方协调机制侧重于劳资内部利益的协商，对提升产业经济实力的作用极其有限。因此，调停方案始终无法同时满足劳资双方的基本诉求，反而随着政府介入的不断深入引出了更多问题，致使冲突不断升级。

上海市旅馆业职业工会在第四次讨论会后向上海市新运会呈请："敬恳钧会顾念劳工疾苦，俾恶习惯重重节制下之劳工，得以不受无理由之拘束，新运会改良恶习之本意亦能贯澈。"[1] 劳资冲突的焦点已从取缔额外小账转向行业中旧有的种种恶习。当时的社会舆论也一致认为，"要取缔小账，根本须改良各业的茶房制度"。[2] 在"不给薪金"和"资方独享加一小账"等行业恶习外，讨论最为激烈的还有旅馆业中的"押柜金制度"。

押柜金又称保证金，是因常有客人金钱物品出入侍役之手，为防范万一，要求侍役向旅馆缴纳的保证金，是侍役的信用保证。虽然在《南京市工商业雇主受取工人保证金办法》中规定，收取工人保证金不得超过100元，[3] 但是，实际上旅馆业资方往往向劳方收取200～300元不等的保证金。旅馆职工多为贫苦百姓，为获得工作机会往往通过借高利贷的方式凑足押柜金，偿还利息已属不易，如旅馆正常经营尚可维持生活，一旦倒闭或遭遇解雇，生活将无以为继。[4] 不仅如此，由于保证金金额巨大，不少旅馆业主以职工所交保证金充作开店资本，在需要退还解雇职工保证金时，资方往往选择携款而逃，大量旅馆因此停业或歇业，上海旅馆业形成了"倒闭者时有见闻，而开设者依然继续不绝"的畸形状态。[5] 为此，旅馆业职工工会向国民党第五次代表大会呈请，要求在国家立法上规定"受雇者享有最优先债权偿还权"。[6]

押柜金制度使近代旅馆业在事实上形成劳资共同拥有生产资料的特性。劳方通过押柜金的投资参与旅馆经营，在雇主授权或指示的范围内从

---

① 《取缔额外小账　旅馆工会沥陈意见》，《申报》1936年9月5日，第16版。
② 梦若：《革除小账陋规平议》，《实用英文半月刊》第1卷第6期，1936年，第85页。
③ 《南京市工商业雇主受取工人保证金办法》，《南京市政府公报》第118期，1932年10月31日，第14页。
④ 《访问茶房头脑　谈取缔额外小账的近况》，《大公报》（上海）1936年8月21日，第13版。
⑤ 《就旅馆业立场对于新运会拟取缔额外小账之商榷》，《上海报》1936年8月3日，第4版。
⑥ 《被雇者债权优先受偿》，《申报》1935年11月15日，第11版。

事劳务活动，并形成了用额外小账支付劳动报酬的行业规则，呈现出劳资合作经营的状态。与具有明确隶属属性劳动关系的工业企业不同，近代旅馆业的劳资关系更像是雇主与劳动者之间达成的一种自由契约，其性质近似于现在的雇佣关系，而非单纯的劳动关系。而当时的《劳资争议处理法》《工厂法》《工会法》《团体协约法》等劳资立法主要适用于工业领域的大型企业，基本将服务业和众多商业小型企业排斥在外。针对公共场所领域这种特殊劳资关系，特别是对于由政府行为引起的劳资冲突，现有法律根本无法适用，处于立法空白状态。因此，劳、资、政三方都无法在现有的法律制度框架内寻找解决思路，没有出现调节委员会或仲裁委员会的身影，劳资双方亦不曾出现利用法律条文为自身辩护的情况。在法律依据缺乏且并无先例的情况下，上海市社会局最终寄希望于其他城市的成功经验，随即派员赶赴杭州学习调查取缔小账实施现况。此种"现学现用"的举措进一步反映出上海市社会局的无助与尴尬。

杭州被官方公认为取缔额外小账推行较有成效之地，然而赴杭调查人员返回后提交的《考察杭市取销额外小账报告》总体结论却是："原有各店侍役工资问题、保证金问题，及加一小账分配问题，虽为规定，但未能推行尽善，致取销外小以来，侍役来源断绝，支出依然，生活较前苦多。"[1] 上海的第三方协调机制失效并非个案。

取缔额外小账的政府行为对于旅馆业劳资关系而言，并不是"保障型"或"漠视型"政策，而是一种"对抗型"政策，具有极强的破坏力。在既不具备提升行业经济效益扩大劳资让利空间，又不能为新旧规则更迭提供充分法律依据和制度环境的情况下，秉持劳资阶级对立逻辑的第三方协调机制反而扩大了对抗性，演变为劳、资、政三方互相对抗的混乱局面。作为第三方协调者，上海市社会局逐步在这种徒劳而无休止的协商中陷入"劳资不可两利"的尴尬境地。

三 利益共生与劳资同盟

取缔小账政令发布一个月后，由资方发起召开大会，旅业同业公会主

---

[1] 《考察杭市取销额外小账报告》，《新运月刊》第38期，1936年11月，第90页。

席陈闻达在会上提出了劳资双方"共存共荣"的观点，认为劳资双方利益共存，应该相互理解，以减少纠纷为出发点，共同商议解决办法。① 代表劳方利益的上海旅馆业职业工会虽然成立较晚，但在积极参与和声援各业工人运动中积累了一定经验，② 其处理劳资纠纷的思想觉悟和能力都得到了迅速提高，也认为取缔小账"事关十余万职工生计，及数千万资本之营业，应如何从根本上的谋积极解决，而不专从事于消极取缔，以增加社会纠纷"。③ 正如魏文享所言："同业公会及工会之成立，既增加了劳资冲突扩大的可能性，也提供了劳资合作的组织基础。"④

劳资双方取得共识后立刻展开了联合行动。资方向市党部、市政府、市社会局同时递交请愿书，述说劳资困难，希望政府能够"迅予纠正，以维营业而安民生"。⑤ 劳方则配合资方，完成了一次反馈劳方意愿的民意调查。此次调查共发出测验表1150份，回收862份，共计5862名工友参与调查，结果显示绝大多数工友"愿意仍照旧章，不取工资，以得旅客之随意赏赐"，而愿意取消额外小账而取得工资者只有36人。⑥ 上海旅馆业劳资关系在组织化、集体协商的进程中，逐步由因各自利益诉求不同而相互冲突，向因共同利益而主动合作转变，形成劳资同盟、一致对外、合力抗争国民政府干预行为之格局。

劳资关系的核心是利益，劳资合作与冲突是双方利益最终能否达成平衡的表现，既表现出斗争特性，又因对于劳动力和生产资料的依赖而具有一定的利益共生性。旅馆业的特殊性在于：一方面，劳资共有生产资料的群体身份强化了利益共生性，模糊了劳资关系中资本家与工人的角色定位，弱化了阶级斗争属性；另一方面，与工厂不同，劳资关系的缔结形式

---

① 《旅业昨召开大会　讨论额外小帐问题》，《申报》1936年8月24日，第12版。
② 1931年的"大东书局改良待遇"案及1932年的"三友实业社停厂"案中，上海旅业招待业工会（职业工会前身）均有参与。参见《南市各工会援助大东书局工友宣言》，《申报》1931年11月27日，第12版；《三友厂纠纷　市府今日正式仲裁》，《申报》1932年8月31日，第13版。
③ 《就旅馆业立场对于新运会拟取缔额外小账之商榷》，《上海报》1936年8月3日，第4版。
④ 魏文享：《雇主团体与劳资关系——近代工商同业公会与劳资纠纷的处理》，《安徽史学》2005年第5期。
⑤ 《旅业公会分呈党政取缔小账请愿事实》，《民报》1936年8月25日，第8版。
⑥ 《取缔额外小账　旅业测验工友》，《申报》1936年8月26日，第13版。

并不在当时法律强制规定的调整范围内，而是产生于劳资双方的意思自治。正如资方所言："店方雇用茶房，其待遇条件及保证金等，本系雇用间一种契约，经双方同意而订立的，凡经双方合意的行为，就是合乎法律的行为。"① 所谓的行业恶习本质上是这种意思自治的表达方式，并在一定的"社会适当性"② 下良性运行。这种长期以来形成的行业既定规则具有强烈的生存力和纽带关系，并获得劳资双方的共同认可。当受到外部威胁时，劳资双方已不再对立性地评估各自的成本，转而谋求群体的整体利益。社会学家科塞（Lewis Coser）认为，基于原有稳定社会结构而形成的价值观念会使社会群体形成内聚力，在面对外部冲突时，这种内聚力将动员群体成员重新建立起新的价值观念以防御外部敌人。③ 劳资关系从冲突向合作的转变，即代表着新价值观念的形成。此种情况在近代基于民族主义爱国情结的劳资共同反帝活动中亦有体现。④ 不同的是，取缔小账一案中劳资共同抵御的外部"敌人"乃是新运会而非帝国主义侵略者。

值得注意的是，在对《取缔额外小账实施办法》的修订中还出现了"客人如仍有自愿赏给小费，经工友婉却后，再行赏给者，将此项款项，由工友交明账房，转交作航空捐"条款，⑤ 说明新运会取缔额外小账的行为并非纯粹代表公共利益，在政治和经济上还有着自身的利益诉求。在这种利己性的驱动下，新运会独立于劳资双方而自治地、不受限制地介入其中，同时扮演着规则制定者、强制实施者、协调者和既得利益者的多重角色。在多重身份的切换过程中，政府持中公允的角色形象不再清晰，这进一步增加了劳资群体的威胁感，导致内部团结的加强。

1936 年 10 月，上海市新运会在慎重考虑后，最终做出"呈请总会，

---

① 《旅业昨召开大会 讨论额外小帐问题》，《申报》1936 年 8 月 24 日，第 12 版。
② 社会适当性，即认为组织采用的结构形式是某一特定制度环境中合法的结构形式。参见 W. 理查德·斯科特《制度与组织——思想观念与物质利益（第 3 版）》，姚伟、王黎芳译，中国人民大学出版社，2010，第 160 页。
③ L. 科塞：《社会冲突的功能》，孙立平等译，华夏出版社，1989，第 76 页。
④ 参见霍新宾《在"爱国"与"私利"之间——国民革命时期一例民族主义运动中的工商关系》，《安徽史学》2006 年第 5 期；周石峰、金普森《京沪商人"罢市"问题论析（1927～1937）——一个民族主义视角的检讨》，《江苏社会科学》2004 年第 6 期。
⑤ 《取缔额外小账 定九月十五日实施》，《申报》1936 年 8 月 15 日，第 13 版。

在本市暂不施行"的决定。① 上海市新运会的妥协，是劳资群体共同从外部谋求利益扩张的结果。产生此种结果的原因除开上海情形特殊外，还与当时上海的劳工局势有关。1936 年 9 月 10 日，上海总工会召开防止工潮主题会议，指出近来上海市劳资纠纷迭起，要求各工友不得无故罢工或怠工，各业资方不得无故停业减工，并呈请党政机关，凡已发生之劳资争议事件应尽快解决以免纠纷。② 不仅上海如此，杭州、苏州等地也相继发生旅馆停业、劳资纠纷等事件。③ 相较于总会的强制推行，各地市新运会在执行中更加关注对当地经济与社会稳定性的影响。这也从侧面反映出，新运会作为各地党政机关的非常设行政部门，乐观地估计了推行难度，其改革的执行效果还受当地社会情况及党政机关施政策略的影响。

面对旅馆业劳资群体的集体请愿，新运总会不愿轻易言败，但又无法摆脱不能满足劳资利益诉求的尴尬处境。《中央日报》曾在同一个月中，就杭州和南京两市的情况分别做了"取缔额外小账杭州市已实现"与"取缔额外小账补救办法未定以前暂缓施行"两种截然不同的报道。④ 取缔额外小账运动在施行与暂缓的矛盾状态中反复切换，停滞不前，成为近代旅馆业日常经营中的插曲，劳资双方大多按照原有自治规则运行，新运会取缔行业陋习、构建现代社会的设想并未完全实现。

结　语

由取缔额外小账引发的劳资纠纷，起因上具有政府干预的外部属性，协调中彰显出意思自治的行业属性，最终结果则表达出极强的劳资利益共生属性，其间劳、资、政三方的互动博弈，既有一定的特殊性，又具有代表意义。

首先，面对外部制度环境变化时，影响劳资关系冲突与合作走向的原

---

① 《取缔额外小账　本市暂缓实行》，《申报》1936 年 10 月 27 日，第 11 版。
② 《总工会昨召集各工会　会商防止工潮办法》，《申报》1936 年 9 月 11 日，第 12 版。
③ 《国内劳工消息（一月份）：杭州市旅馆业》，《国际劳工通讯》第 17 期，1936 年 2 月，第 88 页；《国内劳工消息（六月份）：苏州旅业》，《国际劳工通讯》第 3 卷第 7 期，1936 年 7 月，第 91~92 页。
④ 《取缔额外小账杭州市已实现》，《中央日报》1936 年 10 月 12 日，第 6 版；《取缔额外小账补救办法未定以前暂缓施行》，《中央日报》1936 年 10 月 30 日，第 7 版。

因更为复杂。产业的经济水平、劳资的自治规则、法制的健全性以及政府的角色定位都应是政府调整劳资关系前需要考量的因素。然而，新生活的目的却是通过取缔额外小账树立起官方在公共场所中的权威，对其给劳资关系造成的破坏力缺乏预见性。新运会实际上是在条件不成熟、了解不深入、准备不充分的情况下协调劳资冲突，是一种脱离经济只讲政治的状态。因此，协商越多问题愈多，介入越深对抗愈烈，反映出国民政府所标榜的"精英文化"与"大众文化"的格格不入。20世纪30年代随着政权的基本确立，国民党政府虽有意加强权力在基层社会的渗透，但在执行过程中对民众真实需求的"盲目"甚至"蔑视"，也许是其现代化改革不甚理想的原因之一。

其次，近代公共服务领域的劳资关系具有明显的行业特征。与工业领域工人与大资本家明确的阶级划分不同，公共场所以小资产阶级与灵活就业人群为主，往往以自由契约的形式构建劳资关系，阶级对立属性极为模糊。以往学者在对店员与店东关系以及对浴堂业的研究中都有提到此种特殊性。① 同时，又因产业落后，以小规模、小商业业态为主，劳资双方实则是在有限的空间内相依为命，存在一定的阶级认同。因此，在阶级对立框架下建立的劳资法制体系，在本案中发挥的作用极其有限，第三方协调机制的失效存在一定的历史必然性。杨在军认为中国劳资关系近代转型的标志是："劳方、资方与政府均相对组织化，均能通过常设性组织、以政府为主导建立的日常制度体系对劳资关系进行协调，集体协商制度初步确立，劳资冲突趋缓。"② 杨著研究范围主要针对工业领域，不能简单地将这一结论扩展到商业、服务业领域。本文研究表明，国民党政府并没有为旅馆业劳资关系提供一种维系契约运转和更迭的制度安排。

最后，行业意思自治有可能增强了劳资的利益共生性。本案中，既非资方退让，亦非劳方妥协的劳资合作形式，而表现为劳资同盟，一致对外。当政府的干预行为威胁到这种认同感极强的自治规则时，劳资双方的选择更倾向于团结，以社会群体的形态共同抵御外部威胁。旅馆业长期形

---

① 朱英：《近代上海商民运动中的店员工商界限之争》，《社会科学》2010年第5期；孟浩：《乐园抑或危境：公共浴室与民国上海社会生活》，《史林》2019年第6期。
② 杨在军：《中国劳资关系近代转型研究——劳方、资方与政府关系视角》，第461页。

成的各种"恶习"，在劳资关系从零和博弈转向正和博弈的过程中发挥着关键作用。在近代社会转型的背景下，应更加注重行业意思自治在服务业、商业领域劳资关系中的影响。

作者：邓逸伦，湖南师范大学旅游学院

郑焱，湖南师范大学历史文化学院

（编辑：王静）

日本江户时期商业都市的"米市场"与米谷价格调节[*]

林同威　刘岳兵

内容提要　日本江户时期，随着米谷商品化程度的提高和城市经济的兴起，在大坂等商业都市出现了"米市场"，进而形成了全国性的价格中心。城市居民深陷都市经济的旋涡之中，短期的米价变动对他们的生活产生了巨大的影响，甚至威胁到社会经济的稳定。对此，当时的日本为政者借鉴了古代中国的"常平仓"思想，积极利用"米市场"的经济功能和地域间的价格联动效应，实施了一系列以大坂、江户等都市为中心的价格调控政策。这些政策的实施取得了一定成效，促进了城市经济的发展，并对后世日本的粮食价格管理和市场调控制度产生了深刻的影响。

关键词　江户日本　商业都市　"常平仓"　米市场

粮食是人类赖以生存之根本，是国家安定之基石。而粮食价格直接关系到农民和城镇居民的利益，是影响经济平稳运转与社会秩序安定的重要因素之一，历来是人们关注的焦点。日本在近世江户时期（1603～1867）随着米谷等粮食商品化程度的提高和城市经济的进一步发展，在大坂（今大阪）等商业都市出现了全国性的"米市场"，米价波动对社会经济的影响也更为深刻和复杂。为了应对这一问题，日本的为政者借鉴并改进了中国传统的"常平仓"思想，以作为稳定都市米价之方略。目前学术界对于

＊　本文为广西哲学社会科学研究课题"江户时期中日农业思想交流及其影响研究"（项目编号：23FSL002）、中国博士后科学基金资助项目（项目编号：2023M740788）阶段性成果。

近世日本米谷市场的研究主要有两种视角：一是梳理商业都市米谷市场的交易机制和管理政策；[①] 二是专门对米谷价格变动和调控问题展开分析。[②] 总体而言，关于江户时期商业都市"米市场"的价格变动机制、都市米价对居民群体的影响以及米价调控的核心策略与实施手段，三者之间有何联系，如何相互影响等问题，尚需展开更深入系统的研究。笔者拟在现有成果的基础上，对这些问题进行分析，进而深化对江户时期日本都市粮食价格问题和调节机制的认识。

一　江户时期商业都市"米市场"的出现与区域价格联动

江户时期的日本是一个幕藩制下的国家。幕藩体制的基础是石高制[③]，农民每年向统治者交纳米谷，即"年贡米"作为租税。封建领主为了满足行政和生活需要，必须要把手中所征收的年贡米出售，这使得米谷商品化现象日益普遍。随着米谷交易的发展，在大坂、江户（今东京）等地形成了全国性的"米市场"。

以大坂"米市场"为例。宽文年间（1661～1672）西廻航路[④]开辟之后，大坂城商业贸易得到了进一步繁荣，逐渐成为全国市场的中枢，并成为诸多商品的交易中心，过去局限于地域的商品流通扩大到全国性规模，将各藩的领国经济卷入全国经济。在此背景下，地方藩国将越来越多的年贡米运往大坂，例如本州岛中部地方的加贺藩在宽永十五年（1638）首次向大坂提供100石大米，宽文年间增加到七八万石，元禄四年（1691）增加到20余万石。[⑤] 诸藩在大坂设立了被称为"藏屋敷"的宅邸，以保管和

---

① 参见土肥鑑高『近世米穀流通史の研究』隣人社、1969；宫本又郎『近世日本の市場経济：大坂米市場分析』有斐閣、1988；高槻泰郎『近世米市場の形成と展開：幕府司法と堂島米会所の発展』名古屋大学出版会、2012；高槻泰郎『大坂堂島米市場：江戸幕府 vs 市場経济』講談社、2018；等等。

② 参见本庄栄治郎『德川幕府の米価調節』弘文堂書房、1924；岩橋勝『近世日本物価史の研究：近世米価の構造と変動』大原新生社、1981；土肥鑑高『近世物価政策の展開』雄山閣、1987；等等。

③ 以土地上的粮食收获量"石高"为基础，构建起的社会经济制度，从而确立武士的封建特权与义务。

④ 因运输年贡米而兴起的，由日本海沿海经下关入濑户内海至大坂的海上航路。

⑤ 楫西光速『日本经济史』御茶の水書房、1963、91頁。

贩售运来的"年贡米"和藩国特产。

随着米谷交易的繁荣，大坂形成了专门的"米市"。最初设在淀屋桥南诘地区的淀屋门前（北浜），之后在元禄十年（1697）前后，随着堂岛新地的开发，米市被移到了堂岛地区。地方藩国亦将大坂市场视为筹措资金的重要场所，通过发行"米切手"等大米券，将藏屋敷中的"年贡米"（藏米）兑换成现金，或者以年贡米为抵押进行借款。"米切手"等大米券是年贡米保管在仓库的凭证票据，持有者只需将其转让给其他人，就可以完成米谷所有权的交接，其便利性非常适合商务交易。随着"米切手"等票据被频频转手交易，大米券具备了类似货币的流通职能。由此，江户时代的大坂米市就不只是买卖米谷的市场，亦是举足轻重的金融市场和票据交易市场。

在大坂米市日益繁荣和信用交易发达的背景下，还出现了"空米交易"等交易形式。所谓"空米交易"，是指没有大米实物交易，只结算大米市场价格变动所产生的交易款差额。因为这种买卖只在账簿上进行交易，所以也被称为"帐合米交易"。在这种模式下，还催生了具有期货交易属性的"延卖买"① 行为，大坂的商人们也经常利用这些方式进行投机活动。

德川幕府最初禁止大米券等票据的转手流通，并认为"延卖买"等交易亦是违法行为，屡屡采取措施对其进行限制。到了享保年间（1716～1735），官府对待此类信用票据与期货交易的态度发生了转变，逐渐放开了原本对大坂米市的种种限制。

享保十三年（1728），幕府承认"米切手"的转手买卖合法，"米切手"投机交易也开始不受限制。为保护"米切手"的交易信用，幕府还采取了以下三种主要政策：第一，为了使町人②放心购买和持有"米切手"，幕府不再对其进行没收处理；第二，用官银收购无法兑现的"不渡切手"，并向藏屋敷催缴米谷；第三，提供诉讼上的便利，将其置于其他诉讼之上

---

① "延卖买"是在交易过程中，买卖双方并不立即在当场进行商品实物和货款交割，而是预先规定交易商品的具体品类，并约定期限进行买卖结算的行为。

② 町人是江户时代居住在城市的手工业者、商人以及佣工等群体的总称，是作为区别于农村的农民和城市的武士阶层的一个特定称谓。

的优先地位。① 享保十五年（1730），幕府应米谷商人的请求，开设了名为"堂岛米会所"的米谷交易场所，予以米谷商人经营特权，大米的"正米交易"（现货市场）和"帐合米交易"（期货市场）作为"堂岛米市场"的两种重要交易形式被官方正式承认。"堂岛米会所"按会员制组织体系同时具备了实物交易和期货交易的商品交易所规模，发挥着商品流通职能和价格形成职能。②

在此之后，具有领主米市场、期货交易市场、金融市场这三个功能的"堂岛米会所"，受到了由米商人自发设计的交易管理制度和江户幕府提供的司法制度的双重支持。③ 大坂市场的完善，使得粮食交易的效率大大提升，并降低了交易的成本，为米谷的买卖双方提供了更多的机会，大坂粮食贸易与流通得以稳定发展。在 17 世纪初期，大坂"登米④量"推算有 40 万～50 万石，在此后的约一个世纪期间，大坂的"登米量"上涨了两倍，在元禄期（1700 年前后）确立了大坂全国市场的地位。⑤

日本各地通过将大米运往大坂市场交易，建立起了供求调节和信息传递机制，从而使各地的市场形成联动效应。有研究者认为，早在 17 世纪，不同地域之间的米价就已经出现了平行变动的趋势。这说明 17 世纪以降单一国内市场开始渐渐形成，市场经济系统逐步发挥作用。⑥

这种联动效应在 18 世纪得到了保持与强化，在大坂市场体现得尤为明显，并形成了以大坂为中心向各地扩散的趋势。换言之，大坂的市场对全国各地的米价具有辐射影响力，经济联系越紧密影响越大。如图 1 所示，与大坂米价呈强关联的地区，首先是近江、福知山、播州等近畿地方⑦，

---

① 土肥鑑高『近世物価政策の展開』200－202 頁。

② 〔日〕速水融等编《日本经济史 1：经济社会的成立（17～18 世纪）》，厉以平等译，生活·读书·新知三联书店，1997，第 310 页。

③ Yasuo Takatsuki, The Institutional Aspects of the Dojima Rice Exchange Market in Tokugawa Era: The Role of Governance Mechanism, Discussion Papers in Economics and Business, 07－44－Rev. , 2008, p. 26.

④ 向大坂市场输送大米。

⑤ 宮本又郎『近世日本の市場経済：大坂米市場分析』有斐閣、1988、134 頁。

⑥ 岩橋勝「徳川期の米価の地域間格差と市場形成」『新しい江戸時代史像を求めて：その社会経済史的接近』東洋経済新報社、1977、241 頁。

⑦ 位于本州岛中央部偏西，南濒瀬户内海的地区。

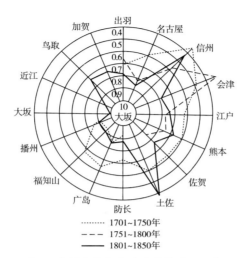

图 1　大坂米价与各地米价的关系系数

注：数值越接近中心，系数越高，则表示该地区米价与大坂米价的联动性越强。

资料来源：宫本又郎『近世日本の市场经济：大坂米市场分析』、402 頁。

其次是防长、广岛等山阳地方①。除此以外与大坂米价关联度较高的还有佐贺、熊本等九州地方，以及出羽、加贺、鸟取等西廻航路相关地区。可见，大坂与近畿地方、山阳地方、九州地方，以及山阴、北陆等濑户内海运输地带、西廻航路运输地带具有市场强关联性，此外大坂与名古屋等大都市之间也具有较强的相关性，形成了大坂的"中央都市市场型"特征。②由此观之，大坂的米市场最终成为全国米谷交易行情最主要的风向标和基准。

　　除了大坂之外，德川幕府所在地江户也形成了"米市场"。江户在浅草藏前一地有幕府的米仓，在蛎壳町、滨町地区有各大名的"藏屋敷"，因为有较大的米谷存量，故很早就存在大量的米谷交易。享保五年（1720）在江户小网町地区设立的"米延卖切手市场会所"，是最早以米市场形式出现的交易场所。之后，滨町、蛎壳町也出现了类似市场，和大坂一样频繁地进行"延卖买"，所以当时人们将这些米市称为"江户的三会所"。③尽管江户城的米谷交易同样发达，但是其经济辐射能力不及大坂，

---

① 位于本州岛西部、日本中国地区山地南侧的地方。

② 宫本又郎『近世日本の市场经济：大坂米市场分析』403 頁。

③ 河濑苏北『日本商人五百年史』表现社、1924、371 頁。

江户米市场的价格影响力也没有大坂市场明显。如图2所示，以江户为中心的东日本市场各地之间的关联性，不如以大坂为中心的西日本市场各地的关联性那样紧密，甚至可以说江户米市场在一定程度上还受西日本市场的"间接影响"①。

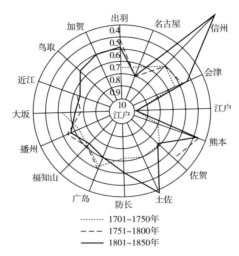

图2　江户米价与各地米价的关系系数示意

资料来源：宫本又郎『近世日本の市場経済：大坂米市場分析』413 頁。

因此，江户时期的日本官府在进行粮食调控时，尽管在江户及其他城市都实施了相关政策，但鉴于大坂作为当时最繁荣的米谷交易中心，其对全国市场的影响独一无二，故而政策的制定与执行的重心往往会更倾向于大坂。

二　米价变动对都市居民的影响

米谷价格是反映经济情况的关键指标之一，当价格的波动超出正常幅度，就会对社会各阶级的利益产生冲击。在以往情况下，主要体现为米价下降会损害出售粮食的农民阶级的利益，而米价上升又不利于商工阶级的粮食消费。农民阶级和商工阶级在米价问题上的利害冲突古今一致，但在江户

---

① 宫本又郎『近世日本の市場経済：大坂米市場分析』416 頁。

时期，还有数量众多的武士阶级存在，他们与农民处于同一利害立场。①
如日本江户中期的经世家太宰春台（1680～1747）所述，米谷腾贵之时，
"工商小民四处奔走也仅为糊口之计也"。② 米谷低贱之时，"在大丈夫之
家，若除饭粥之量，将其余之米谷售卖以济他用，而尚不足朝夕之急用。
为足诸用而多粜，又不足食矣，士人之穷困尤甚。农家亦同士人，遇丰年
虽能多获米谷，是亦售卖，然亦不足偿输出之人马劳费，仅能养家人之
口，因此无得利润"。③

随着都市经济进一步发展，米价变动对各阶层产生了更为复杂的影
响。自"农兵分离"制度实行以来，武士群体离开了农村并聚居于大名城
下，所居住的主城周围的街道，随着商品贸易的集中也逐渐繁荣起来。以
江户城为例，随着参觐交代制度的实行，众多武士及其随行的家臣、仆从
以及为武士提供服务的町人涌入江户，推动了江户人口的迅速增长。根据
享保九年（1724）九月町奉行④的调查，当时町人人口有469000余人，如
果考虑到江户几乎拥有同样的武士人数，那么江户城的总人口可以说接近
百万。⑤ 江户、京都、大坂并称"三都"，是当时日本经济最发达、人口最
多的三个商业都市。江户日本的都市人口主要由武士群体和町人等非武士
群体构成，由于这两个群体在都市经济结构中的地位和角色不同，米价波
动对他们的经济生活产生的冲击也各有差异。

首先，米谷价格直接影响了居住在都市的武士群体的收入。在近世封
建体制之下，日本幕藩领主、中下层武士财政收入的基础是从农民手中征
收来的，并在都市出售的年贡米。以加贺藩为例，1700～1704年五年间平
均货币岁入总额是银11042贯723匁⑥，岁出银9410贯54匁。其中江户回
米（输送米谷）获银1935贯50匁，大坂回米获银5114贯720匁，输米取
得的收入约占总收入的63.8%、总支出的74.9%。⑦ 从各藩向大坂输送的

---

① 德富猪一郎『近世日本国民史』第21卷、民友社、1936、273页。
② 太宰春台「経済録」『近世社会経済学説大系』第6、誠文堂新光社、1935、138页。
③ 太宰春台「経済録」『近世社会経済学説大系』第6、140页。
④ 掌管一城的市政、审判、治安以及税金征收等事务的幕府官员。
⑤ 中村吉治编『日本経済史』山川出版社、1968、156页。
⑥ 贯和匁是日本江户时期的银货单位，1贯约为3.74公斤，一贯为1000匁。
⑦ 土屋乔雄『封建社会崩壊過程の研究：江戸時代における諸侯の財政』弘文堂书房、
1927、84－85页。

米谷数量占藩内收获米谷总量的比重，即"登米率"来看，近世日本各藩"登米率"的平均数在15%左右，中位数在18%左右。按照"四公六民或者五公五民"①的征税程度推算，"登米率"为15%～18%意味着大坂"登米"占租贡收入的30%～45%，如果除去实物消费部分，这一占比还可能更高。②这说明了诸藩所征收的米谷很大一部分被投入市场，所获收入在相当程度上取决于都市的米价行情。就武士群体本身而言，他们离开了土地聚居于城市，被卷入都市经济的旋涡之中，由此对粮价和物价变动更为敏感。江户前期的阳明学者熊泽蕃山（1619～1691）认为，都市里的人们视米谷如粪土，争先恐后地将手中之米谷变卖换取金银钱，如此"贱谷贵金"的行为已经是日本当时的普遍现象。在这种社会风气的影响下，当米价下跌、物价上涨时，武士群体的穷困程度就会进一步加剧。熊泽蕃山说道："诸士以禄米换金银铜钱购买诸物，若米价下跌，诸物涨价，则财用不足。加之事繁物多，日益贫乏困穷。而士若贫困，则会倍取于民也。"③他还指出在此情况下，统治者往往会另增农业赋税，这就使得同为售粮群体的农民遭受到双重冲击。

其次，在某种程度上，相对米价高涨，米价低贱给都市经济带来的影响更为严重。太宰春台深察这一问题的特殊性，他认为当时情形和古代不同，在商品货币经济大潮之中，米价低贱不仅会直接损害武士与农民的利益，也会波及同样生活在城市里的工商阶级，因此对于整个社会经济都不利。他指出："当今之世，米价太贱则四民穷困，更甚于古代。"④并以享保年间的实情为例进一步解释道："（享保）六七年之间米价愈贱，成昔日贵价时之五分之二……士人贫乏，世上金银缺乏，故工商之类亦利益少。由此今日贱米如土，小民亦不能食之，饥饿者反倒增多，是以常理难论也。凡如上所云，以米价低贱为太平之景象，乃古之世也。今之世，米价太贱则四民皆穷困，乃制度之不同也。"⑤庞大的武士群体在都市产生了大量消费，商人和手工业者通过为其提供服务而维持生计，因此在经济上他

---

① 在日本江户时期，领主一般征收农作物收获总量的40%～50%作为赋税。
② 宫本又郎『近世日本の市場経済：大坂米市場分析』151頁。
③ 熊沢蕃山「集義和書」『日本思想大系』38、岩波書店、1971、249頁。
④ 太宰春台「経済録」『近世社会経済学説大系』第6、136頁。
⑤ 太宰春台「経済録」『近世社会経済学説大系』第6、139－140頁。

们存在密不可分的关系。在这个相互依存的经济体系中，米价波动会产生"二次影响"，如果武士阶级收入减少，货币支出降低，那么整个社会消费就会萎靡不振，进而导致工商阶级的收益大幅减少。因此，太宰春台认为在当时的经济体系之下，高米价虽然会影响都市里的町人，但他们早已经适应了这种环境，即便米价有所提高，也不会出现饥荒的极端状况，而米价下跌的影响则更大，这便是两害相权取其轻的道理。

最后，市井庶民群体尤其易受米价骤然涨跌的直接冲击。有研究者认为，市井"细民"① 收入的大部分是用于购买大米等主食，这意味着米价上涨会显著影响他们的生活水平；他们的收入往往又不会随米价上升而增长，因此面对米价高涨，他们被迫压缩其他消费，以填补买米支出。虽然米价上涨会使武士、农民群体的购买力增强，也会对经济产生"二次影响"，然而城市里的下层庶民往往无法立刻从中获取收益，直接受到高米价冲击，许多人因此陷入生活困境。反之，米价下降时，理论上他们的生活会显得相对宽裕。然而，在当时的社会背景下，他们的雇佣薪资等并不稳定，当米价大幅下跌时，往往意味着经济极度不景气，导致更多庶民失业，因此市井"细民"也不能从米价暴跌中获得实际利益。②

从现实层面来看，虽然幕藩统治者在粮食价格问题上需要首先保证武士阶级的利益，但也不能无视工商阶级的利益，以免引发其不满，激起其反抗，萌生破坏阶级制度之念头。③ 当粮食价格暴涨时，还会出现都市庶民群体针对豪商米商的"打毁"等骚乱。日本江户时代最具代表性的"米骚动"④ 发生在天明七年（1787）五月，此时由于粮食持续歉收，米价已升至平时的 5～6 倍。此次"米骚动"从大坂开始，在五月十日至十二日短短数日内，大坂町人群集蜂起，捣毁了超过 200 间"米问屋"（大米批发商），并闯入富豪家中进行肆意破坏。同时，京都、奈良、伏见、堺、山田、甲府、骏府以及"中国地方"⑤、九州等多地也发生了类似的骚乱，

---

① 这里的江户日本市井"细民"，主要是指除大商贾之外的众多城市下层庶民，包括小工商业者、佣工以及其他城市平民群体。

② 本庄荣治郎『德川幕府の米価調節』111 頁。

③ 本庄荣治郎『德川幕府の米価調節』113 - 114 頁。

④ 由米价问题引发的民众暴动。

⑤ 日本"中国地方"，位于本州岛西部，由鸟取县、岛根县、冈山县、广岛县、山口县 5 个县组成。

其中以江户地区最为剧烈。五月二十日夜半时分，江户民众在赤坂门外集结，一举摧毁了 23 间米铺。随后以 200 人、300 人为队，敲锣打鼓横行市中。接着又毁坏麴町五六间米铺，深川 6 间堀，七八间米铺，本所边十二三间米铺。随后骚动由郊区蔓延至市中，南传马町五六间米铺被毁，至二十一日晚，镰仓河岸一带的米铺悉数被毁。至小舟町、伊势町、小网町、茅场町、龟岛町、铁炮洲，约 150 间米铺遭到破坏。除了米铺外，囤积大量米粮的豪商如大丸等也未能幸免，尽管豪宅紧闭门户，仍遭众人合力用四五台大板车撞破。其之余势，还波及内藤新宿、角筈、千住、小塚原边等地区，其毁坏之处，衣服、器材、门、拉窗等皆成齑粉。[1] 据学者统计，江户时代共发生了 372 起 "米骚动"，占全部 "一揆"（暴动）数量的 13.1%。[2]

总而言之，都市的米谷价格问题，成为江户日本粮食问题的核心。日本为政者需要对粮食价格进行适当调控，其重点在于将都市米价的短期波动稳定在一个相对符合社会经济总体利益的范围之内，以避免价格骤变引发都市经济和社会动荡。

三　都市米价调控方案与政策——"常平仓"的实践

围绕都市米价问题，当时的学者和官员们展开了种种探索，其中中国古代的 "常平仓" 思想在日本引起了尤为热烈的讨论。中国汉代耿寿昌的 "常平仓" 是在西北边郡设立仓库吸储粮食，通过低买高卖调控粮食流通，兼具储备与稳定价格作用。江户时代的日本人所论述和实施的 "常平仓" 则更加注重其稳定米价的功能，他们结合本土商业都市 "米市场" 的特点，对这一制度进行了改良，试图调控米谷的短期价格波动。

（一）江户日本对 "常平仓" 思想的改良

太宰春台是提出利用 "常平仓" 思想的代表人物。他着重强调了江户市作为核心消费市场的地位，主张把 "常平仓" 的仓库分散设置在幕府各

---

① 　德富猪一郎『近世日本国民史』第 23 卷、民友社、1936、466 – 469 頁。
② 　青木虹二『百姓一揆の年次的研究』新生社、1966、40 頁。

处领地，其主要目的是管控输入江户一地的米谷数量。他说道："于海内之公领建仓，将其处之谷纳入其仓，不输入江户，于其处亦不粜之，常为储备。由此东都之米减少，自然价增。东都之中只需有能养诸士之米，以备不虞灾变之储备，则可事无缺失。"① 这种在各地设立仓库收纳米谷的做法，强调的是先进行现地储藏保存，而不是交易流通。可以看出，在米价波动问题上，太宰春台试图解决"凶岁丰年"导致大米产量变化的影响，他敏锐地察觉到市场上的大米实际供给是其中的关键因素，并提出了通过调节商业大都市的米谷市场，以影响全国价格的政策思路。

大坂学者中井竹山（1730～1804）的"常平仓"论也颇具影响力。与太宰春台不同，他主要把目光聚焦于大坂市场，认为不必在各地设仓存储，只需在大坂一地集中运作就可以满足天下米价"常平"的需求。中井竹山作为大坂的学者，非常清楚大坂作为商业大都市的地位，大坂不仅"米市场"交易发达，其在全国米谷流通体系中亦具有举足轻重的地位，因此他强调："从来天下米谷之权归在大坂……是万人所知。"② 对此中井竹山在计划中指出："今日不必于诸国公领诸地置仓，代之以于大坂择地一时建数十百栋之仓，掘水道使漕运自由，示以一势：米谷不论多寡，官府皆能收购。由是米权可先于一朝收之于官。"③ 他乐观地认为只要能对作为全国"米市场"的大坂进行专门干预，就可以实际掌控整个日本国内的米谷流通与价格波动。不仅如此，他在比较大坂与江户、京都等地时还指出，相对而言江户、京都不如大坂输送便利，在价格"常平"的能力上亦有所不及，只适合用来建立储存。④ 所以与太宰春台在"江户构想"中提出的"减少流通，节省漕运"论述相反，中井竹山在"大坂构想"里则要求保障航运通畅自由，从而发挥大坂"中枢集散系统"的作用。

太宰春台和中井竹山两人的主张，无论是在全国遍设常平仓库，还是集中于一地，实际上都是试图专门围绕作为中央市场的大都市展开米价调节，从而影响其他地方的价格，以期有抵背扼喉之效。这说明他们已经意识到了米价的地域间联动问题，也表现出了他们对商业都市"米市场"的

---

① 太宰春台「経済録」『近世社会経済学説大系』第6、140頁。
② 中井竹山「草茅危言」『日本経済叢書』巻16、日本経済叢書刊行会、1915、406頁。
③ 中井竹山「草茅危言」『日本経済叢書』巻16、406頁。
④ 中井竹山「草茅危言」『日本経済叢書』巻16、410頁。

经济地位与辐射影响作用的重视。

在米价调控的方法细节方面，中井竹山认为，官府若能引导大坂城里的商贾町人群体对米谷展开适时买卖，同样可以对市场供需进行有效调节。所以利用"常平仓"进行"百万石"级别的大规模籴粜操作只是保底手段，在实际运作之中不必如此大费周折。他建议官府可以释放出要进行大量交易的信号，从而"鼓舞作兴人民"，刺激市场其他主体跟随，调动其积极性，最终可凭"五万十万石"① 之量，促进数百万石的粮食流通，在米价调节上达到"四两拨千斤"的效果。

经世家佐藤信渊（1769～1850）对如何吸纳储存与售卖米谷也有过专门的论述。在米价低贱需要籴米时，他指出："第一可如旧制以籾藏积金收购储蓄。第二可由官府出金五万两，使都下之问屋、仲买、春米屋等出金五万两，收购储蓄总共十万两之米。第三可再由官府出金五万两，使都下富豪者出五万两，总共十万两贷与江户回米之地方，加每年一成之利息使其以稻谷上纳。如上交替历经数年，则米价不会下落。"② 他在这里提出了收购粮食资金的筹集运作方式：首先是动用储蓄准备金；其次是官府联合商人富豪的资本，主要是"问屋""仲买""春米屋"（即批发商、中间商以及负责加工与出售的米店）等掌控当时粮食流通的群体；最后是通过借贷方式征收。佐藤信渊在这段论述中说明，当时官府即便想要主导"物价高低之大权"，也不必耗费巨大的财力人力去执行全部事项，可以借助社会力量或者委托商人负责其中部分环节。

中井竹山还根据大坂市场出现的"米切手"，在"常平仓"制度中创造性地引入了票据交易模式，他认为："常平仓亦制米券，以'常平切手'为名义通用，将此商券颁于富民为官粜之助，又以是为抵当征借民财，使之成粜资，则孰不甘心奉命耶？"③ 可见中井竹山对这种交易方式非常推崇，并受此启发建议"常平仓"机构也可以根据大坂的实际情况，通过发行纸面证券来实现便捷的米谷买卖。为了避免"空米切手"④ 等投机乱象

---

① 中井竹山「草茅危言」『日本経済叢書』卷16、408 頁。
② 佐藤信淵「物價餘論」『佐藤信淵家学全集』中卷、岩波書店、1992、449 頁。
③ 中井竹山「草茅危言」『日本経済叢書』卷16、408 頁。
④ 诸藩的藏屋敷发行的没有藏米保证的票据。虽然在市场上被进行交易，但实际上无法从仓库里领取大米。

造成的不利影响，他还强调"常平仓"发行的商券要以幕府公证和严格的账面规定为前提，从而保证其通用性、支付性以及储蓄性，使"米切手"这种基于"商人彼此间"信用构造的流通、货币以及金融政策，通过"常平仓"的构想成为可能。① 这种票据交易方式适应了江户时期商业都市经济蓬勃发展的潮流，别出心裁地将非实物交易形式运用到社会物资调控之中，可以说摆脱了固有思维的束缚，超越了传统的形式与方法。

如前所述，中国的"常平仓"思想为米价干预提供了一个基本的政策框架，其核心理念是利用市场经济规律，通过调剂粮食的供应，最终实现有效控制价格的目的。当时日本学者们在此基础上根据日本的实际情况进一步改良，更加积极地发挥了商业都市"米市场"的经济功能和地域间的联动机制，并且还尝试调动都市商人群体的力量，在许多方面具有革新性。

（二）"常平仓"思想在都市米价调节中的实践

江户时期"常平仓"成为一股社会思潮，德川幕府以大坂等商业都市为中心，开展了一系列粮食价格调控政策，虽然没有出台过一个明确而具体的制度，但往往会择机运用各种手段进行应对。幕府除了发布如"米价降价令"等强制性政策外，也实行了通过调节市场供应稳定价格的策略，这是"享保改革"② 之后，在大坂、江户开展的最具代表性的米价调节政策。

例如从享保十六年（1731）开始，面对米价低的问题，幕府采取了一系列措施，欲使米价恢复：（1）收购米谷；（2）回米制限；（3）向町人发布买米令；（4）设"米仲买株"的交易特权，固定"米仲买"（米中间商）的人数。而享保十七年九月以后，米价又突然暴涨，幕府的政策不得不为之一变，力求下调米价。首先催促各地增加大坂回米。第二年，又采取了如禁止大米囤积、命令出售囤购米，以及限制造酒，前后两次低价出

---

① 西冈幹雄「江戸期における〈常平倉〉〈社倉〉論——太宰春台と中井竹山の〈厚生〉的〈経済〉思想」『非西欧圏の経済学——土着・伝統的経済思想とその変容』日本経済評論社、2008、95 頁。
② 江户幕府第八代征夷大将军德川吉宗在位期间（1716～1745）的幕政改革。

售官米一万石等各种政策手段。① 宝历十一年（1761），幕府又实施了"御用金"政策，向大坂富商征收"御用金"170万两作为籴米资金，同时将资金贷予町人令其买米，以此来提高米价。② 德川幕府实行过的政策方法如表1所示。

表1 德川幕府调节米价的对策

目的	对策类别	具体政策
减少供给，使价格上升	使市场现存米减少	官府直接籴米、发布买米令、买持米许可（允许町人囤购）
	防止市场现存米增加	产地围米（储存稻谷）、回米限制
增加供给，使价格下降	使市场现存米增加	出售官米、买持米卖出令、围米处分令、回米令
	防止市场现存米减少	禁止囤购储存、禁止运送米谷往他国

资料来源：本庄荣治郎『德川幕府の米价调节』139－140頁。

以上方法和"常平仓"理念相近，都是运用买卖政策调节供给，并辅以江户时期的商业货币工具，从而稳定米谷的市场价格。故而可以说在德川幕府时期虽然没有存在过"常平仓"的具体形式，但"常平仓"式的策略却非常盛行。③ 究其原因，在于幕府掌握着大坂、江户等物资集散地，并有强制实行买米、回米、囤米等政策的能力，因此幕府不必为了平抑米价而去设立贮米仓库，准备实米。④

得益于大坂作为中央商业都市所具备的经济机能与市场辐射能力，这些对都市粮食价格调控的政策取得了一定的效果，以18世纪的米价短期波动系数为例，经济史学者宫本又郎在经过整理后得出了这一时期的米价年变动系数，如表2所示，系数越小米价波动越小，系数越大则米价波动幅度越大。可见，除了天明年间（1781～1789）由于灾害频发引发米价波动之外，18世纪日本的米价总体变动保持在一个较为适中的程度，变动系数在3%～11%。尤其是在大坂商业全盛的宝历、明和至安永时期，米价的短期波动最小。经济史学者新保博也有相同看法，他认为除了天灾以及货

① 本庄荣治郎『德川幕府の米价调节』286－287頁。
② 大石慎三郎『日本经济史论』御茶の水书房、1967、104頁。
③ 本庄荣治郎『常平仓の研究』内外出版、1926、32頁。
④ 本庄荣治郎『德川幕府の米价调节』67頁。

币改铸等事件之外，日本总体米价是"想象以上的稳定"。可以说幕府利用市场机制稳定米价的手段也产生了一定的效果。[①]

表2　18世纪米价的年变动系数

时间	年平均变动系数（%）
享保十年至十一年（1725~1726）	8.0
宝历七年至九年（1757~1759）	3.8
明和元年至安永九年（1764~1780）	4.3
天明三年至八年（1783~1788）	18.0
宽政元年至九年（1789~1797）	10.2

资料来源：宫本又郎『近世日本の市场经济：大坂米市场分析』278 页。

　　米价波动得到控制一定程度上促进了城市经济的发展。以大坂为例，随着都市粮食价格趋于稳定，大坂城市人口稳定上升，在明和二年（1765）达到 41 万余人。[②] 大坂作为全国性米市场的地位也得以巩固，这一地位一直保持到文政年间（1818~1829），在当时由诸藩向大坂漕运的"藏米"，达到了 1455000 石，由农民销售的"纳屋米"有 288000 石，合计达到了 1743000 石。[③] 不仅如此，得益于米市场的繁荣和稳定，大坂形成了有利于各藩销售产品、获取财政资金的环境。由此，大坂作为连接地方藩国与全国市场的经济枢纽功能日益凸显，也逐渐成为各类商品的全国性"中央市场"。随着各藩财政捉襟见肘，越来越多的地方领主开始采取类似专卖制度的做法，对藩内的特色产品进行垄断，并将这些商品运往大坂的藏屋敷进行销售。除了米之外，盐、砂糖、纸、铜等，都是领主大量销售的商品。[④]

结　语

　　综上所述，德川幕府对商业都市"米市场"和米谷价格实行的管理政

[①]　速水融编『歴史のなかの江戸時代』東京経済新報社、1977、143 頁。
[②]　本庄栄治郎『日本人口史』日本評論社、1941、100 頁。
[③]　土肥鑑高『近世米穀流通史の研究』隣人社、1969、19 頁。
[④]　山口和雄『日本経済史』筑摩書房、1976、72 頁。

策，构成了封建经济干预体系的重要组成部分。统治者试图打击都市商人群体，使他们"因是失势"①，进而实现"由上执利权，而不使下民持利权"②，将米谷流通和价格高低之大权从商人手中夺回，巩固统治阶层对社会经济运行的控制。这些政策的主要目的，在于应对江户日本幕藩体制的内部经济危机，保证封建统治者的利益，以及维护既有的阶级制度和社会秩序，并非推动都市经济和粮食市场的进一步发展。

尽管如此，这一时期对都市"米市场"和米谷价格所采取的调控措施，并未随着时代的变迁而丧失其内在的作用和理论价值，事实上，其中包含的某些认知观念和策略原则，依然在不同程度上影响着后来明治政府粮食政策的制定与执行。经济史学者本庄荣治郎从近代经济视野指出："米价出现了暴涨暴跌，不仅会波及生产者，甚至对一般消费者，社会各方面都产生了巨大的影响，动摇生活的基础，对产业的发展也产生了很大影响。"③ 换言之，随着日本近代市场货币经济和产业经济的发展，粮食价格的波动性效应开始超出城市和乡村的范围，对社会各个层面产生了更加复杂的影响。在这样的背景下，日本政府自然会延续围绕商业都市"米市场"展开粮食储备和籴粜操作，以实施米价调节政策。明治新政府在明治8年（1875）8月8日发布了《储蓄米条例》，其中规定："储蓄米用纳贡米或者买入米，平常于东京贮十万石，于大阪储蓄五万石。"④ 这一储米制度在明治9年以后得以完全实行，相关事务由负责中央财政的大藏省的出纳寮负责。在此基础上，大藏卿大隈重信（1838～1922）在明治10年（1877）1月向太政官上书陈言，建议将此条例深化并成立专门机构具体负责，使这种"常平"理念进一步落实："在此之际于大藏省衡准从来试行之法，将之进一步扩张，以准备转运金之内每年收购米五十万至百万石左右，于东京大阪与其他石卷（由仙台出纳寮办事处将之管理）、神户（由大阪出纳寮办事处将之管理）、长崎（由长崎出纳寮办事处将之管理）等地贮积，察识内外物价之景况，不误籴粜聚散时机，则庶几谷粟常流通，

---

① 中井竹山「草茅危言」『日本経済叢書』巻 16、411 頁。
② 太宰春台「経済録」『近世社会経済学説大系』第 6、170 頁。
③ 本庄栄治郎『徳川幕府の米価調節』1 頁。
④ 明治財政史編纂会『明治財政史』第 4 巻、明治財政史発行所、1927、495 頁。

米价得常平准欤。"① 他认为应该加强储备吐纳粮食的仓库规模，并在准确观察各地价格的基础上，通过调节商业都市"米市场"上的内外供给使米价稳定。根据这一报告，明治政府一度在明治 11 年（1878）6 月开设了名为"常平局"的机构，以专门负责粮食价格调控，交易市场管理与赈济救灾事宜。②

以上可见，在米谷价格问题上，日本政府通过加强商业都市的经济辐射能力，发挥"米市场"的交易功能与物资集散地作用，展开了对全国的粮食价格的调节，并在此过程中革新了政策框架和实行方式，整合了都市商人群体的力量参与到调控运作之中，这些都是重要的创新之处。源于中国的"常平仓"思想与日本的具体实际相结合，产生了新的经济理念，这些理念贯穿于日本近代前后国家宏观经济干预的主线，在城市经济发展和经济近代化进程中发挥了巨大作用。

作者：林同成，广西民族大学民族学与社会学学院
刘岳兵，南开大学日本研究院

（编辑：龚宁）

---

① 大藏省理财局编『明治年間米価調節沿革史』大藏省理财局、1919、104－105 頁。
② 明治財政史編纂会『明治財政史』第 10 卷、明治財政史発行所、1927、862 頁。

在经济和社会中"穿梭"：
晚清广州九大善堂的慈善救济*

夏巨富

内容提要 晚清广州地区善堂林立，尤以九大善堂最为著名，其兴起主要是复杂的社会环境、士绅下移、商人地位上升等因素综合作用的结果。九大善堂基本上由商人捐资筹办，经费主要来源于商人捐款、社会捐助和善产收入，由七十二行商所掌控，运行机制受行商管控，以参与社会各类救济为要务。此外，它们也参与地方政治经济活动，在经济与社会间"穿梭"，既解决了政府的燃眉之急，也提高了自身的社会地位。

关键词 晚清 广州善堂 社会救济

晚清以降，广州善堂相继成立，在众多善堂中，规模最大、影响最深的是盛传的"九大善堂"。每个年代所指称的"九大善堂"都不尽相同。[1]《广州市志》和松田吉郎统计广州地区主要慈善组织有 23 个善堂，对成立时间、经费来源、演变轨迹均有详细记载。[2] 晚清时期善堂的数量及其具体指称乃是变化的，不是固定的。从当时报刊记载来看，九大善堂通常是指润身社善堂、爱育善堂、两粤广仁善堂、广济医院、崇正善堂、述善善

---

* 本文系广东省哲学社会科学规划 2022 年度潮州文化研究专项"近代潮商海内外贸易圈研究（1860-1949）"（GD22CZZ10）的阶段性成果；本文的撰写也受到广州大学荔湾研究院的项目资助。

① 参见广州市地方志编纂委员会编《广州市志》第 10 卷，广州出版社，2000，第 489 页。
② 《广州市志》第 10 卷，第 491 页，详见表 4 - 2 - 1 - 1。日本学者松田吉郎论文附录善堂表，也对清代后期广州府善堂及仓库做出详细罗列，可参见松田吉郎《清代後期広東広州府の倉庫と善堂》，《东洋学报》第 69 卷第 1、2 号，1988 年。

堂、明善善堂、方便医院和惠行善堂。1914 年《申报》所刊文章落款处即署名上述九大善堂。① 但亦有另外一种说法,九大善堂指爱育、崇正、四庙、惠行、广济、赞育、志德、润身社和方便医院。② 无论九大善堂具体指称有何变化,都不可否认其在近代广州社会和经济领域产生的重要影响。本文采用第一种说法。

学界对广州九大善堂研究③呈现出如下特点:宏观上整体性研究居多,微观上多集中于某个善堂研究;时间段多关注清末民初;主题聚焦善堂本身成立、运转、发展和社会救济。具体表现是以方便医院研究成果居多,其余善堂研究相对比较薄弱,九大善堂与商界关系鲜有涉及,对九大善堂各自及联合救济缺乏深度剖析。本文拟从九大善堂成立背景、与商界关系、经费来源和慈善救济等问题出发,重点考察晚清九大善堂呈现出的经济与社会的双重属性。

一　九大善堂与商界关系

晚清广州善堂的兴起,与自然灾害、匪患和兵灾频繁发生有莫大的关系,另外不能忽视广州商人的崛起和绅商积极参与社会公益的意识增强。通常商人为改变自身"卑微"和"低贱"的地位,积极投身于慈善事业,促进了广州善堂的发展。下面重点梳理九大善堂的成立背景及善堂与商界的关系。

润身社善堂,1869 年创办,最初系当时东关一些文人学士以文会友之

---

① 《九善堂请取消五成收回纸币》,《申报》1914 年 6 月 13 日,第 7 版;谭步侠:《广州市"九大善堂"的概况和变迁》,广州市政协学习和文史资料委员会编《广州文史资料存稿选编》第 9 辑,中国文史出版社,2008,第 402~409 页。

② 参见沈英森主编《岭南中医》,广东人民出版社,2000,第 48 页。

③ 关于广州九大善堂研究,典型成果包括熊燕《九善堂与清末民初广州社会》,硕士学位论文,中山大学,1995;黄艳《试论广州善堂的发展:1871~1937》,硕士学位论文,暨南大学,2001;张毅《民国时期广州中医慈善医疗组织研究——以方便医院为例》,硕士学位论文,广州中医药大学,2007;彭巍美《慈善救济:广州方便医院研究(1899~1949)》,硕士学位论文,华南师范大学,2008;松田吉郎《清代後期広東広州府の倉庫と善堂》,《东洋学报》第 69 卷第 1、2 号,1988 年;Edward J. M. Rhoads, "Merchant Associations in Canton, 1895 – 1911," in Mark Elvin & G. William Skinner, *The Chinese City Between Two Worlds*, Stanford University Press, 1974; Kwang – Ching Liu, "Chinese Merchant Guilds: An Historical Inquiry," *Pacific Historical Review*, Vol. 57, No. 1(Feb. , 1988) , pp. 1 – 23。

所，社址设于大东门外线香街。早期润身社善堂有些类似于广州文澜书院，① 是文人骚客舞文弄墨之地。后因光绪年间东关汛一带时疫流行，由各人捐资，赠医施药，成绩卓著，时疫过后，求治者仍接踵而至，该社同人遂向当地殷商巨户及热心公益者筹集款项，扩大组织，改为善堂。② 润身社善堂的转变，反映了广州士绅由关注朝堂向倾心民间的下移趋势。

爱育善堂，1871 年在钟觐平和陈次壬等人的倡导下，效仿上海普育善堂而创办，堂址设在广州城西十七甫。③ 该堂历年以"行户殷富及生意大宗者为之总理"，其用意是"以任其劳而昭信"。④ 实际上，该堂历任行头总理多经营银业行、典当行、茶行、玉器行、北江行、鸭栏行、油行、烟丝行、果行、银号行、鱼行、茶行、土丝行等。1885 年，爱育善堂公推南北行及颜料行行头为总理，推举京果、鲜果、烟和丝四行为协理。⑤ 该堂筹集资金和运作管理均由商人主导，以施药救人和办理义学为宗旨，社会救济面广泛，获得社会各界赞誉。堂规明确规定爱育善堂纯属商办，各种善举除外，一切公事概不干涉。⑥ 据县志记载，其"规模之大，积储之厚，捐输之广，施济之宏，尤前此所未有"。⑦ 松田吉郎认为爱育善堂不仅规模比较大，而且米谷和资金储备也很丰富，赈恤对象广泛，偶有灾荒，一呼即应，惠及全省。⑧

---

① 关于广州文澜书院，除了办学外，还是上流士绅集结地方，他们在此以文会友、参评公共事务。可参见周珊《文澜书院与广州十三行商》，《华南理工大学学报》（社会科学版）2014 年第 4 期。

② 参见谭步侠《广州市"九大善堂"的概况和变迁》，《广州文史资料存稿选编》第 9 辑，第 408 页。

③ 《爱育堂碑记》，《爱育善堂征信录》（1918 年），广州市档案馆藏，档案号：17 - 2 - 5，第 3 页。另见《南海县志》卷 6，清宣统二年铅印本，第 684 页；中国人民政治协商会议广东省广州市委员会文史资料研究委员会编《广州文史资料（选辑）》第 22 辑，广东人民出版社，1981，第 198 ~ 199 页。

④ 《善堂交代》，《循环日报》（香港）1884 年 12 月 19 日，第 2 版。

⑤ 《善堂交代》，《循环日报》（香港）1885 年 12 月 8 日，第 2 版。该报记载 1881 年 12 月 20 日爱育善堂推举北江行和鸭栏行行头为总理，1882 年 12 月 21 日推举米埠行和油行行头为总理。

⑥ 《值理规条》，《爱育善堂征信录》（1918 年），广州市档案馆藏，档案号：17 - 2 - 5，第 18 页。

⑦ 《东莞县志》卷 19，1921 年铅印本，第 583 页。

⑧ 松田吉郎：《清代後期広東広州府の倉庫と善堂》，《东洋学报》第 69 卷第 1、2 号，1988 年，第 42 ~ 43 页。

　　两粤广仁善堂，1884 年由两粤商人合办，总堂设于新城靖海门外迎祥街，在桂林、梧州等处设分堂，故名两粤广仁善堂，以"宣讲圣谕，举办一切救灾各大善举为宗旨"。① 清末由徐树棠和潘达微等人主持，得到两粤热心公益慈善人士的支持，以购置房屋铺户收租生息作为经费主要来源，历年举办宣讲、开设义学、赠医施药、资遣难民回乡和平粜赈灾等善事。② 粤督岑春煊曾为该堂题写碑记云："通乎两广者则广仁，其兴至今十有五年，昔小而大，初约而丰，两粤民德之程之进也。"③ 足见两粤广仁善堂经十余年发展，成绩卓著，得到官府的肯定，同时亦可看出其与商界关系密切。

　　广济医院，1892 年由七十二行富商吴昌元、朱其英和黄天侣等创办，设于新城迎祥街，广筑房舍，兼办留医。④ 由行商集资购地倡设，恩赐立案，"给示勒石，以维善举而杜流弊"。为商旅提供栖身之所，为病患提供治疗，"欲筹尽善之方，则留医院之设，固不容缓也"。赠医施药，途中暴毙者由院备棺殓葬，在义地立碑标记，以便亲属认领迁回。⑤

　　崇正善堂，1896 年由药材堂创办，设于省城西关十一甫 159 号。由于广州医院甚少，贫苦病人甚多，缺钱医治，而市内善堂救济有限，于是药材行各值理捐出药材若干，作为筹办经费，聘请名医四人坐堂，为病者诊治，施医赠药，一律免费。⑥ 该堂创办人包括陈启沅和后来粤商自治会领袖陈惠普，稍后由梁晋慈主持业务，经费主要靠药材行业老板的捐助，另外靠房屋租金收入。⑦ 其宗旨是"赠医小儿、赠种洋痘、宣讲圣谕善书、拾字纸、恤产、平粜救焚及一切大善举"。⑧

---

① 邓雨生编《全粤社会实录初编》，调查全粤社会处铅印本，1910，桑兵主编《清代稿钞本》第 50 册，广东人民出版社，2007，第 229 页。

② 参见《南海县志》卷 6，第 685 页；《广州文史资料存稿选编》第 9 辑，第 404～405 页。

③ 《南海县志》卷 6，第 685 页。

④ 参见谭步侠《广州市"九大善堂"的概况和变迁》，《广州文史资料存稿选编》第 9 辑，第 405 页；另见李汇川《广州各公益社团概况》，《广州文史资料（选辑）》第 22 辑，第 200 页。

⑤ 参见《禀为集资购地倡建设广济医院乞》（1892 年），广州市档案馆藏，档案号：17 - 2 - 125，第 5 页。

⑥ 参见谭步侠《广州市"九大善堂"的概况和变迁》，《广州文史资料存稿选编》第 9 辑，第 407 页。

⑦ 参见李汇川《广州各公益社团概况》，《广州文史资料（选辑）》第 22 辑，第 202 页。

⑧ 邓雨生编《全粤社会实录初编》，桑兵主编《清代稿钞本》第 50 册，第 241 页。

　　述善善堂，1897 年设于黄沙述善前街。由于黄沙一带多为劳苦大众聚居之所，常有疫症流行，人口死亡率很高，所以该处各大股商巨户募捐创立该堂。①

　　明善善堂，1898 年创设于第七甫，由当地绅商发起组织，向各商户募捐经费，规模不大，设有门诊，赠医施药，每日只有 30~40 人门诊，参与举办社会各种公益赈务，亦参与各大善堂共同办理的慈善活动，但因经费不足，于 1929 年归并方便医院。②

　　方便医院，1899 年创立，初名为城西方便所，设在西关第一津高岗，由省港绅商捐资数千元开办。原为方便羁旅行客、行伴、家庭雇佣人员等，偶有病危者入所留医，当时仅有留医病房 16 间。市之北有城北方便所，后归并于城西方便所。1904 年，改名为城西方便医院，仍由省港绅商及各地华侨筹集资力维持，陆续展拓院址，扩充施济范围，如施赠医药、殓葬、打捞尸体、救伤扶危、施惠救济和代收华侨骸骨安葬。③

　　惠行善堂，1900 年初设在濠畔街，后移址天平街，1903 年迁至晏公街，门口悬挂"惠而不费，行之有功"的对联表明其宗旨。善堂受到热心慈善事业的人士支持，由各行业共同举出主持人，轮流主持堂务，主要业务是赠医施药、冬天施衣施粥、夏天施凉茶以及联合各善堂举办赈灾。④该堂首设疡科，聘请医生黄鹤洲、黄子明等，免费为病人治疗，救助了大量患者。⑤粤督张人骏为其撰碑记，称该堂设备俱全，外科医药其他善堂犹未企及。⑥1906 年，各善堂开股征收股银合计 90 余万两，惠行善堂收入

---

① 参见谭步侠《广州市"九大善堂"的概况和变迁》，《广州文史资料存稿选编》第 9 辑，第 407~408 页。

② 参见谭步侠《广州市"九大善堂"的概况和变迁》，《广州文史资料存稿选编》第 9 辑，第 408 页。注：又有学者认为明善善堂成立于 1895 年，详见《广州市志》第 10 卷，第 491 页。

③ 参见《广州城西方便医院创立之沿革》（1944 年），广州市档案馆藏，档案号：18 - 2 - 206，第 47 页；邓雨生编《全粤社会实录初编》，桑兵主编《清代稿钞本》第 50 册，第 234~240 页。

④ 参见《南海县志》卷 6，第 686 页；谭步侠《广州市"九大善堂"的概况和变迁》，《广州文史资料存稿选编》第 9 辑，第 403~404 页；李汇川《广州各公益社团概况》，《广州文史资料（选辑）》第 22 辑，第 202 页。

⑤ 参见李汇川《广州各公益社团概况》，《广州文史资料（选辑）》第 22 辑，第 201~202 页。

⑥ 参见《南海县志》卷 6，第 686 页。

第一，爱育善堂和两粤广仁善堂次之。[1] 惠行善堂受欢迎程度可见一斑。

除了九大善堂外，广州还存在过许多善堂，诸如四庙善堂、河南仁济医院、志德婴孩医院、崇本善堂、回春善院、庸常善社、遵圣善堂、联安善社、最乐善堂、爱群善院、省躬草堂、乐善善堂、西关赠医所和秘鲁华侨安集所等。[2]

综上所述，晚清广州善堂数量众多，不仅促进了地方慈善事业的发展和社会秩序的稳定，而且弥补了政府赈灾救济方面的不足。它们不仅赢得社会美誉，而且提高了行商政治地位。夫马进认为善堂善会是由民间自发结社而经营的公共事业，[3] 此说不无道理。事实上，广州九大善堂与商人有着千丝万缕的关系，它们大多由行商捐资筹建，晚清时期由商人掌控，成为行商发挥社会公益作用的重要平台。

二 九大善堂经费来源

晚清九大善堂的经费来源主要是商人捐赠、社会捐助、善产收入和政府补贴。具体而言，九大善堂创立经费大多仰赖广州七十二行商人捐赠，后期因善堂不同管理方式，经费来源存在不同，有些主要依赖商人捐赠，有些依靠同人自捐，有些依靠善产收入，但基本上大多依靠善堂自筹经费维持各项慈善事业。

润身社善堂的经费主要来源于社会捐助和个人捐款。香港商人曹雨亭和澳门商人周者宜捐资购置荣华南 46 号的大屋兴建堂址，然后仰赖个人自愿捐款，维系各种慈善事业。[4]

爱育善堂经费来源包括官府筹措、绅士捐助、七十二行认捐和善产租息收入等。爱育善堂创立之初，广州府督宪签请捐助 4000 两，作为倡导办堂之原始经费，随后劝谕各绅商认捐善款，集腋成裘。[5] 其后期经费主要

---

[1] 《善堂收股比较》，《香港华字日报》1906 年 3 月 16 日，第 4 页。

[2] 详情可见李汇川《广州各公益社团概况》，《广州文史资料（选辑）》第 22 辑，第 195～210 页。

[3] 夫马进：《中国善会善堂史研究》，伍跃、杨文信、张学锋译，商务印书馆，2005，第 644 页。

[4] 李汇川：《广州各公益社团概况》，《广州文史资料（选辑）》第 22 辑，第 202～203 页。

[5] 《爱育堂碑记》，《爱育善堂征信录》（1918 年），广州市档案馆藏，档案号：17－2－5，第 3 页。

来源于行商进捐和房租利息等。各行商除在创办之初捐款 38400 余两买下大盐商潘仕成的故宅作为堂址外，每年还向爱育善堂认捐 6000 两左右。① 爱育善堂成立初年同人捐款就达 34675.047 两，占当年总收入的 98.6%。② 另一个来源是其附属善产租息收入。根据该堂《历年进支总数》统计：辛未年（1871）进捐项银 34675.47 两，进旧料息项等银 502.897 两；壬申年（1872）进捐项银 15224.536 两，进付项租息等银 29346.235 两；癸酉年（1873）进捐项银 13858.648 两，进租息旧料等银 4040.54 两；甲戌年（1874）进捐项银 6496.763 两，进租息旧料等银 5137.44 两；乙亥年（1875）进捐项银 6908.725 两，进租息付项旧料等银 17577.438 两。③ 该堂的收入来源主要是捐项和租息两大部分，其运作经费十分充裕，"积存善款，为数甚多，匪亦垂涎"。④ 由此可知爱育善堂经费来源包括社会捐助、善产租息收入和官府资助，实际上维系其生存的主要是社会捐助和善产租息收入，可修正其经费主要来源于社会捐助的论点。⑤

爱育善堂除了在广州市拥有铺屋 180 余间外，并在南海、番禺、中山各县购置田亩 2523 亩，经费充裕，为各善堂之冠。⑥ 这与当时官府重视和绅商的参与不无关系。另外，传统商人地位低下，他们通过大量捐款参与慈善事业，积极参与地方公共事务，提高自身地位。但也不应忽视善堂所做的广泛宣传，以新、旧金山的劝捐首事黄翰卿、刘光明、黄世图、蔡彩胜、何宗贤等广泛向各界募捐资金，⑦ 可知爱育善堂除了向广州各行商劝捐外，同时极力呼吁海外华侨华商捐款。

两粤广仁善堂的经费主要来源于商人捐助和善产收租。此外，两粤广仁善堂向两广乃至海外各地进行劝捐，募集资金，所收捐款均用于办理各种慈善事业。两粤广仁善堂经营的主要善产收入相当可观。1897 年，两粤

① 黄艳：《试论广州善堂的发展：1871～1937》，第 11 页。
② 黄艳：《试论广州善堂的发展：1871～1937》，第 11 页。
③ 《历年进支总数》，《爱育善堂征信录》（1918 年），广州市档案馆藏，档案号：17-2-5，第 69 页。注：此数据仅记载部分年份进支概况。
④ 《羊城寒色》，《申报》1895 年 1 月 22 日，第 2 版。
⑤ 谭步侠：《广州市"九大善堂"的概况和变迁》，《广州文史资料存稿选编》第 9 辑，第 403 页。
⑥ 李汇川：《广州各公益社团概况》，《广州文史资料（选辑）》第 22 辑，第 199 页。
⑦ 《爱育善堂征信录》（1918 年），广州市档案馆藏，档案号：17-2-5，第 24 页。

广仁善堂集资筑围，承接香山大小霖白坦 100 余顷，民众租赁，按年收租，到 1899 年，善堂获得筑围股本银 900 两。① 1897 年和 1900 年两粤广仁善堂投资中山县沙田及石沙田股份公司，参与沙田公司分红。② 两粤广仁善堂向海外各界劝捐时，并非一帆风顺。1909 年，两粤广仁善堂善长就重修城隍庙向北美华侨劝捐，侨民函复"诘责该善长"，谓其"迷信害群"，该善长接函后当堂不敢宣读，人们面面相觑。③

广济医院的经费来源于社会捐助和产业收入等。该院经费大部分依靠募捐，除向各殷商巨贾募捐外，并在轮船码头、火车站及公共场所设救济箱，请热心公益人士随缘乐助，并购置铺屋几十间，农田几百亩，收租生息，作为其经费。④ 另有学者认为其经费主要依赖中山沥新的沙田收入。⑤ 广济医院的经费主要靠中山县沙田收入，其在中山县属沙田包括广福围、善丰围及沙头围仔共 29 顷。⑥ 实际上，广济医院经费来源于多种途径。据统计，1892～1895 年，广济医院的捐款收入 111035.78 两，占总收入 50.5%，收回附项银 104212 两，占总收入 47.4%，息银 4727.836 两，占总收入 2.1%。⑦ 以 1911 年进支来源为例，进各善信助经费银 50 两，进各行号善士助年捐银 36 两，进各善信助施粥银 25 两，进杂项银 1702 两，进收回留医药费棺工碑艇项银 147 两，进收还给薄并息项银 4107 两，进收围田租项银 18136 两。⑧ 由此可知广济医院的经费来源包括社会捐助、医院留存、田产收入和借贷收入，但田产收入占比较大。

崇正善堂的经费主要来源于同人自捐、药材行老板捐助和善产收入。

---

① 《广仁第一围股票》（1930 年 2 月 15 日），广州市档案馆藏，档案号：10 - 4 - 1883，第 98 页。

② 《为私产契据未蒙捡给恩先赐备案令局查明汇齐给领便缴验而维私产》（1930 年 1 月 29 日），广州市档案馆藏，档案号：10 - 4 - 1883，第 23 页。

③ 《广仁善长其奈华侨何》，《中兴日报》（新加坡）1909 年 5 月 12 日，第 4 版。

④ 参见谭步侠《广州市"九大善堂"的概况和变迁》，《广州文史资料存稿选编》第 9 辑，第 405 页。

⑤ 参见李汇川《广州各公益社团概况》，《广州文史资料（选辑）》第 22 辑，第 200 页。

⑥ 黄艳：《试论广州善堂的发展：1871～1937》，第 12 页。

⑦ 黄艳：《试论广州善堂的发展：1871～1937》，第 14 页。

⑧ 《辛亥年进支数》（1892 年），广州市档案馆藏，档案号：17 - 2 - 125，第 92 页。按，各数字取整数。

崇正善堂堂规规定，向同人每年定期科收捐例，由总协理汇集，维持各种慈善事业。① 衷海燕和梁灏认为其经费主要来源于同人捐赠、社会各界捐助、屋舍租金，而每日施出药剂大多数由国药行商捐助。② 李汇川认为崇正善堂经费主要依靠药材行业老板捐助和房屋租金收入。③ 据统计，崇正善堂1935年11月和12月分别收到社会捐助1360.1元和3275.2元，1936年1~3月收到社会捐赠共计1088.3元。④ 由此可知，崇正善堂经费来源随着时间变化而呈阶段性变化。

述善善堂的经费来源于市内工商界巨头捐款，⑤ 以维系各种慈善事业。

明善善堂的经费来源于市内商人的募捐。1898年，明善善堂由绅商发起，向市内商户募捐经费成立。⑥ 1906年，明善善堂第七次收取小股清单银为14643元。⑦ 可见明善善堂经费来源之一是市内商人的募捐，但限于资料，对该堂经费的其他来源很难做进一步深入考察。

方便医院的经费来源于商人资助和社会捐赠。张毅之认为方便医院的经费全赖社会各界的捐助及少量的院产、田舍租金和微薄的业务收入。⑧ 唐富满认为方便医院创办之初经费有限，主要来自广州及港澳绅商集资和捐款。⑨ 1899年方便医院由粤港商人捐资数千元而创立。该院倡建期间收到的同人捐款就达白银21862两，占当年该院全部收入的98.2%。⑩ 与此同时，广济、爱育和崇正善堂以年助方式给早期方便医院筹资开建医院。⑪ 方便医院得到粤港澳人民的支持与海外侨胞的赞助。

---

① 邓雨生编《全粤社会实录初编》，桑兵主编《清代稿钞本》第50册，第241页。
② 衷海燕、梁灏：《近代广州的慈善组织与地方社会——以崇正善堂为例》，《地方文化研究》2021年第5期，第43页。
③ 李汇川：《广州各公益社团概况》，《广州文史资料（选辑）》第22辑，第202页。
④ 《崇正善堂1935年11月至1936年3月止收入捐款数目》，广州市档案馆藏，档案号：10-4-2254，第39页。
⑤ 李汇川：《广州各公益社团概况》，《广州文史资料（选辑）》第22辑，第203页。
⑥ 谭步侠：《广州市"九大善堂"的概况和变迁》，《广州文史资料存稿选编》第9辑，第408页。
⑦ 《七善堂开收小股清单第七次》，《香港华字日报》1906年3月8日，第4页。
⑧ 张毅之：《民国时期广州中医慈善医疗组织研究——以方便医院为例》，第12~13页。
⑨ 唐富满：《广州方便医院与近代广州社会》，《中山大学学报论丛》2007年第10期，第223页。
⑩ 张毅之：《民国时期广州中医慈善医疗组织研究——以方便医院为例》，第13页。
⑪ 邓雨生编《全粤社会实录初编》，桑兵主编《清代稿钞本》第50册，第234页。

1899～1902 年该院同人各项捐款总数达白银 47817 两，占总收入的
45.12%。① 另据统计，1899 年获捐款 6 万多元，1906 年 11 万元，1916 年
23 万元，1926 年 30 万元。② 由此可知方便医院的经费主要来源于商人
捐助。

惠行善堂的经费来源于社会各界捐助。该堂经费最初只是依靠国内热
心人士的捐助，尔后南北美洲及南洋各地华侨也踊跃捐款，经费来源不
断，且能购置大量房产，由于房产增值，经费相对充裕。③ 据黄艳对惠行
善堂历年经费来源占比分析，生息银两占 58.05%，社会捐款占 18.87%，
铺屋租金占 14.1%，同人捐款占 4.57%。④ 由此可知惠行善堂的经费来源
是多元化的，各阶段收入所占比例也各不相同。

概言之，晚清广州九大善堂经费来源包括商人捐助、善堂同人及社会
捐款、附属产业收入、投资回报和政府补贴，但是大多数善堂经费来源于
向社会募集资金和产业收入，海外华商对九大善堂的资金支持和慈善事业
的赞助也很给力。由于经费来自民间，所以晚清广州九大善堂的运作呈现
更多民间自主性和独立性，同时可以看出，晚清时期广州商人对九大善堂
的渗透力极强。

三　九大善堂的慈善救济

（一）施医赠药

晚清广州九大善堂的施医赠药活动大多是免费的，旨在抚恤社会贫困
群体，积极弥补政府救济的不足。斯波义信认为爱育善堂是一些有实力的
行会的联合组织，为门诊患者免费治疗。⑤ 爱育善堂的核心业务是施医赠
药，设立中西医，聘请"医明学富"的内科医生四位，每日早晨 7 点至下
午 2 点，凡来诊脉者不收受酬金；赠药规定，病人求施药剂，必须向值日

---

① 张毅之：《民国时期广州中医慈善医疗组织研究——以方便医院为例》，第 13 页。
② 李汇川：《广州各公益社团概况》，《广州文史资料（选辑）》第 22 辑，第 197 页。
③ 李汇川：《广州各公益社团概况》，《广州文史资料（选辑）》第 22 辑，第 201 页。
④ 黄艳：《试论广州善堂的发展：1871～1937》，第 14 页。
⑤ 斯波义信：《中国都市史》，布和译，北京大学出版社，2013，第 109 页。

董理诉明。① 1883 年，《循环日报》记载爱育善堂十余年来，"赠药施药诸善，奉行已久，通传遐迩"。② 1884 年，由于天气骤变，生病者众多，爱育善堂每天施医 200 余人。③ 1894 年，粤东云城厢地方发生瘟疫，死者甚多，官府将药方抄出交给爱育善堂，并"嘱其如法泡制，散给病者，借以普救群生"。④ 爱育善堂聘得名医二人，一在南关天字码头，一在西关湄洲庙，设厂施医。⑤ 除了免费治病外，爱育善堂还对疾病预防采取积极措施。1881 年，爱育善堂聘请痘师种洋痘，每月以初一、初九、十五、二十一日和二十七日为期，预约到善堂挂号，分文不取，费用由善堂负担，每日能种 200 人。⑥ 1882 年，爱育善堂开赠之期，每期限 200 人，每月 6 期，均照旧办理，足见其"好善之心，乐善之诚"。⑦ 若按照上述所载，每月能够种痘 1200 人，每年 14400 人，若常年不断地种痘，数年内想必粤省患此病之人几近绝迹。对于此类善举，《申报》和《循环日报》的报道甚多，不一一枚举。此外，县志也有此类记载。1910 年，《南海县志》记载爱育善堂数十年来实行施医赠药等善举，联合九大善堂，靡不竭力举行，或分道扬镳，或通力合作，经年累月，不遗余力。⑧ 爱育善堂对社会救济的贡献，颇得社会舆论的认可，间接反映了商人参与慈善的热心。

广济医院最初"专为旅病无家可归而设"，⑨ 医院聘有中医二人，西医、护士及杂工等多人，病房 30 多间，⑩ 提供免费义诊，施医赠药。1911 年，广济医院在院内赠诊，内科男性病者 31537 名，女性病者 19598 名，小儿病者 4505 名，共计 55640 名，共赠出药 50165 剂。⑪ 该年平均每天赠诊 152 人次，送药剂 137 剂，救济幅度相当大。

---

① 《赠医规条》《施药规条》《赠棺规条》，《爱育善堂征信录》（1918 年），广州市档案馆藏，档案号：17-2-5，第 15 页。
② 《添议善堂》，《循环日报》（香港）1883 年 3 月 8 日，第 2 版。
③ 《粤垣气候》，《申报》1884 年 4 月 27 日，第 2 版。
④ 《时疫未已》，《申报》1894 年 5 月 21 日，第 2 版。
⑤ 《粤东患疫续纪》，《申报》1894 年 5 月 23 日，第 2 版。
⑥ 《善堂痘局》，《循环日报》（香港）1881 年 12 月 24 日，第 2 版。
⑦ 《依期种痘》，《循环日报》（香港）1882 年 11 月 27 日，第 2 版。
⑧ 《南海县志》卷 6，第 684~685 页。
⑨ 《总值理董事章程》（1892 年），广州市档案馆藏，档案号：17-2-125，第 6 页。
⑩ 李汇川：《广州各公益社团概况》，《广州文史资料（选辑）》第 22 辑，第 200 页。
⑪ 《辛亥年在院赠诊内科计开》（1892 年），广州市档案馆藏，档案号：17-2-125，第 61 页。

方便医院也参与了施医赠药活动。1904 年，方便医院留医病者急速增加，特派同人到港劝捐，募集大量款项。[①] 1910 年，方便医院救治染上瘟疫的香港病人，并且安葬尸体。[②] 同年，该院决定招考医生。[③] 此外，方便医院还招待中外各埠病人在院留医。[④] 方便医院在七十二行商捐资筹建和领导下，积极办理施医赠药活动，逐渐成为九大善堂之首，规模最为宏大，影响力遍及粤港澳乃至南洋地区。

两粤广仁善堂也有施医赠药的业务，每天赠药超过 100 剂。[⑤] 1895 年，广州出现流行病，两粤广仁善堂在长寿寺前设医局，派义务员吴星初和唐彤阶负责施医赠药事务，并派内科医生三人和外科医生一人驻局，专事诊治内外时症，后又派外科医生三人、女医生三人和挑药箱三人，男女医生和挑药箱各一人为一组，共分为三班，每日分途前往老城新城内外等地，沿街施医赠药。1896 年，香港时症流行，两粤广仁善堂特设留医船三艘，专门负责接待由港返省城病患者，派医生驻船管理，雇佣四名工人服侍病人。1898 年，广州再次暴发时症，两粤广仁善堂在新城水母湾设医局，聘请医生常川进行施赠。[⑥]

由上观之，晚清广州九大善堂几乎都将施医赠药视为其主要业务，并且作为常态化慈善活动，一直延续到民国时期，赢得社会各界广泛赞誉，并得到政府的嘉许。

（二）灾后施援

首先，九大善堂对广东地区实施灾后救援与重建。爱育善堂不分地域、不分民族，对受自然灾害影响的本省府县民众实施赈济颇为热心，以关怀民众贫寒疾苦为首要。1878 年，粤省风灾导致众多人员死伤，爱育善堂广延专医，治病救人，雇船打捞尸体，给棺收殓。[⑦] 1880 年，粤东水灾，

---

① 《省城方便医院告白》，《广东日报》（香港）1904 年 11 月 2 日。
② 《方便医院查勘留医分厂》，《香港华字日报》1910 年 6 月 18 日，第 4 页。
③ 《城西高岗方便医院招考医生广告》，《天趣报》1910 年 11 月 26 日，第 1 页。
④ 参见邓雨生编《全粤社会实录初编》，桑兵主编《清代稿钞本》第 50 册，第 235 页。
⑤ 李汇川：《广州各公益社团概况》，《广州文史资料（选辑）》第 22 辑，第 200 页。
⑥ 邓雨生编《全粤社会实录初编》，桑兵主编《清代稿钞本》第 50 册，第 229 页。
⑦ 参见《粤省风灾续述》，《申报》1878 年 4 月 23 日，第 2 版。

爱育善堂派值理前往各属施赈，救助难民。① 1881 年，爱育善堂救济清远水灾后，被灾民称为"大君子之力"，并制匾"愧无以报"以示不忘。② 此次水灾波及范围广，灾民甚多，仅靠粤省慈善组织似乎是杯水车薪。爱育善堂向旅沪同人和宁波岭南公所劝捐，捐款汇交爱育善堂董事陈春田等转交。③ 1885 年 7 月 7 日，粤地水灾冲走百姓 10 余万人，哀鸿遍野，爱育善堂会同绅董每日施赈一次至水退日为止。④ 随着灾情救助持续日久，赈济资金不敷使用，爱育善堂再次向上海广肇公所、广肇山庄、汉口、九江、镇江、烟台、天津、宁波和福州等处同乡会呼吁捐助。⑤ 政府在遇到重大灾害时首先让善堂辅助救济，或者直接交给善堂处理，体现了善堂在社会救济时的经验和财力，以及其良好的声誉和社会号召力。

广仁善堂等也积极参与灾后救济。1896 年粤西四府旱灾发生后，两粤广仁善堂将其苦况做成图说，沿街遍贴，感动流民，并陆续办米运往灾区赈恤难民。⑥ 1902 年，两粤广仁善堂发出赈米数千石，运至柳州各属灾区饥民，以资救济。⑦ 1903 年，粤西兵灾不断，各属田禾均难种植，导致哀鸿遍野，两粤广仁善堂劝捐 6450 元，述善善堂垫借 2 万元，东华、广济、崇正、述善、明善各堂共借洋银 4700 元，加上社会各界人士捐款，合计银 358000 余两，源源不断购米运往各县分别赈济，设施粥厂，救灾恤邻。⑧ 1906 年，两粤广仁善堂派员前往贵县进行赈米救济旱灾。⑨ 两粤广仁善堂对社会救济颇为积极，尽管在救济事务中遇到经济困难和生命威胁，但丝毫未动摇积德行善之心。

方便医院对广州各种灾害的救援也赢得了社会的赞誉。例如方便医院派员处理永济局被焚的尸体，及时对大沙头妓艇火灾进行善后处理，类似义举，被时人评价："闻灾即出赴救，不避艰险，不计日夜，不论远近，

---

① 《水涨未已》，《申报》1880 年 7 月 1 日，第 1 版。
② 《感颂善堂》，《循环日报》（香港）1881 年 3 月 12 日，第 2 版。
③ 《奉劝寓沪广东同人助赈启》，《申报》1885 年 7 月 6 日，第 4 版。
④ 《大宪倡捐》《粤水纪余》，《申报》1885 年 7 月 7 日，第 2 版；《循环日报》（香港）1885 年 7 月 3 日记载善款源源不断。
⑤ 《求赈两粤灾黎》，《申报》1885 年 7 月 24 日，第 10 版。
⑥ 《议赈西邻》，《叻报》（新加坡）1896 年 4 月 28 日，第 2 版。
⑦ 《榴江县志》，1937 年铅印本，第 50 页。
⑧ 《广筹振款》，《申报》1903 年 7 月 4 日，第 2 版。
⑨ 《贵县志》卷 18，1935 年铅印本，第 585 页。

不避时疫，亲理病人，亲济灾民，舆论推之为各善堂之冠。"①

其次，九大善堂积极实施跨区域灾后救援。1886 年，山东水灾发生后，爱育善堂代募山东水赈，"实心办事，畛域不分"，积极劝谕各善士慷慨解囊。② 此外，爱育善堂曾代官府收留越南妇女，借以遣回本籍贯，为此善堂惹来流言蜚语。③ 但是该堂并未受谣言左右。1885 年，香港东华医院转来 20 多名越南妇女，转交爱育善堂负责安顿，她们"饥而得食，寒而得衣"，真是"权代朝廷抚育，且从圣主怀柔"。④ 该堂救济不分国籍，凡贫困有难者，皆来者不拒，此后其声名远播南洋，构建起了庞大的跨域救济网络。1872～1919 年，《申报》关于爱育善堂零散报道赈济新闻甚多，以爱育善堂为关键词搜到百余条，绝大多数新闻记载与赈济救灾有关，其中不乏跨区域的救济，限于篇幅不一一罗列进行分析。此外，广州和香港等地报刊亦有相关新闻记载。1896 年，两粤广仁善堂在《申报》刊登了广西告灾求赈急电后，迅速将筹集赈米分途遣送广西灾区。⑤ 九大善堂的跨地域善举，温暖了八方民众。

（三）参与平粜

晚清广州地区粮食短缺是一个严重的社会问题，当发生粮荒时，广州商人团体常组织大规模的平粜以缓解社会危机，⑥ 广州九大善堂也积极参与平粜，将低价粮食出售给贫困群体。1894 年，崇正善堂与广济医院及香港东华医院合办平粜。⑦ 1898 年 4 月 2 日，述善善堂开办平粜，每洋 1 角购米 4 斤，先向贫户派票发放，每日 10 点至 17 点，购者络绎不绝，过往者赞誉不断。与此同时，崇正善堂联合仁济医院与东华医院举办平粜。⑧ 4 月 6 日，两粤广仁善堂和爱育善堂组织平粜，拟设南关和西关二厂，凭票

---

① 参见邓雨生编《全粤社会实录初编》，桑兵主编《清代稿钞本》第 50 册，第 235 页。
② 《荔乡清话》，《申报》1886 年 6 月 22 日，第 2 版。
③ 《船扣留云》，《循环日报》（香港）1883 年 10 月 9 日，第 2 版。
④ 《善堂抚育》，《循环日报》（香港）1885 年 3 月 14 日，第 2 版。
⑤ 《两粤广仁善堂为广西告灾求赈急电照登》，《申报》1896 年 5 月 20 日，第 4 版。
⑥ 邱捷：《清末广州商界主持的平粜》，《晚清民国初年广东的士绅与商人》，广西师范大学出版社，2012，第 181 页。
⑦ 邓雨生编《全粤社会实录初编》，桑兵主编《清代稿钞本》第 50 册，第 241 页。
⑧ 《粤省平粜》，《申报》1898 年 4 月 2 日，第 1 版。

收银，盖章将票收回，查明核实贫户，方得领取，凭借米票领取米粮。① 1899 年，方便医院参与九大善堂联合平粜公所，以济饥民。② 1902 年，广仁、广济、述善和崇正善堂合办广东平粜事务，政府答应帮贴平粜之款，各善堂集议分平粜，或合作办理。③ 1903 年，两粤广仁善堂伍福林运米赴隆安县平粜，途中遇到匪徒劫掠米船，其为保粮食，被匪掳杀，官府后拿获匪党。④ 1903 年，《叻报》在 1~7 月断断续续刊出两粤广仁善堂平粜捐册，类似后来善堂征信录，详细刊载每个商号商人或公司捐银多少，以天、地、元、玄、黄号分类，关于广西灾区的捐赠信息，有时以整版刊登，以示鸣谢。以 3 月 6 日刊登消息为例，⑤ 可知平粜捐册款项来源于公司、行号和个人，捐赠数额为 300 元、100 元、2 元、1 元不等。在其他报刊中也有类似报道两粤广仁善堂参与平粜和募集捐款的消息，⑥ 足见该时期两粤广仁善堂在新加坡有着广泛号召力和影响力。1907 年和 1908 年崇正善堂与九大善堂香港澳门善堂也合办平粜。⑦ 晚清广州九大善堂参与的平粜活动，也有由分散走向联合的趋势。⑧

尽管晚清广州九大善堂举办诸多慈善义举，在救助民众方面发挥了很大作用，但是不应忽视其在实施慈善救济中存在的问题。有些投机分子以慈善为名捞取利益，如药店老板掌握善堂大权，利用善堂获得进口药物免税减税权利，套购进口药品。⑨ 1895 年，广济医院在《叻报》刊发赈济广告，其末

---

① 《平粜章程》，《申报》1898 年 4 月 6 日，第 2 版。
② 参见邓雨生编《全粤社会实录初编》，桑兵主编《清代稿钞本》第 50 册，第 235 页。
③ 《粤东平粜》，《申报》1902 年 10 月 21 日，第 2 版。
④ 《广东司事被戕》，《大公报》（天津）1903 年 11 月 20 日，第 4 版。
⑤ 《两粤广仁善堂平粜捐册》，《叻报》（新加坡）1903 年 3 月 6 日，第 2 版。该报类似报道见 1 月 15~17、20~21 日，2 月 10、13、16、24~26、28 日，3 月 3~4、6、12、26~28、30 日，4 月 3、16~17 日，5 月 6 日，6 月 15~18、22 日，7 月 10~11、27、29 日。以上所刊平粜捐册所占版面各日均有所不同，有可能通过此种方式鼓励更多人参与捐赠。
⑥ 《两粤广仁善堂平粜捐册》，《天南日报》（新加坡）1903 年 1 月 9、12~13、15~17 日，2 月 27~28 日，3 月 30~31 日，6 月 17、22~24 日，第 3 版。
⑦ 邓雨生编《全粤社会实录初编》，桑兵主编《清代稿钞本》第 50 册，第 241 页。1907 年，省港善堂组织成立 "省港善堂商会行商平粜总公所"，1908 年救灾公所举行大规模联合赈济。详见黄艳《试论广州善堂的发展：1871~1937》，第 23 页。
⑧ 黄艳：《试论广州善堂的发展：1871~1937》，第 23 页。
⑨ 参见李汇川《广州各公益社团概况》，《广州文史资料（选辑）》第 22 辑，第 210 页。

尾所载,该堂"并无缘簿在外捐签,慎勿为棍徒所骗",① 说明当时存在借慈善之名行骗钱之实的现象。1905 年,广济、广仁和述善善堂召开特别会议,善董吴介铭说,江曹和潘周明谋杀马潘夏三子,事情败露,危不自安,试图冒慈善之名,以行其狡狯之计,妄自表白,企图嫁祸于人。② 几个善董与马氏极力周旋,满口道歉,乞求谅解,同时禀请岑春煊保释,善董委托商会居间调停。③ 1906 年,爱育善堂朱南洲私自公举董事,但粤路公司经过与善堂合力调查,发现善堂并无通传此事。④ 由此可知,该时期广州善堂某些善董利用慈善之名,实行敛财,干龌龊之事,严重影响九大善堂形象。

总体而言,晚清广州九大善堂积极参与施药赠医、灾后重建与平粜,所救济范围不局限于本地,甚至实施跨地域救济,实际上九大善堂救济范围远远不止上文所述,它们还参与兴办义学、赠棺义葬、冬天赠衣施粥、夏天赠凉茶等慈善活动。由于善堂广泛参与慈善救济活动,时有重大救济后引起善堂经营亏损与经费短缺,但丝毫不影响善堂继续发挥作用。黄艳认为晚清时期政府势衰,无暇顾及日常救济,往往依靠善堂捐施,遭遇天灾人祸时,政府也往往依赖地方慈善组织的施赈。⑤ 晚清九大善堂作为民间慈善社团,很大程度上弥补了晚清地方政府救济的不及时和不足。

余 论

晚清广州善堂为何如此兴盛?有必要做进一步分析。谭步侠认为清廷自鸦片战争后,政治日趋腐败,经济崩溃,民不聊生,兼之连年兵燹,时疫流行,死人无数,尸骸遍地,无人执殓,病者乏资医理,束手待毙,而清政府又见死不救,漠不关心,于是当时的热心人士,为了挽救同胞生命,发起组织善堂。⑥ 李汇川认为旧社会人民贫困,政府无能,偶遇天灾

---

① 《粤省广济医院筹赈启》,《叻报》(新加坡)1895 年 10 月 8 日,第 1 版。
② 《广济广仁述善三堂与马翰舟特别会议》,《唯一趣报有所谓》(香港)1905 年 11 月 29 日。
③ 《恶董悔过愿保马潘夏之后闻》,《唯一趣报有所谓》(香港)1905 年 11 月 30 日。
④ 《爱育善堂之糊混》,《香港少年报》1906 年 6 月 18 日。
⑤ 黄艳:《试论广州善堂的发展:1871~1937》,第 24 页。
⑥ 参见谭步侠《广州市"九大善堂"的概况和变迁》,《广州文史资料存稿选编》第 9 辑,第 408~409 页。

人祸，人民无力自救，政府官吏又多中饱私囊，无视灾情，最后激发一些社会人士组建善堂。① 二者说法不无道理，但多带有政治色彩判断，对清政府多有指摘，然清廷遭遇"三千年之大变局"，除了兵燹和天灾外，时而遭遇瘟疫和列强入侵，很多事难以兼顾，这为民间慈善机构的兴起提供了有利之机，是善堂兴起的外在诱因。更深层次的缘由在于，近代中国面临各种纷繁复杂的救济情形，政府和传统社会救济机构救助力度十分有限，绅商得以有机会参与地方事务，借以提升其政治地位。著名学者瞿同祖认为，清代士绅作为地方精英与地方政府共同管理当地事务，与地方政府所具有的正式权力相比，他们拥有的是非正式权力，而直到19世纪后半叶，商人才被允许与士绅一道讨论本地事务。② 钱曾瑗（Michael Tsang-woon Tsin）也认为在遭遇兵乱和外敌入侵后，19世纪广州商人出现第一次垂直流动现象。③ 由于近代广州善堂基本上由商人捐资筹建，而该时期商人又享有参与地方公共事务的权利，故各行商积极筹设善堂，通过此种方式参与地方公共事务。那么揭开商人办理慈善被称为"救世主"的面纱，透过现象看本质，商人可以参与地方公共事务是该时期善堂大量兴起的内在要因，其实质上是商人获取地方治理权力的重要手段，为商人涉足公共领域提供了良好的契机；天灾人祸、兵乱匪患等情事频繁发生，是善堂产生的外在因素。

晚清广州善堂发展呈现出新的特点。梁其姿对于近代广州善堂所表现出的新趋向颇具创见。④ 科大卫认为晚清慈善机构把拥有权和管理权分开，这种新颖的行政管理制度使慈善机构能大幅扩张其财政规模。⑤ 贺

① 参见李汇川《广州各公益社团概况》，《广州文史资料（选辑）》第22辑，第210页。
② 参见瞿同祖《清代地方政府》，范忠信、晏锋译，何鹏校，法律出版社，2003，第282～283页。
③ Michael Tsang-woon Tsin, The Cradle of Revolution: Politics and Society in Canton 1900 – 1927, Ph. D. diss., Princeton University, 1990, p. 34.
④ 梁其姿：《商业、科学、宗教与慈善：走向近代的广州善堂（1870～1937）》，2016年8月10日在河北大学宋史研究中心的演讲，未刊稿。该演讲指出近代善堂的几点改变：第一，近代广州善堂管理模式与行善内容有所创新；第二，近代善堂慈善救济科学化，施医施药渐渐成为主流，其中仿效西式医院的善堂往往占领导地位；第三，具有界定宗教和迷信的特殊作用。传统宗教的力量、西方势力、中央与地方的政治要求、善堂财源的顾虑均左右着这个特色的形成。
⑤ 科大卫：《皇帝和祖宗：华南的国家与宗族》，卜永坚译，江苏人民出版社，2010，第394页。

跃夫认为善堂已成为各行商人之间及商与绅扩大社会联系的一个场所，既然各行董、商董和绅界领袖可为地方善事商议协调，在一定条件下他们超越善举的界限，涉足更多的地方公事，其成员甚至转化为政治性社团的创办者，就成为顺理成章的事。① 除此之外，晚清广州善堂还呈现出一些新的特点：第一，多元化发展趋向。除了官办和商人创建慈善组织外，诸如医生、传教士、学界、政界代表也积极筹建善堂，因此广州善堂林立，绝不限于九大善堂。第二，善堂发展兴衰与创始商人商行发展有极其密切的关联性。九大善堂大多由广州七十二行商发起倡导创立，例如爱育善堂、两粤广仁善堂、广济医院等由行商发起成立，日后运行也仰赖行商巨贾的捐助，随着商人经营衰败而经费中断。第三，善堂经费来源更广泛。除了本土官、商、学界捐助外，华侨华人积极捐助成为晚清时期一个显著的时代特点。第四，晚清广州善堂更趋向现代化行业组织，基本上均有宗旨和章程，并订立各种实施细则和财务管理制度等。第五，大多数善堂以宣称不干涉政治为要义，专事慈善事业，但实际上晚清善堂发展呈现政治化的趋势。这一时期还有以下几点值得注意：第一，商人地位提高，尤其 19 世纪后半期绅商和商人被允许参与地方事务，此为提升商人政治地位的绝佳机会，故商人多以办善堂为名，向政治靠拢，谋求政治资本，更好地扩大商业经营。第二，晚清善堂创建的准入条件相对低，因此七十二行商人捐款即可设立善堂并开展慈善活动。第三，政府支持民间善堂发展，以弥补政府救济的有限性、不及时性和集中性等不足，民间善堂兼顾范围更广，更具时效性，切合当时复杂的救济"生态"，从而间接地维持地方秩序稳定。

概言之，晚清九大善堂兴起背景除了复杂的政治社会环境外，还包括晚清士绅权势下移和商人地位上升。该时期九大善堂由商人捐资筹办，由行商掌控，参与各类社会救济，在经济与社会间来回"穿梭"，既解了政府的燃眉之急，也提高了自身的社会地位。

作者：夏巨富，广州大学人文学院暨广州十三行研究中心

（编辑：任云兰）

---

① 贺跃夫：《晚清广州的社团及其近代变迁》，《近代史研究》1998 年第 2 期，第 247 页。

利他·娱众·益己：民国时期上海票友慈善义演的属性分析[*]

张吉玉

内容提要　近代以降，上海票友酷爱戏剧，以登台票戏为乐、为尚、为荣，经常借助票房彩排、堂会等活动以过戏瘾。民国以后，以戏剧表演为主要内容的慈善义演渐为流行，参与或组织慈善义演逐渐成为票友登台"玩票"的重要方式。在慈善义演中，票友凭借个人的技艺、资金、人脉等资源，或登台献艺，或筹备义演、包销戏券，为社会救济事业筹集资金的同时，满足了观众娱乐的精神需求，使慈善义演实现了义与利、社会需求与个人娱乐的融合，从而呈现出利他、娱众、益己的三重属性。

关键词　票友　慈善义演　民国时期　上海

在传统戏剧界，登台演艺者有两类人，一类是以演戏为生计的职业伶人，一类则是以唱戏为消遣自娱的"戏痴"，也称票友。[①] 票友集聚学戏、排练之所，为票房，通常也用来指称票友之组织。[②] 最初，票友主要通过票房内部组织的彩排和堂会戏以过戏瘾，至民国时期，随着社会风气的开

---

[*]　本文系国家社科基金重大项目"中国近代慈善义演珍稀文献整理与研究"（17DA203）阶段性成果。

[①]　何一民：《成都通史·民国时期》卷 7，四川人民出版社，2011，第 495～497 页；张吉玉：《民国上海票友、票房与慈善义演研究》，硕士学位论文，河南大学，2020，第 1～2 页。

[②]　时人对票友、票房的定义参见刘菊禅《票友的来源》，《戏报》1942 年春节特刊票友专号，第 1 页；钱化佛述，郑逸梅撰《三十年来之上海·续集》，学者书店，1947，第 33 页。

放和人们思想观念的改变，以及以戏曲表演为外在表现形式的新型筹款方式慈善义演的流行，具有社会性的慈善义演逐渐成为票友登台票戏的重要方式。票友及其"趣缘组织"票房纷纷参与到慈善义演活动之中，票友或登台献艺，或筹备义演，成为慈善义演活动的重要参与者和中坚力量。

上海自开埠通商后，经济迅速发展，物质丰富的同时娱乐文化消费强劲，戏曲市场十分繁荣，业余者票戏之风盛行，票友、票房数量一度居于全国首位。伴随以娱乐表演吸引观众、筹款募捐的慈善义演在上海的兴起与发展，票友参与、组织慈善义演活动日渐频繁。目前学界对上海票房、票友及其慈善义演的研究中，慈善义演活动受到了更多的关注，但对其社会价值的发掘仍然不够，票友、票房在慈善义演中所发挥的重要作用及意义仍有较大的探讨空间。[①] 笔者以上海地区为视域，试图通过分析上海票友的慈善义演活动，探讨票友慈善义演活动的属性与社会价值。

一 利他：票友义演与社会救济

慈善义演是通过演艺筹集资金用于社会慈善的活动，[②] 其券资收入是衡量慈善义演绩效的重要标准，也是影响后续社会救济工作落实效果的关键因素。一般而言，演出的券资收入与演出的叫座能力密切相关，演出的叫座能力越强，上座率就越高，券资收入也就越多。票友或受邀参与义演，或联袂发起、组织义演，参与方式不同，扮演的角色随之各异，[③] 从而其对义演绩效的贡献也不尽相同。

在受邀参与的慈善义演中，票友主要承担义务登台献艺的任务，是慈善义演的"表演者"，因此，其叫座能力，即表演能否引起观众的观看兴趣，便成为影响慈善义演绩效的重要因素。票友虽以登台"玩票"为消

---

① 如徐剑雄《近代上海的京剧票友、票房（1911～1949）》，《史林》2006年第4期；王兴昀《民国天津京剧票友、票房探析（1912～1937）》，《戏剧文学》2015年第11期；吴强华、刘晓海《以艺济困：民国时期评弹义演研究》，《都市文化研究》2018年第2期；王婉如《上海抗战时期戏曲活动研究》，博士学位论文，上海师范大学，2019；郭常英、贾萌萌《近代上海慈善义演的形塑与演进》，《中国高校社会科学》2021年第5期；等等。

② 郭常英、岳鹏星：《寓善于乐：清末都市中的慈善义演》，《史学月刊》2015年第12期。

③ 张吉玉：《民国上海票友、票房与慈善义演研究》，第49页。

遣，但其中不乏肯下功夫研究唱腔、念白、身段且精益求精者，他们的表演或可与内行媲美，或自成风格，独具特色，因而具有一定的叫座能力。如李白水，嗓音清越，腔调纯正，善演《四郎探母》《乌龙院》《梅龙镇》等戏，颇受观众喜爱，"票界每有会串，无论义务堂会，君辄被邀约参加"。① 又如"票怪"沈田莘，"每一登台，笑话百出，令人哄堂"，内外行都喜欢看他票戏，"义务赈灾，粉墨登场，他的戏码贴出必定可卖满座"。②

除表演技艺高超的票友外，部分票友因来自社会上层，具有一定社会名气，其表演可在一定程度上调动观众的好奇、猎奇心理，引起观众购票观剧的兴趣，因而也具有叫座能力。如杜月笙虽然不靠唱戏吃饭，但他若兴致一来，粉墨登场，却比任何京朝名伶、海派大角更有号召力，票房价值更高。看杜月笙、张啸林等人的戏，台上汗流浃背，台下阵阵哄堂，荒腔野板，忘词漏场，不但照样引起满座的彩声，且立即被时人效仿传唱。因此，只要排出杜月笙等人的戏目，义演场中，准定全场爆满，还有人千方百计想弄张站票。③

为演出绩效考虑，慈善义演的组织者邀请的往往是具有一定社会名气的票房、票友，以增强演出的叫座能力。如由杜月笙、张啸林和徐慕邢担任正副社长，获社会名流杭辛斋、王松声、赵兆镛等支持赞助、协力经营的律和票房；有沈莘田、包小蝶、包幼蝶等众多名票加入，在上海票界影响较大的湖社票房；④ 在上海票界可执牛耳的李白水、赵培鑫等知名票友。

为"挣面子""出风头"，受邀参演的票房、票友除表演拿手好戏外，还会包销部分戏券，请亲友前来捧场，是为"好者为乐，花钱买脸"。在有多个票友、票房参与的慈善义演活动中，为"挣面子"，各票友、票房甚至竞相销票。如1938年9～10月，上海慈善团体联合救灾会邀请乐善

---

① 《与宇宙室主论李白水》，《小日报》1927年6月9日，第3版；斑：《悼李白水》，《晶报》1938年4月30日，第3版。
② 陈定山：《春申旧闻》，海豚出版社，2015，第149～150页；韦君谷：《杜月笙全传》第2册，四川省社会科学院出版社，1988，第291～292页。
③ 韦君谷：《杜月笙全传》第1册，四川省社会科学院出版社，1988，第271页。
④ 上海群众文化志编纂委员会《上海群众文化志》，上海文化出版社，1999，第195页；《上海文化艺术志》编纂委员会、《上海京剧志》编辑部编《上海京剧志》，上海文化出版社，1999，第77～78页。

社、银钱业联谊会等票房票友轮流在天蟾舞台演唱义务戏，票价分 1 元、2
元两种，旨在为救济战区难胞筹款。① 银钱业联谊会为挣面子，在加印 3
元券后，将筹款目标定为 14000 元，最低 8000 元。②

票友多为有"钱"有"闲"之人，拥有一定的资金、人脉与表演技
艺，其参与慈善义演，义务演艺募捐，甚至依托个人或票房资源包销部分
戏券，虽有"花钱买脸"、出风头之嫌，但在客观上则是寓善于乐，为社
会救济募集到了资金。1939 年 5 月 11~16 日，由永安公司同人组织的永
安乐社票房受邀在黄金大戏院演剧 6 天。③ 在此次义演中，永安公司不仅
派经理郭琳爽及永安乐社票友登台表演《荆轲传》等粤剧，还包销了
16036 元的戏券，销票成绩位居第一，占义演总收入 34099 元的 47%，销
票成绩位居第二的难民协会，所销之款为 3000 元，而由演剧筹赈会办事处
经售及捐款收入则共计 2972 元，仅占义演总收入的 8.7%。④

在自发组织的慈善义演中，票友成为慈善义演的"组织者"，需要负
责邀集演员、排定戏码、销售戏券等工作，而完成这些工作、成功举办慈
善义演并获得券资收入，不仅需要一定的财力投入，还需要有调动社会各
界积极参与的能力。因此，自发组织慈善义演者或是凭借自身之经济、人
脉等资源以个人之名发起组织慈善义演，或是借票房票友之合力，以票房
的名义举办慈善义演。

在以票房之名举行的慈善义演中，表演者往往由票房内表演技艺较好
的票友担任，表演的都是其拿手好戏，因而演出具有一定的叫座能力。如
1917 年 10 月 14 日，久记社票友为赈济顺直水灾灾民于亦舞台演剧筹款，
戏目有由票房内"行腔咬字颇有龚味"的冯叔鸾与周树三合演的《吊金
龟》，"嗓音特佳"的何芥园演唱的"伶工多视为畏途"的《辕门斩子》，
"以做工老生鸣于时"的席少苏演唱的"黄派杰作"《连环套》等。⑤ 是

---

① 大飐：《票界演剧筹款近讯：银钱业联谊会占第一位　程君谋包幼蝶演汾河湾》，《力报》
1938 年 9 月 27 日，第 5 版。
② 大飐：《票界演剧筹款近讯：银钱业联谊会占第一位　程君谋包幼蝶演汾河湾》，《力报》
1938 年 9 月 27 日，第 5 版。
③ 《永安乐社演剧筹赈》，《新闻报》1939 年 4 月 29 日，第 21 版。
④ 《永安乐社粤剧筹赈盛况空前》，《申报》1939 年 5 月 12 日，第 10 版；《永安乐社演剧筹
赈圆满》，《申报》1939 年 5 月 19 日，第 10 版。
⑤ 剑云：《记久记票房之助赈戏（续）》，《民国日报》1917 年 10 月 23 日，第 8 版。

晚，观众颇多，"楼上楼下，大有人山人海之势矣"，在《吊金龟》开演前，场内甚至出现了观众为争座位而大起冲突的情况。①

而在由票友发起组织的慈善义演中，发起者多为拥有一定的经济、人脉和社会权势，具有社会影响力和号召力之人，能邀得齐南北名伶名票，因此，表演者不仅有票界名宿，还有南北名伶名角，戏码十分精彩，较以票房之名举行的义演更叫座。如在1935年10月2~20日杜月笙为救济各省水灾发起的赈灾义演中，不仅约请了张啸林、王晓籁、张慰如等闻人名票，还邀请到了梅兰芳、金少山、姜妙香等内行名角，② 排出的戏目不仅有内行合演的流行戏码，如梅兰芳、金少山之《霸王别姬》，③ 还有内外行同台飙艺的戏目，如梅兰芳、赵培鑫之《汾河湾》，姜妙香、李白水之《四郎探母》等。戏目之精彩，以至连续数日，未至开演，就已告客满。④

与应邀参演不同，在票友、票房发起组织的义演活动中，票友不仅需要排出具有叫座能力的戏码，还需要负责戏票的销售。由票友、票房组织的慈善义演，其销票多采取常规性的门售与票友分销、认销两种方式。就销票成绩而言，前者多取决于义演对于观众的吸引力，即演出能否调动人们的观看兴趣，具有不确定性，票资收入只能借助参演人员的社会名气以及演出节目的吸引力；后者则取决于负责认销、分销戏票票友个人的财力与人脉，相对具有可控性。⑤ 因此，为保障演出成绩，票友、票房更多采取的是具有可控性的分销法。如1931年9月14~16日黄金荣、杜月笙等人为救济水灾灾民，发起赈灾义演，戏券由各发起人认销，"每人约二千

---

① 《亦舞台之争坐位　大家都逞好身手》，《民国日报》1917年10月18日，第8版。
② 《各省水灾义振会筹募组办事处主持商请海上名票平沪名角为各省水灾演剧筹款》，《申报》1935年9月30日，第25版；《梅兰芳明日起演剧》，《申报》1935年10月1日，第15版。
③ 《各省水灾义振会筹募组办事处主持商请海上名票平沪名角为各省水灾演剧筹款》，《申报》1935年10月8日，第21版。
④ 《各省水灾义振会筹募组办事处主持商请海上名票平沪名角为各省水灾演剧筹款》，《申报》1935年10月3日，第22版；《梅兰芳演剧助赈盛况》，《申报》1935年10月4日，第11版；《各方捐振踊跃》，《申报》1935年10月5日，第13版；《梅兰芳演剧助赈　卖座成绩甚佳　黄金大戏院特制说明书》，《申报》1935年10月8日，第11版；《各省水灾义振会筹募组办事处主持商请海上名票平沪名角为各省水灾演剧筹款》，《申报》1935年10月17日，第28版；《群英荟萃　助赈义剧最后一天　梅兰芳杜夫人合演四郎探母　杜月笙张啸林二氏亲自登台》，《申报》1935年10月19日，第12版。
⑤ 张吉玉：《民国上海票友、票房与慈善义演研究》，第58页。

元"；① 1936 年 6 月 29 日，恒社票房为募款购机祝寿，于新光大戏院举行义演，入场券"均由社员认购无余"。②

除分销、认销戏券外，为"避借名敛财之嫌"，作为"组织者"的票友、票房有时还会自行承担演出开销。如 1917 年 10 月 14 日，久记社票友为筹款救济天津灾民于亦舞台演剧筹款，是晚一切开销均由该社社员承担，所收戏资，全部捐助。③ 1931 年 9 月 12 日，逸社票房在大舞台演剧筹资助赈，"所得券资，悉数充赈，一切开支，完全由会员担任"。④ 1931 年 9 月 13～16 日，永安公司永安乐社为筹款救灾，在奥迪安舞台演剧筹款，除奥迪安戏院租费 3000 元外，一切广告、印刷、布景、服装、餐膳杂支等费计 4596.2 元，均由永安公司承担。⑤ 1938 年 10 月，虞洽卿等人为救济难民，邀请马连良、张君秋及上海名票演唱义务戏，"所得券资，不除开销，悉数捐充救济难民经费"。⑥

票友分销、认销戏券，甚至承担演出开销，使得演出的券资净收入较为可观。如在上文提及的 1917 年 10 月 14 日久记社赈灾义演中，演出舞台的座位仅容 1300 余人，而久记社销票竟达 1500 余张，共收券资及当场捐资 1246 元。⑦ 1931 年 9 月 13～16 日，永安公司永安乐社演剧筹款净收入 26046 元。⑧ 1931 年 9 月 14～16 日黄金荣、杜月笙等人发起的赈济水灾义演，共得券资 5.95 万元。⑨ 按 1931 年 9 月 29 日上海米市行情，常帮白破价格为每石 14.2～16 元，⑩ 永安乐社和黄金荣等人发起的义演共筹募 85546 元，至少可购得 5346.6 石稻米。就慈善救济而言，筹募善款自然是

---

① 《黄金荣等发起演剧助振》，《申报》1931 年 8 月 29 日，第 18 版。
② 《恒社演剧购机盛况》，《申报》1936 年 6 月 30 日，第 15 版。
③ 《久记社启事》，《申报》1917 年 10 月 8 日，第 5 版。
④ 《逸社票房定期演剧助赈》，《申报》1931 年 8 月 30 日，第 14 版。
⑤ 《永安乐剧社演戏振灾》，《申报》1931 年 9 月 6 日，第 20 版；《上海筹募各省水灾急赈会鸣谢　永安有限公司永安乐社演剧助振》，《申报》1931 年 10 月 5 日，第 2 版。
⑥ 《虞洽卿等发起演剧救济难民》，《申报》1938 年 10 月 11 日，第 11 版。
⑦ 剑云：《记久记票房之助赈戏》，《民国日报》1917 年 10 月 22 日，第 8 版；《旅沪顺直同乡敬谢久记社诸大善士交到第二批戏券款三百元并承诸大善士慨助赈款志谢》，《申报》1917 年 10 月 26 日，第 2 版。
⑧ 《永安乐剧社演戏振灾》，《申报》1931 年 9 月 6 日，第 20 版；《上海筹募各省水灾急赈会鸣谢　永安有限公司永安乐社演剧助振》，《申报》1931 年 10 月 5 日，第 2 版。
⑨ 《上海筹募各省水灾急赈会鸣谢》，《申报》1931 年 10 月 5 日，第 2 版。
⑩ 《米市》，《申报》1931 年 9 月 30 日，第 12 版。

多多益善，票友参与、组织慈善义演，虽筹得的救济资金数额各不相同，但在客观上可缓解灾民一时之急。

二 娱众：票友戏与社会娱乐

上海人素来喜爱看戏、听戏。近代，上海民众的娱乐需求大增，在娱乐界享有较高地位的戏曲日益盛行，戏曲娱乐迅速发展，群众性的看戏听唱热潮出现。每逢戏园上灯、戏剧即将开演之时，戏园门口便是车马争门、"万头攒动，蚁拥蜂喧"之景。[①] 民国时期，都市经济和戏曲文化进一步发展，戏剧被列入"正当娱乐"的范畴，并被社会提倡，在此背景下，看戏听唱之风更炽，闲暇时到戏院看戏已成为一种普遍的娱乐消闲方式。

然而，上海梨园大多实行戏院、戏班一体的"园班合一制"，演员长期受雇于戏院老板，演员及日常上演的戏目相对固定。在都市极度高涨的消费力与剧烈的行业竞争的推动下，虽然戏院也会开出高额包银，吸引京津名角南下，[②] 但由于演出档期、演员个人等因素，部分伶人的演出并不能经常见到。如颇受上海观众欢迎的名伶孟小冬，曾有"二十年未在南方露演"。[③] 谭鑫培去世后，不少谭派名伶很少登台，谭派戏于观众而言难得一遇。[④] 而天津三庆班的"老乡亲"孙菊仙，颇受上海观众欢迎，但1931年因病逝于天津。[⑤] 在此情况下，看票友戏，便成为人们的一种替代选择。

票友学戏，虽为娱乐消遣，但其中不乏肯下功夫、习得名伶神韵，或对表演艺术颇有见地、表演风格独具特色的票友。如裘剑飞，工武生，艺术高超，"腰腿工夫均可观，枪花尤佳"，"于沪上内外行中亦可称杰出者"。[⑥] 沪上花旦泰斗戎伯铭，其唱花旦，"风骚泼辣"，"俱擅胜长"，连梨园内行都自叹不如。[⑦] 苏少卿被称为"海上谭票之祭酒人物"，赵培鑫更

① 池志澂：《沪游梦影》，上海古籍出版社，1989，第157页，转引自方平《晚清上海的公共领域（1895～1911）》，上海人民出版社，2006，第271页。
② 上海市文化广播影视管理局编《京剧》，上海文化出版社，2013，第37～38页。
③ 《孟小冬不去南京　杜寿义演为报知己》，《戏世界》第347期，1947年，第6页。
④ 寒梅：《谈平票张伯驹》，《戏世界》1936年10月13日，第4版。
⑤ 远：《孙菊仙》，《民国日报》1919年4月29日，第8版。
⑥ 苏少卿：《观久记社纪念会演剧记》，《十日》第1期，1922年，第2～4页。
⑦ 《记票友戎伯铭》，《戏报》1927年4月10日，第2版。

是有"上海马连良"之称。① 而毛祝三的《雍凉关》则颇有孙菊仙的韵味。②

这些票友的存在，壮大了上海梨园的演出队伍，丰富了戏曲娱乐市场，推动了戏曲文化的发展，在海派戏、新戏流行时期，为观众提供了观看纯粹地道旧剧的机会。对于喜欢旧剧的观众，尤其是"谭派""孙派"等有自己偏好的戏曲流派的戏迷而言，借公开性的慈善义演之机观看这些票友的表演，既是寓善于乐，也是寄托情感、寻求心灵慰藉的佳径。

观众听戏、看戏，主要为求一乐。"伶人唱戏为衣食，票友唱戏乃消遣，前者未免媚俗，后者一本在我"，③ 因而较伶人所唱之戏，票友随性而唱的票友戏往往更具风趣。如经常参加上海义务戏的沈田莘，其从梅兰芳学《虹霓关》，但"他偏说梅兰芳的身段不对，自己反而做出古怪的样子，令人笑痛肚皮"。一般人唱《空城计》三探报子，在第二报时，探子例有一个虎跳，翻下。沈田莘则变本加厉，三报，报报要翻，且自创锣鼓点子，在三报时，要矮步离座，顿足前到台口，将报子踢一脚，"那锣鼓的配音，就像耍大狗熊，来个'龙冬，龙冬长'"，引得观众莫不哄堂大笑。④

除沈田莘等随性而唱、寓"自娱"于"众娱"的票友外，部分票友或技艺不精，或缺乏经验，或"犯急促之病，而动作又有时失之迟滞"，⑤ 在台上笑料百出，令人哄堂。如某票友在张园赈灾义务戏中客串《空城计》里的诸葛亮，演至西城一段时，临场心慌，将第二场的唱词于第一场唱出，而自己浑然不知，同台者见状皆笑不可抑，"致胡琴鼓板皆因之而宣告暂停休息，饰琴童者亦忍俊难禁，私行逃入后台"。不料，该票友"在戏房门口不复能忍，亦不待胡琴拉过门，锣鼓敲步口，如沿门求讨之乞丐，信口而唱"，竟高喊"得了街亭往西城"，"掀帘而出"，于是文场、检场、老军等更是狂笑难忍，台上台下，一片笑声。⑥ 对于纯粹以娱乐消

---

① 半票：《记谭派票友》，《正报》1939年5月19日，第5版；新眉：《上海的票友》，《金刚钻》1935年6月16日，第2版。

② 慧禅：《票友毛祝三之孙派戏》，《新世界》1921年6月8日，第3版。

③ 《有望于海上票界》，《戏剧春秋》第33期，1943年，第1页。

④ 陈定山：《春申旧闻》，第149～150页。

⑤ 牛解：《观戏偶言》，《翰海》1926年3月7日，转引自《中华戏曲》第58辑，文化艺术出版社，2019，第281页。

⑥ 退庵：《票友之笑话：空城计吓昏诸葛亮》（二），《戏杂志》第6期，1923年，第14页。

遣为目的的观众而言，观看此类风趣、滑稽的票友戏，也不失为一种消闲寻乐之道。

票友喜欢看戏、听戏，也喜欢看票友戏，因此，在票友戏的观众中，除纯粹追求消闲娱乐者外，还有不少票友群体。如1928年2月12日，票友王晓籁在大世界演唱《南天门》，王泊生、包小蝶等票友皆去捧场。① 1940年，票友沈云鹤与汪凤德在中南剧场登台飙戏，申曲票友钱伟仪、汪永熹等20余人同赴中南剧场观看。② 票友观看其他票友票戏，或为相互吹捧，或为学习研讨，或为社交追捧，使看戏这一娱乐活动增添了人情往来、社会交际等功能，于其而言，观看票友戏，称得上一桩乐事。

此外，观众看戏有两端，一为听，二为看。票友多为拥有中等以上之产者，其登台唱戏，乃兴之所至，为求尽兴，"出出风头"，不仅会包销戏票，分赠亲友，还会在演出行头上下功夫。如票友陶植之，每学会一出戏，就特制行头若干套，折子戏则"备至六七套之多"，某次在"某票房周年纪念假愚园大排演"中，其身着"簇新之私房行头，英采奕奕"，实为他人所不及。③ 又如1924年赈济长江水灾的义务戏，是杜月笙第一次公开登台，除加紧练习外，更是耗资定制了四件精致的湘绣褶子和一顶水钻头盔，当其身着漂亮的行头出现于观众眼帘时，台下掌声如雷，彩声满堂。④ 其在某次杭州义演时，"行头全是姑苏定绣，闯庙是淡鹅黄色的，罗帽、褶子、豹衣，又鲜艳，又文雅"。⑤ 观众看戏，既看演出者的技艺，也看其行头扮相；而票友唱戏，即使唱工做工有欠火候，其行头扮相也较精美。因此，对于观众而言，观看票友义务戏，即使不能饱耳福，也能一饱眼福，在"视觉娱乐"中共襄义举，也是一件妙事。

票友登台表演，或适时模仿名角，或故意"丑化"自己，或重金打造行头，虽存在"出名"、"出风头"、取悦观众之嫌，但客观上迎合了观众的娱乐需求，烘托了演出氛围，使观众在追星、追角、满足戏曲的爱好

---

① 瘦腰：《大世界徽班戏》，《福尔摩斯》1928年2月14日，第2版。
② 小赓：《两票友初上中南 大批票友购票捧场》，《申曲画报》第74期，1940年，第1页。
③ 退庵：《票友之笑话：陶植之脱头黄天霸》，《戏杂志》第4期，1922年，第41页。
④ 司马烈人：《杜月笙秘传：上海滩最厚黑的教主爷》，中国文史出版社，2004，第157～158页。
⑤ 陈定山：《春申旧闻续》，海豚出版社，2015，第202页。

中，在良好气氛烘托中，当场乘兴乐捐，并一再参与，也使个人娱乐与社会需求达成了和谐一致的默契，实现了义演助灾、扶贫的社会效益。

三　益己：票友与慈善义演

近代上海市民的娱乐方式日益多元，但在移民文化的影响及传统娱乐方式的路径依赖下，看戏、听戏依然是上海市民的主要娱乐方式之一。然看他人唱戏虽可消闷解乏，但由自己唱更能发泄情绪。如逢抑郁烦闷之际，自己"引吭一曲，百虑俱消，胜于孙登之啸，阮籍之哭"。① 清道光年间，昆曲十分流行，上海业余昆曲爱好者为方便一起清唱自娱，组织了业余"曲社"，如赓扬社。② 曲社往往聘请有教师，教授社内社友唱曲技艺。③ 社员学艺成功后"乃登台一试，非特并不取资"，且须担负开销及后台三行（即箱、场、检）各费，故戏园中以"爷台"尊之，以"别其非伶界演员也"。④

延至晚清，昆曲衰微，京剧以其独特的艺术风格和魅力兴起。京津地区，慈禧太后酷爱京剧，京师士大夫亦纷纷效仿，甚至于闲暇时召集好友，相互交流、探讨，⑤ 是以京师票房纷立。嗣后，京津票戏之风蔓及上海，"沪上无论男女，小康之家，衣食住之外，都以京剧为唯一陶情消遣"，"风流才子苟不能串演京剧，则无以成其风流才子"。⑥ 于是，沪上票戏之风日炽，票友、票房迅速发展。到20世纪二三十年代，上海仅京剧票房就达120多个，票友数量甚至超过北京。⑦ 评弹、越剧等剧种的戏迷也

---

① 转陶：《上海票房谈》，《正谊社五周年纪念特刊》1927年12月27日，第6版；曲缘：《票房与社会之关系》，《戏杂志》第8期，1923年，第86页。

② 王廷信：《明末清初以来的曲社堂名》，高福民、周秦主编《中国昆曲论坛（2005）》，苏州大学出版社，2006，第53~56页。

③ 曹凌燕：《上海戏曲史稿》，中国书籍出版社，2018，第215页；《上海群众文化志》，第211页；张吉玉：《民国上海票友、票房与慈善义演研究》，第17页。

④ 海上漱石生：《海上戏园变迁志》（十），《戏剧月刊》第2卷第2期，1929年，第156~157页。

⑤ 陈荣广：《老上海》，泰东图书局，1924，"娼优"，第205页；陈伯熙编著《上海轶事大观》，上海书店出版社，2000，第495页。

⑥ 陈伯熙：《上海风土杂记》，上海信托股份有限公司编辑部，1932，第56页，转引自蔡丰明《上海都市民俗》，学林出版社，2001，第280页。

⑦ 高铮：《近代上海娱乐文化探微》，中国文联出版社，2007，第103页。

纷纷效仿，设立票房，票友、票房数量与日俱增，"玩票"渐趋成为一种大众化的娱乐方式，票友皆以能登台票戏为乐、为尚、为荣。

票友实现登台票戏的途径主要有三：票房彩排、堂会、慈善义演。相较而言，前两者的受众面、社会关注度和影响力都远不及后者。慈善义演作为一种以表演为外在形式、将娱乐与慈善结合为一体的社会性活动，不仅观众群体广，社会关注度高，可以使票友在公开表演中一展风采，实现"成名"的愿想，而且其慈善属性有助于参与者塑造热心慈善的社会形象，因而备受票友青睐。

慈善义演虽以演出为外在形式，但落脚点在于筹集善款，因此，慈善义演的表演者不仅需要有一定的表演技艺，还需要有叫座能力，满足这两点要求的一是职业伶人群体，一是票友群体。职业伶人技艺、叫座力较强，但闲暇时间有限，部分伶人甚至会收取一定的报酬。而票友群体不仅有闲，还有钱，有技艺，以登台票戏为乐、为尚、为荣，其登台票戏不仅不收报酬，甚至自带场面，有独当一面的能耐却"没有角儿的脾气"，[①] 且拥有一定的人脉等资源，社会地位较高，叫座能力并不亚于职业伶人，因此，慈善义演的主办方也乐意邀请票友参与慈善义演。从个人层面而言，票友参与慈善义演，益处有三。

其一，票友多喜欢学唱主角戏，票房角色尤其是配角不全，因此，票房排演时，票友常常无法完整演唱整出戏。[②] 慈善义演作为公开性的演出，不仅上演的都是整出的流行戏码，而且邀请的往往是南北名伶名票，角色齐全，搭配齐整，部分角色搭配在当时甚至不能轻易见到，这无疑为票友演唱整出戏、与南北名伶名票同台飙戏、过足戏瘾提供了机会。如 1934 年 12 月 18～22 日，在上海筹募各省旱灾义赈会举办的筹赈义演中，票友赵培鑫、孙兰亭、杜月笙分别与名伶梅兰芳合演了《打渔杀家》《四郎探母》。[③] 1940 年 1 月 14～15 日，在上海台灾筹赈会举办的筹

---

① 剑云：《说票友》，《民国日报》1917 年 10 月 1 日，第 8 版；《票友搭班问题》，《戏报》1942 年春节特刊票友专号，第 2～3 页；马二先生：《票友之研究》，周剑云主编，齐如山、冯沅君著《民国丛书》第 2 编 69 美学·艺术类，上海书店，1990，鞠部丛刊·剧学论坛，第 29～30 页。

② 倪秋萍：《关于票友学戏的话》，《上海宁波周报》第 26～27 期，1947 年，第 11 页。

③ 《上海筹募各省旱灾义赈会假座荣记大舞台商请上海名票演剧助赈》，《申报》1934 年12 月 18 日，第 22 版。

赈义演中，赵培鑫与北平名票朱啸秋合唱了《王宝钏》。① 1947 年 9 月 15
日，在幼幼托儿所举办的义演中，有着与程砚秋"一般无二"嗓子的赵荣
琛，与"票友三杰"之一的孙钧卿合演了《朱痕记》。在当时，这些戏码
对于观众而言是"不轻易可看到的好戏"，② 对票友而言，与名伶名票同台
飙戏、相互切磋同样也是不可多得的机会，既过足戏瘾，又可获取社会
名声。

其二，票友多为中产者及以上之人，其玩票，"不是要挣回什么来，
而是要出风头、享名"，"能够各处约请走票"，"那就算如愿以偿"。③ 慈
善义演作为一种社会性的演出活动，受众面广，社会关注度高。慈善义演
组织者为扩大社会影响，通常会在宣传时打着"名"的旗号，在义演或票
友的名称前增添"名"字，如"名票会串"等，以增加演出吸引力，使参
与慈善义演成为票友"出圈""享名"的一种重要途径，票友"不登台则
已，一登台即名"。④ 另外，为保证上座率，慈善义演组织者往往优先邀请
表演技艺高、知名度高、叫座能力强的票友。对于名气在身的票友而言，
登台义演，既可以享受台下"捧客"的鼓掌喝彩，满足"露露脸""出风
头"的心理诉求，又可以进一步彰显其名气，增强其社会影响力，巩固其
票界地位。

其三，在票戏之风盛行的上海，能票戏被当作有文化修养的表现，票
友参与寓善于乐的慈善义演，既可满足其附庸风雅之趣，又可为其塑造热
心慈善的社会形象。如"流氓"出身的杜月笙，尽管一度得到蒋介石赏
识，并被委以军衔，但其自知社会名流、知识阶层从内心看不上他。⑤ 为
附庸风雅，"洗白"自己的"流氓"身份，塑造慈善好义的正派形象，获
取社会声誉与政治资源，有皮黄之好的杜月笙不仅加入票房，参与票房彩
排、堂会等活动，还义务参与演出或组织慈善义演。如 1931 年，为赈济长
江水灾灾民，杜月笙与国民政府赈务委员会委员长许世英商议举办慈善义

---

① 孙筹成：《女票友演剧振灾》，《中国商报》1941 年 1 月 15 日，第 8 版；《台灾义务戏拾取》，《申报》1941 年 1 月 17 日，第 14 版。
② 《程派梅派各别苗头　听包幼蝶与赵荣琛》，《东方日报》1947 年 9 月 17 日，第 4 版。
③ 燕：《票友的出风头主义》，《群报》1947 年 5 月 15 日，第 3 版。
④ 迪庄：《预测今年的票友》，《小日报》1928 年 1 月 26 日，第 2 版。
⑤ 王永军：《青帮教父杜月笙》，台海出版社，2018，第 181 页。

演以筹集赈款，其不仅邀集梅兰芳、金少山、赵培鑫等名伶名票参与义演，还登台演唱《落马湖》。[①]

通过经常参与、组织慈善义演活动，杜月笙不仅结识了南北名伶名票，还在社会名流乃至普通市民心中塑造了"嗜戏""会演戏"的文化人形象和慈善家形象，"风雅为怀""乐善好施"类的文章频见报端。[②] 各界票友、南北名伶纷纷加入杜月笙的恒社票房，杜月笙成为各慈善组织乃至政府筹募善款时的重要力量。如1946年12月，北平市市长何思源为筹措冬赈救济善款，"由平驰函杜月笙"，请杜月笙商请在沪名伶演剧筹款。[③] 而各界的"寻助"，又反过来为杜月笙谋取政治资源。

结　语

上海票友慈善义演的兴起与活跃，与上海城市文化、都市经济密切相关。作为华洋杂处的移民城市，中西方文化、各地域文化在上海相互碰撞、交融，现代娱乐观念、娱乐形式与传统娱乐文化融合共存，开放、包容、多元的城市文化，为票友登台玩票及慈善义演这一新型筹赈方式的兴起与发展提供了良好的环境。与此同时，上海自开埠后，经济迅速发展，逐渐成为近代中国的经济中心，大批绅商士庶会集于此，为慈善义演活动的开展、延续提供了市场基础和保障。

民国时期，战争、灾荒频发，有待救济者不计其数。在救助苦难同胞的活动中，这种天下一心的社会同情心，并不能总在个人捐赠中体现，更需要全社会的共同参与。慈善义演的出现与发展，不仅适应了这一现实需求，集社会之资以利他，还增强了民众对于同胞的情感，有助于提升中华民族的凝聚力。

组织一场慈善公益活动并非易事，不仅需要有社会团体组织和安排，

---

① 秦宝琦：《告诉你一个真实的杜月笙》，群众出版社，2018，第176～177页；中国戏曲学会、山西师范大学戏曲文物研究所编《中华戏曲》第14辑，山西古籍出版社，1993，第83～84页。

② 《杜月笙烦演游园惊梦》，《小日报》1929年4月16日，第3版；珊珊：《杜月笙是真慈善家》，《琼报》1929年9月2日，第2版；绮公：《杜月笙张啸林发起名票大会串》，《金刚钻》1930年8月15日，第3版。

③ 薇庵：《杜月笙筹演北平冬赈义剧》，《国民午报》1946年12月13日，第3版。

也需要事先有一定的资金投入，承担一定的投资风险。在此过程中，参与社会慈善公益事业者，抓住社会喜爱戏曲的良机，结合票友的爱好，通过他们的精彩表演达到了筹集义款的目标，从根本上讲这是中国社会从传统向近代转型过程中社会组织化的重要体现，也体现了民众的社会参与。

票友是一个极为特殊的群体，称得上有钱有闲，也愿意为社会出力，但即使如此，如果没有义演这样调动个人积极性的方式，也难以实现持续性的获得慈善募捐的目标。在义与利的矛盾间，慈善义演成为一个极好的社会与个人利益调和的方式。票友参与慈善义演，既满足了其登台玩票的益己性需求，又为社会贡献了力量，义利兼得。

戏曲观众或说是戏迷、戏曲爱好者，多数并不在慈善动员的范围内，似乎也没有更多能力参与慈善活动。但在观看慈善义演时，观众在追星、追角中，在满足戏曲爱好的娱乐需求中，也十分乐意购票支持并一再参与，个人娱乐与社会需求达成了一致。

作者：张吉玉，南开大学历史学院

（编辑：任云兰）

天津商会清理破产商号权限变化研究

——以明华银行破产案为中心

肖红松　　郝海洋

内容提要　商会作为官方认可的调解商事纠纷的组织，能代表商民受理商事纠纷。1935 年天津明华银行停闭后，天津商会受众债权人委托，积极参与商号破产清理工作。同年国民政府颁行《破产法》，法院成为破产案件的主要审理机关，天津地方法院利用法定职权限制商会参与清理。面对立法规范和司法程序的双重限制，商会在破产清理工作中努力扩大清理权，法院与商会就破产管理人和监察人的选任展开博弈。商会清理对破产程序产生一定的影响，但是在国家司法现代性变革的过程中，商会清理破产商家的权限逐渐收缩。

关键词　天津商会　破产清理　天津明华银行

晚清民国时期，清政府和国民政府分别颁行了成文破产法。1906 年清政府颁布的《破产律》第一节第一条规定："商人因贸易亏折或遇意外之事不得已自愿破产者，应赴地方官及商会呈报。"第二节第九条规定："宣告破产后五日内商会应于该商同业中遴选公正殷实者一人，任董事之责，清理破产一切事务。"①《破产律》赋予商会主导破产清理的权力。民国北京政府时期，没有颁行成文破产法，大理院的判决例仍援引前清《破产律》法理，商会可广泛参与商号破产清理工作。1935 年国民政府颁行《破产法》，其第二条规定："和解及破产事件，专属债务人或破产人住所地之

---

① 《法律章程：商部奏定破产律》，《商务官报》第 4 期，1906 年 5 月 27 日，第 22 ~ 23 页。

地方法院管辖。"① 法院成为审理破产案件的主要机关，商会被排除在破产程序之外。近代破产法制的发展与完善过程，是破产领域国家司法权扩张、商会理案权收缩的过程，也是"法律表达"与"司法实践"逐渐契合的过程。商号破产清理问题不仅涉及近代破产制度的构建，也关乎近代企业破产清理机制的程序化与规范化，因此破产清债是史学界和法学界关注的重要课题，学界已有诸多著述。② 这些论著多以近代法律多元化为分析框架，探讨破产清理案件从法理依据到司法实践的现代性转变，认识到商会作为商事仲裁机构在破产案件中的作用，以此分析商会理案与国家司法的关系，侧重商会与官厅在清理破产案件中的协作，鲜有从具体的破产案例阐述商会与地方法院的对峙冲突。

明华银行破产案牵连范围广，债额数目大，债权债务关系复杂，对当时的金融市场影响巨大。徐琳对明华银行破产案进行了整体性论述，探究近代中国银行市场退出程序及规则中的重大制度变革。③ 柳宾重点考察青岛明华银行的破产原因，④ 未涉及明华银行具体破产清债的过程。本文基于天津明华银行破产案的档案和报刊资料，从微观的视角阐述天津商会在清理明华银行过程中的运行实态，从商会与地方法院争夺清理权的博弈中探究商会在司法现代性变革中的权限变化，从近代破产法制的建置中考量商会的理案职能，亦从商会在破产规范的表达与实践中探析近代法律治理的特征。

---

① 《破产法》，《立法院公报》第 72 期，1935 年 7 月 17 日，"法规"，第 101 页。《破产法》于 1935 年 7 月 17 日公布，10 月 1 日施行。

② 关于破产清债的研究主要集中在两个方面：一是探讨成文破产法缺失的情况下破产案件清理方式的演变。如张世慧《走出"细故"：清代商业活动中的钱债案与法律调整》，《近代史研究》2017 年第 2 期；蔡晓荣《从负债应偿到破产免责：破产债务清偿责任衍进的中国法律史叙事》，《法学家》2013 年第 6 期；王雪梅《官方与民间合力，制定法与习惯法并用——清末民初债务问题的解决途径与方式探析》，《四川师范大学学报》2012 年第 6 期；王红梅《民初破产法缺失下的民间破产案件处理——以上海商事公断处处理大有机器榨油有限公司破产案为例》，《盐城工学院学报》2013 年第 3 期。二是关注商会在清理破产商号中的作用。如张世慧《清末商会与商号破产清理》，《学术研究》2020 年第 7 期；李华武《商会与审判机构：清末民初商事纠纷调解关系考》，《江西社会科学》2016 年第 1 期；段宝玫《民国时期破产规范在实践中的表达——以商会个案裁断为视角》，《学术探索》2014 年第 5 期。

③ 徐琳：《银行破产与中国近代银行市场退出机制——以 1935 年明华银行破产为中心》，《社会科学》2018 年第 7 期。

④ 柳宾：《青岛明华银行倒闭风潮》，《中国金融》2015 年第 4 期。

一 天津商会参与明华银行的停业清理

清末民初，我国没有正式的民商事审判机构，商会熟谙商务，通晓商情，能代表商民受理商事纠纷。1904 年，清政府颁布《奏定商会简明章程》，其第十二款规定："总理协理专司商务案牍，呈报商情及代商伸理各事。"① 1913 年，司法、工商两部颁布《商事公断处章程》，规定商事公断处"附设于各商会"，"对于商人间商事之争议立于仲裁地位，以息讼和解为主旨"。② 商会从成立伊始就有评议裁断商事案件的职能。政府将商会解纷纳入法律规制范畴，使商会作为司法辅助机构参与国家司法实践，承担了调处商事纠纷和规范社会经济活动的重任。就破产案件的清理而言，清末《破产律》明文规定将商会作为破产清理的机构之一。《大理院判决例全书》汇集北京政府时期该院"破产法"判例，称"审判衙门遇债权人人数过多，债务人财产不足以尽偿各债务时，自可依据法律，无明文适用习惯、无习惯适用条理之原则，以为裁判"。③ 大理院判决例规定了审理破产案件首先要遵循法律。北京政府一直未颁行成文破产法，因此《破产律》的法理被沿用，商会仍辅助官厅清理破产案件。1915 年日升昌票庄倒闭，因债权关系复杂，司法部拟定京师地方审判厅为破产衙门，并饬令各相关地方审判厅"商情诡秘，机关缺少，欲得各该处商会协助办理"。④ 商民亦普遍认为各级法庭遇到债案，应该将案件移送商事公断处，由其按照本地商情详细审理，秉公鉴定，然后将案情以及审理结果具禀法庭，由法庭做出判决。法庭与商会协同处理，和衷共济，那么"缪鞥不期明而自明，缠讼不期休而自休"。⑤ 商会章程和国家破产律令都明确将商会作为协助审理债案的组织，商会清理破产商号也是官商认同的商事惯例。

---

① 《奏定商会简明章程》，《东方杂志》第 1 期，1904 年，第 7 页。
② 《商事公断处章程》，《司法公报》第 5 期，1913 年 2 月 15 日，第 13 页。
③ 郭卫编《大理院判决例全书》，上海法学编译社，1932，第 808 页。
④ 《为日升昌票庄倒闭等事饬天津商务总会》（1915 年 1 月 30 日），天津市档案馆藏，档案号：401206800－J0128－3－003372－005。
⑤ 《为提解决债务诉讼建议事致天津商务总会函》（1915 年），天津市档案馆藏，档案号：401206800－J0128－2－000510－011。

1935 年 5 月，明华商业储蓄银行青岛分行受中鲁银行影响，发生挤提风潮，被迫停业。随之上海总行、北平分行、天津分行，以及各大商埠特约代理处均受到波及，宣告停业，各行开始清理。明华银行天津分行的破产清理工作分为两个阶段：第一个阶段是该行停业后，依据《破产律》法理和商事惯例，天津商会积极参与清理工作；第二个阶段是该行正式宣告破产后，依据同年 10 月施行的《破产法》，由法院主导破产清理工作。明华银行在停业与破产两个阶段清理程序发生变更，这种变更呈现出两种趋势：国家成文法施行后，习惯法逐渐"隐退"；国家司法权渐进时，商会理案权限不断收缩。

5 月 23 日，天津明华银行停闭，各债权人异常恐慌，向政府当局请愿，称"明华商业储蓄银行为储蓄机关，无钞票流通，内部更不亏累。突告停业，以致市面紧张，人心恐慌。政府若不加以惩办，何以儆已往而戒将来，目下惟有限令该行速速偿还各储户储款为要"。① 储户以天津明华银行突然告停导致市面惶恐为由，请政府严加惩办并限令该行迅速偿还欠款。以米业公会为首的各同业公会以及部分储户，纷纷委托商会处理，请求商会与明华银行、市政府、社会局交涉。为此，天津商会迅速设立债权登记处，以便各业商人登记，并登报公告各债权人应将一切凭证携来查验。之前在各同业公会登记的债权人，可以来商会补加手续，在登记表上签字、盖章。至次年 6 月上旬，"先后注册者共一千三百二十户，总共债额三十九万二千八百八十三元八角四分"。② 因债权人多为商会会员，天津商会特别成立明华银行案委员会，推举年光垚、邸玉堂、张泽湘、傅祝三、许汉卿等五人为委员，并委派年、邸、许三人前往市政府社会局交涉，呈请当局训令明华银行清理处，在债权债务未正式解决之前，不得移动该行的财产账簿。商会还委派义务律师张恩寿、会计师杨曾询为法律和清算顾问，前往该行调查真相，与该行清理人员接洽。③ 5 月底，商会听取该行特聘律师高善谦、会计师郭定荣的善后意见，正式提出"仿照北平市各债权办法，以当地债权抵当地债务"的清债办

---

① 《明华银行倒闭后各储户组债权团》，《益世报》1935 年 6 月 1 日，第 3 张第 9 版。
② 《为张恩寿等人未经债权人具书状委托不能参与银行破产债权人会议事致天津市商会的函》（1936 年 6 月 10 日），天津市档案馆藏，档案号：401206800 - J0128 - 3 - 008161 - 013。
③ 《津明华银行清理》，《益世报》1935 年 6 月 15 日，第 2 张第 5 版。

法，① 即当地解决之法。且经查证，"明华天津分行之债务及全部财产，用以赔偿当地债务，当能相抵，即略有不敷，亦可按七折办理"。②

天津明华银行因经理邵生华回沪养病，只有襄理方祖涵一人维持行务。③ 该行停业伊始就聘请律师高善谦、会计师郭定荣，"将账据暂行保管，并筹善后办法，冀津市债权人得公平受偿"。④ 襄理方祖涵因权限关系，事事需要向总行请示，对高、郭二人的善后办法却未置可否。1935年6月24日，市政府接到财政部电文，知悉财政部已拟定总行统筹清理办法，各地分行不得擅自处理，并派专员邱正伦到天津负责清理。⑤ 津行遵照总行定案，于6月27日在该行原址设清理处。"通告各债权，于每晨十时至晚四时，携带印鉴，赴处核对登记。对各债务人亦通告，同时将所欠该行债款、本利如数清偿，以便澈底清理。"⑥

总行统筹清理的办法，受到商会债权团的反对。商会债权团认为当地解决办法迅速便利，商民损失较少。理由有三点：第一，根据6月初会计师郭定荣报告的明华银行资产负债情况，"通盘计算，资产不敌负债之数，当为三十七八万元之谱……如果清算手续敏捷，费用紧缩，各债权人受偿之数，平均约在六成左右"。⑦ 第二，根据商会派往明华银行查账的人员探知，明华银行的资产存欠情况与郭定荣的报告相符。另外"上海总行曾借津行五十余万，除存津行股本四十万相抵外，尚欠津行十余万元"。⑧ 如果总行能偿还欠款，那么天津分行的债权人能获得六成甚至更高的清偿比例，商会债权团较为满意。第三，明华总行欠债甚巨，如果各行合并清理，均摊债款，那么津市债权损失巨大。因此大部债权团仍主张援引北平成例，"以当地债务抵当地债权"。也有部分债权人支持上海总行统筹或官方清理的办法。他们认为"总行沪股未收足，若收齐亦颇绰有余裕。并闻

① 《为明华银行清偿储户存款方法事致市社会局的呈》（1935年5月31日），天津市档案馆藏，档案号：401206800 - J0128 - 3 - 007232 - 002。
② 《津明华银行清理》，《益世报》1935年6月15日，第2张第5版。
③ 参见张章翔、吴树元《宁波帮三银行兴衰始末》，中国人民政治协商会议天津市委员会文史资料委员会编《天津文史资料选辑》第77辑，天津人民出版社，1998，第117页。
④ 《明华银行停业》，《钱业月报》第15卷第6期，1935年6月15日，第14页。
⑤ 《明华银行沪总行派员来津清理债务》，《益世报》1935年6月25日，第2张第5版。
⑥ 《津明华银行今日起始正式清理》，《益世报》1935年6月27日，第2张第5版。
⑦ 《津明华银行善后》，《大公报》1935年6月6日，第2张第7版。
⑧ 《津明华银行今日起始正式清理》，《益世报》1935年6月27日，第2张第5版。

北政府时代（北洋政府——引者注），虽提用该行四百余万元，此项欠款，政府并未否认。现既有官方清理之议，故认沪行统筹为有利"。① "地方解决"与"总行统筹"两种主张相持不下，清理陷入停滞。

天津明华银行债权团组成复杂，在商会登记的债权人多为商会会员商店。另有律师受托主导的债权团，户数及债额尤多。也有一部分零散储户，另行登记。债权团势分力薄，清偿意见不能统一。于是商会明华银行案委员会以各债权目的相同，需要拟定一致的清偿办法，决议于6月27日召开债权人大会，"以谋集中力量，督促行方，要求官府，迅采有效清理方式，偿还商民损失"。② 会前各方达成两项共识：一面由各债权团推举代表，共同组成联合办事处，派专员与银行接洽，以利进行；一面向财政部委员邱正伦提出债权人的正当要求，迅谋解决。商会将零散的债权团联合起来，与银行和市政府交涉，争取保护债权团的利益。

明华银行停业之初，天津商会积极参与了清理工作。首先是保护债权人利益，设立债权登记处，由商会汇总债额以减少商人损失。成立清理委员会，选定委员向市政府社会局交涉，提出债权人拟定的清偿方案。组织联合债权团，统一债权人意见，督促市政府和银行清理处尽快清理。其次是帮助债务人清理，委派律师和会计师前往该行接洽，帮助清查账目、审核债项，以便早日分配债权。

二 新破产法下商会清理权限变化

1935年10月19日，明华银行向上海第一特区地方法院呈请破产获准，天津分行随即正式破产。③ 依据同年施行之《破产法》规定，当债务人不能清偿债务时，法院依据职权宣告债务人破产，传讯债权双方及其他相关人员，展开调查和清理工作。④ 法院主持明华银行的破产清理工作，

---

① 《津明华银行清理　储户主张分两派》，《益世报》1935年6月22日，第2张第5版。
② 《明华银行开始清理》，《大公报》1935年6月26日，第2张第6版。
③ 《明华银行设立清理处》，《银行周报》第19卷第43期，1935年11月5日，"国内要闻"，第15~16页。
④ 参见《破产法》，《立法院公报》第72期，1935年7月17日，"法规"，第101~122页；《训令所属机构》，《外交部公报》第8卷第7期，1935年7月，"文书"，第70~71页。

商会的清理权限受到极大的限制，便通过建议立法和介入司法来突破权限。

由前文可知，清末民初，商会承续《破产律》的法理，广泛参与商号破产清理。简单的破产案件，债权双方会首先向商会呈请破产，请求商会清理。正式成讼的破产案件，由各级审判厅审理，商会协助处理。官厅会委托商会清查账目，审理过程中或询问商会地方商事习惯，或将破产案件移交商会评议裁断，审判厅的裁决结果也会参考商会的意见。南京国民政府成立后，因有限的司法资源无法顾及繁多的民商事案件，商事案件实际审理的过程中，地方法院仍需要商会协助。1930 年 2 月，慎余洋行经天津法国领事署裁判所宣告破产，由商会特派施泰明为破产管理员，与该行债权人接洽。[①] 1933 年 10 月，河南信昌银号荒闭，该号"亏欠甚多，已归商会清理"。[②] 可知商会是清理破产商号的主要机关，并有选派破产管理人的权力。随着南京国民政府权威的强化以及法制环境的成熟，国民政府为扩大司法职权，开展法制建设，颁行各类民商事法规。1935 年 4 月，立法院民法委员会拟定《破产法》草案，规定由法院受理破产诉讼，将商家破产案件审理纳入国家司法范畴，通过法定程序和解或破产。

相较于民国《破产法》颁行前，商会广泛参与司法机关审理破产案的情况，《破产法》中"破产"专章没有关于商会参与的法条，破产程序中商会的清理权被剥夺。但为适应中国商情习惯和商民法律文化心理，《破产法》特设"和解"专章，其第二节"商会之和解"规定"商人不能清偿债务者，在有破产声请前，得向当地商会请求和解，但以未经向法院声请者为限"，即商会可以有条件地受理债务人的和解请求。并委派商会会员、会计师或其他专门人员，检查债务人的财产及簿册，监督债务人业务的管理，制止债务人有损债权人利益的行为。在和解过程中可以召集债权人会议商讨和解事宜，"和解经债权人会议可决时，应订立书面契约，并由商会主席署名，加盖商会钤记"。[③] 新的《破产法》将商会对破产案件的

---

① 《为施泰明被任为福尔来破产管理员债权人径与接洽事致天津总商会的函》（1930 年 2 月 27 日），天津市档案馆藏，档案号：401206800 – J1028 – 3 – 006435 – 039。

② 《为河南信昌银号倒闭欠款请转开封商会提前清结以维持税收事致天津市商会的呈》（1933 年 10 月 21 日），天津市档案馆藏，档案号：401206800 – J0128 – 3 – 006889 – 002。

③ 《破产法》，《立法院公报》第 72 期，1935 年 7 月 17 日，"法规"，第 107 ~ 108 页。

处理限制在和解程序，置于破产程序外，体现国家立法对商会职权的新界定。在法定程序上，商会解纷机制无法再侵越国家法权。

1935 年 4 月，立法院民法委员会公布《破产法》草案初稿，向社会各界征集修改意见。面对急剧缩减的清理权限，天津商会为争取理案权，于 4 月 16 日向民法委员会提出两条建议：一是由商会主持和解程序。商会称法院是庄严之地，像和解这种简易迅速的行为，不必在法院进行。主张"凡和解程序属于商人者，应由商会任清算调解等事，而为固定之和解监督人。属于非商人者，应由当地士绅（如村乡闾长等人）任清算调解等事，而为和解监督人"。二是争取由商会选定破产管理人。法院遇到破产案件，都是临时选任破产管理人，既不专业也不尽职，导致案件延宕日久。"今欲杜绝此弊，破产法颁布时必须规定（或在施行法内规定）破产管理人名单之制定，庶不致临时无人可派。或径规定商人破产案以商会为固定破产管理人，非商人破产案件以和解监督人为破产管理人。因其人对于破产债务人之账目及其他状况均早已明悉，处理其事可收迅速之效也。"① 商会主张商人破产案仍由商会清算调解，以商会为固定破产管理人，以提高清理破产的效率，实则要掌握破产清理权。然而商会上述建议并未被采纳，《破产法》于当年 7 月公布，10 月施行。

明华银行于 10 月 19 日正式宣告破产，在新破产法的指导下展开清理。11 月初，天津商会派往明华银行协助清理的律师张恩寿致函商会询问清理意见，"天津债权人究应如（何）应付，实有详慎讨论之必要。惟查天津总债权团本由数债团合组而成，所有各该团之代表，对此重大问题未便擅专，自应各招债权会议，取决于各该委托人……即请贵会速招债权大会，并派代表参加总债权团研究一切，以保债权人权利，而免有负委托"。② 张律师希望天津商会能召集债权人大会，商讨研究清理办法，以保护债权人的利益。

依据《破产法》第 116 条规定，商家进入破产程序后，"法院因破产

---

① 《为送破产法草案初稿并征求意见致天津市商会的函》（1935 年 4 月 16 日），天津市档案馆藏，档案号：401206800 - J0128 - 2 - 002558 - 001。

② 《为送张恩寿律师报告书事致市商会纪主席的呈》（1935 年 11 月 6 日），天津市档案馆藏，档案号：401206800 - J0128 - 3 - 007232 - 028。

管理人或监查人之声请，或依职权，召集债权人会议"。① 明华银行破产后，天津地方法院一直没有召开债权人会议。而商会在破产程序中没有召开债权人大会的权力，于是转请法院尽快召开债权人大会，以期早日分配债权。在商会以及债权人的督促下，1936 年 4 月 18 日，天津地方法院发出布告，通知明华银行天津分行各债权人从即日起至 5 月 28 日到破产管理人事务所申报债权；6 月 8 日在法院召开债权人会议，选任破产监察人，讨论本案清理方针；债权人如委托代理人出席会议，应在会前三日将委任状呈递到法院，委任状内说明委托代理出席一次或出席以后一切会议。②

民国《破产法》颁行前，商会是官厅审理破产案件重要的司法辅助，在清理破产商号的过程中具有一定的权力。明华银行停业后，商会受众债权人委托，参与清理工作。新的破产法在明华银行清理过程中颁行，规定由法院受理破产案件。正逢总行债权人向法院呈请破产获准，进入破产程序后，商会的清理职权终止。在法理层面，商会既无权召集债权人大会，又不能选任破产管理人，被排除在破产程序外。但司法实践中，商会受到众债权人的信任和委托，仍活跃在明华银行的破产清理过程中。因此天津地方法院利用法定职权限制商会的参与，商会则代表众债权人与天津地方法院围绕破产管理人和监察人的选任展开博弈。

三　明华银行破产管理人和监察人的选任风波

《破产法》规定破产管理人应由法院在会计师或其他适于管理该破产财团的人中选任，破产监察人经债权人会议选出，代表债权人监督破产程序的进行。③ 法院受理明华银行破产案后，天津商会派往该行的律师被置于顾问地位，没有实权，处境被动。1935 年 11 月初，律师张恩寿致函商会说明清理困境："鄙等为维护我方债权计，虽竭尽愚诚，不辞其劳，究因势孤力薄，苦无后援，致使所怀志愿未能逐一达到，深抱遗憾……惟鄙等仅立顾问地位，既不能代表专主，复无招集大会之权能，再四思维，惟

---

① 《破产法》，《立法院公报》第 72 期，1935 年 7 月 17 日，"法规"，第 117 页。
② 《天津地方法院布告》，《大公报》1936 年 4 月 18 日，第 2 张第 6 版。
③ 《破产法》，《立法院公报》第 72 期，1935 年 7 月 17 日，"法规"，第 110、112、117 页。

有据情报告。"① 其旨在呈请商会争取主动清理权。

1936 年 1 月 2 日，天津地方法院选任会计师杨曾询为天津明华银行破产管理人，自 13 日起履职。② 天津商会闻讯特向法院说明津行负债甚巨，债户众多，有必要加派律师，辅助清理，并推举张恩寿为破产管理人。"本会代理多数债权，关系綦重，未便旁观，衡情度势似可推选管理人。兹因本会常务律师张恩寿曾代本会监督该行清理，对于一切事项较为熟悉，拟请选为本件破产管理人，俾便进行。"③ 天津地方法院驳回了商会的举荐诉求。不料杨曾询在申报债权期间突然辞职，天津地方法院决定委任明华银行清理处会计师郭定荣为破产管理人。消息一经传出，商会债权团深表失望，在 1936 年 5 月底选派代表向该法院呈文，要求撤销任命，改委债权人推定的律师和会计师。呈文节录如下：

> 盖明华银行于倒闭之日，即将所有账簿完全交与郭定荣负责保管。及破产之后，杨曾询接事时，竟短少重要账簿四本，未曾交出。计民国廿四年商业部总账一册，又增补日记账一册，储蓄部杂损益账一册，有奖储蓄部各项开支账一册。此种情形，显与债权人行使权利有碍。其次明华银行倒闭之日，尚存现金三千六百余元，曾由该行交与高善谦与郭定荣共同保管，迄今此款，尚未交出，究竟作何开支，无从查考。前杨会计师接收时，曾经查核此款，无法交代。基于上述原因，为维护债权人利益计，特请钧院准予撤销郭定荣之任命，另就声请人等公推之张赞勋会计师及苏明文律师，从中选任明华银行天津分行破产管理人，以昭公允，而维权益。④

债权人因郭定荣原本是明华银行的代理人，其任内出现经手账目不清等问题，本不能信任，若更以郭为管理人，"非特有害债权人之利益，且

---

① 《为送张恩寿律师报告书事致市商会纪主席的呈》（1935 年 11 月 6 日），天津市档案馆藏，档案号：401206800 - J0128 - 3 - 007232 - 028。

② 《明华银行天津分行破产管理人会计师杨曾询通告》，《大公报》1936 年 2 月 2 日，第 2 张第 5 版。

③ 《为张恩寿律师为明华银行破产管理人事致天津地方法院的函稿》（1936 年），天津市档案馆藏，档案号：401206800 - J0128 - 3 - 007232 - 042。

④ 《明华银行全体债权人后日召开预备会》，《益世报》1936 年 5 月 30 日，第 2 张第 5 版。

亦为法律所不许"，强烈要求法院撤换。① 对于商会债权团的反对意见，有部分债权人认为"郭君有无资格为明华银行破产管理人，自应听由法院酌量权衡，依法债权人无置喙余地"。② 依据《破产法》第 85 条规定，"法院因债权人会议之决议或监查人之声请或依职权，得撤换破产管理人"。③ 因委托商会的债权人数众多，天津地方法院考虑即便任命郭定荣为破产管理人，商会债权团也会在债权人大会上持反对意见，于是做出让步。6 月 4 日，院长周祖琛声明法院以债权人利益为前提，另选管理人。"至处分明华银行财产办法，院方亦无成见，听凭本月八日召开之债权人会议决定。"④ 天津地方法院虽撤销了对郭定荣的任命，却未接纳债权人推定的人员，而是再委会计师杨曾询为破产管理人，继续办理债权申报和召开债权人会议事宜。就债权人会议目的，院长周祖琛表示"召集明华债权人开会，纯为征询对本案之意见，至选任监查人，亦决以各债权人意见为定"。⑤

天津商会对债权人会议的召开表示出极大的热情，特致函天津地方法院，阐明会议选举破产监察人，关系债权利害至为重大，"自应通知所有在本会注册者前往参加"。又称"查注册债户为数至巨，其办事外出或迁居他处以及家中无人，不能莅会者颇不乏人。本会既受各债权之重托，为维护利益起见，特请本会执行委员年光垚先生前往参加，并委托法律顾问张恩寿为全权代表，以便代表各债权陈述有关破产之意见"。⑥ 商会统计在会注册者达 1320 户，债额共 39 万元，故深感责任重大，拟派重要代表参加债权人大会，陈述债权方意见，从速推进破产清理事宜。法院方面函复如下："查破产债权人会议，依破产法第一百二十七条准用同法第二十三条之规定，代理人债权人出席会议须具委托书状方为合法。兹查贵会所派代表年光垚、张恩寿均未经债权人具状委托出席，所请参与会议未便照

---

① 《明华银行全体债权人后日召开预备会》，《益世报》1936 年 5 月 30 日，第 2 张第 5 版。

② 《明华银行债权代表启事》，《大公报》1936 年 6 月 4 日，第 2 张第 6 版。

③ 《破产法》，《立法院公报》第 72 期，1935 年 7 月 17 日，"法规"，第 113 页。

④ 《明华银行债权问题》，《益世报》1936 年 6 月 5 日，第 2 张第 5 版。

⑤ 《明华银行债权人会议　法院定今日召集》，《益世报》1936 年 6 月 8 日，第 2 张第 5 版。

⑥ 《为张恩寿等人未经债权人具书状委托不能参与银行破产债权人会议事致天津市商会的函》（1936 年 6 月 10 日），天津市档案馆藏，档案号：401206800 - J0128 - 3 - 008161 - 013。

准。准函前因，相应函复，即希贵会查照，于五日内补正为荷。"① 法院依据《破产法》第 23 条规定"债权人会议，债权人得委托代理人出席"，② 准许商会受债权人委托派代理人参会，但重申 4 月布告要求，委托代理人须补齐手续，出具正式的债权人委托文书交法院核准。

6 月 8 日，第一次明华债权人大会如期召开，到会债权人 113 人，法院推事李开元任大会主席，杨曾询会计师、商会代表张恩寿律师、朱书元秘书等出席。会上，会计师报告了银行财产及债务债权数目，通过了商会代表所提议的清理银行财产办法，但推选监察人环节秩序混乱，被迫休会。③ 次日，到会债权人 206 人，代表债权户数共 495 户。李开元做大会报告，称申报登记的债权户共 1462 户，债款共 751514.625 元，"与今日代表之债款数目 41 万元相较，已超过总额之过半数，根据破产法，应选定监察人"。④ 经过票选，选举郭定森、贾汉三、柴曼生三人为明华银行破产监察人。⑤ 然而随后的清理进展殊为迟缓，广受诟病。且有部分债权人质疑监察人选举不合法，呈请法院重选。《破产法》第 123 条规定"债权人会议之决议，……应有出席破产债权人过半数，而其所代表之债权额超过总债权额之半数者之同意"，⑥ 而法院明知出席债权人不足半数，仅以代表债权额超总债权额半数就做出选定监察人的决议，确系不合法规。面对质疑，法院颇感尴尬，电请司法部核示。12 月，司法部饬令法院"取消原监察人资格，重行选举，以符法令"。⑦

津行破产案所涉债权人、银行、商会、法院各方的纷争，特别是法院的推诿塞责，严重延误清理进度。津行停业后，商会主张以地方解决之法谋求尽快清偿。银行方面仅襄理方祖涵艰难支撑，6 月接"总行统筹"部

① 《为张恩寿等人未经债权人具书状委托不能参与银行破产债权人会议事致天津市商会的函》（1936 年 6 月 10 日），天津市档案馆藏，档案号：401206800 - J0128 - 3 - 008161 - 013。
② 《破产法》，《立法院公报》第 72 期，1935 年 7 月 17 日，"法规"，第 105 页。
③ 《明华银行债权人昨在法院开会》，《益世报》1936 年 6 月 9 日，第 2 张第 5 版。
④ 《明华银行债权团昨票选监察人》，《益世报》1936 年 6 月 10 日，第 2 张第 5 版。李开元所说的债权户数是在明华银行清理处登记者，也包含在该处和天津商会重复登记的债权户。
⑤ 《明华银行监察人昨日全部揭晓》，《益世报》1936 年 6 月 12 日，第 2 张第 5 版。
⑥ 《破产法》，《立法院公报》第 72 期，1935 年 7 月 17 日，"法规"，第 118 页。
⑦ 《明华银行破产案　重选破产监察人》，《益世报》1936 年 12 月 6 日，第 2 张第 5 版。

令设清理处，7 月其竟因清理棘手及存款人逼迫而服毒自杀，经抢救脱险。① 地方法院受理该案后多方限制商会参与，选任破产管理人、监察人，清理效率却非常低下，至 1936 年 10 月尚未分配债权。10 月，众债权人向河北高等法院院长邓哲熙、天津市市长张自忠书面请愿，呼吁保护自身法律权益。呈文揭露津行清理处"每月开支经费多至一千数百元，其所管理之财产及账目，迄未向债权人公布"，控诉"津行债权人始终毫无所得"，天津地方法院对此事推诿、不负责任。② 11 月，债权人代表还函询银行财产及破产清理等相关问题，破产管理人杨曾询给予细致解答，也道出了问题的症结和执事者的困顿。复函称，其自受任以来，"催收欠款，呈请法院鉴定财产价格，办理债权申报，召开债权大会。举凡应办之事，莫不积极进行，以期早偿夙愿。不料债权大会选举之监查人，迄今尚未发表，财产鉴定书，亦未颁发，以致重要事务不克进行。本会计师深恐坐视久悬，损失债权利益，曾迭请天津地方法院迅速发表，以利进行，但数月以来，杳无消息"。③ 据杨曾询的解释，只有天津地方法院召集债权人大会，选定监察人，清理事宜才能继续；只有等到法院鉴定财产价格后，才能分配债权。于是 11 月 18 日杨曾询会同常务律师，谒见天津地方法院李祖庆院长，请求迅速妥筹办法，以早日解决明华银行破产案。

1936 年 12 月 21 日，法院召开第二次债权人会议，重新选举监察人。郭定森、张恩寿、贾汉三得到多数债权人支持，当选为破产监察人。④ 破产监察人选定后，明华银行债权分配事宜得以推进。1937 年 2 月，明华银行破产清理处按照商业部、储蓄部、有奖储蓄部、折据未交之债权、在上海总行申报之债权划分各债权。以收进的 1 万元现金，进行第一次债权分配，"分配债额百分之一，惟存户在百元以下者，得亦暂分一元"。⑤ 随后在 1937 年 9 月同样按照债额的 1% 开展分配，1938 年 1 月、6 月、12 月分别以 1.5%、2.5%、4% 的比例分配债权。1943 年，明华银行收到外欠国

① 《津明华银行襄理方祖涵夫妇自杀》，《民报》1935 年 7 月 27 日，第 1 张第 4 版。
② 《明华银行债权人请求保护法益》，《大公报》1936 年 10 月 8 日，第 2 张第 6 版。
③ 《为清理明华银行财产经过情形事致天津市商会的函》（1936 年 11 月 20 日），天津市档案馆藏，档案号：401206800 - J0128 - 3 - 007232 - 057。
④ 《明华银行案，法院今日召集会议》，《益世报》1936 年 12 月 21 日，第 2 张第 5 版。
⑤ 《明华银行津行今日开始偿债》，《大公报》1937 年 2 月 8 日，第 2 张第 6 版。

币 4.4 万元的款项后，于 6 月按照原债额的 5% 对各债权人进行第六次分配。天津明华银行历时 6 年，总共完成了原债额 15% 的分配。①

受众债权团委托的天津商会与地方法院围绕明华银行破产管理人和监察人的选任反复博弈，实则是对破产清理权的争夺。天津地方法院依据法令任命破产管理人，总揽明华银行破产清理事宜，并驳回了商会及债权团推举的破产管理人。但法院续委的破产管理人也因商会债权团的反对无法上任，法院不得不仍选用原来的商会会计师杨曾询为破产管理人。法院主持召开第一次债权人大会，选定破产监察人，却被部分债权人质疑选举违法，被司法部取消监察人资格，指令重新选举。经过第二次债权人大会，最终选定了商会的律师张恩寿为破产监察人之一，商会方面的诉求得到满足。由此可知，天津商会是商人依赖的组织，遇到破产情形会委托商会办理。商会在破产清理中维护债权人的利益，债权团与商会的紧密结合，使商会在与天津地方法院的较量中仍具备一定的优势，对于法院的破产程序有一定的影响。但新的破产法制下，法院受理正式成讼的破产案件，司法独立成为构建现代审判制度的需求，商会清理破产商号的权力逐渐收缩。

结　语

现代法制初创之际，破产法令时废时兴，司法体制亦不健全。近代破产法制的构建历经一个曲折的过程，这个过程既是对西方破产法理的移植与借鉴，也是对传统偿债习惯的承续与调整。② 晚清民国的破产立法存在明显的复刻痕迹，它以西方商律为蓝本，加之中国传统商事习惯汇集而成。西方法理与中国传统法律观念的对峙，成文法与习惯法的矛盾，是近代破产法推行艰难的原因之一。近代立法与司法的不同步，即司法滞后使商会介入司法成为一种特殊的历史现象。商会调解制度能够在国家法与民间法的共生与竞争中发挥作用，在西方法律和传统习惯的融合与抵拒中调和发展。

国家在司法资源紧缺的情况下，将部分权力让渡给商会，使之作为司

---

① 参见徐琳《银行破产与中国近代银行市场退出机制——以 1935 年明华银行破产为中心》，《社会科学》2018 年第 7 期，第 162 页。

② 参见张世慧《清末破产法的创设、顿挫与遗产》，《清史研究》2021 年第 6 期。

法辅助参与债案清理。商会配合政府主持、调解破产纠纷，规范和治理商业活动。成文破产法颁行前，习惯法长期调解商民的社会经济活动，因此情理、习惯是商会理结破产案件的法源之一。商民遇到破产案件，为减少官厅胥吏的盘剥和诉讼费用，大多求助商会调解，商会评议和裁断更符合商民"息讼"的法律文化心理。商会理案一定程度上改善了官厅对"细故"①案件的粗疏理结或延宕积压的情况，在清末民初商号破产案件的审理中发挥重要作用。天津明华银行停业后，诸多债权人委托商会处理。商会设立债权登记处，拟定清债方案；成立明华银行案委员会，选派代表前往市政府社会局交涉；选任律师和会计师前往明华银行辅助查账。商会斡旋于官厅、银行以及债权人之间，上通官厅，下达商民，在明华银行停业清理阶段十分活跃。随着《破产法》的颁行和天津明华银行的正式破产，破产程序中商会的清理权限陷入"凝滞"。商会失去了选任破产管理人和召开债权人大会的权力，其清理权被限定在和解程序内。商会作为商人自治团体，既受商民信任，又有介入司法的习惯，不甘被一纸法令束缚，不断谋求扩大清理权限。《破产法》颁行前立法院向社会各界征集意见时，商会建议由其主持和解程序、选定破产管理人，未被采纳。《破产法》将审理破产案件的权力收归法院，但也顺应了现代破产立法趋势，给予债权人一定权力。如出席债权人会议的债权人数过半，代表债权额过半，可做出有效决议。②商会以代表多数债权为筹码，与地方法院展开博弈。从明华银行破产管理人和监察人的选任过程来看，商会与地方法院各有让步，但总体而言，商会未能侵越国家司法权。

由此可知，随着破产法制的完善以及国家治理能力的提升，通过正规立法和司法制度，规范企业破产清理机制成为司法独立的表征。从清末《破产律》到民国《破产法》，中国近代破产法逐渐走出传统的轨道，向现代法律制度转变，破产案件逐渐有法可依。现代审判制度在清末的宏观法制改革中草创，直到南京国民政府时期，逐渐具备了近代化的雏形。国民

---

① "细故"也被称为细事，指那些涉及相对小、轻刑罚的案件，或是社会经济生活中的户婚、钱债、田土纠纷。参见黄宗智《法典、习俗与司法实践：清代与民国的比较》，上海书店出版社，2003，第25页；张世慧《走出"细故"：清代商业活动中的钱债案与法律调整》，《近代史研究》2017年第2期，第70、83页。

② 《破产法》，《立法院公报》第72期，1935年7月17日，"法规"，第118页。

政府申令"诉讼案件既经规定，应归法院管辖，则应就各该管区域依法受理……其各县兼理司法者，亦当按照法院规例，依法审判……尤不能擅以行政处分，处分司法案件，其他行政机关，更不得滥行受理侵越权限"。①国民政府致力于司法独立，将司法权收归各级法院，破产清债案件亦由法院依法审判。商会清理破产商号的权力从法理依据到司法实践都有明显的收缩，商会对商事案件的处理逐渐被限制在调解的范畴，商会理案成为中国司法制度现代性变革中的过渡形态。

作者：肖红松，河北大学历史学院
郝海洋，河北大学历史学院

（编辑：王静）

---

① 《河北交涉署　市政府准备接收　外部公函已到津》，《大公报》1930 年 1 月 4 日，第 3 张第 11 版。

恋着城邑：佛教与魏晋南北朝时期城市发展变迁[*]

冯　剑　于思琦

内容提要　魏晋南北朝时期城市是佛教传播的中心，佛教的传播对城市产生了重要影响，佛寺的修建在一定程度上改变了城市的布局，佛教寺院的财富在城市经济中占有重要地位，佛教在政治上具有号召力，佛寺成为城市政治斗争的后院，城市社会风俗也融入了佛教的色彩。佛教文明与传统儒家、道教文明以及城市民俗文化逐渐融合，成为中华文明的一部分。城市中文明的融合也改变了外来的佛教，使其日益中国化。

关键词　魏晋南北朝　佛教　城市变迁

汉武帝时期，霍去病征讨匈奴时，获得其大金人，汉武帝烧香礼拜，为佛教在中国流行的开端。东汉明帝在洛阳雍关西建立白马寺，[①] 随之其他城市中也出现了佛寺。[②] 可见佛教在来到中国之始就是以城市为中心传播的。东汉末年的动乱为佛教的传播创造了条件。佛教于东汉末年在一些城市中已经具有了很大的规模，信徒众多。[③] 这时佛教在中原地区已有很大的势力。至魏晋南北朝时期，佛教流行于南北方城市。

关于魏晋南北朝时期对以后隋唐时期制度的影响有北方与南方孰为

* 本文为国家社科基金后期资助项目"魏晋南北朝城市发展与变迁研究"（21ZSB035）阶段性成果。

① 《魏书》卷114《释老志》，中华书局，1974，第3025页。
② 《魏书》卷114《释老志》，第3027～3028页。
③ 《后汉书》卷73《陶谦列传》，中华书局，1965，第2368页。

主流之争。唐长孺等学者提出了"南朝化"理论，认为唐朝之后，北朝在经济、文化、制度等方面的影响逐渐淡化，向南朝转变。而陈寅恪、钱穆、田余庆、周一良等学者则指出北朝文化为中华文明注入了活力，北朝制度为当时的主流。① 李治安认为，隋及唐前期循着"南朝""北朝"两制度因素融会发展。② 中外文明的交流使域外文明融入中华制度文化之中，其中佛教是这一时期在中国流传最广的外来文化，作为文明中心的城市在佛教的传播中具有中心地位。而佛教对这一时期城市的布局、政治、经济以及社会文化也产生了一定的影响。学术界对这一时期佛教与城市发展与变迁的关系还缺少充分深入的研究，③ 本文拟对此进行概述。

一　佛教传播与城市布局的变迁

《魏书·释老志》载任城王元澄上书称："昔如来阐教，多依山林，今此僧徒，恋着城邑。"④ 可见当时佛教从乡村转入城市传播的情况。佛寺在城市中的大量修建，对城市空间布局产生了影响，同时也影响了佛寺规制。

西晋末天下大乱之后，北方少数民族政权多推崇佛教，大兴佛寺，如石季龙在邺城一带修建佛寺，"房内造重阁，高八九尺，于上编菅为禅室，常坐其中"。⑤ 姚兴在宫中兴建佛寺，对地方城市起到了示范效应，"引诸沙门于澄玄堂听鸠摩罗什演说佛经。……州郡化之，事佛者十室而九矣"。⑥

---

① 苏小华：《北镇势力与北朝政治文化》，中国社会科学出版社，2012，第3页。
② 《李治安做客"史学名家讲坛"谈唐宋变革与两个南北朝》，http://news. nankai. edu. cn/zhxw/system/2015/12/11/000260295. shtml。
③ 刘淑芬的《中古的佛教与社会》（上海古籍出版社，2008）探讨了佛教与南北朝社会发展的关系。付志刚的《中古史上佛教与城市空间流变研究》（《宗教学研究》2015年第1期）认为佛教成为中古城市社会发展的新动力，推动了"唐宋革命"。还有一些文章论述佛教对这个时期城市文化艺术、建筑、布局等的影响，兹不赘述。汤用彤的《汉魏两晋南北朝佛教史》（中华书局，2016）对佛教与城市发展变迁的关系着墨不多。
④ 《魏书》卷114《释老志》，第3045页。
⑤ 《晋书》卷95《艺术列传》，中华书局，1974，第2492页。
⑥ 《晋书》卷117《姚兴载记上》，第2985页。

南北朝时期，佛寺在城市中大量修建，对城市布局产生重大影响。如北魏平城郭城内的寺院非常多，有上百所，僧尼两千余人。主要的寺庙有永宁寺、天官寺、建明寺、报德寺和皇舅寺等。[①] 北魏大臣冯熙在各州建立了七十二处佛图精舍。[②] 北魏后期，灵太后好佛，令诸州各建五级浮屠，诸王、贵人、宦官、羽林竞相建寺于洛阳，互相攀比。[③] 洛阳佛寺占据了两个坊，佛寺和尼庵共有1367座，[④] 以至503年，皇帝下令禁止在城内建塔和寺、庵。[⑤] 经过河阴战乱，元魏宗室被杀尽。王侯的府第住宅，大多题上匾额成了佛寺。寿丘里中，各个佛寺可以互见。佛舍繁多，宝塔高起。[⑥]

北朝时期，佛寺遍布北朝各地城乡，成为地标。如位于铜驼街西的永宁寺周长1040米，里面有一座九层佛像，离京百里，可为人们所见。[⑦] 崔巨伦因"夜阴失道，惟看佛塔户而行"。[⑧] 邺城佛寺遍布城市四方，如邺南韩陵山寺，邺东大觉寺，邺西龙山云门寺、宝山寺。[⑨]

东魏迁都邺城后，洛阳还有佛寺421所。至宣武帝时，北朝共有佛寺13727所。东魏北齐时，有僧尼200万人，寺庙3万余所。北齐末年，僧尼有300余万人。北周的寺庙也超过了万数。[⑩] 中心城市和地方郡县城市中的寺庙占很大一部分。

东晋和南朝政权，佛教寺院在城市中也广泛修筑，所谓"南朝四百八十寺"。城市中佛寺的修建在梁武帝萧衍时期达到极盛，"至乃大兴寺塔，广缮台堂，昭阳到景，垂珠衔璧"。[⑪] 据统计，东晋有佛寺1768所，刘宋有1913所，南齐有2025所，萧梁有2846所，侯景之乱后还有佛寺1232所。作为

① 李凭：《北魏平城时代》，社会科学文献出版社，2000，第300页。
② 《魏书》卷83上《外戚列传》，第1819页。
③ 《资治通鉴》卷149《梁纪五·高祖武皇帝五》，中华书局，2011，第4731页。
④ 阿尔弗雷德·申茨：《幻方——中国古代的城市》，梅青译，中国建筑工业出版社，2009，第181页。
⑤ 阿尔弗雷德·申茨：《幻方——中国古代的城市》，第184页。
⑥ 杨衒之撰，周祖谟校释《洛阳伽蓝记校释》，中华书局，1963，第152页。
⑦ 何一民：《中国城市史》，武汉大学出版社，2012，第198~199页。
⑧ 《魏书》卷56《郑羲崔辩列传》，第1251页。
⑨ 牛润珍：《古都邺城研究——中世纪东亚都城制度探源》，中华书局，2015，第230~232页。
⑩ 《魏书》卷114《释老志》，第3040~3048页。
⑪ 《魏书》卷98《萧衍列传》，第2180页。

政治文化中心的城市中的佛寺占据了大部分，如建康就有佛寺 500 余所。[①]

　　南北佛教建筑分布也有不同特点，在南方佛寺多在偏远的山区，北方多在城市和城镇。南方的佛寺多为贵族建造，北方许多佛寺为平民所造。[②]但不论南北，佛寺与皇帝的宫殿布局类似。[③]

　　佛寺在城市中的分布，有在皇宫苑囿的，如北齐时期在城南双堂闰位苑，造大总持寺。[④] 佛寺的建筑形制有如宫殿，时常互换，如北齐时以三台宫为大兴圣寺。[⑤] 也有在贵族官邸或府邸的，如北魏高祖废鹰师曹为报德佛寺。[⑥] 南朝时期，贵族常将住宅与佛寺建筑在一起，到梁朝时期，钟山茂林佛寺成为佛教的中心，贵族在城东清溪岸一片狭长的区域修造园宅。[⑦] 北朝时期，佛寺也是人们居住的地方，而且人员混杂的寺庙不仅成为城市主体建筑之一部分，也成为城市居民聚集从事各种活动的场所："今之僧寺，无处不有。或比满城邑之中，或连溢屠沽之肆，或三五少僧，共为一寺。梵唱屠音，连檐接响，像塔缠于腥臊，性灵没于嗜欲，真伪混居，往来纷杂。"[⑧] 当时西部一些城市还以佛教塔寺为城市中心建筑，如尼雅城的遗址中心即为佛塔。[⑨]

　　总之，佛寺广泛分布于城市之中，成为南北朝时期城市建筑中不可缺少的组成部分，对后世城市规划也有影响，如北魏洛阳的规划对唐长安和隋唐洛阳产生了较大的影响。[⑩]

　　佛寺、佛塔林立，使当时的城市有浓厚的宗教色彩。城市中的佛寺布局与结构相互影响，如洛阳的永宁寺和平城的永宁寺有着渊源，二者在布局、门的设计和工艺等方面都有着相似之处。[⑪] 中国城市中的佛寺布局对

---

① 韩国磐：《魏晋南北朝史纲》，人民出版社，1983，第 534 页。
② 刘淑芬：《六朝的城市与社会》，台湾学生书局，1992，第 183 页。
③ 阿尔弗雷德·申茨：《幻方——中国古代的城市》，第 186 页。
④ 《北齐书》卷 7《武成纪》，中华书局，1974，第 91 页。
⑤ 《北齐书》卷 7《武成纪》，第 92 页。
⑥ 《魏书》卷 13《皇后列传》，第 328 页。
⑦ 刘淑芬：《六朝的城市与社会》，第 51 页。
⑧ 《魏书》卷 114《释老志》，第 3044～3045 页。
⑨ 韦正：《魏晋南北朝考古》，北京大学出版社，2013，第 59 页。
⑩ 何一民：《中国城市史》，第 198～199 页。
⑪ 王银田：《北魏平城明堂遗址再研究》，殷宪、马志强：《北朝研究》第 2 辑，北京燕山出版社，2008，第 175 页。

周边国家的城市佛寺布局也有影响。如平壤永宁寺木塔位于院落中心，山门、佛塔、佛殿在中轴线上一字排开，中轴线左右对称，突出佛塔地位。这种前塔后殿的形式是中国北方地区早期佛寺的典型布局。[①]

本应在山林中修行的佛教在城市中大量设院立寺，似有悖于其清修的教义与修行模式，之所以出现"恋着城邑"的现象，究其原因当与经济、政治利益相关。[②]

二 佛教与城市经济

佛教的流行吸引了大量的城市人口，修建佛寺耗费了大量财富，同时，佛寺也是财富的积储地，促进了城市工商业、金融业的发展，但也加剧了贫富差距和百姓负担。

汉唐之际，传法高僧多与商人同行来到中原，西行求法的僧侣也多与商人结伴，商人除向寺院与僧侣布施外，还在佛经传递、译经、修筑寺庙等活动中发挥积极的作用，且最早一批在中土出家的僧侣中就有胡商的后代。[③] 商人是中国最早接触到佛教的群体，也是外来传法僧人首选的传教对象，中原佛教寺院经济最先发展的部分即是商业，因而魏晋南北朝时期不少中原商人信仰佛教。[④]

佛教的传入，使城市中的僧尼人口大量增加，成为城市人口的新组成部分。城市中许多商人也信仰佛教。人们出家主要还是出于生存、逃税等经济原因。[⑤] 城市佛教人口的增加给国家带来了许多问题，如税收减少、可控人口不足等，东魏时不得不规定地方长官擅立佛寺以枉法论处。[⑥]

南朝时期，建康成为佛教的传播中心，寺院达数百座，僧尼10余万人。[⑦] 南朝王公贵族也多有信佛的，花费大量的财物供养僧尼，如南朝宋

① 韦正：《魏晋南北朝考古》，第440页。
② 《魏书》卷114《释老志》，第3045～3046页。
③ 姚潇鸫：《试论汉唐时期商人在佛教东传中土过程中的作用》，《史林》2014年第5期。
④ 姚潇鸫：《试述魏晋南北朝时期中土商人的佛教信仰》，《史林》2011年第2期。
⑤ 姚潇鸫：《试述魏晋南北朝时期中土商人的佛教信仰》，《史林》2011年第2期。
⑥ 《资治通鉴》卷158《梁纪十四·高祖武皇帝十四》，第4992页。
⑦ 何一民：《中国城市史》，第206页。

贵族刘义宣养尼媪数百人，花费极大。① 佛教信仰与佛寺的修造还耗费了大量的社会财富。如西晋时期，恭帝非常信佛，"铸货千万，造丈六金像，亲于瓦官寺迎之"。② 北魏时期，灵太后在京师建永宁、太上公等佛寺，在外州各造五级佛图；常开斋会布施，动辄数万，市场金银价格为之腾贵，百姓疲于土木之功。③

佛教在北方城市中的流行对城市及乡村经济造成了负面影响，导致百姓"方多避役。若复听之，恐捐弃孝慈，比屋而是"，④ 不仅影响到了国家的收入，对民间社会生活也造成了很大的冲击。北魏采取措施限制佛教的发展，让城市的工商业者和佛教徒从事农业，孝文帝时期曾下令"工商杂伎，尽听赴农"。"诏沙门不得去寺浮游民间，行者仰以公文。"⑤

东晋时期佛教对城市经济的影响就已经显现，城市的物资财富大量用于佛寺的建造，导致政府的财富支配力不足，于是丹阳尹萧摩提出了建造佛寺、铜像须先向政府申请，否则没收的动议。⑥

南朝时期佛教在城市经济中占有重要的地位，寺院中聚集了大量财富，尤其在梁武帝时期，不仅大建佛寺，举行各种佛教法会活动，⑦他还多次舍身佛寺，让百官聚敛珠宝为其赎身。为礼敬佛寺、讨好皇帝，各级官员大量向民间百姓搜刮，民不聊生，对城市经济造成了很大的冲击。⑧ 佛寺和沙门的资财也为人们所觊觎，如北齐时徐州城中五级寺忽被盗铜像 100 尊，数十名嫌疑人被逮捕。⑨ "吴郭西台寺多富沙门，僧达求须不称意，乃遣主簿顾旷率门义劫寺内沙门竺法瑶，得数百万。"⑩

佛寺因为聚集了大量的财富，还成为城市的金融机构。南北朝时期的佛寺出现了寄放钱财的现象，佛寺成为城市金融的融通地。南北朝时期，

① 《宋书》卷 68《武二王列传》，中华书局，1974，第 1799 页。
② 《晋书》卷 10《安帝恭帝纪》，第 270 页。
③ 《魏书》卷 19 中《景穆十二王列传》，第 480 页。
④ 《魏书》卷 53《李孝伯李冲列传》，第 1177 页。
⑤ 《魏书》卷 7 上《高祖纪上》，第 137 页。
⑥ 《宋书》卷 2《高帝本纪下》，第 33 页。
⑦ 《梁书》卷 54《诸夷列传》，中华书局，1973，第 791 页。
⑧ 《魏书》卷 98《岛夷萧道成岛夷萧衍列传》，第 2187 页。
⑨ 《北齐书》卷 46《循吏列传》，第 645 页。
⑩ 《宋书》卷 75《王僧达颜竣列传》，第 1954 ~ 1955 页。

城市高利贷现象非常普遍，寺院成为高利贷的主要借贷方之一。① 甚至州县地方政府也常常向寺院借贷，如北齐时道人道研为济州沙门统领，他利用自己所掌握的巨额财富在地方放债出息，地方政府也时常出于需要向他征调。② 佛寺也成为军用物资的征集对象，如南朝刘宋为战争征集物资，向扬州、南徐州、兖州、江州等地佛寺借贷军资。③ 一些学者认为中国典当业即起源于南朝的佛寺，开始为公益而设，逐渐成为中国社会重要的金融机构。④

总之，佛教有效地沟通了各地的商业往来，促进了大规模的城市建筑工程的兴建与手工业的发展，还开启了城市金融业的新纪元。佛教在城市中的兴起，造就了新的社会阶层，但也加剧了社会贫富差距，对城市经济造成了诸多负面影响。

三　佛教与城市政治

佛教在城市中传播也是统治者信仰佛教的结果。佛教在传入中国后，就受到了统治者的重视，不断渗入政治生活中，对城市的政治生活产生了多方面的影响。

十六国时期，少数民族的统治者对佛教的传播起到了很大的作用。这些统治者多崇信佛教，如石虎对佛图澄非常推崇，佛图澄的弟子遍布郡国，他在社会中受到尊崇，以至人们不敢向他所在的方向吐痰。⑤ 后来姚兴欢迎鸠摩罗什，佛法开始在北方如日中天。⑥ 十六国时期的凉州政权对佛教在中原的发展起到了重要的中介作用。沮渠蒙逊崇信佛法，罽宾沙门昙摩谶受到了他的推崇。后来北魏灭凉，将沙门都迁到了平城，对北魏的佛教发展产生了很大的影响。⑦

---

① 张承宗、魏向东：《魏晋南北朝商贸风俗研究》，殷宪、马志强：《北朝研究》第 2 辑，第 357 页。
② 《北齐书》卷 46《循吏列传》，第 643 页。
③ 《宋书》卷 75《索房列传》，第 2349 页。
④ 宓君伏：《典当起源考》，《大公报》（天津）1935 年 12 月 27 日，第 3 张第 9 版。
⑤ 《晋书》卷 95《艺术列传》，第 2488 页。
⑥ 钱穆：《国史大纲》，商务印书馆，2001，第 362 页。
⑦ 《魏书》卷 114《释老志》，第 3032 页。

十六国时期，一些佛教的沙门开始为统治者所任用，对各政权政治产生巨大的影响。如慕容德在定都的问题上游移不定，向当时以占候闻名的沙门郎公请教，郎公劝他"宜先定旧鲁，巡抚琅邪，待秋风戒节，然后北转临齐，天之道也"。此议为慕容德采纳。① 一些沙门还通过各种道术和显示神迹来影响统治者，如天竺人佛图澄"善诵神咒，能役使鬼神。……又能听铃音以言吉凶，莫不悬验"，被后赵帝石勒信任。② 后来因为佛图澄治好了石勒爱子石斌的病，石勒的许多孩子被寄养在佛图澄的寺中。③ 石虎听信沙门"宜苦役晋人以厌其气"的建议，"使尚书张群发近郡男女十六万，车十万乘，运土筑华林苑及长墙于邺北，广长数十里"。④ 石虎太子邃要谋逆，而谓内竖曰："和尚神通，傥发吾谋。明日来者，当先除之。"⑤ 可见这些沙门在宫廷政治中已经具有特殊的权位，对统治者决策有极大的影响力，而且他们还利用占卜、道术等手段发挥其在政治上的影响力。

北朝时期，一些沙门受邀成为统治者的政治顾问，如北齐高欢以僧渊学问高深，请其到永乐经武殿听政。⑥ 许多政治人物还痴迷于佛教不能自拔，如元熙"延致名德沙门，日与讲论，精勤不倦，所费亦不赀"。⑦ 又如北魏大臣胡国珍"年虽笃老，而雅敬佛法，时事齐洁，自强礼拜"。⑧ 沙门还常常成为政治军事任务的执行者。⑨ 一些政治人物也以佛教为韬晦退身之所，如孝文帝太子元恂在困踬时"颇知咎悔，恒读佛经，礼拜归心于善"。⑩

佛教寺院也成为显示政治权力的空间。如洛阳的永宁寺即使不是绝对的权力中心，也是彰显皇家权威之处。凌驾于皇宫之上的佛塔，最大限度体现了皇家的权势。⑪

① 《晋书》卷127《慕容德载记》，第3166页。
② 《晋书》卷95《艺术列传》，第2485页。
③ 《晋书》卷95《艺术列传》，第2487页。
④ 《晋书》卷107《石季龙载记下》，第2782页。
⑤ 《晋书》卷95《艺术列传》，第2488页。
⑥ 《魏书》卷24《燕凤许谦张衮崔玄伯邓渊列传》，第631页。
⑦ 《魏书》卷83上《外戚列传》，第1819页。
⑧ 《魏书》卷83下《外戚列传》，第1834页。
⑨ 《魏书》卷29《奚斤叔孙建列传》，第704页。
⑩ 《魏书》卷22《孝文五王列传》，第588页。
⑪ 卜正民主编，陆威仪著《分裂的帝国：南北朝》，李磊译，中信出版社，2016，第108页。

佛寺是北方城市重要的政治空间，常与各种政治事件相联系，成为政治调和与斗争的场所。北魏孝文帝感念祖母的"恩德"，决定为其修建灵塔，罢鹰师曹，以其地建报德佛寺。① 北魏孝庄帝被幽禁于永宁佛寺，最后被害于五级寺。② 魏兰根废帝于崇训佛寺，而立平阳王修为帝。③

佛寺常常是政治失败者的归宿和避难所。北魏"前废帝……居于龙花寺，无所交通"。④ 孝文废皇后冯氏，因为宫廷斗争失势，出家为尼，后死于瑶光寺。⑤ 北齐的文襄敬皇后元氏因为得罪了皇帝，被打晕后犊车载送妙胜尼寺为尼。⑥ 北周静皇帝上台，其天中大皇后陈氏、天右大皇后元氏、天左大皇后尉迟氏并出俗为尼。⑦ 北魏阉官因此也和尼寺关系密切。⑧

修建佛教寺院也时常成为城市弊政，引发了政治斗争和矛盾。如北魏大臣鸾爱因奉佛扰民，遭到罢黜。⑨ 北齐时，皇后及大臣以大量的人力和财富修建佛教寺塔，受到了齐高祖高欢的斥责。⑩

还有些人打着佛教的旗号从事反抗活动。北魏时北平人吴柱聚众千余，立沙门长为天子，破北平郡，转寇广都，入白狼城。⑪ 沙门张翘自号"无上王"，与丁零鲜于次保聚党常山。⑫ 北魏肃宗时冀州沙门法庆自号"大乘"，"聚众杀阜城令，破勃海郡，杀害吏人"。⑬ 沙门法秀谋逆，因为牵连的人太多，所以北魏政府决定采取怀柔政策以救危局，得到赦免的就达千余人。⑭

人们为了建立佛寺，还成立了一些组织，在城市社会具有一定影响力。城市中的佛教徒常常领导信徒，组织以信徒为主体的信仰团体，而其

① 《魏书》卷13《皇后列传》，第329页。
② 《魏书》卷95《尔朱兆列传》，第1662页。
③ 《魏书》卷11《废帝纪》，第278页。
④ 《魏书》卷11《废帝纪》，第273页。
⑤ 《魏书》卷13《皇后列传》，第332页。
⑥ 《北齐书》卷9《后妃列传》，第125页。
⑦ 《周书》卷9《静帝纪》，第131页。
⑧ 刘淑芬：《中古的佛教与社会》，第54页。
⑨ 《北齐书》卷8《后主幼主纪》，第113页。
⑩ 《北齐书》卷18《孙腾高隆之司马子如列传》，第236页。
⑪ 《资治通鉴》卷107《晋纪二十九·烈宗孝武皇帝中之下》，第3449页。
⑫ 《魏书》卷1《太祖纪》，第39页。
⑬ 《魏书》卷19上《景穆十二王列传》，第445页。
⑭ 《魏书》卷93《恩幸列传》，第1988页。

自身则成为这种团体的指导者，称为邑师。[①] 其成员不仅有达官贵人，也有城市平民。[②]

佛教对南方城市政治也有较大的影响。东晋时期，佛教的信仰者遍及各个阶层，上自皇室、士族，下至平民。信仰佛教、道教者也彼此包容，并行不悖。[③] 佛教在南朝城市中已经达到了"自帝王至于民庶，莫不归心。经诰充积，训义深远，别为一家之学焉"的境地。[④]

南朝时期，佛教对政治的影响超越了东晋，成为统治者宣示其合法性的重要手段，政治家们认识到了佛教具有"进可以击心，退足以招劝"的政治功能。[⑤] 梁武帝萧衍崇信佛教，不务政事，最终在侯景之乱中覆灭。但佛教的政治影响力却保留下来，陈霸先登基当天就召集佛教徒开无遮大法会，亲自膜拜礼佛。[⑥] 陈霸先和萧衍一样多次捐身。陈后主也非常信佛，常在东宫让高僧讲佛法。[⑦]

东晋南朝佛教的沙门也常是政治事件与动乱的参与者。如卢循与沙门有往来，其志向已被沙门慧远看出。[⑧] 南彭城蕃县沙门释昙标、道方等与秣陵民蓝宏期等谋反，他们勾结殿中将军苗允，员外散骑侍郎严欣之，司空参军阚千纂，太宰府将程农、王恬等，准备于大明二年（458）八月一日夜起兵攻宫门，后事被发觉，数十人被杀。[⑨] 南齐时期，建康莲华寺道人释法智与州民周盘龙谋反，率400人夜攻州城西门，登梯上城，射杀城局参军唐颖。[⑩] 南梁时期有沙门僧强自称为帝，土豪蔡伯龙起兵应之。僧强颇知幻术，蛊惑3万人，攻陷北徐州。[⑪] 南陈时期又有沙门慧摽宝应起兵。[⑫]

面对佛教的影响，东晋的一些政治家注意到了控制佛教的问题。继丹

---

① 刘淑芬：《中古的佛教与社会》，第34页。
② 参见颜娟英主编《北朝佛教石刻拓片百品》，台北：中研院历史语言研究所，2008。
③ 田余庆：《东晋门阀政治》，北京大学出版社，1989，第303页。
④ 《宋书》卷97《夷蛮列传》，第2386页。
⑤ 《宋书》卷97《夷蛮列传》，第2386页。
⑥ 《资治通鉴》卷167《陈纪一·高祖武皇帝》，第5267页。
⑦ 《陈书》卷26《徐陵列传》，中华书局，1972，第334页。
⑧ 《晋书》卷100《载记序》，第2634页。
⑨ 《宋书》卷75《王僧达颜竣列传》，第1957~1958页。
⑩ 《南齐书》卷27《刘怀珍李安民王玄载列传》，第511页。
⑪ 《梁书》卷32《陈庆之兰钦列传》，第463页。
⑫ 《陈书》卷19《沈炯虞荔马枢列传》，第262页。

阳尹萧摩上奏铸铜像、造塔寺者都要报官许可，否则没收之后，庾冰、桓玄先后建议沙门礼敬王者，没有得到许可，直到后来刘裕上奏"以为沙门接见，比当尽虔礼敬之容"，方得皇帝的允许。①

佛教在北方流行后，"政教不行，礼仪大坏，鬼道炽盛，视王者之法籤如也"。② 北魏统治者意识到了佛教对统治的负面影响，"关右之民，自比年以来，竞设斋会，假称豪贵，以相扇惑。显然于众坐之中，以谤朝廷。无上之心，莫此之甚"。③ 统治者为此限制佛教发展，如北魏世宗时期对佛教动手清理，下诏曰："沙门之徒，假西戎虚诞，生致妖孽。非所以壹齐政化，布淳德于天下也。自王公已下至于庶人，有私养沙门、师巫及金银工巧之人在其家者，皆遣诣官曹，不得容匿。限今年二月十五日，过期不出，师巫、沙门身死，主人门诛。明相宣告，咸使闻知。"④ 北魏道武帝时期更是对佛教加以灭绝。北魏末年，对都城佛寺和地方城市中的佛寺都进行了清理。⑤

南朝政权也多次颁布毁佛灭佛的诏令。南朝宋孝武帝大明二年下诏："佛法讹替，沙门混杂，未足扶济鸿教，而专成逋薮。加奸心频发，凶状屡闻，败乱风俗，人神交怨。可付所在，精加沙汰，后有违犯，严加诛坐。"⑥ 陈后主也感到佛教徒对统治的威胁，曾下诏制定相应的法律条例，严厉禁绝不遵守管理在民间制造怪力乱神的现象。⑦

由上述可见，佛教在城市政治生活中已经占有重要地位。佛教不仅成为统治者维护其统治的工具，也成为统治阶层内部博弈的场域，佛教的发展对统治者的根基还具有反噬的作用，动摇了其统治基础，同时，佛教也为被统治者的反抗提供了有力的思想与组织工具。

四　佛教对城市文明的影响

佛教与魏晋南北朝城市的社会文化相互交融，对城市社会的风俗、教

---

①　《宋书》卷97《夷蛮列传》，第2387页。

②　严耀中：《北魏前期政治制度》，吉林教育出版社，1990，第210~211页。

③　《魏书》卷47《卢玄传附卢渊传》，第1048页。

④　《魏书》卷4《世祖纪下》，第97页。

⑤　《魏书》卷114《释老志》，第3047页。

⑥　《宋书》卷97《夷蛮列传》，第2386~2387页。

⑦　《陈书》卷6《后主本纪》，第108页。

化等皆产生了影响。佛教文明的传入，加强了不同民族文化间的联系。佛教开始被视为胡教。佛教经过西域，传到中原，开始皆"西言""胡言也"。① 5～6 世纪，关中地区主要建造佛碑像的是汉族和羌族，另外，也有少数氐人和西域胡人，而没有新迁来的鲜卑人。② 卢水胡人建立的北凉政权在中国佛教史上占有重要的地位。国主沮渠蒙逊、沮渠牧犍都崇信佛教，敬事僧人，赞助佛典的翻译。412 年，沮渠蒙逊迁都凉州之后，由于沮渠家族对佛教的推崇，凉州成为北方仅次于长安的译经中心。439 年，北魏军队兵临姑臧城下时，登城帮助防守的僧人就有 3000 人。③ 439 年后，被西迁凉州人士有万余户——其中也有一部分僧人，最著名的是法进，沮渠安周即使在遐方的高昌，仍持续推展佛教，从事建寺、造像、译经等活动。④

北魏鲜卑部落在南下的过程中，佛教进入了他们的视野。"文帝又在洛阳，昭成又至襄国，乃备究南夏佛法之事。"天兴元年（398），魏帝下诏在平城建立佛寺，并且在这一年"作五级佛图、耆阇崛山及须弥山殿，加以缋饰。别构讲堂、禅堂及沙门座，莫不严具焉"。之后的北魏太宗"好黄老，又崇佛法"，各地也逐渐"建立图像"，和尚们还负责"敷导民俗"。⑤ 北魏世祖在位时"亦遵太祖、太宗之业，每引高德沙门，与共谈论。于四月八日，舆诸佛像，行于广衢，帝亲御门楼，临观散花，以致礼敬"。⑥ 之后的统治者对佛教已经有了很深的信仰，打造佛寺、讲经说法等因而盛行。

北魏时期，大量西域和尚到平城传播佛教，对佛教在北魏的传播起到了很大的作用。"时佛教盛于洛阳，沙门之外，自西域来者三千余人，魏主别为之立永明寺千余间以处之。"⑦ 如师贤是罽宾国人，原来在凉城，后来到平城，为北魏皇帝造像。⑧ 北魏显祖时期，开始大建佛寺，"于时起永

---

① 《魏书》卷 114《释老志》，第 3026～3027 页。
② 刘淑芬：《中古的佛教与社会》，第 27 页。
③ 刘淑芬：《中古的佛教与社会》，第 29 页。
④ 刘淑芬：《中古的佛教与社会》，第 12 页。
⑤ 《魏书》卷 114《释老志》，第 3030 页。
⑥ 《魏书》卷 114《释老志》，第 3032 页。
⑦ 《资治通鉴》卷 147《梁纪三·高祖武皇帝三》，第 4677 页。
⑧ 《魏书》卷 114《释老志》，第 3037 页。

宁寺，构七级佛图，高三百余尺，基架博敞，为天下第一"。① 沙门惠死于八角寺，"送葬者六千余人，莫不感恸"。② 可见当时北魏城市中佛教信仰的盛况。

北魏以后，佛教在城市中有了较大的发展，大量的佛经也在城市中流传，大约有415部，合1919卷之多。③ 城市成为佛教传播的中心，佛教也成为当时各国交往的文化中介。代人刘世清"能通四夷语，为当时第一。后主命世清作突厥语翻《涅盘经》"，送给突厥可汗。④

佛教在中国南方城市的传播也非常广泛深入。佛教作为外来文明传入中国，一开始与方术和玄学有相似之处，其相信灵魂不灭和报业轮回的思想也在中国传统文化中具有土壤，因而在魏晋动乱时期人们关注自身命运的情况下迅速传播，东晋时期达到了高潮。佛学也在南方城市中发展。

佛教在当时深入南方城市民间社会，如晋代有个叫吕绍的人，其妻张氏在他死后不愿受他人侮辱，出家为尼，"口诵佛经，俄然而死"。⑤ 刘宋时代，出现了许多有道高僧。如彭城人道生，出家为沙门法大弟子，因为聪明颖悟，十五岁就能讲经，长大后对佛经更是"立顿悟义，时人推服之"。⑥ 刘宋时期的建康城中，有"慧严、慧议道人，并住东安寺，学行精整，为道俗所推。时斗场寺多禅僧，京师为之语曰：'斗场禅师窟，东安谈义林'"。中外佛教文化的交流也非常活跃。"大明中，外国沙门摩诃衍苦节有精理，于京都多出新经，《胜鬘经》尤见重内学。"⑦

南齐时，佛教成为一些人的精神寄托。庾诜晚年遵释教，宅内立道场，诵《法华经》，每日一遍，受到萧衍的褒奖。⑧ 南齐时期还利用佛教开展文化交流，促进了汉文化与少数民族文化的交流与发展。⑨

梁武帝后期对佛教的崇信，也推动了梁朝佛学的发展。他"亲自讲

① 《魏书》卷114《释老志》，第3037页。
② 《魏书》卷114《释老志》，第3033页。
③ 钱穆：《国史大纲》，第369页。
④ 《北齐书》卷20《羌举列传》，第267页。
⑤ 《晋书》卷96《列女列传》，第2526页。
⑥ 《宋书》卷97《夷蛮列传》，第2388～2391页。
⑦ 《宋书》卷97《夷蛮列传》，第2392页。
⑧ 《梁书》卷51《处士列传》，第751页。
⑨ 《南齐书》卷59《氏羌列传》，第1032页。

说；太子亦崇信三宝，遍览众经。乃于宫内别立慧义殿，专为法集之所。招引名僧，谈论不绝"。① "天下咸从风而化。"② 佛学传播在陈朝依然繁盛，陈高祖时主持法会，参加佛教仪式，甚至捐身佛寺。③ 陈朝时期，各家教育合流的情况显现，许多学者精通儒释道，一并讲学。如徐孝克能遍通《五经》，还通《三论》，每日早讲佛经，晚讲《礼传》，"道俗受业者数百人"。④ 南徐州刺史梁邵陵王纶讲《大品经》，让其他人讲《维摩》《老子》《周易》，一天之中听讲的僧道俗人有 2000 人之多。⑤

佛教的发展对城市的风俗产生一定影响，北魏皇帝甚至命令僧人巡游教化。⑥ 佛教的饮食禁忌在城市社会中越来越为人们所遵从。所谓"年三月六"持斋，也就是在一年之中的正月、五月、九月的三长斋月，从初一到十五日蔬食斋戒。最晚从东晋开始，中国佛教就已实行三长斋月。南朝时期皇室修习斋戒较平民为多。孝文帝在冯太后的影响下信仰佛教，而且可能曾在六宫之内实行斋戒。在祭祀天地宗庙的时候也以酒脯代替杀牲。东晋以后，一些虔诚的俗家信徒已经开始持三月六斋。梁武帝也要僧尼全面蔬食，下令僧尼全面禁断酒肉，还受到《涅槃经》的影响实行斋戒，并在祭祀的时候去掉牺牲。⑦ 每年的正月十五日成了佛祖神变燃灯之日。⑧

北魏洛阳居民文娱活动有许多佛教内容，许多寺院常常有迎佛赛会，其中有角抵等戏吸引观众。北魏的寺院中充满西域气息，在每年四月初八日佛诞节有赛会，有角抵等赛会表演。长秋寺四月初四日行像活动，由辟邪狮子导引其前，还有吐火等表演。四月初七日到景明寺，初八日到宣阳门散花敬佛。每逢佛的六斋节，每月初八日、十四日、十五日、二十三日、二十六日、三十日，有音乐表演。不少寺院的园林成为游乐之处。⑨可见佛教文化与人们日常的娱乐已经融为一体了。寺庙是进行节日庆典与

---

① 《梁书》卷 8《昭明太子列传》，第 166 页。
② 《梁书》卷 12《韦叡列传》，第 225 页。
③ 《陈书》卷 2《高祖纪下》，第 34 页。
④ 《陈书》卷 26《徐孝克传》，第 337 页。
⑤ 《陈书》卷 19《马枢列传》，第 264 页。
⑥ 《冢本善隆著作集第二·北朝佛教史》，大东出版社，1974，第 1～26 页。
⑦ 刘淑芬：《中古的佛教与社会》，第 77～80 页。
⑧ 陈苏镇编著《恢宏与古朴——秦汉魏晋南北朝的物质文明》，北京大学出版社，2009，第 178 页。
⑨ 杨宽：《中国古代都城制度史》，上海人民出版社，2006，第 282～286 页。

公开演出的中心场所，各族人民、各色人等会聚一堂。① 佛教还促进了城市艺术的发展。北魏的宦官在洛阳城中建了六所寺院，这些寺院规模宏大，雕饰精致华丽，而特别以伎乐闻名于世。②

佛寺还常常从事慈善公益事业。南朝张茂度创立城寺，救死扶伤，收集离散。③ 北朝时期，佛教徒也热心于公益慈善，诸如建造佛寺、种树、建造浴池、施药看病、造桥、凿井、造厕所等。在通都大邑的佛教寺院、僧人或俗众信徒，常将其公共建设之功归于地方守令镇将。④ 南北朝时期佛教兴盛，僧尼一度可免税、免役，还受到官府和民间的大量施舍，人们对寺院不赖债，也不敢偷盗。寺院经济发展，出现了以余资从事救济事业的质库。北齐时期阳平人郑子饶打着皈依佛教的幌子设斋会，用不多的米面却供赡大量的人口，大家以为他有神秘的法力，在中原一带很有影响，其实他是把饭藏在地下拿出来供应的。⑤ 北齐武平六年（575），大水为灾，饿殍遍地。七年，北齐官方特诏寺院救济流亡。⑥ 佛教倡导的慈善文化对魏晋南北朝时期的城市教化起到了一定作用。

结　语

魏晋南北朝时期，作为文明中心的城市成为佛教传播的重要空间。佛寺的修建在一定程度上改变了城市的布局，佛教寺院分布于城市，其不仅是人们信仰祈福之地，也是政治斗争的后院。佛教受到了王公贵族的崇信，一些沙门还参与到政治事务之中，甚至还有一些沙门参与政治斗争，加剧了政治动荡。佛寺还是城市公共场所，人们在此度过节日，从事交易。富有的寺院还为人们提供借贷金。但过度修建寺庙以及人们为逃避税收和服役而出家，也给国家带来了不小的经济负担。佛教在政治和经济上的负面影响，导致南北朝政权都曾出现灭佛的呼吁与行动。

① 卜正民主编，陆威仪著《分裂的帝国：南北朝》，第107页。
② 刘淑芬：《中古的佛教与社会》，第46页。
③ 《宋书》卷53《张茂度列传》，第1509页。
④ 刘淑芬：《中古的佛教与社会》，第170、177页。
⑤ 《北齐书》卷41《皮景和列传》，第538页。
⑥ 《北齐书》卷8《后主幼主纪》，第109页。

魏晋南北朝时期，既是中国历史上的一个大动荡时期，也是南北中外文化的一个大融合阶段。在这个时期，社会动荡为佛教传播提供了社会条件，佛教作为一个外来宗教在动荡中传播到中国南北各地。佛教在城市中与儒家、道家以及民间文化碰撞融合，为中华文明注入了新的因素，佛教自身也越来越中国化，成为中华传统文化的组成部分。①

作者：冯剑，青岛大学历史学院
于思琦，青岛大学历史学院

（编辑：任吉东）

---

① 方立天：《中国佛教哲学要义》，中国人民大学出版社，2002，绪论，第 7 页。

近代天津体育的兴起与城市发展[*]

汤　锐

内容提要　1860 年天津开埠之后，西方体育通过租界、军事学校、青年会等传入天津，以放风筝、溜冰为代表的传统体育继续稳定发展，武术经由义和团运动助推得以在天津城市内外渐次普及，传统体育与西方体育依旧呈平行发展状态。清末新政教育改革伊始，体操、武术接续进入学校体育教育系统，表明中西方体育完成了事实层面的会合，昭示着新的天津学校体育教育系统形成。20 世纪 20 年代初，在爱国主义浪潮的影响之下，前期以输入西方体育运动为主的文化机构致力于向以武术为代表的传统体育转型，意味着近代天津体育新的形塑，更表明中西方两种体育文化完成了深度融合。体育在城市公共空间、城市经济、城市形象方面皆给天津发展带来助益。从这一角度讲，体育是检视近代天津城市发展变迁的重要指标，更是了解近代中西文化融汇互动之窗口。

关键词　天津　近代体育　传统体育　西方体育

　　天津地处九河下梢，河海交汇，自明代开始呈现出商业城市之特质。及至清代中晚期，天津商业城市特质日渐凸显。商人以利益的获取为目的，同时也培育了繁盛的城市消闲文化。彼时，在政治上无权的盐商等阶层将注意力主要集中于园林、酒馆、戏园等传统娱乐空间，于消遣中彰显社会财富等级。同时受季节、地域、民族惯习等因素影响，以风筝、跑凌鞋、武术为代表的传统体育以一种较为稳定的社会文化形态延续。

---

* 本文为国家社科基金一般项目"中国近代的新式体育与城市生活（1840 – 1937）"（项目号：20BZS081）阶段性成果。

自 1860 年天津开埠以后，以赛马为代表的西方体育迭次传入，为近代天津体育注入了新的元素。20 世纪初的清末新政所关涉的教育革新，成为中西方体育交融的契机，以体操为代表的西方体育与以武术为代表的中国传统体育如何在新式体育体系中并存，并不断地融合成一种新的在地化教育系统？另外，融合中西方运动因素的近代天津体育带给城市怎样积极的影响，从而彰显天津独特的城市气质？本文借助档案、报刊以及相关文献对此加以梳理分析，希冀能够将这一研究引向深入。

一　近代天津体育的兴起

（一）陌生与审视：天津开埠与西式体育传播

1860 年起，英、美、法、日、意、奥、德、比、俄九国在天津海河两岸建立租界，面积大约有 9.95 平方公里。随着租界的日益发展、洋行设立以及各类公共建筑的建立，外商、侨民以及各类工商业的从业者逐渐入住租界区。租界也因此成为西方体育传播的最早窗口。

1. 租界与体育传播

当时茶、丝、鸦片是贸易中的重要商品，电报、轮船尚未出现。在将近两个半月的贸易时间里，外国商人每星期连续工作七天，"他们工作得有条不紊，不声不响，平心静气，埋头苦干，办事迅速而认真"。[1] 为了驱除身处异国他乡之孤独感，体育运动逐渐成为天津侨民日常生活中的调剂品，肇始于英国的赛马活动成为侨民最喜爱的集体运动项目。1863 年 5 月，英国商人在海光寺一带的空地举办第一次赛马会。张焘在《津门杂记》中详细描述："是日也，人声哗然，蹄声隆然，各国之旗飘飘然，各种之乐呜呜然，跑马棚边不啻如火如荼矣，倾城士女，联袂而往观者，或驾香车，或乘宝马，或暖轿停留，或小车独驾，衣香鬓影，尽态极妍，白夹青衫，左顾右盼，听奏从军之乐，畅观出猎之图，较之钱塘看潮，万人空巷，殆有过之而无不及焉。"[2] 早期的英商赛马活动参与人数众多，并成

---

[1]　德米特里·扬契维茨基：《八国联军目击记》，许崇信等译，福建人民出版社，1983，第 36 页。

[2]　《赛跑马》，张焘：《津门杂记》卷下，天津古籍出版社，1986，第 135 页。

为侨民重要的业余生活集会。

　　之后，棒球、曲棍球、马球、板球以及田径运动皆随着欧美移民传入天津。租界侨民热衷于体育运动，反映的是本国传统价值对于运动的推崇心理，英国人认为运动不仅能锻炼体魄，更能培养出耐劳自律等绅士必需的品格。比天津开埠更早的上海同样如此，外侨"异常注重激烈的操练，把体育锻炼当作西洋人在中国保持健康的唯一方法，上海的外侨几乎每个人都骑马、徒步旅行，或者参加各项运动比赛"。[①]

　　需要指出的是，以现代赛马、球类运动为代表的西方体育运动对于刚刚步入现代文明的中国人来说，是一种既陌生又新奇的娱乐活动。一方面，因应赛马产生噪声，天津北洋武备学堂学生曾经与赛马场产生冲突；另一方面，对于买办阶级则以赛马为交友之契机，时常相约观看赛马。譬如 1886 年 11 月西商赛马之际，《时报》报道："孟冬初交薄寒未厉，明日为寓津西商赛马首期，敬告诸君及时行乐盖往观乎？"[②] 赛马在华人上层社会的角色由此可见一斑。

2. 新式军队、军事学堂与兵操输入

　　第二次鸦片战争之后，清廷逐渐意识到要维护封建统治，应该向西方学习科学技术，所以兴办了一系列的洋务事业。于军事方面而言，清廷从 1862 年起兴办军事工业并创立以军事学堂为中心的新式学校，聘用外国教官采用西式操法训练军事骨干，体操作为训练士兵的"西学"开始引入军队。1881 年 8 月 9 日，北洋水师学堂课程设置德国兵式操，由德国教官汉纳根教习。水师学堂的课程设置皆具运动意涵，"体育课程内容有击剑、刺棍、木棒、拳击、哑铃、算术竞走、三足竞走、跳远、跳高、跳栏、足球、游泳、平台、木马、单杠、双杠等"。[③] 天津武备学堂还设置打靶场、大操场。需要指出的是，新式军事学堂彼时虽然引进了体操，但对于它的教育价值认知尚处于浅显阶段。

3. 青年会与近代天津体育奠立

　　天津被迫开埠之后，毗邻北京的独特地缘政治因素，使欧美各国不得不

---

①　罗兹·墨菲：《上海——现代中国的钥匙》，上海社会科学院历史研究所编译，上海人民出版社，1986，第 87~88 页。

②　《赛马先声》，《时报》（天津）1886 年 11 月 3 日，第 2 页。

③　梁吉生：《张伯苓年谱长编》上卷，人民教育出版社，2009，第 8 页。

重视天津的作用，适时的宗教传播自然难以超越政治之窠臼。1862 年 2 月 1 日，公理会柏亨利将天津西南角教堂迁至城厢鼓楼东仓门口，教授经文，开始传习体育娱乐活动；1880 年秋，李鸿章协助伦敦会传教士马根济医生在海大道建立施医养病院，训练中国基督教青年教徒学习西医并兼有西方体育活动。上述体育活动为后来的青年会推展相关事宜奠定了一定基础。

1895 年 12 月 1 日，北美基督教青年会派来会理到天津创办青年会组织。青年会在天津召开的第一次会议上，着重强调沿着改善身体、社会、心理、精神四个路线前进。体育运动作为改造身体的重要项目，被青年会提上议事日程。12 月 8 日，来会理在北洋医学堂召开第二次基督教演讲会，会议前表演了篮球游戏，这是篮球运动传入中国的开始。随后篮球被天津民众渐次接受。综上，19 世纪中后期，以英国赛马、德式兵操、美国篮球为代表的体育运动进入天津体育文化系统，为日后中西方体育融合奠定了历史基础。

（二）延续与固本：天津传统体育的现代流变

晚清时期，天津传统体育项目大致分为两类：一类是以放风筝等为代表的具有季节性、节日性的体育项目；一类是以武术为代表的与爱国主义情感紧密相连的体育项目。

1. 因时而动：传统体育运动的展演

清代乾隆、嘉庆年间，为了体现太平盛世，统治者开始提倡节日活动，因而出现了中国风筝发展的繁荣时期。春秋两季是放风筝的最佳时节，届时人们在天津旧城区内、娘娘宫、南市三不管、西头如意庵等繁华地带，摆出了各式各样的风筝，购买者甚众。嘉庆年间，樊杉《津门小令》描述道："津门好，薄技细搜求。烟管雕成罗汉笑，风筝放出美人游。花样巧工留。"[1] 甚至在冬季，天津郊区的民众依然钟情于放风筝，正如唐尊恒在《津门竹枝词》中所言，"鹞子（风筝）高低冬便放"，[2] 足见天津人对于放风筝喜爱程度之深。

而在隆冬时节，跑凌鞋、冰排子成为天津民众喜爱之运动。跑凌鞋与

---

① 樊杉：《津门小令》，华鼎元辑《梓里联珠集》，天津古籍出版社，1986，第 128 页。
② 唐尊恒：《津门竹枝词》，雷梦水等编《中华竹枝词》（一），北京古籍出版社，1997，第 456 页。

速度滑冰较为相似。"履下包以滑铁，游行冰上为戏，两足如飞，缓疾自然，纵横如意，不致倾跌。"① 可见，跑凌鞋集技巧性与健身性于一体。除此之外，天津还流行一种冰排子的体育活动。冰排子的形状类似于床，上铺草帘，底嵌铁条，人坐上面，一人支篙撑之，速度甚快，是一种富有天津特色的休闲体育运动。每至天寒水冻之际，人们出行时常依靠冰排子，又彰显了其作为交通工具的一面。

另外，天津举办大型花会时期，各种民俗体育运动也会加以展示。农历三月二十三日是天后娘娘的生日，天津民众聚集至天后宫门前广场，举行声势浩大的演出活动。其中尤以五虎杠箱会最具观赏性，杠箱所载的皇家宝物，由五虎将护送，途中为匪人所觊觎，护送人起而争斗。五虎杠箱会"真刀真枪，真打真练，特别精彩动人，生面别开，所以能引到观众异常的注意"。② 特别是，"杠箱会着重的是武技的表演。为了生动引人起见，特意穿插上简单的故事，使这武技表演戏剧化了"。③ 因此，以风筝、跑凌鞋、冰排子、五虎杠箱会为代表的传统体育集季节性、节日性于一体，大抵满足了天津民众日常生活消遣之需要。

2. 因事而变：义和团运动与天津武术推广

清代以降，西方文明的示范效应加快了天津城市近代化的发展，使之成为集工业、商业、金融业于一体的大城市，对外来人口极具吸引力，因此不少民间武术家涌入。特别是运河沿岸各城镇码头的工商业者、杂工、贩夫人等，习武者较多，武术构成了天津市民文化的内容。

义和团运动为天津武术的发展推广提供了时代注脚。及至 1899 年秋，义和团团员在天津西郊、南郊一带逐渐增多。靠近运河的天津西部、北部的村庄，陆续传入山东和冀中地区的义和拳，农民开始练习"下大门""掐诀""顶仙名"。随着义和团运动的进一步发展，原本武术基础较弱的东郊大沽口附近也有了义和团的武术活动。"当时分文场、武场，其分别是：文场为刀、枪、剑、戟，武场除这些外还另加有快枪。"④ 1900 年 2 ~ 3 月，义和团已经开始进入天津县城，每日有人在南门外练习武术。很快，

① 《冰床、凌鞋》，张焘：《津门杂记》卷中，天津古籍出版社，1986，第 94 页。
② 徐肇琼：《天津皇会考·天津皇会考纪·津门纪略》，天津古籍出版社，1988，第 58 页。
③ 徐肇琼：《天津皇会考·天津皇会考纪·津门纪略》，第 59 页。
④ 南开大学历史系编《天津义和团调查》，天津古籍出版社，1990，第 128 页。

天津县城内"上至老，下至幼，皆争相学习"。① 由上观之，在义和团运动推动之下，天津武术的传播逐渐由城外转向城内，从而将武术传播引向深入。然而义和团运动失败后，清政府颁布了严禁民间习武的法令，武术的官方传播路径受到了一定程度上的抑制。

二 传统体育与西方体育融会

（一）会合："体操"与"武术"双向引领体育教育风潮

19世纪末至20世纪初期，传统体育与西式体育依旧呈平行发展状态，而这随着以"体操"为代表的新式体育进入教育系统发生了改变，"体操"亦成为时人认知学校新式体育的切口。

1. 体操与天津学校体育教育创立

早在1897年11月26日，在天津北洋大学堂举行的全校首次赛跑比赛中就提及了"体操"二字。《萃报》载曰："初四日为天津大学堂赛跑之期，计头等、二等两堂学生一百七十余人，于九点钟齐集该堂围墙内之跑场，演赛各种奔跃之法。查赛跑一法，欧美各国学堂均有之，亦体操中之一端也。"② 由此可见，组织者认为赛跑为体操中之一种，尚未有现代体育的概念。

1902年8月15日，清廷学部在《钦定小学堂章程》中植入体操课程，规定："修身第一，读经第二，作文第三，习字第四，史学第五，舆地第六，算学第七，体操第八。"③ 可见，体操以制度的形式进入学校教育系统。因应天津学校体育教育之发达，天津小学堂的体操教育在《钦定小学堂章程》之前已然渐次付诸实践。1902年天津第一小学堂课程中，体操与历史、地理、理科、教育学、教育制度、日语等科目并列。④

及至1903年，清政府制定《奏定学堂章程》，规定各级学堂都必须添

---

① 中国史学会主编《中国近代史资料丛刊·义和团》第2册，上海人民出版社，1957，第9页。
② 《大学堂赛跑》，《萃报》第18期，1897年，第11~12页。
③ 舒新城编《中国近代教育史资料》中册，人民教育出版社，1981，第401页。
④ 严修自订，高凌雯补，严仁曾增编《严修年谱》，齐鲁书社，1990，第148页。

设"体操"科目。以高等小学堂课程为例，对于每星期学生体操练习的任务、时限皆做了具体规定，体操课程的具体内容包括普通体操、有益之运动、兵式体操，每星期练习3个小时，占授课总学时的1/12。^① 在此情势之下，天津各级学堂体操课程日臻完善。1904年，天津民立中学堂的课程设置中，将体操作为与修身、读经、中国文字、外国语、历史、地理、算学、博物、物理及化学、法制及理财、图画并列的科目。^② 府署西萧曹祠内民立第二半日学堂，在招考学生的启事中将体操作为科目之一。^③ 普通学堂之外，相关的专业学堂亦增设体操课程。1903年，实业家周学熙在天津旧城东南隅创办高等工业学堂，总计设有化学科、机器科、化学制造科、化学专科、机器专科、图绘科等6门专业，除了机器科之外，其余5门都设置体操课程。^④ 正是由于体操课程渐次在各类学堂推进，教师与学生对于体操有了一定的体认。因此，作为检验体操教学的方式"合操"自然成为一项重要内容。如1904年9月11日，天津6处官立小学堂、2处民立小学堂之学生总计1000余人，在西头慈惠寺内合操。^⑤ 在检验体操教学成效的同时，天津亦进一步将学校体操教育系统化。

因应张伯苓、严修等教育家提倡，天津女子教育中的"体操"课程设置亦为全国之优先。1904年督署后女学堂，即由体操教习率领众学生在院中教演体操，^⑥ 但并未将其纳入正式教学课程之内。1904年严修去日本游学，对于女子体操有了更为深刻的体认。翌年，严修改严氏女塾为严氏女学。同时，为了培养幼儿教育师资，又于家中设置保姆讲习所，课程中设置体操、游戏两项。^⑦ 受此积极影响，1906年，天津普育女学等多所女子学堂先后创办并设置体操课程。至此，体操作为体育的一种主要表现载体，与理化、法制等西方课程渐次进入天津各级学校教育系统之中。

2. 武术与天津学校体育教育系统完善

民国初年，中国同盟会燕支部负责人张继意识到武术在革命中的实战

---

① 舒新城编《中国近代教育史资料》中册，第432～434页。

② 《民立中学堂招考启》，《大公报》（天津）1904年9月18日，第1张第4版。

③ 《小学招生》，《大公报》（天津）1906年10月22日，第1张第4版。

④ 郝庆元：《周学熙传》，天津人民出版社，1991，第57页。

⑤ 《学生合操》，《大公报》（天津）1904年9月12日，第1张第4版。

⑥ 《女学体操》，《大公报》（天津）1904年11月20日，第1张第4版。

⑦ 严修自订，高凌雯补，严仁曾增编《严修年谱》，第179页。

效果，故希望构建一个带有爱国主义色彩的武术网络，因义和团运动被严禁的武术于沉寂十年之后再度引起社会各界关注。1912 年 6 月 5 日，张继等人暂假河北三条石直隶自治研究会总所，召开中华武士会成立会。中华武士会以振起国民尚武精神为宗旨，"期我国民自兹以往，变文弱之风而成坚强之习，以负我民国前途之重任"。①

以爱国主义为求索旨归的中华武士会，时常于公共场所表演武术。1916 年，中华武士会在天津东门内文庙开会演习崩拳、燕形拳等各种武术，韩慕侠、李子扬等武术名家亦纷纷到场。② 不仅如此，中华武士会还以实际行动致力于武术推广的社会化。1915 年 9 月 20 日，中华武士会就与天津社会教育办事处联合开班，并延聘武士会教员李彬堂教授武术。③

中华武士会的创办与宣传，亦为武术进入天津学校教育系统提供了契机。1917 年，受中华武士会尚武强国思想之影响，天津劝学所创办武术传习所。招聘的学员主要是现任县内各学校教员，教习的主要是普通的武术套路。中华武士会与天津劝学所对于武术的提倡，亦引起了北洋政府教育部门的关注，其明确规定各类学校皆必须在体育课程中提倡武术教育，武术设置的制度化促使学校将"武术"正式纳入体育教育体系之中。如 1919 年英租界球场道浙江旅津公学，为了广泛推展武术，"特于校中附设广武学会，征集校外有志之士，共相研究，以期昌明绝学云"。④ 不仅如此，1920 年，天津学生联合会组织学生队武术部，定于每星期五在草厂庵本会，教授职员各种武术。⑤ 这足以体现出天津各级学校以及组织对于武术教学日益重视的态度。

由上可知，武术进入天津教育系统，主要还是因应以爱国主义为宗旨的中华武士会等武术团体的社会推广，从而引发了教育界的关注。进一步说，体育健身与爱国主义是武术得以进入教育系统的双重推力。至此，大抵在 20 世纪 20 年代前后，分别以体操、武术为代表的新式体育与传统体

---

① 《中华武士会公启》，《大公报》（天津）1912 年 6 月 5 日，第 3 张第 10 版。
② 《直隶武士会开会秩序详志》，《教育周报》（杭州）第 136 期，1916 年，第 27~28 页。
③ 《武士会音乐练习所同日开幕》，《社会教育星期报》第 11 期，1915 年，第 7~8 页。
④ 《旅津浙校之尚武》，《大公报》（天津）1919 年 4 月 20 日，第 2 张第 6 版。
⑤ 《学生会武术部成立》，《益世报》1920 年 1 月 21 日，第 3 张第 10 版。

育主导了天津学校体育教育的发展趋向。两者作为中西方文化的代表并行存在，继而完成了天津学校体育教育系统的形塑。

（二）融合：西方社会组织与中国传统体育推广

20世纪初，在清末新政的文化背景之下，以体操为代表的西方体育以引领者的身份进入天津体育教育系统之中，试图以西方的文化思维来改造现实中的中国社会。然而此后由于受到1919年五四爱国运动时代风潮的强烈影响，这一观念逐渐发生了改变，表现在前期输入西方体育运动极为用力的文化机构开始有选择性地推展中国传统体育项目。对于推进社会教育事业的青年会来讲，同样需要面对如何本土化的历史命题。武术在体育项目中最具中华民族象征，成为青年会推进社会事业的重点选项之一，也因此客观上为中西方体育融合创造了条件。

1927年1月，青年会为发扬中国固有之国粹精神，在天津东马路崇仁宫创设中华武术社并特添招学员。[1] 因响应"国术救国"的时代主潮，青年会亦建立了国术馆，聘请专门的教员教授太极拳、八卦掌、形意拳及一切器械之使用。[2] 同时，青年会亦为日后的中西方武术交流奠定基础。1918年10月26日，天津青年会约集日、美两国武士会会员假该会合演武术技艺。[3] 1924年7月，青年会远足队赴烟台，参观美军武术。[4] 这也可以看作青年会以武术为质点进行中西方体育文化的初步融合。

为了能够让中国武术发扬光大，而使全国民众受其实惠，1931年至1935年，青年会连续举办五届国际武术表演大会。其中尤以第五届国际武技表演大会最为著名，表演的项目包括曹金藻的红蟒拳，吴玉昆、鲍有声的对刺剑，张恩贵的形意拳，冯振武、路振林的刀枪对打，意大利兵营的拳斗，日本青年会的柔术，孙祖荫的金钟罩，青年会国术班的八卦拳操，杨桐茂、鲍有声的对打拳，日本青年会的劈剑，克来尼高夫、哥瑞沙的俄国摔跤，国术班的八卦掌操，俄国体育会的双杠，光林皮条社的皮条，华

---

① 《中华武术社添招学员》，《庸报》1927年1月15日，第2张第5版。
② 《青年会国术馆章程》，《天津青年》第55期，1933年，第2~3页。
③ 《武士会今日举行》，《大公报》（天津）1918年10月26日，第3张第10版。
④ 《青年会远足队将赴烟台》，《大公报》（天津）1924年7月8日，第2张第2版。

北杠子社的杠子，等等。① 中西方各种武术项目同场竞技表演，旨在表明中西方体育文化渐次得以深度融合，爱国主义成为改造者与被改造者共同的文化旗帜。正是从这一角度言之，早期推广新式体育的西方社会组织在爱国主义视域下，渐次得以推进中国传统体育的现代转型。

三　近代体育与天津城市的发展

在近代西方体育与中国传统体育融合互动过程之中，亦衍生出新的公共空间、新的城市经济形态。特别是通过体育运动这一媒质，加强了天津与国内外城市的文化交流，形塑了天津的新形象。

（一）近代体育与城市新型公共空间产生

体育作为一种动态效果极强的运动，同样催生了形态各异的公共空间。例如回力球场、公共体育场等新型公共空间迅速在城市空间中得以形塑。在近代天津，体育运动视野下的城市公共空间，从物理空间的角度来讲，大体分为以下两类。

1. 以回力球场为代表的密闭型公共空间

1929 年，中国最早的回力球场在上海创设。之后，回力球运动由上海传入天津。1935 年，意大利人富马加里以及天津人潘子欣等在意大利租界公园创办天津回力球场，天津民众在此尽享城市摩登之感。

首先，建筑给予城市民众摩登之印象。回力球场外观为后现代形式，楼房主体为四五层叠错，另有半地下室。回力球场大门的上方有 "FO-RUM" 的大型霓虹灯组字。整个建筑物的四周用霓虹灯环绕，每到夜晚，更显出它的豪华与壮观。球场内部的赛球场是一个长方形场地，三面是有弹力的击球墙面，另一面面向观众之看台，台上设置皮椅以及欧美式样的包厢。为了赛球期间消遣娱乐，回力球场还附设舞厅，"以前之银色墙壁，现已改为浅绿色，其四方凹入神龛式之壁灯，改为凸出圆玻璃灯"。"四周皆铺羊毛地毯，上设桌椅。音乐声起，客人即趋与其相近之小场而舞。"②

---

① 《国际武技表演大会　青年会今晚举行》，《大公报》（天津）1935 年 11 月 20 日，第 4 张第 13 版。

② 四方：《回力球场之夜总会》，《北洋画报》1936 年 9 月 22 日，第 1 页第 2 版。

唯美的舞厅装潢设计凸显着现代性之意涵。

其次，从性别角度来讲，亦带给城市民众摩登印象。回力球场开业之初，聘请了许多外籍球员，"苏鲁巴、赖猛巧、唐纳格、小古里地、卡尔贝、苏唐格等都是对赌客颇具魅力的球员"。[①] 这些球员身体健壮、球艺精湛，诸多社会名媛争相赴球场，只为一睹回力球员之风采。此时，性别的关注焦点发生了移位，即男子成为被观赏的"他"，女子的"她"成为观者的中心。在相对密闭的空间里，女性主动发表对于男子审美之看法，由此城市民众对于体育运动有了更为切实的性别体认。

2. 以公共体育场为代表的敞开型公共空间

随着体育运动的深入开展，人们对于公共体育场的需求日渐增长。1928 年，在南京举行第一次全国教育会议，委员黄振华提出《国民体育之振兴及其进行方法案》，建议国家应该从速设置公共体育场。20 世纪 20 年代前后的天津，公共体育场主要集中于英租界附近。"所以一般生活在天津市的人们，往往因为身体上缺乏运动机会，而发生不医之病，诚为大都市之缺憾。"[②] 在此情势之下，天津市公共体育场的建设亦逐渐被政府提上议事日程。1930 年 9 月 30 日，天津市第一座公共体育场在河北蔡家花园辰纬路以东落成。20 世纪 30 年代大型运动会的频繁举行，亦推动了公共体育场的建设。1934 年，为了承办第十八届华北运动会，天津决定在北宁公园东修建河北省体育场。河北省体育场由基泰工程公司著名建筑师关颂声设计，可以容纳 3 万余人。"田径赛场中设国术场、足球场、篮球场、排球场、垒球场，各一；更在场之东部及西北设网球场六、篮球场三、排球场三、足球场一、棒球场一。各区域并设休息、浴室等，凡体育场应有之设备无不具。"[③]

公共体育场不仅作为新型的公共空间建筑存在，更为城市民众制订了周详完备的运动计划。以 1946 年天津市第二体育场组织活动为例：1 月举行踢毽子比赛；2 月举行第三届竞走；3 月举行第四届篮球锦标赛；4 月举行儿童节游艺会、放风筝比赛；5 月举办第五届公开运动会；6 月举行第

---

① 李希闵：《意租界回力球场》，中国人民政治协商会议天津市委员会文史资料研究委员会编《天津文史资料选辑》第 75 辑，天津人民出版社，1997，第 342 页。

② 一边：《贺河北省体育场》，《新天津画报》1934 年 10 月 14 日，第 1 张第 2 版。

③ 于学忠：《河北省体育场记》，《北洋周刊》第 40 期，1934 年 10 月 15 日，第 12 页。

三届个人乒乓球锦标赛；7月举行第四届公开网球单双打锦标赛；8月举行第三届公开网球赛；9月邀请外埠网球队来天津比赛；10月举行体育宣传周、民族运动会；11月举行第四届自行车竞赛；12月举行第四届足球锦标赛。① 可见，第二体育场安排的比赛项目既包括放风筝、踢毽子等传统体育项目，也包括篮球、乒乓球等西方体育项目，满足了不同民众对于体育运动的需求。有时体育场也会根据市民兴趣爱好，举办全市的单项体育锦标赛。1947年2月，第二体育场为谋提倡市民足球运动，特举办星期日足球赛。"参加者为津联、三友、新华、北宁、锦友、中联、联华、中一、中七、东联、学生军、北风、国光等十三队。"② 到场观众数千人，足见市民运动兴趣之浓厚。

体育场活动的有序开展，在一定程度上也提高了天津民众对于体育的参与度。以日锻炼人数统计，1946年7月31日，"天津第一体育场练习足球人数89人，垒球422人，排球458人，网球798人，武术2760人，篮球3712人"。③ 以月锻炼人数统计，1947年11月，"天津市市立第二体育场每月来场运动人数：足球2000人，国术2000人，田赛3000人，径赛3500人，体操6000人"。④ 从这个角度来讲，公共体育场为城市民众的休闲消遣提供了理想场所。

（二）近代体育与城市经济发展

1. 体育用品业

及至20世纪20年代，由于天津学校体育蓬勃发展，人们对于比赛服装、球鞋、体育器械的需求大增，天津亦逐渐形成了国产体育用品业发展的兴盛局面，其中以春合、利生体育用品厂最为突出。以春合为例，"所设代理店包括河南、山东、山西等全国19个省市。此外，春合在马来西

---

① 《为呈报天津市第二体育场组织活动请鉴核由》（1947年2月12日），天津市档案馆藏，档案号：J0110－3－000799－001，第11页。
② 《为呈报举办星期日足球赛经过情形请鉴核由》（1947年2月21日），天津市档案馆藏，档案号：J0110－3－000800－002，第2页。
③ 《1946年天津市社会教育月报表》（1946年7月31日），天津市档案馆藏，档案号：J0110－1－001456－019，第1页。
④ 《天津市第二体育场工作报告书》（1947年11月9日），天津市档案馆藏，档案号：J0110－1－001457－048，第4页。

亚、新加坡等数十个国家也广设代理店"。① 20 世纪 30 年代，春合、利生日益成为中国体育用品业的重要标识，春合"自 1933 年至 1935 年曾经先后三次获得实业部国货展览会特等奖以及在新加坡举行的国货扩大展览大会特等奖"。②

2. 体育赛马业

自 1930 年之后，天津的赛马事业逐渐被纳入市政管理范围之内。以华商赛马会为例，1931 年至 1935 年每年向市政府上缴的赛马捐占到总收入的 1/3 左右，赛马捐成为天津慈善事业主要经费来源之一。另外，"赛马会还时常举行慈善赛以襄助社会事业，慈善捐款的对象主要包括各级学校、市政建设组织以及慈善团体"。③ 赛马业的发达，直接带动了彩票行业的发展。聚元票行是天津首屈一指的彩票"专家"，以经营体育赛马彩票致富，后来发展为著名银号。

3. 大型运动会广告效应

20 世纪 30 年代大型运动会期间，商家往往以此为契机进行产品宣传。1934 年第十八届华北运动会在天津举办，天津正兴德茶庄迅疾推出广告。首先，将茶与国庆、国难相结合。"纪念国庆。勿忘国难！吾人警惕自新！"④ 由此赋予了茶本身宏大的政治寓意。其次，着力强调产品的历史与品质。"本庄从事国茶，已二百年，孜孜力图，实施服务，其出品之美备，生产之增加，素为各界所赞助。"⑤ "国茶"，可以唤起消费者心理上的民族认同。最后，根据具体情况，特设"运动茶"。其品目颇富运动韵味，如按照价目的高低，分别命名为冠军牌、锦标牌、凯旋牌、胜利牌、云星牌、铁军牌。⑥ 在运动会行将结束之际，天津元兴茶庄则是紧紧抓住运动员思乡心切的心理，继续对产品加以推销。"各省运动员注意：华北运动

---

① 《全国代理店通讯簿》（1938 年 1 月 13 日），天津市档案馆藏，档案号：J0243 - 1 - 000040，第 7 ~ 25 页。

② 《春合奖状》（1936 年 9 月 23 日），天津市档案馆藏，档案号：J0243 - 1 - 000001，第 34 页。

③ 《华商赛马慈善捐分配表》（1934 年 12 月 14 日），天津市档案馆藏，档案号：J0054 - 1 - 002371，第 25 页。

④ 《广告：运动茶》，《大公报》（天津）1934 年 10 月 10 日，第 4 张第 14 版。

⑤ 《广告：运动茶》，《大公报》（天津）1934 年 10 月 10 日，第 4 张第 14 版。

⑥ 《广告：运动茶》，《大公报》（天津）1934 年 10 月 10 日，第 4 张第 14 版。

会行将闭幕，诸君预整行装，歌奏凯旋之时，元兴茶庄出品各种名茶，名驰遐迩，到处欢迎。"①

（三）近代体育与天津新形象塑造

近百年来，中国传统体育与西方体育在天津不断融合互动，并渐次成长为一种城市文化的新标识，从而使人们对于天津的城市形象有了新的认知。

1. 爱国尚武

第一，体育竞赛被赋予爱国意涵。1909 年春，上海北四川路亚波罗影戏院演播影戏，英国大力士奥皮音登台表演健美、举重等运动项目，并以"病夫"污蔑中国。同盟会会员陈其美、农劲荪等人决定聘请天津武术家霍元甲到上海与奥皮音比武。霍元甲抵达上海，宣称："世讥我国病夫国，某即病夫国中之一病夫也，愿世界健者来校，有以一拳一足加我身者，奉金表、金牌各一面，以为胜者纪念。"②"天津""霍元甲"的爱国形象在上海得以初次展示，使世人知晓天津武术的爱国内涵底色。

就连运动会赛场上的学生也时常以体育助威作为斗争的武器，抒发爱国之志。1934 年第十八届华北运动会上，面对已沦为日寇铁蹄之下的东三省，由南开学生组成的啦啦队高唱《努力奋斗歌》："十八届运动大会开在河北天津卫，众青年精神焕发时时不忘山河碎，北方健儿齐努力，收复失地靠自己，大家同心来奋斗。"③ 运动会正式开始之时，南开 500 名男女啦啦队员更是在 3 万观众前，以黑白旗布置字形，如"'勿忘国耻''勿忘东北'等，极得好评"。④ 南开啦啦队将运动会助威与救国相结合的做法，在全国引起了极大关注。

第二，武术成为抗击外国侵略的利器。1900 年八国联军侵华之际，静海镇武术家宋世友，在天津老龙头火车站的战斗中刀毙洋兵多人；独流武术家刘连胜，在东淀苇塘战斗中一人力杀 4 名洋兵。20 世纪 30 年代，当国家处于危难之际，中华武士会会员韩慕侠在天津南开区自家院子里设置

---

① 《广告：元兴茶庄》，《大公报》（天津）1934 年 10 月 14 日，第 3 张第 10 版。
② 《静海霍元甲》，《天风报》1933 年 8 月 11 日，第 1 张第 3 版。
③ 《啦啦队的啦啦歌》，《新天津画报》1934 年 10 月 14 日，第 1 张第 2 版。
④ 罗儒：《华北运动会之趣事》，《北洋画报》1934 年 10 月 11 日，第 1 张第 2 版。

团部，在杨柳青镇培训军队，由韩慕侠参与训练的国民革命军大刀队在长城抗战中给予日寇重创。因此，"爱国尚武"是近代体育赋予天津城市新形象的时代底色。

2. 健康健美

体育不仅增添了天津爱国尚武的城市底蕴，同时亦引发了人们对于生命健康本身的思考，具体表现在对于健康与健美的认知与体验上。

第一，城市民众的健康意识培养。强身健体，是体育运动固有的意义所在，不同的社会阶层皆关注到"健康"与实际需求的关系。天津实业家卞白眉每年夏季都会带领家人赴北戴河游泳，通过游泳等体育运动，卞白眉及其家人的身体状况得到很大改善，一些慢性疾病得以渐次根治。对于以工人为代表的阶层，厂方从提高企业效率角度出发，主张安排工人从事体育运动。譬如在塘沽的久大工厂中，户内有棋子室、乒乓球等供工人消遣，户外运动有器械类和球类两种。器械有秋千、单杠、浪桥、石墩四种；球类因为设备和兴趣的关系，只有足球一种。[①] 通过体育锻炼，工人常见的疟疾、痢疾等病症在很大程度上得以根治。

及至20世纪40年代中后期，城市民众对于体育运动的健康理解逐渐演绎为卫生与生理健康。譬如1946年5月27日至6月1日，天津第一体育场为推进民众身心健康举办保健周，并规定5月27日房舍清洁大扫除，5月28日场地清洁大扫除，5月29日场长对全体职工陈述不良嗜好之害处及戒除之方法。检查内容具体包括"人的五官以及扁桃体、淋巴腺、心脏、血压、肺部、肝部、胃部、皮肤、血、粪便等"。[②] 全方位的身体检查，耦合出城市民众对于卫生与生理健康的重视程度。

第二，城市民众对于女性健美的认知。当时的知识分子认为，国人必须有健康的体魄，才能振兴国运，因而担负培养下一代重责的妇女的劳动与生理健康，受到各界的广泛注目。1933年公映的科教片《健美女性》展示了劳动妇女如何保持健康。《健美女性》电影的播映，引发了社会各界的评论。有人认为，电影"内容与技巧都很优超，值得称颂的性教育影

---

① 《塘沽盐务工人之生活状况》，《盐务公报》第32期，1931年，"附录"，第178页。
② 《为呈报举办保健周经过情形并附呈程序表请鉴核备案由》（1946年6月12日），天津市档案馆藏，档案号：J0110－3－000798－008，第3页。

片"。① 也有人称，"这部影片根本不是对于人体底'美'的研究，而是'健强'的指导，这部是简单的通俗的妇女合理的健康生活的阐明"。② 这足以反映天津民众对于"女子健美"感官与精神层面的关注程度。

受此启发，天津各大影院相继推出以女子健美为题材的影片。1934 年在天津河北影院公映的《健美运动》，阐释了女子健康之种种观念。由于公映当天观众爆满，胡蝶电影院多次重新放映《健美运动》，从而使城市民众通过影片初步意识到女子健美的重要意涵。1936 年平安电影院亦推出了《中国健美女性》，在海报中紧紧扣住"健美"加以宣传："美丽的画面，展览充分的性感，表现妇女最美的部分，使你饱览妇女最秘密的部分，完全的公开，如入众香之国，使你灵魂陶醉，如入山阴道上，使你目不暇接。可作运动片看，可作卫生片看，可作生理片看。"③ 值得一提的是，小说家李乐天依据相关健美影片，最终写成《健美的女性》畅销书，受到天津民众之喜爱。总之，"健康健美"是近代体育赋予天津新形象的核心意涵。

3. 开放求变

20 世纪 30 年代中期，天津成为闻名全国的大都会，城市人口的急剧增长，为体育的对外传播交流提供了条件。

第一，倡导埠际体育教学交流，促进城市文化联动。一方面，推展"走出去"体育教学。由于天津与北平之间独特的地缘、学缘因素，南开学校时常去清华比赛，校长张伯苓、体育部主任章辑五等亲自领队，比赛项目主要是篮球和足球。天津教育部门亦支持"南开五虎"篮球队、南敏排球队去南京、上海交流比赛。另一方面，推展"请进来"体育教学。1931 年，中国唯一的新式女子篮球队——上海两江女子体育学校篮球队北上挑战，与天津女子师范学院进行了友好比赛。④ 这表明，天津与北平、上海拥有些许类似的城市文化性格，表现在开埠的程度、革命的传播以及经济实力雄厚等方面，这些都成为近代大城市之间沟通维系的基础。

---

① 小王：《健美的女性》，《庸报》1934 年 2 月 10 日，第 3 张第 11 版。
② 木之：《阐明妇女的健康生活》，《庸报》1934 年 3 月 14 日，第 3 张第 11 版。
③ 《中国健美女性》，《庸报》1936 年 5 月 6 日，第 3 张第 10 版。
④ 鼎章：《天津女师与上海两江篮球比赛》，《良友》第 53 期，1931 年，第 32 页。

第二，主动融入世界大赛，彰显天津的国际影响力。在世界大赛的舞台上，天津作为中国北方体育文化的代表从未缺席。1936年，第十一届奥运会在柏林举行，除了派出正式体育代表团之外，中国还组建了国术表演队。其中来自天津的郝铭担任队长，领队王正廷曾经在天津求学继而领导全国体育工作，三位女选手中代表天津的傅淑云师从天津著名武术家张占魁。1936年7月24日至8月31日，国术队先后在汉堡、柏林、法兰克福等城市表演太极操、拳术器械等，受到在场中外人士赞誉。"……国术队在此间慕尼黑体育协会大会场中表演，极受欢迎，尤以傅淑云女士之太极拳为最。"① 不仅如此，傅淑云还熟稔剑术，"一口达摩剑舞得出神入化，如银龙缠身，劈、刺、挑、剁急如闪电，使中国传统剑术惊撼了柏林兴登堡体育场的观众"。"德国国家摄影团，特意为傅淑云的表演摄制纪录片。"②

中国国术代表团前往柏林表演之际，还有一个由郝更生任团长的十余人组成的观摩团，至意大利、丹麦、匈牙利、捷克等九国考察，并且参加了在汉堡举行的国际娱乐大会，观摩内容为各国体育专家相关演讲。③ 观摩团中包括河北省立女子师范学院体育系主任、天津体育协会副会长张惠兰，天津体育协会副会长杜隆元，天津中华足球队指导和天津协进会会员侯洛荀，天津市教育局体育督学傅镜如等知名体育教育家。从人员构成来看，于天津就职的武术家、教育家占到观摩团将近半数，这足以证明天津体育教学在全国之领先地位。更为重要的是，通过观摩，在一定程度上也促进了天津与欧洲城市的文化交流。因此，"开放求变"是近代体育赋予天津新形象的重要维度。

结　语

总体来讲，以赛马、体操为代表的西方体育是近代天津体育的重要内容，西方体育的传播自租界开始，并最终通过学校体操教育的规训而完

---

① 《我世运国术队在慕尼黑表演》，《日知报》1936年9月5日，第1张第2版。
② 庞玉森：《张之江与中国武术》，中国人民政治协商会议天津市委员会文史资料研究委员会编《天津文史资料选辑》第49辑，天津人民出版社，1990，第45页。
③ 《国际体育娱乐休闲会》，《勤奋体育月报》第3卷第12期，1936年，第1092页。

成。以武术为代表的传统体育亦在现代化转型中寻求时代的突破，辛亥革命之后，"爱国尚武"口号的提出引发了社会各界对武术的再度关注。最终在 20 世纪 20 年代初，武术与体操作为中西方最具代表性的体育项目先后进入学校体育教育系统，标志着近代天津体育新的形塑。随后，在 20 世纪 20 年代中后期高涨的爱国主义浪潮之下，近代天津体育经历了本土化转型，突出表现在西方文化机构致力于中国传统体育的社会化推广。正如学者王笛所言，"传统与现代都是相对的，没有截然分离的界标，也不像革命那样有一个明确的转折点。在从传统向现代的过程中，社会犹如一个游标，愈来愈远离传统的极点而愈来愈趋近现代的极点"。① 与此同时，体育与城市公共空间、城市经济、城市形象方面皆产生了诸多交集面相，成为驱动天津城市文化发展新的引擎。特别是在这一过程之中，形塑了诸多富有天津特色的城市名片，譬如"中国奥运第一人"南开校长张伯苓、1924 年巴黎奥运会冠军李爱锐、国际奥委会委员董守义、"南开五虎"篮球队等，从这个角度讲，体育成为多维度检视近代天津城市发展变迁的重要标识。

作者：汤锐，曲阜师范大学马克思主义学院

（编辑：熊亚平）

---

① 王笛：《跨出封闭的世界：长江上游区域社会研究（1644～1911）》（第 3 版），北京大学出版社，2018，"再版前言"，第 4 页。

抗战·古迹：北平沦陷时期的
空间对抗与记忆

李茜烨

内容提要 北平沦陷后，日伪对北平城的空间进行重新规划，且将北平官方时间调整为东京时间，试图扭曲北平的时空。但是，北平原有的大量古迹胜景形成了对日伪统治权力的一种无声对抗，使得北平城难以被完全"日伪化"。借助亨利·列斐伏尔所提出的空间与权力、空间与时间的关系以及空间的"三位一体"概念，通过对战时和战后的文学文本、相关人士的日记及空间实践进行分析，可以发掘出潜藏在沦陷时期北平古迹里的"空间对抗"和"空间记忆"，从而揭示物质空间之下对侵略者的反抗和无法被割裂的民族认同感。

关键词 北平 沦陷时期 文化古城 亨利·列斐伏尔 空间研究

1928 年北平特别市设立后，南京国民政府为突出其文化古城的空间职能，对城中的古迹胜景进行极大限度的开放和利用。抗日战争全面爆发、北平落入日伪统治以后，这些古迹胜景作为历史的见证者和亲历者，记录了一段民族悲恸的往事，也在古今的时间折叠中，产生了独特的象征意义。而沦陷时期，北平的作家、文人和青年学生对古迹的频频流连和书写，使得古迹成为沦陷时期里特定空间对日伪统治权力的一种无声对抗，蕴藏着对自己民族国家深厚的认同感。前人的研究不乏对北京古迹胜景空间的讨论，尤其关注到了这种空间与文学生产、文化生产的关系，如瑞典学者喜仁龙（O. Siren）对北京城墙与城门的美学、空间政治意涵的探讨，[①] 王

---

① 奥斯伍尔德·喜仁龙：《北京的城墙和城门》，许永全译，北京燕山出版社，1985。

炜、闫虹、林峥等人对北京公园的文化空间意义的研究等，^① 但这些讨论较少把视角延伸至沦陷区的特殊语境，并探讨古迹在这种时空中的独特功能。在抗战史、抗战文学研究中，臧运祜指出沦陷区的城市、社会文化史研究仍是一片值得认真拓展的领域，^② 目前有部分研究观照到了抗战中北平的日常生活，从细微处挖掘沦陷时期共同的民族意识和民众心态，在这方面，袁一丹对沦陷时期北平城的声音研究具有代表性。^③

相关档案以及《大公报》《宇宙风》等民国报刊上的新闻报道、纪实散文、报告文学等材料对北平沦陷时期的城市状况有较为详尽客观的记录，而战时和战后的文学文本则生动地展现了沦陷时期作家文人、普通民众对于北平古迹的特殊情愫，^④ 此外辅仁大学学生董毅的日记也真实地记录了此时北平青年学生的古迹游览行为。^⑤ 在历史材料与文学文本的两相对照下，更能立体地显现出宏观的历史脉络与微观人心对于沦陷区古迹的感受。本文将古迹视为一种权力和历史的象征物，借助亨利·列斐伏尔的空间理论，试图寻找那些潜藏在沦陷区日伪禁制下的无声反抗和刻画在古迹空间里的家国认同感。需要说明的是，1937 年 7 月北平沦陷后，日伪将北平改为"北京"，而这一称呼是不被国民政府承认的，因此在本文的论述中，除日伪材料或泛指北京等特殊情况外，均使用北平。

一　作为"纪念碑性建筑"的古迹与空间对抗

空间的规划、布局和最终呈现的效果并不只是一种视觉性的审美物和为生产生活提供几何物质之所，它本质是被赋予思想和权力意义的产物。不同空间中的各项活动有着特定的规范，空间成为权力的手段和方式。"被生产出来的空间也充当了思想与行动的工具；空间除了是一种生产手段，也是一种控制手段，因此还是一种支配手段、一种权力方式。"^⑥ 北平

① 王炜、闫虹编著《老北京公园开放记》，学苑出版社，2008；林峥：《公园北京：文化生产与文学想象（1860～1937）》，北京大学出版社，2022。
② 臧运祜：《抗日战争时期的沦陷区研究述评》，《中共党史研究》2015 年第 9 期。
③ 袁一丹：《声音的风景——北平"笼城"前后》，《北京社会科学》2012 年第 6 期。
④ 如老舍《四世同堂》、蹇先艾《古城儿女》、宗璞《南渡记》等抗战小说。
⑤ 董毅：《北平日记（1939 年～1943 年）》，王金昌整理，人民出版社，2014。
⑥ 亨利·列斐伏尔：《空间的生产》，刘怀玉译，商务印书馆，2021，第 41 页。

沦陷以后，日军大肆占领北平原有的行政机构、文化教育机构、私人住宅等，与此同时，全城的古迹胜景也落入了日军之手。日伪政府对北平城市空间进行重新规划，"伪北京特别市公署1938年1月成立，原辖有内城第1至第6区（大致相当于原东城和西城区）、外城第1至第5区（大致相当于原崇文区和宣武区）和东西南北四郊区（大致相当于朝阳、海淀及丰台区）"，① 并制定了一份《北京都市计划大纲》。这份"大纲"拟定了所谓"新北京"的建设计划，其中提到"将来拟于西郊添辟新街市以容纳一部政府机关，及将来新设或扩充之军事交通产业建设各机关及职员住宅"，② 计划将北平城外的西郊地区作为将来日伪统治、生活生产的重点，"从城内的长安街引一条直线向西，越城直到西山磨石口以东，八宝山麓为止；再从万寿山颐和园内的排云殿，引一条直线向南，延展到芦沟桥为止。这两线的交点，就是'新北京'市中心区的中心点"。③ 日伪改变了北平的空间布局，他们注重城内的风景观光功能，而把统治中心移向西郊地区，以求与原来的北平布局形成空间错位，企图构建他们的权力根基。他们还制定了一系列用以"奴化"中国人的"治安政策"，试图使全城的空间陷入日伪的权力逻辑中，使北平成为统治华北地区的政治中心。

这段时期里，大量日侨迁居北平，挤占国人的生活空间。1941年香港版《大公报》报道了北平人口的统计数据："自今年开始，抵达北平之日人，平均每月有一千六百名，至七月一日止，北平日人共有九万〇三百七十一名。北平总人口，计至七月一日止，总共为一百七十二万八千七百二十七名。"④ 在大街上"日本商人之到北方做生意者甚多，北平里面，差不多每条街道里面，都有日本人的房子和住宅"。⑤ 随处可见的日侨使北平居民在日常生活中感受到进一步被"日伪化"。

此时最令人感到刺目的是，中国人不能在北平城里随便行走，日侨、日军却能肆意在风景名胜里游走。在蹇先艾的《古城儿女》里，岑昌看到

① 谢荫明、陈静：《沦陷时期的北平社会》，北京出版社，2015，第41页。

② 谭炳训：《日人侵略下之华北都市建设》，北京市档案馆编《北京档案史料（1999.4）》，新华出版社，1999，第114页。

③ 于力：《人鬼杂居的北平市》，群众出版社，1984，第67页。

④ 《故都日侨激增 移殖数逾十万》，《大公报》（香港）1941年7月25日，第4版。

⑤ 《北平素描》，《大公报》（香港）1939年7月24日，第3版。

日军在北海、鼓楼等地出没时，内心表现出巨大的愤恨情绪："自从敌军进城以后，在北海附近，他天天看见日本军官坐着汽车，在鼓楼厂桥那一带兜风，简直使他痛恨极了，他尤其愤懑的是从前驻扎中国军队的旃檀寺兵营，现在却扎入了日军；门口飘扬着的国旗，也变成了膏药旗。"① 《南渡记》里的卫葑看到整齐的日本军队从东四牌楼中穿行而过，他感觉"现在从这辉煌里，正在慢慢吐出一条毒蛇"。② "辉煌"与"毒蛇"是一对刺目的组合，意味着灿烂的文化被阴冷残酷地侵袭着。日伪对于北平古迹胜景的规划办法是将其作为"风景地区"，依然保留其观光功能，"在城内拟以故宫为中心，包括北海、中南海及景山东北西三面，由各黄城根包围中间之区域。及各城门并著名庙宇之周围，亦指定为本地区；在城外为颐和园、西山八大处等，及其附近，并设有林荫道路之地区"。③ 日伪对北平的这种空间规划致使各处古迹胜景里皆可见到日侨的踪迹，在物质性的空间实践层面，日军、日侨在其中比中国人享有更多的观光自由，作为民族文化代表的古迹在某种意义上而言沦为了侵略者控制的对象。

　　然而，把古迹胜景作为粉饰太平的工具，尚不足以构成权力对空间根本性的操控。更关键的问题在于，北平的古迹并没有逃过被屠戮的命运，除了内中未来得及转移的文物被洗劫或因"献铜运动"而惨遭破坏外，它们也被试图改造成日伪统治的象征物，如天安门广场、太和殿等地不幸成为日军召开庆祝中国国土沦陷大会的集合地，"为了国土陷落，敌人照例要强迫市民到天安门的广场开庆祝大会，为得是让被征服的支那人，对于'无敌皇军'，表示'钦敬'与'感激'"。④ 天安门及紫禁城素来与最高统治者权力紧密相关，日军将其作为集会的场地，不仅是出于这个地点的空旷和便利，更可能源于这个空间所指示的权力意味——它是古代中国的帝王之所，其在北平的中心地理位置也象征着国家的心脏。

　　不过，由于空间的可感知性，身体对空间有着优先的体验，尤其体现为空间会对视觉造成刺激，从而引发人的情感和思想的波动。古迹包容着中华文化的文本，它的线条、色彩以及整体的布局构造，无不彰显着民族

① 塞先艾：《古城儿女》，万叶书店，1946，第 140 页。
② 宗璞：《南渡记》，人民文学出版社，2019，第 119～120 页。
③ 谭炳训：《日人侵略下之华北都市建设》，《北京档案史料（1999.4）》，第 118 页。
④ 于力：《人鬼杂居的北平市》，第 18 页。

文化的特色。这种可被人们感知的空间表象进一步具有了象征意义。因此，在北平沦陷时期，人们一旦走入或者眺望这些古迹，便进入了"反空间"的话语里。虽然这些建筑物不会言语，它们也与整个城市一道遭受着侵略者的占有和屠戮，甚至它们正在被侵略者作为殖民统治的象征进行改造，但它们带有民族特色的外形所造成的视觉印象以及由此引发的情感联想无法被剜去，自然地形成了与日军权力的空间对抗性。这是一种民族召唤的不可抗力，有着空间本质不可侵犯的意义。正是这种对日伪权力空间的"反空间"存在，使得古迹成为在北平沦陷时期指向侵略者的一种"空间对抗"。

当满眼皆是古旧视觉印象的北平、古迹背后承载着民族文化的北平落入敌手，人们为这座文化古城的凋零而悲恸时，"空间对抗"则有了强烈的表现。人们难以接受文化古城的沦陷，不仅是因它华美的古迹建筑，更因其空间的丰富象征。《南渡记》里的吕清非望着什刹海的荷花，不再是赞叹荷风夏蕴的静谧和风景的鲜艳，而是焦急地吟咏"把吴钩看了，栏杆拍遍"，感慨"要是这些建筑一旦毁于兵火，何以对祖先！我们这些不肖子孙，就不能御敌于国门之外！"① 北平的市民依然欣赏着巍峨的城楼和精美的皇家园林，为它的古色古香而陶醉，但一旦将它们与侵略者联系起来，想到它们已落入敌手，在铁蹄之下丧失了尊严，便止不住地痛心，"北平哭了。古老的、凝聚着中华民族文化的北平，在日寇的铁蹄下颤抖、哭泣。车站漏水，滴滴答答，从房顶接出去的一个破旧的铁皮棚不断向下淌水。眼泪从北平的每一处涌出来，滴进人心"。②

即便日军妄图向整个北平灌输他们的殖民逻辑，也企图在古迹的层面下手，使它们与自己的政治体系合为一体，但空间"还是部分地逃离了那些想利用它的人"，③北平的日常生活难以被绝对"日伪化"，更何况是承载了深厚的民族历史意蕴的古迹。古迹是可以被看作亨利·列斐伏尔所称的"纪念碑性建筑"，这种建筑既是艺术，又是民族国家权力、历史和文化的象征，"尤其是当社会时间中有了暴力和死亡、消极性和进攻性的踪迹时，纪念碑性的作品能擦除它们，而代之一种安定的力量和坚定的信

---

① 宗璞：《南渡记》，第 61 页。
② 宗璞：《南渡记》，第 229 页。
③ 亨利·列斐伏尔：《空间的生产》，第 41 页。

心，这种力量和信心包裹住了暴力和恐怖"。① 在日伪统治的北平，古迹空间便发挥了这样的功能，它不再仅是审美的、诗意的古老艺术品，在外敌入侵时期还承担了家国记忆、鼓舞抗战等功能。如长城高大坚固的形象隐喻着力量，同时它又是中国古代军事防御工程，这种特殊的身份更能彰显出"纪念碑"的意义。"此行当有相当艰苦，但是长城在引诱我，责任在呼唤我，出发前的心是极热烈而又极兴奋的"，② 从中可见长城给予人的力量。再如北海公园曾是青年集会交游的重要场所，孕育了众多的思想萌芽，在作家的笔下，他们也经常把这里作为沦陷期间地下抗日活动的集会之所。《古城儿女》中的抗日青年就常常在此交换信息、讨论对策，这空间激起了他们对敌人的愤恨与勇气："'你看，金鳌玉螺桥边的北平图书馆，是多么伟大！'巩明又坐下来，用手指着远处绿顶白身，皇宫似的建筑，发狂地喊道：'我们成天在那里读书的青年都快走光了，以后这个文化机关，恐怕也要受日本势力的支配了。唉！可惜门口圆明园搬来的那两根石柱子！'"③ 连小孩子来到北海公园，也会不自觉地发出抗敌呼喊："女用人带他到北海公园去玩。小孩子玩得高兴大唱其'打倒日本救中国'。"④

在沦陷时期，虽然北平古迹建筑处于日伪的殖民统治和改造之下，但由于视觉性逻辑和"纪念碑"的性质，它们仍然承担了"空间对抗"的重要功能。古迹给予了北平市民足够的抗战勇气和民族认同感，使人们在意识里拒绝日伪的空间改造和思想侵略，并与日伪的权力进行对抗，从而使"文化的北平"难以真正变成"奴化的北平"。

二　古迹里的空间记忆

在时间的坐标轴上，相对于全国来说，沦陷状态使北平处于时间的扭曲中，因为日本侵略者为了使这座城市进一步"奴化"，篡改了北平的时间。"平市时间，一切伪机关均改用东京标准时刻，较平市时间提前一小时。各机关虽改至下午一时下班，实为正午十二时也。初改东京时间时民

---

① 亨利·列斐伏尔：《空间的生产》，第 326 页。
② 《作家行踪》，《大公报》（香港）1938 年 11 月 11 日，第 8 版。
③ 蹇先艾：《古城儿女》，第 68～69 页。
④ 乃仁：《故都归鸿》，《宇宙风》第 72 期，1938 年，第 312 页。

众极感不便，如办公、旅行、约会等事，误会不一而足。所发通告、启事、请柬，往往须注明'新时间''标准时间'字样。更有无耻媚敌之徒，称此为'亲善时间'者。"① 日伪既对北平布局重新规划和进行有特权意味的改造，又试图把北平抛进以日本东京为中心的时间流中，由此拉开沦陷区与中国其他地区的时空距离，使北平产生时空沦陷之感。甚至，日伪妄图以此方式达成沦陷区对于"大东亚共荣圈"的时空认同。但是，北平城里未被日伪驯服的、有着指向他们权力的反抗意味的空间，也同样未被"标准时间"驯服。这些空间仍然处于自己民族的时间线上，既经历了民族过去的历史，又跳出了侵略者所扭曲的时间，回归到其原本的时间链条上，从民族的视角对沦陷历史进行记录，由此产生了"空间记忆"。

"空间记忆"是一个将空间与时间组合的词语，"所有的一切都镌刻在了空间中。过去留下了自己的踪迹，时间都有其自己的印记"。② 时间虽然流逝且不可捉摸，但它们却能被空间记录下来，空间见证了时间流逝里的一切变迁，它目睹了历史。在这个意义上，沦陷区的古迹折叠了双重时间，即古迹经历过的历史和沦陷时期的历史现场，此时的空间在两个时间中产生交叠，它既是民族历史的亲历者，又是被侵略者蹂躏的对象。因此，写于战时的作品对北平古迹的描摹则包含了这两种时间意涵意义，在一个横向的空间里有了历时的叠加，作品才呈现出了更加丰富的意蕴。

对于抗日战争来说，"空间记忆"最为典型的古迹是卢沟桥，它既代表了中国古代桥梁艺术发展的巅峰，又是日军全面侵华的起点，这两种时间意涵被重叠了卢沟桥上。沦陷期间，就读于辅仁大学国文系的董毅在他的日记里记载了卢沟桥上关于当时日军侵华的记忆："车站南边小土丘就是一文学山，山上有一纪念塔，未上去，也就是'大东亚圣战'的发祥地，山下西边有一纪念碑，上刻四年前于此发第一枪及战死之六名日本兵姓名"，"西门城楼被炮轰了半边，根迹宛在，想见当时的战况"。③ 因为卢沟桥成了被侵略的起点，它在作家的笔下有了"血染的颜色"，桥梁上精

---

① 《别一个世界　北平在敌人统治下　民众不能自由呼吸》（续），《大公报》（重庆）1939年2月9日，第4版。
② 亨利·列斐伏尔：《空间的生产》，第57页。
③ 董毅：《北平日记（1939年～1943年）》第4册，第1272页。

美的石狮子体现出更多苍凉、悲恸的哀思。有人在散文里写到他回忆起全面抗战爆发前，火车经过卢沟桥时，同车的三位女士争吵着要数清楚卢沟桥上的狮子，而当他面对 1939 年的卢沟桥时，想到的是"卢沟桥已给血染过，这血渍在风雪洗刷中有了两年，过路人还看得出看不出？并且为的是什么原因？坐车子的也许有人不敢想，也有人快忘了"。① 卢沟桥以外，日本的暴行也同样印刻在了北平其他古迹上，并且这种印记是能被国人感知且撼动了他们的心灵的："向午的太阳照在故宫的琉璃瓦上闪着鱼鳞似的光芒，一片又一片；但在这一片与一片的阴影里正隐藏了流水似的日本兵在午夜里造成的一段一段的罪恶。这些罪恶是一只手擎着欺人的招牌之外的另一只手造成的，所以这些在他们的光荣史上不肯记载。"② 如果以侵略者的时间来看，在他们的历史里是难以把罪行写入的，但故宫在沦陷区里跳出了侵略者的时间，不仅在物质层面见证了被侵略的北平，也在心理层面让人感受到它与侵略者时空的不相容，从而在民族历史和文化认同感的维度上产生了共振。

此外，沦陷时期，作者对北平古迹描摹的色调往往是古旧的，且加上了凄怆的色彩，这是历史时间与沦陷时间的叠加所产生的效果。在沦陷区外抗日大潮的汹涌中和物理时间不断向前的事实层面衬托下，不少作者笔下的古迹空间呈现了时间的停摆，这些古物无声地凄凉着、失落着。"西长安街上，路还是那样悠长，人影也不少，可是为什么相对无声？……我于是带着铅重的心，惶惑着跶入北海，却只见一片枯苇，荆棘纵横，那里有牡丹？那里有芍药？并没有清新的柳色，也没有庭庭的荷花。"③ 虽然枯苇和荆棘纵横或许只是季节变换造成的自然现象，但呈现在作者的心理层面，这样的西长安街和北海仿佛看不到时间的向前，衰败被定格在空间里，和作者一同哀悼着城市沦陷的悲剧。但是，在荷花开放的什刹海，作者的心理感受上时间仍然在停摆着："长街泛滥着尸首的臭味，古柳下，再没有抽旱烟的老头讲说前朝的故事。""西风吹散十刹海的荷香，垂杨外，一片烟波清凉。长堤上，谁捻玉笛歌吹：'西风，残照，汉

---

① 刘雷：《长途》，《大公报》（香港）1939 年 11 月 17 日，第 8 版。
② 赫公：《阴影和黑夜》（上），《大公报》（汉口）1938 年 3 月 7 日，第 4 版。
③ 长之：《梦中故都行》，《大公报》（重庆）1940 年 5 月 26 日，第 4 版。

家陵阙！'"① 即便什刹海年年有十里荷香，但此时，荷花也只能作为民族历史的祭奠品。什刹海的时间在此刻延宕在暴行所造成的惨状里，空间里没有游人的生机，只有尸首和不能言语的自然、建筑，似乎物理时间的流逝独与沦陷的北平无关。在时间的停摆中，貌似静止的空间记录了北平在沦陷时诉不尽的苦痛和悲凉。《南渡记》里同样展现了这样一种空间中所产生的人心理上的时间停摆之感："天色阴暗，绿树梢头雾蒙蒙的。巍峨的天安门、正阳门变矮了，湿漉漉的没有精神。前门车站满地泥泞，熙攘而沉默的人群显得很奇怪。人们都害怕随时会有横祸飞来，尽可能不引起注意。人来人往，没有喧闹，没有生气。谁也不看谁，像在思忖自己生长的地方属了别人这奇怪事。"② 天安门、正阳门这些古建筑仍旧巍峨，高大的外形依然能让人体会到其辉煌历史，但脚底下的土地却"换了主人"，时间仿佛已经停滞，令人捉摸不透真实的时空。

"空间记忆"的另一个维度，是人们在满眼虐杀、惨痛的北平里对这座城市作为文化古城时的回忆。当把北平与文化古城联系在一起时，人们最深的印象就集中在城里众多的古建筑上，"提起她的名字，那巍峨的城垣和瑰丽的宫殿便浮在眼前"。③ 知识分子、作家们都热爱着文化的北平，不只在于它华美的古迹建筑，更在于这些建筑群背后所彰显的历史文化以及由此构成的典雅的文化氛围。因此，在入侵者的蹂躏下，他们在这些古迹上回忆起了曾经的北平，其中含着哀悼的意味。"这回让我深深动心的，却是北平的文化空气。北平的文化空气，并不是因为北平之故而使然，却是因为中国传统数千年的文化之故而使然……北平的空气是那样和易、简约、雍容、大度，人与人可以相安，然而并非不深挚，并非没有力量，不过力量在潜藏着的。"④ "记得去年前的也是这个高秋光景，我曾经就在这一带，很赏识地初次对于童时便已憧憬的这个古都印象了。回顾西山，永远那么苍苍，高秋爽气，近的好像城根儿就是，或者竟在城里。前瞻天安门，绿叶成荫，中秋翌宵的昨晚，我还缓步从这些荫影的错综间凝视嫦娥

---

① 马文珍：《北平秋兴》，《宇宙风》第 68 期，1938 年，第 95 页。
② 宗璞：《南渡记》，第 228 页。
③ 宏毅：《忆北平》，《宇宙风》第 57 期，1938 年，第 337 页。
④ 书生：《缅怀文化城的北平》，《大公报》（重庆）1940 年 11 月 5 日，第 3 版。

宫。"① "北平古城至今虽然沦陷了有五个多月，但一想到古城的旧年景象，和逛庙的人众拥挤情形，不仅使我更亲切地忆起北平。"② 在他们的回忆里，饱含着对北平城的深情，但在沦陷的特殊时期，这种深情又被叠加了更复杂的情感色彩。由于作为文化古城的北平，它的雍容、典雅、和谐只属于和平时期，而作者写作时所真正身处的北平却为入侵者所践踏，即便沦陷前后的物理空间没有改变，但当作者依托空间对曾经的北平进行缅怀时，便能使人感受到文字背后的凄怆。

虽然空间记忆了时间，历史在古迹上留下了痕迹，但空间也不会言语，只能沉默，它们成为一种历史的见证，默默哀悼着故都的沦陷。"地安门依旧站着，显得老实而无能，三个门洞，如同大张着嘴，但它们什么也说不出。它们无法描绘昨夜退兵的愤恨，更无法诉说古老北平的创伤。它们如同哑巴一样，不会呼喊，只有沉默。"③ 无论是在古迹上印刻的战争的惨烈和血雨腥风，还是人们在空间里体验到的"时间停摆"之感，或是对战前典雅、雍容的文化古城的回忆，它们都在侵略者扭曲的时间之外，真实地记录着那些不会被写进扭曲时间里的伤痛和对侵略者的反抗、愤怒。

三 空间记忆中三重时空的交叠

"空间记忆"不限于一种战时的感受，如果讨论到战后关于抗战的文学，更是增加了追述者的时间，使得文本中对古迹的书写叠加了三重时间的维度：对古迹所包蕴的荣光的缅怀，对沦陷时期历史现场的悲恸回忆，以及战后的凭吊和不能遗忘的屈辱。作家把古迹作为书写对象时所产生的三重时间维度的交叠，展现了与战时文学不同的空间记忆性，其中的思想内蕴也更为繁复。

在小说里，当作者与叙述者处在不同的时间里，二者之间产生时间的交互，这种形态的空间记忆就更为明显。在这种形态中，不是叙述者与作者的话语和态度的分离，而是二者的时间错位，由此产生了思想叠加。

① 顾良：《走出北平笼城》，《宇宙风》第 50 期，1937 年，第 68 页。
② 春风：《忆北平的旧岁》，《宇宙风》第 62 期，1938 年，第 49 页。
③ 宗璞：《南渡记》，第 76 页。

《四世同堂》里对北平城里古迹的描写并不是很多，更多地集中于沦陷时北平平民空间的展现，但我们也还能在其中找到个别对于古迹建筑的描摹。这些文字里作者与叙述者的时间错位，使我们既能读出叙述者的态度，感受到叙述者所在的"沦陷时间"，又能明显体验到文字背后作者的态度。在北平陷落时，作品里有着这样的感慨：

> 最爱和平的中国的最爱和平的北平，带着它的由历代的智慧与心血而建成的湖山，宫殿，坛社，寺宇，宅园，楼阁与九条彩龙的影壁，带着它的合抱的古柏，倒垂的翠柳，白玉石的桥梁，与四季的花草，带着它的最轻脆的语言，温美的礼貌，诚实的交易，徐缓的脚步，与唱给宫廷听的歌剧……不为什么，不为什么，突然的被飞机与坦克强奸着它的天空与柏油路！①

在叙述者层面，那些湖山、宫殿、坛社、楼阁记载着中国古代的历史，凝结着中华的艺术与智慧，它们是民族的一种象征，可这些美丽典雅的古迹却连同北平城一起沦陷了。这一层面的空间记忆如我们上节所分析的那样，既铭刻着历史文化，又记录了沦陷日子里的情绪。而如果再增加一层作者的时间之维，我们可以看到的是处于抗战末期的老舍对于北平沦陷瞬间的凭吊。那一天在历史的链条上是令人难以置信的，沦陷的瞬间在作者的心里留下了永久的阴影，他为民族文化的沦陷而悲泣，为这一文化城的陷落而痛楚，也为战争的发生而惊心动魄。对于小说里的人物而言，作者是已经知道将要发生的那些惨剧、饥荒的先知者，当他再次站在沦陷的起始点上，看着依旧典雅美丽的宫殿楼阁，眼见着巨大的悲剧朝小说里的人物汹涌而来，于是产生了"不为什么，不为什么，突然的被飞机与坦克强奸着它的天空与柏油路"这样带有荒诞情绪的悲叹。

作者把饥荒年月城里城外的景象与往昔做了一番对比：

> 在往年，这季节，北平城里必有多少处菊花展览；多少大学中学的男女学生到西山或居庸关，十三陵，去旅行……
>
> 现在，西北风，秋的先锋，业已吹来，而没有人敢到城外去游

---

① 老舍：《四世同堂》，北京十月文艺出版社，2012，第30页。

览；西山北山还时常发出炮声。即使没有炮声，人们也顾不得去看霜林红叶，或去登高赋诗，他们的肚子空，身上冷。①

和平时期的北平秋季，是鲜艳的、灿烂的，古色古香的建筑里孕育着青春的诗意；而今，城外的古迹、自然风光已经无人问津，只有炮火的轰鸣和饥寒的民众。写这段文字时，抗战已经取得胜利，老舍再度回望沦陷岁月里的苦难生活，看到了古迹里印下的凄凉，既是他热爱的北平的悲剧，也是民族历史的悲剧。

类似的在古迹空间上的时间叠加，在战后的其他抗战小说里也有出现。骞先艾在《古城儿女》里写道："长街上，冷静中，掺和着隐隐的恐怖的气氛。人工造成的冬日的景象，已经主宰了全城，从这故都的繁华的一隅，便看得出来。"② 虽已不再是战时，但作者仍能通过古迹感受到沦陷时期的肃杀氛围。《南渡记》里"碧初下车，在人群里慢慢走，忍不住打量高大的城楼。城楼巍峨依旧，它怎知换了主人！"③ 作者通过古迹对沦陷时期进行再描述、再书写，还原北平沦陷时全城的紧张、绝望状态。同一处空间经历了历史的繁华、战争的残酷与战后的回望，可以说，古迹勾连了全部的历史，这一对战争的凭吊也更具有了悲凉意味。

沦陷时期，张秀亚就读于辅仁大学，经历了沦陷的困苦，在她后来的散文里，她大量回忆了这段时期里的生活，尤其对北平的古迹胜景进行了详细的描写。在北平沦陷的这段时间里，辅仁大学是与燕京大学、中国大学共同作为未被日伪控制的华北地区的"教育孤岛"，给予了师生思想和生活上的庇护，使他们免受日伪的侵袭。正是在这样的条件下，张秀亚等辅仁学子才能在特殊时期以辅仁大学为原点，徜徉于北平的名胜古迹之中，从这些宏伟而精致的建筑里寻找精神的慰安。张秀亚的散文里以诗意的笔墨回望了她流连过的古迹："古城的秋天，显得多么的沉静，多么的忧郁，越变越浅淡的下午的日影，梦一般的覆罩在护城河的浅水上，几朵睡莲，懒洋洋的开了，它们似乎忘记了季节，才开得这么迟，然而，多赖

① 老舍：《四世同堂》，第482页。
② 骞先艾：《古城儿女》，第3页。
③ 宗璞：《南渡记》，第152页。

这迟开的花朵，点缀这寂寞的河水。"① 古城墙"是一片美丽的火焰，一些归鸦，正如一个诗人焚烧的手稿化成的，片片点点，成了天空极其别致的点缀，这时，土红色的古城墙，墙边郁郁的古柏，和归鸦的黑点子配成一幅色彩鲜明的谷柯的画"。② 虽然这些文字表面体现了北平古迹的典雅和精美，但它们在沦陷时期却有着特殊的意义。张秀亚曾在《辅仁生活》发一"特别启事"："鸟不可与兽同群，斯人亦非我徒，处此扰攘世界，但求独善其身而已。"③ 在沦陷时期的北平，张秀亚无法喊抗敌的声音，只得埋头读书，在那些古香古色的空间里找到民族认同感，辅仁大学和这些古迹胜景为她提供了身体和心灵的方舟。在台湾，当她再次回忆起北平的一切，想到的是"在那敌骑纵横、气压极低的环境下，希望保持住一片净土，来培养一些热爱民族，富于智慧、学养的中华儿女"。④ 她曾经流连过的那些古迹不仅记录了她战时求学的艰辛，对于写作这些散文时已身处台湾的她而言，北京的古迹胜景更是成为她"精神回乡"的文化符号。

从"空间记忆"的层面出发，我们可以发现在战后文学对北平古迹的书写中交叠着三重不同的时间维度，它们在一个共同的空间里流淌，由于"异代同地"而在这个空间里产生了更为深挚复杂的情感内涵。

余　论

亨利·列斐伏尔讨论了空间的"三位一体"概念，即一个完整的空间由作为日常生活和物质基础的空间实践，被规划师、城市学家等规定和描述的空间表象，以及具有象征意义的表征性空间构成，其中表征性空间与文学艺术直接相关，是人对于空间中关系的特殊体验而形成的感观。可是，"它们是否能够联结为一个统一的整体，则是另外一回事。它们也许只有在适当的环境中，例如当一种共同的语言、一种共识，或一种符码可以建立起来的时候，才可能做到"。⑤ 显然，北平沦陷时期，即便日伪尝试

---

① 张秀亚：《枫叶》，《荷塘之忆》，陕西人民出版社，1998，第178页。

② 《落日》，赵立忠、田宏选编《张秀亚作品选》，陕西人民出版社，1987，第31页。

③ 《张秀亚特别启事》，《辅仁生活》第10期，1940年，第12页。

④ 张秀亚：《冬阳》，《种花记》，江苏文艺出版社，2007，第91页。

⑤ 亨利·列斐伏尔：《空间的生产》，第62页。

在空间实践和空间表象层面建立某种统一性，但在表征性空间仍存在着对抗性力量，不断把扭曲的时空向原本的历史归位，拒绝"日伪化"，而转向记载城市的悲剧，体现出民族国家强大的认同感和召唤性，本文所讨论的古迹胜景就是这种力量之一。作为"纪念碑性建筑"，在日伪对北平城空间进行具有权力意味的重新规划时，古迹借由空间的身体可感知性，成为民族的象征，不断给予沦陷区民众抵抗苦难和进行抗战的力量，从而形成了指向日伪权力的"空间对抗"。当日伪企图将北平时间改以东京时间为标准，把北平划入日本历史的时间轴时，古迹则出离了侵略者的时间，对民族的历史与被蹂躏的现实进行了"空间记忆"，并在战后成为灾难的凭吊者，叠加了三重时空，时刻警醒人们不忘悲恸和屈辱的往事。

　　由于北平沦陷时期古迹产生的"空间对抗"和"空间记忆"，古迹不只是物质层面上空间实践的呈现，它还在日伪政府规划的空间表象与具有象征性意味的表征性空间之间产生了分裂。当然，那些亭台、楼阁、宫殿本身并不会言说出这种分裂感，它们依靠战时和战后作品的呈现才使分裂感出现在可被感知的语言层面。借由作家和文本，北平沦陷时期古迹里的"空间对抗"和"空间记忆"得到了具象化的展现，我们也才能体会到蕴藏在古迹里的那种对侵略者无声的反抗与对民族深厚的认同感。对于沦陷时期的北平城来说，一些特殊空间也同样具有这种对抗和记忆的功能，如当时未被"日伪化"的辅仁大学、燕京大学等几所高校，生意依旧的电影院、戏园（列斐伏尔认为休闲空间是一种具有张力的"反空间"）等场所，虽然这部分空间对于日伪政治的挫败是无声的，但空间战略所蕴含的反抗与鼓舞力量却是巨大的。而把北平特有的古迹空间作为切入点，则可以对沦陷区内部的这种差异空间进行深入探讨，为探求宏大历史叙述之下沦陷区的微观日常生活及抗战潜流提供一种独特的视角。

作者：李茜烨，中山大学中文系（珠海）

（编辑：龚宁）

晚清成都城市意象解读[*]

贾　强　罗仁人

内容提要　本文利用凯文·林奇城市意象理论解读晚清成都城市空间形态特征，发现晚清成都城市街道特征鲜明，但方向性和连续性较弱。边界和区域元素鲜明，反映出晚清时期的成都是一座秩序严格、政治功能突出的城市。以衙署前广场、城门、桥梁为主要节点，体现出中国传统城市的共有特征。标志物元素丰富，彰显出城市与河流的共生关系和盆地城市的独有特征。晚清成都城市意象既是对城市形态特征的高度概括，也是旧时代谢幕前中国城市的缩影。

关键词　成都　城市意象理论　晚清

随着近代城市人口的增加和城市职能的转变，传统的城市空间形态逐渐不能适应社会需求。与此同时，西方近代城市规划思想借由强势的工业文明传入中国，并以建设租界的形式呈现出来。在内在需求和外在影响的双重作用下，以沿海开埠城市为肇始，中国的城市经历了持续而广泛的空间改造过程，"将以往城墙城濠包裹着的，由官署、书院、庙宇、军营等要素构成的政治中心城市，改造为一幅由平直的马路、地下排水管道系统、新式的建筑、公园、机械动力的交通工具等构成的全新的、相似的面貌"。① 中国城市的近代化空间改造顺应了时代的更迭，是中国从传统社会

---

* 本文系国家社科基金一般项目"元明清丝绸之路中国段城市景观变迁研究"（19XZS032）、成都市哲学社会科学重点研究基地成都历史与成都文献研究中心项目"近代中外游记中的成都城乡景观研究"（CLWX21011）、西华大学人才引进项目"近代嘉陵江上游地区城镇地理研究"（W202325）的阶段性成果。

① 刘雅媛：《近代城市空间改造的时空进程》，《云南大学学报》（社会科学版）2017 年第 1 期。

向现代社会转型的直观反映。但片面引入西方城市规划理念，以及由此造成的相似且简单的改造模式，也导致不少城市丧失了其原有的"个性"，弱化了中国传统城市的独特魅力，甚至造成千城一面的负面效应。正如侯仁之所指出的："这些历史悠久的旧城市，除某种共性之外，还无不具有本身的发展规律和特点，充分揭示其规律和特点，既是城市历史地理研究的重要任务，又是改造旧城市所必不可少的知识。"① 挖掘各地城市的历史文化内涵，解读其独特的城市魅力，为新时代的文化自信注入新的元素，应是未来历史城市地理研究的一个重要方向。而凯文·林奇的城市意象理论为相关研究提供了一种路径。他认为城市具有可读性，通过观察和感知城市中的重要景观元素，可以在脑海中勾画出一幅完整的图像，即城市意象。城市意象正是对城市空间形态特征的高度概括，通过对不同时期城市意象的解读，有助于从整体上把握城市发展的历史规律和时代特征。② 本文聚焦晚清时期的成都，主要从外国人的视角出发，解读在时代更迭背景下成都城市的空间应对和时代特征。这不仅有助于了解晚清时期中国城市的真实面貌，也可为城市未来的开发和规划提供借鉴。凯文·林奇认为道路、边界、区域、节点和标志物是构成城市意象的重要景观元素，③ 故本文从这五个方面入手，分析晚清成都城市的空间形态特征。

一 晚清成都城市意象中的道路元素

道路是观察者在城市中的移动通道，是城市意象中的主导元素。人们正是通过道路进入并观察城市，而其他的元素也是沿着道路展开布局。

---

① 侯仁之：《城市历史地理的研究与城市规划》，《地理学报》1979 年第 4 期。

② 对此，学界已进行了一些尝试，如王均《现象与意象：近现代时期北京城市的文学感知》，《中国历史地理论丛》2002 年第 2 期；王长松《18 世纪中叶至 20 世纪中叶乌鲁木齐城市与区域意象研究》，《干旱区资源与环境》2009 年第 6 期；武强《清代中期开封的城市意象：以〈歧路灯〉为中心的讨论》，《兰州学刊》2012 年第 12 期；武强《近代上海城市变迁中的港口：以城市意象理论为线索》，《都市文化研究》2014 年第 1 期；乌铁红《清代归绥城往日城市意象解读》，《内蒙古社会科学》（汉文版）2014 年第 2 期。但所据材料多为传统诗词、文人笔记等，罕有透过外国人视角进行探讨者，传统文人著作对城市景观和空间结构的描述较少，且往往遵循固定的写作模式，相较而言，晚清来华的外国人对中国城市的描述更为多面、立体。

③ 凯文·林奇：《城市意象》，方益萍、何晓军译，华夏出版社，2001，第 2 ~ 5 页。

近代成都城内街道众多，其中连接四座城门的东西南北四条大街最为重要，因为它们是外来者进入成都城的必经之路。与其他街巷相比，这几条街道十分宽阔。日本人山川早水曾将成都的街道和上海对比，"在成都城内排名第一的东大街却足有十七八米之宽，其他各大街也不逊色。同不能两轿并行的上海城内的街道比，真是不可同日而语，真有大城市的气派"。① 这些街道不仅宽阔，而且铺砌石板，显得更加平坦整齐。德国人魏司表示："成都的主街道很宽，用砂岩板铺得整整齐齐。"② 此外，来到成都的外国人大多感叹，成都的街道相较于其他城市格外干净。法国人古伯察看到成都的"主要街道宽阔，完全用石板铺成，非常清洁"。③ 英国人坎普甚至认为"成都无疑是中国最洁净的城市"。④ 石板铺就的宽阔、干净的街道，是晚清进入成都城内的外国人最先捕捉到的景观，他们沿着这些主干道，进一步观察这座城市。而街道两旁鳞次栉比的店铺和街道上熙熙攘攘的人所构成的热闹场景，成为继宽阔、干净后观察者所感受到的街道的第三个特征。作为西南重镇，成都城内"货物市肆似于京中较盛"，⑤"城大街狭市中人，摩肩擦背，拥挤不开"。⑥ 英国人谢立山便写道："在成都停留的两天，我在城中许多大街小巷穿行，尽管当时一直都在下大雨，但大街上行人依然熙熙攘攘，到处都是衣着艳丽和生活富足的人群。"他还特别注意到街边店铺的招牌，"大片金色的和其他五颜六色的招牌不仅在装饰街道，同时也在宣传店铺的品牌（而不是店主的名字）以及廉价出售的货物"。⑦ 色彩缤纷的招牌加深了观察者对成都街道的印象。

与东南北大街热闹的景象相比，西大街略有不同。清朝在成都城内西

① 山川早水：《巴蜀旧影：百年前一个日本人的巴蜀行纪》，李密、李春德译，四川人民出版社，2019，第64页。
② 魏司编著《巴蜀老照片：德国魏司夫妇的中国西南纪行》，四川大学出版社，2009，第79页。
③ E. R. 古伯察：《中华帝国纪行——在大清国最富传奇色彩的历险》（上），张子清等译，南京出版社，2006，第46页。
④ 坎普：《中国的面容——一个英国女画家尘封百年的记忆》，晏方译，中国工人出版社，2009，第126页。
⑤ 佚名：《栈程随笔》，《历代日记丛钞》第97册，学苑出版社，2006，第597页。
⑥ 文祥：《蜀轺纪程》，《辽海丛书》第4册，辽沈书社，1985，第2612页。
⑦ 谢立山：《华西三年：三入四川、贵州与云南行记》，韩华译，中华书局，2019，第69页。

南部修建满城，供驻防八旗兵及其家眷居住。成都西城墙即为满城西墙，成都西城门亦为满城西门，此门成为满族人专用通道（见图1）。连接此门的西大街两侧不见店铺而是林荫地，伊莎贝拉·伯德观察道："从西门进入，城门非常壮丽，通过绿色的林间空地进入鞑靼人居住区。"① 然林荫大道也并非满城所特有，实际上成都不少街道两侧都种植有各类树木，庭院内的树木也会越过墙头伸向街道。正如英国人坎普所描述的："城里许多地方都格外生动如画，宽阔的通衢大道上有各种各样美丽的树木遮阴。"② 绿树成荫成为继宽阔、干净和热闹之后，外国人所观察到的成都街道的第四个特征。这些特征极大地提高了成都街道的可意象度。

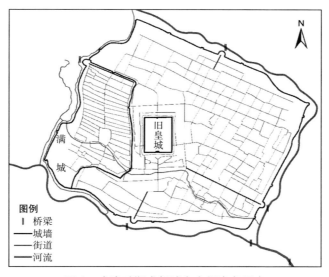

图1　晚清时期成都城市空间意象示意
资料来源：以成都市档案馆藏《清宣统三年成都街道二十七区图》为底图进行改绘。

　　而在所有街道中，东大街无疑是令人印象最深刻的一条。从主观角度看，当时的外国人往往自东部而来，经东门进入成都城，因此东大街成为他们进城后踏上的第一条街道。陌生感和新鲜感让观察者不由自主地格外留意这条街道。从客观角度看，东大街几乎是成都最重要的街道，拥有其

---

① 伊莎贝拉·伯德：《1898：一个英国女人眼中的中国》，卓廉士、黄刚译，湖北人民出版社，2007，第251页。
② 坎普：《中国的面容——一个英国女画家尘封百年的记忆》，第128页。

他街道所不能比拟的特质。始于南城门的南大街在向北延伸 600 米后便中断，折向东成为红照壁街。而连接北城门和北东街的北大街全长仅 300 余米。西大街则位于满城内，在沿满城北墙延伸约 600 米后为满城东墙所阻。相比之下，东大街是连接城内外的四条大街中最长最宽的一条街道，全长 1.6 公里，连通东城门和位于城中央的旧皇城，[①] 具有强烈的进入和指向意义。

晚清成都城市街道特征鲜明，但道路的方向性和连续性较弱，这与成都城的总体布局有关。成都城并非坐北朝南，而是略有偏斜，呈现为坐东北朝西南，"整体呈东南偏东和西北偏西延伸"。[②] 这就导致城内主要道路均是东北—西南和西北—东南走向，"故行人问路，答者不言南北东西"，[③] 道路的方向性较弱。同时由于旧皇城和满城的存在，无论横向还是纵向，成都都缺少贯通全城的干道，因此道路的连续性亦较弱。从总体上看，成都城东北部街道虽非正南北、正东西走向，但道路网呈规则棋盘状，是成都城内道路方向性和连续性最强的区域。中部由于明初修建蜀王府时采取坐北朝南格局，故而造成周边大量道路中断和转向。西部满城内道路则自成系统，为主街串联胡同式格局，呈"蜈蚣"状。这两处区域的道路网与整个城市相比显得有些格格不入。而城南区域道路则更显得杂乱无序，进一步弱化了道路的方向性和连续性。对此日本人山川早水描述道："街道除满城和成都、华阳两县的北部外，其他全无规划。走入小街或者称之某某巷的支路时，尤为复杂。场地虽小，但如果不熟悉地理，犹如踏进迷宫。"[④] 复杂的道路网给外来观察者带来不小的困扰。

二　晚清成都城市意象中的边界和区域元素

边界是有别于道路的线性元素，通常是两个区域的分隔线；而区域是

---

① 明初，朱元璋封其第十一子朱椿为蜀王，并命人在成都城内营建蜀王府，蜀王府因规模雄伟、金碧辉煌而被百姓称为"皇城"。明末蜀王府毁于战火，但遗址尚存，清代在其基础上设立贡院，但"皇城"作为地名得以保留（其位置见图1）。

② 威廉·吉尔：《金沙江》，曾嵘译，中国地图出版社，2013，第 121 页。

③ 孝顺武：《川行日记》，《古籍珍本游记丛刊》第 6 册，线装书局，2003，第 3202 页。

④ 山川早水：《巴蜀旧影：百年前一个日本人的巴蜀行纪》，第 69 页。

城市内中等以上的分区，在区域范围内具有某些共同的能够被识别的特征，观察者在心理上有"进入"其中的感觉。

（一）边界元素

就晚清成都而言，城墙显然是最重要的城市边界。成都城墙高大雄伟，范围宽广，"高三丈，厚一丈八尺，周二十二里三分"①。城墙在空间上闭环为方形，将城内与城外隔为两片区域，给人难以逾越之感。对于晚清时期的外国人而言，高大绵长的城墙是成都给他们的第一印象。对此，不少人有过细致描述，如英国人威尔逊写道："这座城市的城墙宏伟，周长约有9英里，有4座漂亮的城门穿过8个棱堡。城墙高35英尺，基部宽66英尺，顶端宽40英尺，边缘有圆齿状的垛口。"② 英国人坎普则惊讶于城墙顶部的宽度，"城墙顶上宽阔平整得足以跑一辆豪华的马车——说不定四五辆车可以轻轻松松地并排而行"③。除感叹规模庞大外，外国人还发现成都城墙被维护得相当精细，通体铺砌青砖。伊莎贝拉·伯德写道："气派的城墙维护得令人赞叹……用非常精密而坚固的砖贴面。"④ 日本人中野孤山感叹："（城墙）表面全部以两尺左右的中国式青砖铺就，蜿蜒四五十里，实乃西部中国之雄镇。"⑤ 总体来看，晚清外国人对成都城墙的直观印象可以概括为庞大、雄伟且坚固。

高大的城墙让人有难以逾越之感，而护城河的存在更强化了这一感觉。成都城"北、东、南三方有河环绕……两条河汇于城的东南角，成为岷江。……西边一带也有水流，但只不过是小小的沟渠"⑥。府南河从北、东、南三面绕城流过，加之西面的饮马河，进出城池须跨越这些河流。城水相依，金城汤池，共同构成了晚清成都城的双重边界线。此外，在被城墙和河流包围的城内也存在一些明显的边界。

首先是满城城墙。康熙五十七年（1718）在成都城西南部修建满城，

① 《同治重修成都县志》卷1《舆地志·城池》，《中国地方志集成·四川府县志辑》第2册，巴蜀书社，1992，第43页。
② E. H. 威尔逊：《中国——园林之母》，胡启明译，广东科技出版社，2015，第95页。
③ 坎普：《中国的面容——一个英国女画家尘封百年的记忆》，第133页。
④ 伊莎贝拉·伯德：《1898：一个英国女人眼中的中国》，第254页。
⑤ 中野孤山：《横跨中国大陆——游蜀杂俎》，郭举昆译，中华书局，2007，第97页。
⑥ 山川早水：《巴蜀旧影：百年前一个日本人的巴蜀行纪》，第62~63页。

"将军、都统及驻防兵在西，即少城也，其余各衙门均在东城"。① 在之后的近两百年时间里，满城城墙一直是成都城内的重要界线。"满、汉两个民族虽然居住在只有一墙之隔的地方，但此墙竟成为长期以来满、汉之间的障碍。"② 在观察者眼中，满城城墙是有形的空间界线，同时也影响了满汉民族之间的交流。

其次是旧皇城城墙及御河。明初在成都城中央修建蜀王府，并引金河水绕皇城一周为御河，"（旧皇城）东南西北开四门……城外环绕着一条小的护城河，俗称为御河"。③ 清初在蜀王府废址上设立贡院，清末废除科举后旧皇城内部"大部分成为学校，一部分成为军械兵饷的仓库所在"。④ 尽管旧皇城有城墙、御河双重边界，但观察者认为，相比于满城城墙，其边界特征较弱。

最后是自西向东穿城而过的金河，"其水由西贯城而东，舟楫便民，历代修之"。⑤ 英国人伊莎贝拉·伯德便观察道："一条河岸由石头铺面的小溪，从东到西流过成都，频繁有桥跨越其上。"⑥ 威廉·吉尔也关注到"一条宽约 30 英尺的河流自西向东穿城而过，有些河段两岸非常陡峭"。⑦ 但因金河河道较窄且桥梁众多，观察者有轻易跨越的感觉，所以金河的边界特征并不突出。

（二）区域元素

区域与边界相辅相成，上述边界基本决定了成都城的区域格局。

1. 城内与城外。城墙将成都划分为城内与城外两个区域，城内是鳞次栉比的建筑，城外则是广袤的平原。农田、溪流、庙宇和村庄分布在平原上，外围环绕着高大的树木，形成特有的川西林盘。"两岸植满树木（主

---

① 陶澍：《蜀輶日记》，《陶澍集》，岳麓书社，1998，第 537 页。
② 山川早水：《巴蜀旧影：百年前一个日本人的巴蜀行纪》，第 66 页。
③ 山川早水：《巴蜀旧影：百年前一个日本人的巴蜀行纪》，第 66～67 页。
④ 《入蜀纪行》，沪友会编《上海东亚同文书院大旅行记录》，杨华等译，商务印书馆，2000，第 91 页。
⑤ 《粟奉之日记》，江潮、高明祥整理，《中国近现代稀见史料丛刊》第 4 辑，凤凰出版社，2017，第 228 页。
⑥ 伊莎贝拉·伯德：《1898：一个英国女人眼中的中国》，第 254 页。
⑦ 威廉·吉尔：《金沙江》，第 121 页。

要是杨树）的河道和农田、村庄密布在平原上，以及众多精致的寺庙和道观被高大的树木包围着。"① 但需注意的是，城墙并非完全意义上的城市边界，在城门附近，特别是东门外府河与南河交汇处，是各类货物的重要集散地，其繁忙度不亚于城内，因此两岸也有不少民居商铺等建筑。

2. 满城。满城作为八旗兵及其家属驻地，在空间格局、街道建筑及人们外貌等方面与汉族聚居区存在诸多差异。从空间格局上看，满城的建筑密度较低，存在不少空旷的地方，特别是西南一角几无建筑。这些地方被开辟为菜园和花园，英国人谢立山便看到"满城很多土地树木茂密，被划为菜园"。② 因此在视觉上，满城的绿化率较高，英国人伊丽莎白直呼："满族人的居住区则是城里风景最好的，饱经风霜的村庄点缀在散乱的花园和漂亮的树林中间，别有韵味。"③ 从街道建筑上看，满城的街道普遍比较宽阔，但没有像汉族聚居区的主街道那样铺砌石砖，两旁虽有店铺，但较为冷清。④ 从人们外貌来看，"满人多留胡子，容易辨别，长相与汉人区别不大；女性也大致如此，不过脸盘要比汉族女性更宽大，她们不缠足"。⑤ 更吸引观察者的是，与汉族女子深居闺房不同，满族女子可随意走出家门。"她们外着长袍，头上插着玫瑰，像在满洲一样，站在门口与她们的朋友说话，男女不避，有点像英国妇女那样安闲和自由。"⑥ 但有的过于安闲了，对此谢立山直言："生活在这里的旗人，尤其是女人，衣着懒散、邋遢；满城里所有的一切都显示旗人们依赖政府发放的旗饷生活。"⑦

3. 旧皇城。在晚清时期，旧皇城给外国人两层印象：一是文化教育重地。清初在旧皇城遗址上设立贡院，其成为科举考试重地。贡院中轴线上分布着致公堂、明远楼等高大建筑，两侧则是密密麻麻的低矮考棚。法国

① Archibald Little, "The Irrigation of the Chentu Plateau," *Scottish Geographical Magazine*, Vol. 20, No. 8(1904), p. 394.
② 谢立山：《华西三年：三入四川、贵州与云南行记》，第69页。
③ 伊丽莎白·K. 肯德尔：《中国漫行记——清末西南及蒙古之行印象》，高丹、陈如译，中信出版社，2018，第144页。
④ 谢立山：《华西三年：三入四川、贵州与云南行记》，第69页。
⑤ 里沃：《晚清余晖下的西南一隅——法国里昂商会中国西南考察纪实（1895~1897）》，徐枫、张伟译注，云南美术出版社，2008，第148页。
⑥ 伊莎贝拉·伯德：《1898：一个英国女人眼中的中国》，第252页。
⑦ 谢立山：《华西三年：三入四川、贵州与云南行记》，第69页。

人里沃对考棚进行过细致观察："考房高约 2 米，宽 80 厘米到 1 米，进深 1 米多，集中组成一栋栋的考棚。"① 光绪三十一年（1905）清政府下令废除科举，贡院被改建为各式学堂，"皇城内有师范学堂、游学预备学堂以及补习学堂，还有农政大学、法政大学等设施。整个皇城几乎被学堂充满"②。从贡院到学堂，旧皇城这一区域被赋予重要的文化教育功能。二是蜀汉皇城旧址。由于成都曾为蜀汉都城，因此晚清时期外国人尤其是对中国历史相对熟悉的日本人，常常将旧皇城与蜀汉相联系，有人写道："城中央是旧蜀汉的皇城，现在尚有破败的城墙。"③ 他们甚至把旧皇城内的煤山看作蜀汉时期皇宫内堆积煤炭的地方。④ 蜀汉皇宫位置已不可考，但"皇城"这一称谓让他们不由得联想到曾建都于此的蜀汉，特别是富有年代感的残破城墙更加深了他们的这一印象。"如果站在高墙之下，仰望屋后长满苔藓处悬挂的女萝，不由得产生一种怀旧之感。"⑤ 总之，晚清时期的旧皇城在外国人眼中是文化重地和寄托怀古之情的地方。

三　晚清成都城市意象中的节点和标志物元素

节点指的是在城市中观察者能够进入的具有战略意义的地方，通常具有连接和集中两种特征；而标志物是有别于节点的点状参照物，其在外形方面具有特殊性，与背景形成鲜明对比，在整个环境中令人难忘。

（一）节点元素

在晚清时期的外国人眼中，成都重要的城市空间节点有三类：广场、城门及桥梁。

成都城内各衙署前的广场往往是人群会聚之地，各类商贩及摊铺云集，是城市重要的节点，如总督、布政司和按察司等衙门前的广场均属此

---

① 里沃：《晚清余晖下的西南一隅——法国里昂商会中国西南考察纪实（1895～1897）》，第150 页。
② 中野孤山：《横跨中国大陆——游蜀杂俎》，第140 页。
③ 《入蜀纪行》，《上海东亚同文书院大旅行记录》，第90 页。
④ 山川早水：《巴蜀旧影：百年前一个日本人的巴蜀行纪》，第68 页。
⑤ 山川早水：《巴蜀旧影：百年前一个日本人的巴蜀行纪》，第68 页。

类节点。其中最大的节点是位于旧皇城前被民众称为"皇城坝"的广场。从空间上看，皇城坝地处城市中心，北倚旧皇城，东接东大街，西通满城，南连三桥街、红照壁街和南大街，为城内主要道路的连接点，凡行人车马、贩夫走卒咸集于此。正如日本人中野孤山所看到的场景："皇城门前是一个宽敞的市场，饮食摊点接二连三，杂乱无序。……道路拥挤，轿夫举步维艰。喧嚣声起伏，吵闹声不断，市场一片混乱。"① 甚至远道而来的巴塘人也把皇城坝作为其贸易据点。② 空间区位优势和开阔的场地使皇城坝成为成都重要的城市节点，给外来者以深刻的印象。

城门是另一类重要的城市节点。作为西南重要都会，成都城占地面积广阔，然而只设东西南北四座城门，且有严格的启闭时间，"一到下午六点钟就关闭城门，禁止一切行人通过，由门卫严防把守。早晨六点钟城门才开放"。③ 在规定时间内，所有车马驼队、行旅商贾均由此进出城。作为城内外道路的连接点和人车聚集地，城门成为成都重要的节点，加之瓮城的双城门格局和高大的城楼、箭楼，更加强了其节点属性。四座城门中的西门为满族人专用，其交通地位有所弱化，进一步凸显了东、南、北三座城门的重要节点地位。以东城门为例，据日本人的一次观察，早晨七点半至七点四十分出入东门的人数达 251 人次，小车 26 辆次，④ 人、车流量不可不谓之多。除大城的四座城门外，满城连接大城的四座城门亦可看作次一级节点。

晚清时期成都城为府南河、饮马河环绕，金河自西向东穿城而过，又有御河绕流旧皇城，因此成都城内外桥梁众多。作为连通河流两岸的媒介，桥梁具备连接和聚集双重节点属性。其中最重要的桥梁节点是位于城门外的东南西北四座大桥和城东南的安顺桥、九眼桥。南门大桥即万里桥，"作为南门街唯一的通路，喧闹、拥挤一刻也没有停息"。⑤ 而自东门大桥至下游望江楼一段的府河沿岸码头密布，"挤满了小型船只，主要来往于重庆及西面的港口，货运和交通帆船，箍着竹顶篷的乌榜船……还有

---

① 中野孤山：《横跨中国大陆——游蜀杂俎》，第 141 页。
② 山川早水：《巴蜀旧影：百年前一个日本人的巴蜀行纪》，第 97 页。
③ 中野孤山：《横跨中国大陆——游蜀杂俎》，第 100 页。
④ 日本东亚同文书院编《中国省别全志》第 9 册，线装书局，2015，第 131 页。
⑤ 山川早水：《巴蜀旧影：百年前一个日本人的巴蜀行纪》，第 111 页。

舢板"。① 岸上店铺民居稠密，水津街、大安街、太平街等街道沿河分布，安顺桥和九眼桥成为沟通两岸的重要节点，"桥中央人来马往，摩肩接踵"。② 还有位于城北五里横跨沙河的驷马桥也是一处重要节点，是成都去往新都乃至陕西的必经之地。总体来看，晚清时期的成都城市节点主要位于衙署前广场、城门和重要桥梁处，具有典型的中国传统城市风格。

（二）标志物元素

标志物可分为全域性标志物和区域性标志物，前者因高度上的优势在整个城市中均可看到，后者则只能在有限的区域范围内被看到。在外国人看来，晚清时期成都的标志物元素相当丰富，在空间上呈现出城市中心以"三桥九洞石狮子"为代表的古迹标志物集中区，西南近郊以武侯祠、杜甫草堂、青羊宫和二仙庵等为代表的祠庙标志物集中区，东南近郊以安顺桥、九眼桥和望江楼为代表的楼台桥梁标志物集中区（见图2）。

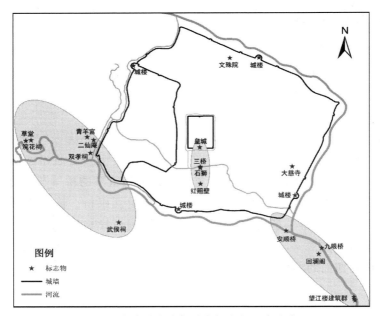

图2 晚清时期成都城市标志物元素分布

资料来源：以成都市档案馆藏《清宣统三年成都街道二十七区图》为底图进行改绘。

---

① 伊莎贝拉·伯德：《1898：一个英国女人眼中的中国》，第255页。
② 中野孤山：《横跨中国大陆——游蜀杂俎》，第101页。

　　横穿成都城的金河之上桥梁众多，但多为小巧玲珑的单拱石桥，并不能引起人们过多关注。正对旧皇城南门的金河上有三座石桥并排而列，呈现出与众不同的格局。英国人伊莎贝拉·伯德描述道："在一处有三座石桥，每座桥为单拱，紧靠在一起。"[①] 威廉·吉尔亦写道："在城中的一个地方，有3座单拱石桥紧挨着跨越河面，中间的一座明显高大。这几座桥昔日一定曾非常重要。" 另外，他还注意到河南岸背河而立的一只石狮子。[②] 实际上三桥均为三拱石桥，即民间所谓"三桥九洞石狮子"。桥南又有原蜀王府影壁，"建筑坚朴，泥之以赭"，[③] 故名红照壁。三桥、石狮和南面的红照壁、北面的旧皇城均为明代蜀王府遗迹，在空间上均位于蜀王府所构建的中轴线上。多种古迹景观在空间上的互动，使得三桥一带成为重要的古迹标志物集中区。

　　一些祠庙也因其茂盛的植被和高大的殿宇而为人关注。如位于成都西南郊外的武侯祠，"殿宇巍峨，辉煌耀目"，[④] 四周以红墙围绕，翠柏森森，"从几清里之外就可以看到满祠的柏树林，郁郁葱葱"。[⑤] 红墙绿树与其周围环境形成对比，彰显了武侯祠的特殊性。相似的还有不远处位于浣花溪畔、掩映于林荫苍翠之中的杜甫草堂，亦是"一年四季楠柏森森，修竹苍翠"，[⑥] 且"修竹尤多，高几三四丈"，[⑦] 十分醒目。附近的青羊宫和二仙庵的高大殿宇的楼阁远远即可看到，也成为区域性标志物。这些庙宇集中分布于成都城西南郊外，形成特色鲜明的祠庙标志物集中区。

　　成都东南近郊的府南河上有两座重要桥梁，即安顺桥和九眼桥。前者为形制特殊的木质廊桥，英国人威廉·吉尔目测其有 90 码（80 米）长，"桥上有顶，因为完全封闭，在两边桥顶遮盖下，小商贩们坐着向往来的

① 伊莎贝拉·伯德：《1898：一个英国女人眼中的中国》，第 254 页。
② 威廉·吉尔：《金沙江》，第 121 页。
③ 《民国华阳县志》卷 27《古迹·街坊》，《中国地方志集成·四川府县志辑》第 3 册，巴蜀书社，1992，第 363 页。
④ 孝顺武：《川行日记》，《古籍珍本游记丛刊》第 6 册，第 3212 页。
⑤ 山川早水：《巴蜀旧影：百年前一个日本人的巴蜀行纪》，第 113 页。
⑥ 中野孤山：《横跨中国大陆——游蜀杂俎》，第 153 页。
⑦ 陶澍：《蜀輶日记》，《陶澍集》，第 538 页。

行人兜售货物，就像旧时威尼斯的旅者时代一样"。① 后者则为巨大的九拱石桥，"该桥由硬砂岩建成，坚固精致，各桥眼的直径有三十尺左右，五板船可以轻松地在桥眼中交错穿行"。② 形制特殊的安顺廊桥和巨大的九眼石桥显然成为重要的标志物。另外，九眼桥南有一座回澜阁（又名白塔），为三层木结构建筑，俯视江水，桥塔相映，十分醒目。再向南又有园林一处——望江楼，园中濯锦、吟诗二楼临江而建，"在上眺望远处甚感玄妙"。③ 两楼之间又有崇丽阁，"楼高约五丈余，为四层构造。彩甍凌空，楼椽高挑"。④ 这些景观使成都东南近郊的府南河沿岸成为楼台桥梁标志物集中区。

另外，成都四座城门处的城楼及箭楼也是重要的标志物。成都城"四门城楼顶高五丈"，⑤ 十分醒目。英国人伊莎贝拉·伯德和威廉·吉尔不约而同地注意到城墙上"有 8 个棱堡，由 4 道出色的门贯通其间"。⑥ 修建在城墙上的高楼与城墙下低矮的房屋，在高度和规模上形成鲜明对比。特别是高度上的优势，使其在城内外很远的地方都能被看见，提醒着人们城门的位置和空间的方向。

除人文景观外，在四面环山的盆地地形中，一些目之所及的山峰亦成为天然标志物，特别是终年为白雪覆盖的西岭雪山极具辨识性。凯文·林奇认为有些标志物"从很远处都能看得见，形成一个环状区域内的参照物……在一定距离内代表一个不变的方向"。⑦ 西岭雪山显然具备这一特质，"从成都看（雪山），它似乎耸立在中间的群山之上，一定有 25000 英尺高"。⑧ 而东面的龙泉山脉，在晴天可看到其绵延起伏的山峰，⑨ 也不失为一处天然标志物。

① 威廉·吉尔：《金沙江》，第 121 页。
② 中野孤山：《横跨中国大陆——游蜀杂俎》，第 100 页。
③ 山川早水：《巴蜀旧影：百年前一个日本人的巴蜀行纪》，第 118 页。
④ 中野孤山：《横跨中国大陆——游蜀杂俎》，第 155 页。
⑤ 同治《重修成都县志》卷 1《舆地志·城池》，第 44 页。
⑥ 伊莎贝拉·伯德：《1898：一个英国女人眼中的中国》，第 254 页；威廉·吉尔：《金沙江》，第 121 页。
⑦ 凯文·林奇：《城市意象》，第 36 页。
⑧ C. H. Meares, "Mr. J. W. Brooke's Journeys in Western Sze-chuan," *The Geographical Journal*, Vol. 34, No. 6(1909), p. 617.
⑨ 《入蜀行记》，《上海东亚同文书院大旅行记录》，第 92 页。

结　语

城市意象是人们在观察和感知各类城市景观的基础上形成的整体印象，是对城市空间形态特征的高度概括。本文透过对晚清来华外国人的成都城市意象进行解读，发现彼时的成都呈现出几个特征。

首先，晚清时期的成都城主要街道给人以宽阔、干净、热闹、绿树成荫的印象，其中东大街特征最鲜明。但由于主要街道并非正东西、南北走向，加之旧皇城和满城的区隔，道路的方向性和连续性较弱。这与当时不少坐北朝南且主要街道贯通全城的城市形成了鲜明对比。

其次，高大的城墙和护城河是成都重要的城市边界，使空间上分为城内、城外两个区域，而满城和旧皇城的城墙作为次一级边界，又对城内区域进行了分隔。边界、区域元素的鲜明和由此导致的道路连续性的弱化，表明当时的成都是一座秩序严格、政治功能突出的城市。另外，道路方向性、连续性弱化造成的空间失序和边界、区域营造出的严格秩序充分碰撞交融，在这种失序与有序之间，彰显出晚清成都城市空间形态最显著的特征。

最后，标志物十分丰富，从空间和类型上可分为城中心古迹区、城西南祠庙区和城东南楼台桥梁区，这表明晚清时期的成都是一座特色鲜明的城市。而在城市边界、节点和标志物中，水元素十分突出，体现出成都平原河流纵横、水网密布的地貌特征及河流与城市共生共荣的密切关系。另外，被视作标志物的西岭雪山和龙泉山脉则是对盆地城市特征的生动诠释。

在对成都城市空间形态特征进行总结的同时，也不难想到在晚清时期沿海开埠城市受西方影响，空间秩序和城市景观发生巨大变迁的时候，位于西南内陆的成都仍然保持着传统中国城市的模样。城内主要街道仍由传统青石砖铺砌，城墙与护城河构成的双重边界仍被注意维护，满城与汉人聚居区的界限尚未打破。城内重要节点仍然局限在衙署前的空地上，现代意义上的城市公共空间尚未出现。标志物元素虽然丰富，但多为传统人文景观。这一切都表明晚清时期的成都仍是一座封建时代的典型都会，仍旧保持着旧时代的城市秩序。但其实当时的成都已有了新的气息，总府街上的劝业场熙熙攘攘，机器局内点亮了第一盏电灯，旧皇城内劝工局的机器声湮没了传统和古迹，昭示着一个旧时代的褪去和新时代的到来。而通过对晚清时期成都城市意象的解读，我们得以窥探旧时代成都的最后景象。而这不仅是成都，或许也是整个四川乃至西南地区城市的时代缩影。

作者：贾强，西华大学马克思主义学院

罗仁人，复旦大学历史系

（编辑：王丽）

晚清江南城市中的荒闲空地及其管理*

——以南京与苏州为例

张　力

内容提要　晚清江南城市迅速发展，同时又面临社会的动荡不安，城市荒闲空地在不同时段频繁出现。作为城市面貌的重要组成部分，大量"久荒"之地不仅在利用过程中纠纷频繁，也在利用与未利用之间承载了许多社会活动，形成了城市"荒闲空间"，给城市管理造成极大困难。为此，太平天国运动后直至清末，在战后恢复、田赋清理、振兴农林等不同指向下，南京、苏州等江南城市进行了荒闲空地的清丈与招领。在此过程中，城市荒闲空地逐渐从城乡一体的荒地管理走向市政管理，逐渐显现出城市荒闲空地管理与利用的规划色彩。

关键词　晚清　江南城市　荒闲空地管理　南京　苏州

对于传统时期的中国城市而言，除了少数都城经过周密规划，大多数城市是在杂乱中发展起来的。正如侯仁之先生所指出："绝大多数的旧城市，或者只有一个以主要街道为主的简单布局，或者连个简单的布局也没有，而是在杂乱无章中逐渐发展起来的。"① 其结果之一是，城市在扩展中形成了大量空隙。另外，城市的发展并非单一向度。传统时期频繁的战乱、灾害影响，城市常受到毁坏。尽管随着人口的重新聚集，城市荒废部分大多很快得以恢复，但由于各种原因，仍有大量空地在城市中遗存。以上两个过程形成的荒闲空地构成了传统城市面貌的重要部分。

---

　　*　本文系国家社科基金重大项目"中国地籍管理史研究"（项目号：23&ZD251）的阶段性成果。

　　①　侯仁之：《城市历史地理的研究与城市规划》，《地理学报》1979 年第 4 期。

以往研究中，学者多已注意到传统城市中的荒闲空地。例如，章生道提出传统中国"城市行政地位愈高，城内空地和地表水体被辟为园林的可能性也愈大"。① 鲁西奇等的研究注意到城市内部常有园圃、山林、川泉甚至农田等大片空地。② 整体上看，城市建成区作为城市面貌的主体是人们讨论的重点，在其之上由人类活动构筑起来的各种城市空间也引起广泛的关注，城市荒闲空地则主要在待开发利用与填充的语境下被研究者关注。然而，所谓荒闲空地并非全无利用。王笛对成都的研究就指出，在桥头、桥下、庙前等空地上，经常有人们聚集，进行交易、娱乐、表演等活动，这些公共空地在成都被称为"坝"。③ 可以发现，城市发展变动中形成的各种或大或小的荒闲空地，在利用与未利用之间成为城市内的"藏污纳垢"之地、纷争频繁之地、社会底层活动活跃之地，同时也因其可期利用的价值，是有待开发的希望之地。在荒闲空地之上呈现出城市的另一种空间，或可称为城市"荒闲空间"。相对于城市主体部分而言，荒闲空地分布零散、整体规模不大且变动频繁，但其作为城市的一部分，对整个城市产生不可忽视的作用与影响。

随着现代城市的发展，城市荒闲空地受到城市经济学、城市土地规划及城市生态学等许多领域的关注。欧美国家的相关研究在城市空地的概念、形态、分类以及多元影响与功能价值等方面进行了讨论。近来国内一些学者也开始关注现代城市空地问题，希望从城市空地的形成与转化、演变规律以及转型方向等方面展开研究，提出基于地域角度揭示"人"与"地"交互作用内涵的城市空地研究。④ 从历史上看，晚清以后中国城市发展迅速，但又面临社会的动荡不安。不同时段城市内外出现了各类荒闲空地，尤其在规模较大城市，围绕荒闲空地展开的各种活动，呈现了近代中

① 章生道：《城治的形态与结构研究》，施坚雅主编《中华帝国晚期的城市》，叶光庭等译，中华书局，2000，第103页。
② 鲁西奇：《城墙内外：明清时期汉水下游地区府、州、县城的形态与结构》，陈锋主编《明清以来长江流域社会发展史论》，武汉大学出版社，2006，第236页；鲁西奇、马剑：《城墙内的城市？——中国古代治所城市形态的再认识》，《中国社会经济史研究》2009年第2期。
③ 王笛：《显微镜下的成都》，上海人民出版社，2020，第40~41页。
④ 宋小青等：《城市空地：城市化热潮的冷思考》，《地理学报》2018年第6期；宋小青、李心怡：《城市空地的内涵解释与研究方向》，《中国土地科学》2019年第6期。

国城市发展的一个重要面相。

黄敬斌对明清以后江南治所城市的研究，揭示了"城市建成区的空间格局多数情况下呈有机生长特点"。[①] 此过程中，城市内部形成了许多不易建设的荒闲地段。而太平天国战事使江南城市受影响较严重，尽管太平天国运动后初期便采取了房产清理与荒基认领等措施，但一些荒闲空地仍长期存在，不仅在利用过程中纠纷不断，也因无人经管而荒草丛生、空旷闲置，酿成砖石荒基盗卖、火灾频发、聚众滋事等社会问题。晚清城市重建与振兴实业过程中，对这些荒闲空地进行多次清理，最终在清末形成了较为详细的城市荒地档册。随着城市的发展，如何管理与利用城市荒闲空地始终是城市管理的一大难题。在晚清中国城市最发达的江南地区，南京和苏州等大城市荒闲空地不断出现与带来的诸多问题具有典型意义。对此展开研究不仅有助于我们了解传统中国城市的完整面貌，也为我们观察近代中国城市变迁提供了一个新的视角。关于南京、苏州等江南城市史有着丰硕的研究成果，一些学者也关注到晚清以后其中的荒闲空地，但较少以之为对象进行分析。[②] 有鉴于此，本文对晚清南京、苏州城市荒闲空地上的社会活动与管理机构更迭等问题进行分析，以揭示晚清中国城市发展的一个重要方面。

一 太平天国战后江南城市的荒闲空地

太平天国战事结束后，江南城市中多出现房屋产权不清问题，并产生大量荒基废址。据同治三年（1864）十月毛祥麟从上海至南京途中所见描述，"忆自沪至昆，炊烟缕缕，时起于颓垣破屋中，而自昆至苏境，转荒落。金阊门外，瓦砾盈途，城内亦鲜完善"。至南京，"城中房屋，惟西南尚称完善，然亦十去四五，东北则一览无余矣"。[③] 这种情形在各类资料中

---

① 黄敬斌：《郡邑之盛：明清江南治所城市研究》，中华书局，2017，第9页。
② 巫仁恕：《清末民初苏州城市地图的演变与城市空间的变迁》，台北，中研院近代史研究所，2009，http：//suzhou.virtualcities.fr/Texts/Articles？ID＝101；徐智：《改造与拓展——南京城市空间形成过程研究（1927～1937）》，博士学位论文，复旦大学，2013；陆涵：《大事件视角下的南京城市空间演进研究（1840～1937）》，博士学位论文，东南大学，2018；等等。
③ 毛祥麟：《甲子冬闻赴金陵书见》，《墨余录》卷2，上海古籍出版社，1985，第18页。

多有记载，反映了太平天国战事使江南城市受影响较严重。① 尽管此后迅速展开了恢复与重建，② 但这些城市荒闲空地类型复杂且残存日久，在"破坏—重建"的框架以外形成了大量社会问题。

同治三年六月清军攻下南京后，曾国藩便成立善后总局进行战后恢复。七月，颁布《金陵房产告示七条》，规定"城内庐舍田地，分别清查，各还业主"，主要围绕房屋田地的产权确认展开。③ 由于南京城人口损失严重，出现了许多无业主或无人认领的荒基空地。随着移民的涌入，荒基空地如何处置的问题凸显。因此，经过删改增订，同治四年四月颁布的《金陵房产告示八条》，增加了关于城厢内外空地的规定：一方面鼓励空地造屋，"城厢内外空地，如有客民愿造房屋者，先赴善后局呈明，即派保甲局委员履勘该地"，未有认业的空地则暂收为官有；另一方面对空地造屋应履行的报领手续及其可能出现的业主复归造成的各种纠纷进行规定。④

这种对于荒基空地的处理方案，与农田荒地的复垦认领有相通之处，旨在消除产权变动中的各类纠纷，建立新的产权秩序。但就城市荒闲空地本身而言，其呈现更丰富的类型。上文指出，城市荒闲空地的形成大致有两个过程：一个是城市自然发展中，因各种不利条件未能加以利用；一个是经受了战乱等城市毁坏。因此，在一个时间断面上，城市中的荒闲空地是时空累积的产物，像斑块一样构成城市面貌的一部分。以上善后措施主要解决后一种类型的荒闲空地问题。经过一段时间的恢复，城市荒闲空地更显示出其多样性。究其原因，一些地方或因地势低洼、水灾频发，难以建造房屋；或因周边造屋挑河、堆积垃圾，整修困难；或因原业主个人意愿、远在外地未归、荒基四顾无邻、无力修造等"任其久荒"。

---

① 刘石吉：《明清时代江南市镇研究》，中国社会科学出版社，1987，第 74 ~ 80 页；马学强：《从传统到近代：江南城镇土地产权制度研究》，上海社会科学院出版社，2002，第 220 ~ 235 页。

② 张铁宝：《曾国藩和他的〈金陵房产告示〉》，《历史档案》2003 年第 2 期；魏星：《太平天国战后南京城的重建与管理——以金陵善后局为中心的考察》，《军事历史研究》2018 年第 6 期；魏星：《重建与管理：以晚清金陵善后局为中心的考察》，上海中山学社编《近代中国》第 31 辑，上海社会科学院出版社，2019；等等。

③ 《金陵房产告示七条》，《曾国藩全集》第 14 册，岳麓书社，2011，第 463 页。该《金陵房产告示》原抄件藏于南京太平天国历史博物馆《吴煦档案》中，参见张铁宝《曾国藩和他的〈金陵房产告示〉》，《历史档案》2003 年第 2 期。

④ 《金陵房产告示八条》，《曾国藩全集》第 14 册，第 464 ~ 466 页。

惟查花牌楼大街东西基地，形势低洼，每遇春夏雨水涨发，间有被淹，亟宜搜通官沟旧道，以泄上流之水，挑土培高地基，然后起造房屋，庶免水患，碎砖破瓦堆积甚多，随处掘出，深坎倾倒，即以掘出新土加培洼地，期于两益。……

查城内荒废基地，北多南少，城南繁盛之区，架造几无隙地，而市廛巷之荒地废者，半因历年造屋挑河，碎砖破瓦、灰土垃圾将未造之地址愈积愈多，渐成土陇，即属有力地主，计其挑移工费不赀，亦因中止。而无力与无主之地，继长增高，更难措钱。……

城厢内外荒地，固有原业主禀认基地在先，未经盖造房屋；亦有仕宦客商羁留他省，未曾归来；或因地基荒废，四顾无邻，起屋无期；或因力量不及，任其久荒，均所不免。①

从以上资料可见，太平天国战事结束后南京城的荒闲空地主要集中在两大部分。大片的荒地在南京的东部和北部，这些地方远离城市核心地带，在战乱中遭受比较严重的破坏。西部、南部虽也因战乱遭受比较严重的破坏，但后由于人口的重新聚集恢复较快。因此，到光绪初年西南一带的繁盛之区已经是"架造几无隙地"。不过，即便繁盛之区，也因城市环境与人为因素，形成许多荒基空地。总体上南京荒闲空地呈北多南少的特征。这种荒闲空地格局持续至民国以后。从清末《测绘金陵城内地名坐向清查荒基全图》来看，南京的东部和北部仍有大量荒闲空地。② 民国时期《南京特别市各区住户比较图》显示，直到20世纪30年代，这些地区仍然是大片的荒地，图中人口密度的"北疏南密"亦是荒闲空地北多南少的反映。③

苏州在太平天国战事中也受到很大影响，以西北阊门一带受损最严重。据巫仁恕利用地图等资料的研究，苏州西北阊门附近桃花坞与西南的盘门一带在同治、光绪时期变成了荒废地。而在城内，清代隙地也有相当

---

① 《金陵清丈荒地章程》，《益闻录》第148期，1882年，第87~88页。
② 《测绘金陵城内地名坐向清查荒基全图》，曹婉如等编《中国古代地图集（清代）》，文物出版社，1997。
③ 《南京特别市各区住户比较图》，高信：《南京市之地价与地价税》，正中书局，1935，转引自王昕《近代南京城市住宅区块研究及保护利用初探》，《现代城市研究》2005年第4期。

比重，集中在城内南北边缘地带，直到民国时期仍占全城面积的 1/4。① 总之，太平天国战事结束以后，南京、苏州等城市的荒闲空地呈现城市边缘大片荒废（南京主要在东部和北部；苏州主要在西部和南北边缘地带）与城市内部遗留大量隙地的格局。这种总体格局一直持续到民国以后。

这些荒闲空地无论是在开发利用过程中，还是长期的荒废状态下，都引发了一系列社会问题。首先，久荒之地的重新利用，自然产生许多纠纷。例如，南京仪凤门内有一处荒基位置偏僻，某人欲往营建住宅，问之四邻皆非本地人，问之地甲亦不知，因此将该处作为荒基废址，开始建屋。待建成时，业主出面要求拆毁还基，遂构成纠纷。② 长期荒废，荒基重建还面临很多意想不到的困难。在南京东花园附近，某人购得荒基一处，打算建屋，但施工过程中，掘倒旧墙后见到大蛇，众工惊吓逃跑，业主也视为不祥而另觅处所。③ 凡此种种，不胜枚举。

其次，在被开发利用之前，城市荒闲空地基本上处于无人管理状态，其上可资利用之物引起偷盗者的关注，表现最为明显的是荒基之上的砖瓦石条经常被盗。同治四年《金陵房产告示八条》中就提到了荒基之上房料流失隐患与禁绝办法，但此后很长时间内掘取盗卖屡禁不止。太平天国战事结束后，南京城内出现了扒荒者。这些扒荒者多为无业客民，成群结队"掘卖碎石断砖"。南京城北地带受战乱影响最重，荒基空地最多，因而受害最重，除了地面砖石被掘取外，"即土中深至三四尺之老墙脚，无不搜取"。④ 苏州城内也有类似问题，光绪初年江北客民"每在荒基废址扒石挑砖，几为恒业"。⑤ 盗卖行为以客民为主，亦有本地人为之引领，除了私相授受移造新屋以外，逐渐形成了一条产业链。被盗砖石经肩挑背负，船装舟载，运往他处进行售卖。⑥ 光绪四年（1878）三月的某次拿获中，两只船中就有石条 2000 根左右，可见盗取规模之大。⑦ 砖石盗卖不仅

---

① 巫仁恕：《清末民初苏州城市地图的演变与城市空间的变迁》，台北，中研院近代史研究所，2009，http://suzhou. virtualcities. fr/Texts/Articles?ID = 101。
② 《报应照彰》，《申报》1896 年 1 月 22 日，第 2 版。
③ 《莫愁湖踏藕记》，《申报》1893 年 10 月 15 日，第 2 版。
④ 《扒荒可恶》，《申报》1882 年 7 月 10 日，第 2 版。
⑤ 《金阊近事》，《申报》1877 年 12 月 19 日，第 1 版。
⑥ 《拿捉石犯》，《申报》1878 年 3 月 19 日，第 2 版。
⑦ 《拿捉石犯》，《申报》1878 年 3 月 19 日，第 2 版。

造成荒废基址上的财产流失，影响周边房基，使荒基界限模糊，同时也造成了公共安全隐患。在苏州上津桥南首、闻德桥沿浜一带，"所有帮岸石条亦被窃去，遂至临河官道几同山路崎岖，偶一失足便有坠渊之患"。①

最后，城市荒闲空地空旷无人，使其成为各类底层边缘人物的活动场所，酿成社会治安问题。这些荒闲空地上往往杂草丛生，随着客民或居无定所流民的涌入，逐渐有人临时居住，搭建草棚。无序的利用不仅造成这些地方混乱不堪，也使其成为城市火灾多发之地。南京城内上元与江宁两县划清溪而治。② 清溪像一条鸿沟，其南江宁县人烟稠密，其北上元县在兵燹以后居住者减少，败垣荒址增加。因此，一些地方"虽城市，而有山林景象"。③ 荒地之上杂草丛生，多纸阁芦帘，本身便易引发火灾，甚至有放火之徒，故意纵火。因此，光绪十二年上元县曾下令"无论荒基丛薄，不准添盖草屋"。④ 苏州北部地方宽敞，随着人口的聚集多建草屋，并且因聚落杂乱，常有人将柴草抛弃荒上，日积月累形成高堆，经常引发火灾。⑤ 闻门外在太平天国战后恢复重建过程中，遗留一处 10 亩大的空地，被称为"小荒场"。这里最早是孩童嬉戏的场所，随着人气的聚集，各种小摊贩、卖艺者进入，逐渐发展成为苏州的"天桥"。⑥ 这些荒闲空地由荒废无人变成人头攒动的热闹之地，但也因人口混杂、百业汇聚而治安混乱。而在远离人口聚集区的偏僻之处，荒闲空地则经常成为倾倒垃圾、偷盗弃物、劫掠强奸、杀人抛尸之所，成为真正的城市边缘地带。

总之，随着晚清江南城市的扩展与战乱，城市内外形成了大量的荒闲空地。这些荒闲空地由于各种原因长期遗存，虽然分散且变动频繁，但构成了城市整体的一部分。因其空旷无人、不易管理的特征，不仅在利用过程中纠纷易发，也形成了城市人口的特殊活动空间。无论是偷盗荒基、临建草屋而造成安全隐患，还是各种底层边缘人物甚至违法活动的聚集，都

---

① 《金闾近事》，《申报》1877 年 12 月 19 日，第 1 版。
② 清代南京为江宁府城，上元、江宁二县附郭。为行文方便，本文在正文论述中统一称为南京，专有名词、官名、文献原文则保持原貌。
③ 《一日三灾》，《申报》1885 年 5 月 20 日，第 2 版。
④ 《县令政声》，《申报》1886 年 6 月 4 日，第 14 版。
⑤ 《论城中草房易致火患》，《申报》1882 年 5 月 3 日，第 1 版；《苏垣小火》，《申报》1894 年 1 月 28 日，第 2 版。
⑥ 卢群：《千年闻门》，苏州大学出版社，2000，第 116～117 页。

使其成为城市不安定与危险场所的代名词。这无疑给城市管理带来了极大的困难。

二　光绪初年的荒地清丈与官建房屋计划

太平天国战事结束后，江南城市很长时间里经济凋敝，直到光绪初年，仍是"市廛百货翔贵，贸易获利殊艰。因此闭门歇业，或赴各繁盛口岸别觅生理，或径出洋营利，久之遂成游手"。① 战事结束之后移民的涌入填充了许多城市荒基废址与荒闲空地，但仍有大片荒地未被利用。这些荒废之地的招领与重建是恢复城市经济的关键。光绪七年，上谕补授左宗棠两江总督兼充办理通商事务大臣。左宗棠履任后，巡视两江各地，满目疮痍，遂再次提出筹办善后事宜。

乡村地区抛荒田地的产权确认、田赋征收以及督垦中，荒地清丈起到关键的作用。② 城市荒闲空地与之相似，对其进行管理亦需建立在了解情况的基础之上。因此，左宗棠提出了新的措施，通过在城市中开展荒地清丈与营建工作，促进城市荒闲空地的利用，重聚城市人口，恢复城市经济。

光绪八年的《金陵清丈荒地章程》③ 首先回顾了南京克复以后的房屋基地管理章程。然后，令有主基地继续进行查验：已领照者呈明验照，已承认而未呈明者，进行补照。以此处理新旧章程衔接问题。在此基础上，对未呈明认领的荒地继续催寻原业主，"统限自出示日始，于半月内赶紧呈验契照，按契照丈尺划归原业主钉界管执。倘有在外省未归者，即找寻原业亲友信催来省，统限一月内，如在远省，即限二月内赶将契照呈验"。

---

① 《筹办善后事宜折》，光绪八年四月初十日，《左宗棠全集·奏稿八》，岳麓书社，2014，第 87 ~ 88 页。

② 晚清民国时期的荒地清查可参见张力《新荒与老荒："丁戊奇荒"后山西省的荒地清查与整理——兼论灾后山西土地抛荒情况》，《历史地理》第 38 辑，复旦大学出版社，2019；张力《民国时期的荒地调查与全国荒地数字的来源》，《社会史研究》第 7 辑，社会科学文献出版社，2019；徐立望、肖依依《近代州县财政运转困境和调适——基于浙江土客之争的分析》，浙江大学出版社，2020。

③ 《金陵清丈荒地章程》，《益闻录》第 148 期，1882 年，第 87 ~ 88 页。下文不做说明，同此出处。

不仅如此，章程还规定业户须在呈验之后两个月内建造房屋，否则由官府定价转售有力者进行建造，“均限自呈验契照日始，于两月内起造房屋，其一时无力起造者，着即具禀召顶，照官定价值转售，令其赶紧起造”。实在无主承认之地，则“由官招人缴价承领，起盖新屋”。有些是地主无力建造，或不愿转售他人，则“准其呈明界址，由官起造，将来有力时，仍准按照官造房屋价，备资领回执业，以示体恤”。

作为人口集中的聚落，城市之中的房屋基地“或一所而数家毗连，或一方而犬牙相错，最易混淆”，荒地清丈是确保以上契据呈验与催造房屋的关键环节。因此章程规定，在城内地理位置适中的古钵营设立清丈总局，“以便委员聚集办公，随时接见官绅会议及民间业主呈验契照，委员逐日率同书差、弓簟、书画人等，分段清丈”。清丈方法如下：

> 查省城地方，城南荒废地少，城北荒废地多，应从城北昔年市廛繁盛之区先行清丈。由大行宫、花牌楼、中正街、汉西门、牌楼大街等处，无论有主无主荒废地基，一律清丈方数，注明上、中、下三等第，每方价银上等一两，中等八钱，下等六钱，其城南上等者一两四钱，中等一两二钱，下等一两。随时开折呈报，其余各处荒废基地，按照保甲局段落清丈。

具体到每段清丈中，则依据“有契照者须与契照相符，无契照者应以门墙根脚为凭”的原则。同时，兼顾荒基实际建造过程中可能造成的地基分割与转让等问题，提出“应由民间自行和商议明，准其赴局县立案”，避免因清丈引发纠纷。

此外，章程还对难以营建地带进行了整理修复规划。例如，城北花牌楼大街东西基地，地势低洼，常受水灾之害，计划以城内破砖碎瓦填高地基，然后起造房屋。城南亦有少量荒废地址，在历年房屋盖造中挑河碎砖破瓦灰土垃圾堆积而成土堆，计划搬运此种土堆，填高低洼处所，对荒基废址进行整治。对于荒闲空地的利用，除了注重建造房屋外，还注意植树种桑，以收其利。

《金陵清丈荒地章程》这一带有理想色彩的章程，形成了比较完整的荒地清丈、督催业主建造房屋以及官造房屋的计划。左宗棠去世后，曾国荃奏请在南京为左宗棠建造专祠的奏折中提到，“已故大学士左宗棠，前在两江总督任内，以兵燹后元气未复，首重生聚之政。江宁城北民居寥寥，基址又多镠（辖），乃设立清丈局，以次厘定。随筹款建造官舍千百间，招民赁居，薄取其值"。① 可以看出南京当时进行了荒地清丈，并在城北建造了一些官屋租给民户使用，规模大致在千百间。南京荒地清丈的过程目前尚未看到更详细的资料，但该项城市荒地清丈与房屋营建计划不仅限于南京施行。

苏州城的荒地清丈始于光绪八年五月，并限业主于五月初一至六月底进行呈验，否则作为无主荒基充公。② 《申报》的一则《丈地近闻》大致反映了苏州城的相关规定：

> 苏城内外荒地，前奉左侯相札饬，一律清查丈量，分别界址，予以年限，为兴复市廛起见，巨识鸿功，闻者起舞。节经由司札府饬县，举董逐段丈量，现已粗具规模，不日即可竣事。其业主远逃，或已身故未即报县者，已由三首县出示，限本月底止一律入官，一面分立界石，造册申报。③

可见，苏州清丈至该年 7 月已初具规模。稍后的催报基地公告中，比较详细地描述了苏州城内荒基清丈过程：

> 以现在清理基地，有主、无主殊难分晰，只能查量周围丈尺，共有几处，绘图造册，先行禀复。再请出示谕催赶紧呈报，有主者一概竖立界石，以清界限。一面将联单印契呈验，图董查照单契，几进几间、天井披厢几个以及坐落四址，按照章程详录底册。随即填给报单，仍由本人一并持赴县柜查验加戳，当时发还。业经造屋者毋庸验戳，其未经报领联单者，无论已未造屋，即赴图董处详细开报四址，立界会同勘核，绘图入册，听候通县丈清，限一月内仍取结赴县呈请查核，补照给执。至城外均是大片荒基，查办尤难，即使一律统丈，窃恐业

---

① 《请在宁捐建左文襄专祠疏》，光绪十三年十月十四日，《曾国荃全集》第 2 册，岳麓书社，2008，第 378 页。
② 《论城中草房易致火患》，《申报》1882 年 5 月 3 日，第 1 版；《清丈地基》，《申报》1882 年 6 月 22 日，第 2 版。
③ 《丈地近闻》，《申报》1882 年 7 月 22 日，第 2 版。

主因循不报。应请俟造屋后，分别立粮，庶免观望。其业经立粮者，仍按户完结，并乞酌定限期，逾期一律作为无主充公，以儆迟延。①

可见，苏州先对荒基无论有主无主进行了清丈，并且绘图造册。然后针对有主无主难以区别的问题，进行业主呈报查验，进一步确定荒基产权。由于城外大片荒基的清丈困难较大，采取了造屋之后再分别确立钱粮的办法。至八月，苏州又出示晓谕，未报领联单者，如未赴县呈请查核复丈入册，限期一个月内未报者，"一律作为无主之地入官充公"。② 从几次催报看，苏州城内荒基大致于7~8月完成清丈。但在荒基之上催建房屋面临很大困难。7月，苏州荒基清丈初具规模时，便提到"惟建屋之说，则尚待踌躇，因苏省官款既无可筹，民力亦甚艰窘，安得有大力者，为吴中一复旧观耶"。③ 光绪初年南京、苏州均进行了荒地清丈，重新整理了荒地产权，但在恢复利用方面仅南京有一定规模的官建房屋用于出租，成效有限。

三 清末城市荒地清丈与管理机构的更迭

(一) 农林建设中的城市荒地清丈

光绪初年南京城市的荒地清丈，已经体现出对城市荒闲空地在农林利用方面的关注。清末新政中，农林实业发展的需求，以及荒闲空地招领对地方财政的影响，作为土地后备资源的各类荒地更加受到关注。光绪二十九年（1903）商部提出清查地亩，包括调查各地荒地若干，"官荒、民荒各列一册"。④ 光绪三十二年赵炳麟奏请进一步进行荒地调查。⑤ 该年九月，农工商部咨行各省督抚查办荒地。这些调查以恢复田赋旧额或农林开发为

① 《催报基地示》，《申报》1882年8月12日，第9版。
② 《催报基地示》，《申报》1882年8月12日，第9版。
③ 《丈地近闻》，《申报》1882年7月22日，第2版。
④ 《商部奏请通饬各省实力振兴农务折》，上海商务印书馆编译所编纂《大清新法令（1901~1911）》第4卷，商务印书馆，2010，第246页。
⑤ 赵炳麟：《请推广农林疏——奏为请推广农林，以拯民生而固国本事》，《赵柏岩集》上册，广西人民出版社，2001，第23页。

目标，因此主要关注宜农宜林的各类荒地荒山。① 但因各地城内大量荒地亦可用于农林发展，并关涉认领缴价问题，调查多涉及这些城市荒闲空地。由于城市及周边地区距离较近，也往往成为调查清丈首先办理的地方。

光绪二十九年南京设立江宁清赋督垦局，进行荒熟田地清查，对荒地进行督垦。② 江宁清赋督垦局除了查明农田荒地已垦未垦情况外，也对城内荒田荒基进行清查。③ 开办后，清赋督垦局即对南京城内荒地一律清查，"分别等则，由藩司给发照办，招人缴价承领。建筑用地，上等则缴银（每方）三两，中等则缴银二两，下等则缴银一两二钱。城边栽种之地，上等则缴银每亩二两四钱，中等则缴银一两八钱，下等则缴银一两二钱。自开办起至九月止，民间共领出荒田荒基五十六块，计收地价白银二千二百七十两"。④

光绪三十一年，江宁清赋督垦局改为江宁农务局。该局"曾将江宁城内外各处荒土之腴瘠切实调查"，总办赵曾槐亲赴日本进行考察学习，但因农业试验开展困难，"开办以来，除调查荒土外，徒糜巨款，他无成效"，因而请辞。⑤ 由此可见，从江宁清赋督垦局到江宁农务局，调查南京城内外的荒地是一项重要活动，其调查承领结果影响深远，直到民国时期清赋督垦局组织的城内荒基空地缴价领照仍发挥作用。⑥

相较而言，江苏农务局进行的荒地清丈记载更为详细。与江宁清赋督垦局同年，苏州设立江苏省农务局，展开各地荒地清理。次年，农务局制定了详细的荒田荒地清查招垦办法。其中规定荒田荒地应分别办理，荒田主要指可种粮食稻麦者，荒地则主要指"可建屋宇、围园圃者"，并且提出"城市基地或有赋或无赋"之类的荒地情形，分别进行"官垦、招领、

---

① 《农工商部奏清查各省官民荒地请饬各省迅速造报折》，《南洋官报》第 104 期，1908 年，第 72～73 页；《推广农林简明章程》，《大清新法令（1901～1911）》第 5 卷，第 295 页。

② 《两江督部堂魏饬江宁清赋督垦局二次续定章程》，《南洋官报》第 3 期，1904 年，第 4～6 页。

③ 《江宁府属清赋督垦局说略》，日本东亚同文书院编《中国经济全书》第 2 册，线装书局，2015，第 254 页。

④ 《江宁府属清赋督垦局说略》，《中国经济全书》第 2 册，第 237 页。

⑤ 《农务局裁撤消息》，《北洋官报》第 1147 期，1906 年，第 7 页。

⑥ 《朱长绅律师代表卢明之承受王存仁堂杜绝基地声明》，《申报》1929 年 4 月 17 日，第 2 版。

招垦、缴本、缴价、收租"。① 在此规定下，农务局对苏州城内荒地进行了查丈，有主各地限期一年内进行契据呈验，"逾限不报，概作官荒招户缴价给领"。②

至光绪三十三年，苏州城内官荒查丈办有成效，农务局拟请将城外一带荒地归入农务局办理，出城进行丈勘，"并请长、元、吴三首县饬令各图董保转谕该地主，如系有主荒基被查入官者，务限二个月内，将旧时契照持赴本局，呈验确实，准将原地给还，如过期不到，即属自误，以后不得再行补请"。③ 不过，农务局城内荒地查丈时已经显露诸多弊病，当查丈范围扩大至城外时，受到了一些质疑与反对。

与江宁农务局相似，江苏农务局成立后，督垦与振兴农业面临较大困难，大量工作投入荒地勘丈与招领中。尤其在产权确认过程中，逾期不报便作为无主荒地充公，造成许多民怨，"城内民地之遗失契据与有契据而远出迟报，及妇孺小民之畏懦不报者，一概强压充公，招人价领。阳假兴利之美名，阴肆厉民之虐政。民怨沸腾，已非朝夕"。④ 例如，光绪三十二年，苏州仓米巷东一块荒地经农务局清丈后入官册，此后一年多无人认领，后有人认领准备建造房屋时，却有妇人出面阻拦，称此为己产，"因妇女无知，故迟延未认"。⑤ 按照清丈章程，此种延期自误本不应准予归还，但实际上却纠纷不断。据以上各种弊病，有人提出裁撤农务局，停止荒地清丈。不过，苏州巡抚对农务局章程进行改良后，⑥ 于光绪三十三年由农务局归并成立的农工商局继续委派人员到城外进行勘丈。⑦ 其中规定，除可以耕种者另议外，"其余荒地悉照城内办法，准民间缴价承领"。⑧

---

① 《江苏农务局详垦荒章程禀》，《南洋官报》第 118 期，1904 年，第 13～15 页；《禀领荒地》，《南洋官报》第 163 期，1904 年，第 15 页。

② 《展限呈验荒地契据》，《申报》1909 年 3 月 13 日，第 10 版。

③ 《农务局开查城外荒地》，《北洋官报》第 1368 期，1907 年，第 11 页。

④ 《王太史电请裁撤农务局》，《申报》1907 年 5 月 11 日，第 3 版。

⑤ 《委员勘丈荒地》，《新闻报》1906 年 7 月 29 日，第 9 版。

⑥ 《苏抚电允改良农务局》，《申报》1907 年 5 月 12 日，第 3 版；《王太史电请严查农务局积弊》，《申报》1907 年 5 月 16 日，第 4 版。

⑦ 《札县示报城外荒地》，《时报》1907 年 10 月 20 日，第 5 版；《派员丈量城外荒地》，《时报》1908 年 2 月 18 日，第 5 版；《委员丈勘横塘荒地》，《时报》1909 年 7 月 10 日，第 5 版；《委员勘丈乡间荒地》，《新闻报》1908 年 3 月 8 日，第 11 版。

⑧ 《招民领垦城外荒地》，《申报》1908 年 3 月 4 日，第 10 版。

尽管存在种种弊病，但通过清丈，苏州城内外荒闲空地得到了整理，并形成了较为详细的城市荒地图册。光绪三十一年，苏州发布催领荒地告示，"凡请领各户已经本局批准合格者，准于每日二点钟以后，亲自到局阅看局丈图本，按照编定字号区数，缴价指领，填给承业局照"。① 这些荒地图册成为此后很长时间内城市荒闲空地招领、管理与解决纠纷的重要依据。直到民国时，苏州城内东竹堂寺周围空地争讼一案中，在争讼地围墙的西北隅有界石一方，系农务局给照东竹堂寺界之界石。被告苏州市政府所持主要证据便是光绪二十九年农务局荒地查丈中形成的契据与荒册。②

值得注意的是，晚清以后的城市荒地清丈中，绘图造册是一个关键步骤。最终形成的荒地图册是相关部门掌握荒地情形与招领的直接依据。苏州城内荒基招领时，认领者所阅看的局丈图本即是此种图册。目前可见光绪三十四年前后绘制的《测绘金陵城内地名坐向清查荒基全图》③，名称上便反映了该图意在显示城内地名、坐向、荒基信息，内容上详列各段荒基块数与清丈面积。图上文字写道："图内淡黄色官荒，赤紫色民荒，素白色官民未分界限，地基上数目字均系号头，以期按图对册，一目了然，理合登明。"因此，该图应是清末南京荒地清丈以后形成的，或用于管理者对册查核、组织招领，或用于认领者查阅、选择认领基址。

上述催报认领下的城市荒地查丈之外，清末新政推广农林政策下，城市荒地查丈以植树兴利为目的从另一方面展开。光绪二十九年，两江总督魏光焘留意到兵燹以后南京城内房屋一切尚未复原，尤其是城北一带荒地尤多，因而在传见江宁布政使黄建笎时，建议"试办树艺，以收地利"。黄建笎回署查看省城舆图后，委候补知府夏敬观、赵继椿办理。④ 可见在南京进行清赋招领的城市荒地清查同时，也展开了针对植树造林的荒地清查。同年，江苏巡抚恩寿以苏州城荒地甚多，亟宜补种桑秧，以兴农利，

---

① 《催领荒地》，《时报》1905 年 2 月 25 日，第 6 版。
② 《民事·第一审·原告之诉有理由判决》，谢森、陈士杰、殷吉墀编《民刑事裁判大全》，北京大学出版社，2007，第 30~36 页。
③ 关于《测绘金陵城内地名坐向清查荒基全图》的介绍参见席会东《中国古代地图文化史》，中国地图出版社，2013，第 189~191 页；陈刚《晚清南京城市景观研究——基于〈江宁府城图〉与〈陆师学堂新测金陵省城全图〉的研究》，中国古都学会编《中国古都研究》总第 33 辑，陕西师范大学出版社，2017。
④ 《委查荒地》，《新闻报》1903 年 9 月 5 日，第 2 版。

对长、元、吴三首县城厢内外凡未建造垦种的荒地进行清查。① 此后，光绪三十三年两江总督端方又令宁、苏、皖、赣四藩司查明各地荒地，以栽种树木，"札委王道崇烈（江苏候补道）等会同查明江宁城内，何处可种树若干，需用树秧若干，经费若干，核实请领款项，赶速购办，以浚利源"。②

（二）城市荒地权属之争与管理机构的变化

清末在全国荒田荒地的调查与开发中，江南城市荒闲空地再次受到关注。对于城市荒闲空地的利用也从单一的恢复重建转向植树造林等多元化方式，不仅形成图册带有规划利用的色彩，也成为城市建设的利源之一。因而，在振兴农林实业与荒基招领缴价中，城市内外荒闲空地的管理归属问题也成为关注的焦点。光绪三十三年九月，江苏农务局并入农工商局，农工商局重申清荒章程，继续开展各属境内荒地清查督垦事务。但各地呈报进程缓慢，因此不断延展期限。当年展限三个月，宣统元年（1909）闰二月至五月，又展限期四个月。③

宣统元年江苏谘议局成立，为解决清查荒地问题，江苏巡抚发给谘议局清查荒地案，提出"应如何酌定方法，遴选绅董划分段落实力调查"等问题。④ 该年十月十九日谘议局呈报抚部院，议决清查荒地转由谘议局办理。⑤ 随后，谘议局议定了八条清查荒地办法，其中提到："查抚部院交议原案以局署举办清荒久无成效，今酌定方法，遴选绅董办理，实系切要之计。目前城镇乡地方自治次第成立，议即责成各地方自治公所清查，查出之荒地作为该城镇乡公产，既裕自治之经费，借收清荒之实效。"⑥

谘议局决议的核心是将荒地清查事务转由地方自治机构进行，招领缴价所得也归地方自治经费，只将清查结果呈送地方衙门备案。江苏抚部院

---

① 《札查荒地》，《新闻报》1903 年 12 月 22 日，第 4 版。
② 《札饬查明荒地种树》，《北洋官报》第 1309 期，1907 年，第 9～10 页。
③ 《展限呈验荒地契据》，《申报》1909 年 3 月 13 日，第 10 版。
④ 《抚宪瑞札发给谘议局提议草案》，《江苏自治公报》第 4 期，1909 年；《于定一清查荒地修正案》，《申报》1909 年 11 月 5 日，第 18 版。
⑤ 《江苏谘议局奉苏抚部院札复本局呈报议决清查荒地议案文》，《南洋官报》第 66 期，1909 年，第 29 页。
⑥ 《江苏谘议局呈督堂抚部院初次议决清查荒地一案清折》，《南洋官报》第 96 期，1910 年，第 30～31 页。

则认为查荒仍应由农工商局统一办理，尤其是省城内及商埠附郭之地，"清荒事宜已由农工商局办理有年，将届完竣，自应仍旧，毋庸更张"。① 在江苏省谘议局看来，清查荒地本质上是田赋问题，因而应由地方施行，农工商部门主要是兴办实业主管荒地督垦等项，不应插手与赋税密切相关的荒地清查。

因此，宣统二年江苏省谘议局再一次对抚部院批示进行回复，关于由农工商局进行统筹，谘议局认为"因本局查田土赋税系厅州县官专责而统于藩司，清荒领荒全系田土赋税问题，未及垦务与农工商局不涉。至各厅州县办理垦务，如有应遵会典请给牛具籽粮者，或应审查地质肥料者，自应随时请示于农工商局"。② 随后，江苏省基本肯定了谘议局的复议，唯改动升科年限，以及所收地价由留充地方实业行政改为尽数解司留备本省实业行政。③ 而对于省城内及商埠附郭之地，谘议局认为此前已由农工商局代办，"所有查荒报垦如何移交拨用之处，应由苏垣官绅详察妥议，事属一隅，无须于本局议案条文有所更动"。④ 显然，江苏谘议局接受了抚部院关于省城内等荒地仍由农工商局办理的意见，并认为具体移交只需地方妥议即可，不影响决议中关于清查荒地转由地方自治机构办理的整体规划。

江苏省谘议局议案批准通行以后，苏州长、元、吴三县议事会便在该年七月发文给农工商局，称当时厢区未划定，应从城区入手，"先将城内荒地拨归自治公所作为自治公产，其原有荒册一并移交，以便照册立界收管"。随后，苏州长、元、吴议事会称此办法转交农工商局后，该局"置不批复，反将城厢荒地招人承领"。宣统二年十二月议事局又以荒地丈放中纠葛诸多，与农工商局议定城内荒地亦由议事局一手经理。具体办法是，"以宣统二年十二月十五日为截止报领之期，以宣统三年三月底为移交自治公所接管之期"。其中，"划分商界之地仍归勘丈公所办理，已据请

---

① 《苏抚札复谘议局清查荒地议案分别应行应改交局复议清单》，《北洋官报》第 2492 期，1910 年，第 12~13 页。
② 《江苏谘议局呈督部堂抚部院第二届临时会复议议决清查荒地一案清折》，《南洋官报》第 96 期，1910 年，第 34~37 页。
③ 《江苏谘议局清查荒地议案宁藩司复加核议详复督宪文》，《南洋官报》第 96 期，1910 年，第 37~38 页。
④ 《江苏谘议局呈督部堂抚部院第二届临时会复议议决清查荒地一案清折》，《南洋官报》第 96 期，1910 年，第 34~37 页。

领之地仍归该局一手经理"。①

　　事实上，由于农务局开始清查荒地至此移交时间已有八年，其间发生许多变动，原丈荒地图册与实际情形多有不符。因而报领截止以后，农工商局在移交荒地图册之前，对八年间的荒册进行了重新整理，以期册地相符。② 宣统三年二月议事局又催移交荒册，在省谘议局与江苏巡抚的压力下，农工商局提前在二月份将荒册移交至自治公所接管。此时的荒册整理未能完成，农工商局只能说明情况，"此后如何办法，悉由该公所自行取缔"。③

　　南京上元、江宁两县议事会也面临相似问题。宣统三年，议事会根据上述谘议局决议，于春季开常会时议决"将城内外荒地统归自治公所承办，招人报领缴租，以充自治之用"。后经两县详请，江宁布政使仅为两县提供了此前清赋督垦局绘制的荒地总图一张，造成两县荒地一时不能调查清楚。④ 荒地总图必由荒地丈册与认领底册编制，可见移交过程的困难与缺失。

结　语

　　晚清江南城市迅速发展的同时，又面临社会的动荡不安。因此，城市自然扩展中与遭受毁坏后形成的各类荒闲空地不断出现。尽管随着城市的不断恢复与发展，这些荒闲空地逐渐被利用，但在利用与未利用之间，城市内外遗存了大量荒闲空地。不同的时间断面上，荒闲空地犹如斑块一样，构成了城市整体面貌的一部分。由此来看，对于历史时期城市荒闲空地的理解，在破坏与恢复重建的视角以外，也应该回到荒闲空地本身，从人与地的视角揭示其功能、价值与意义。

　　随着人口的大量涌入与城市的扩展，荒闲空地无人管理与空旷闲置，

---

① 《附录农工商局移本处为荒地移交自治公所接管文》，《江苏自治公报》第 55 期，1911年，第 17～19 页。

② 《苏州农工商局移交荒地文》，《时报》1911 年 4 月 23 日，第 5 版。

③ 《附录农工商局移本处为荒地移交自治公所接管文》，《江苏自治公报》第 55 期，1911年，第 19 页。

④ 《自治议事会清查荒地》，《新闻报》1911 年 5 月 28 日，第 13 版。

导致在利用过程中纠纷频繁，其也成为各类边缘人物的违法活动场所。荒基房料的盗卖、临建草棚与杂草丛生引发的火灾、垃圾秽物的倾倒、临时市场的设摊交易、赌博卖艺的聚众滋事、劫掠杀人的危险地带，可以说城市荒闲空地上构筑起了城市内外的"荒闲空间"，给城市管理带来极大困难。

上述各类问题的最终解决，在于荒闲空地被人们利用，通过重新营建纳入城市范围。因此，荒闲空地的清丈招领成为解决相关问题的主要方法。太平天国战事结束之初，荒闲空地的处置围绕呈报认领的产权秩序恢复展开，而未进行清丈。经过一段时间恢复后，光绪初年左宗棠组织的城市荒地清丈与官建房屋计划，希望通过清丈认领、督催业主造屋、官府组织建屋等措施，一方面解决人口聚集下的房荒问题，另一方面充分利用城市荒闲空地，重聚人口，繁荣城市经济。不过由于筹款困难，建屋成效有限。清末随着田赋清理与农林实业的推广，江南城市荒地清丈又起，最终形成了较为详细的城市荒地图册。在招领缴价的利益下，城市荒闲空地的管理从农工商局实业部门转移到城市自治机构，成为城市自治与公共事务经费的来源之一。城市荒闲空地的管理也逐渐摆脱了传统城乡一体的荒地管理模式，逐渐显示出规划色彩。

作者：张力，山西大学中国社会史研究中心

（编辑：龚宁）

清末民初的江苏省分合问题及省会
迁出对苏州的影响

张笑川

内容提要 清代在江南分省过程中苏州与江宁共同成为江苏省会，这种制度设计以江苏省实际上的江南（苏属）、江北（宁属）分治为基础。清末改制过程中江苏省"一省两治"所带来的问题日益凸显。民初，"江苏统一"成为潮流，因苏州偏处东南，不利于控驭全省，省会北迁南京、镇江，苏州由省会变成县城。省会迁出后，民国时期苏州城市发展放缓，但也推动其探索新的发展之路。

关键词 "一省两治" 苏州 江南分省 清代

明代设立地跨江淮、地域广大的直隶（后改南直隶）地方，治所在应天府（今南京）。清顺治二年（1645），在平定江南地区的进程中，清廷改南直隶为江南省，改应天府为江宁府，为江南省省会。① 由于江南省地域广阔，管理不便，自顺治十八年起，江南逐渐开始了分省进程。至康熙六年（1667），江南分省进程基本完成，原江南省分划为江苏、安徽两省。② 在江南分省过程中，江苏省实际上形成了"一省两治"的局面。其中，苏州为江宁巡抚、江苏布政使司驻地，成为江苏省省会之一，而江宁为两江总督、江苏按察使司驻地，为江苏省另一省会。

雍正八年（1730），原驻江宁的江苏按察使迁往苏州，使苏州的省会

---

① 今南京，清代称江宁府，1912 年中华民国临时政府成立后改江宁府为南京府，此后南京之称相沿未改。故本文论及南京，清代径称江宁，1912 年后称南京。

② 清代江南分省过程参见傅林祥等《中国行政区划通史·清代卷》，复旦大学出版社，2017，第 252～254 页。

251

功能更加完全。① 乾隆二十五年（1760），寄驻江宁的安徽布政使迁往安庆，江宁添设江宁布政使，江宁、淮安、扬州、徐州四府和海州、通州二直隶州由其管辖，苏州、松江、常州、镇江四府和太仓直隶州由驻苏州的江苏布政使管辖，② 江宁巡抚亦改称江苏巡抚。至此，因督抚分治及分设两个布政使司，江苏形成两个省城，分别是江宁城和苏州城，③ 这种"一省两治"的局面一直延续至清末。

由于江宁和苏州分设布政使，以及其他直省衙署也有宁、苏分设之惯例，江苏一省之下实际存在"宁属"与"苏属"之别。④ 驻扎苏州的江苏巡抚主要处理苏属事务，而宁属事务则主要由驻扎江宁的两江总督负责，恰如清末政务处所称："两江总督驻江宁，布政使所辖江淮徐扬四府通海两直隶州，江苏巡抚驻苏州，布政使所辖苏松常镇四府太仓直隶州海门直隶厅，久若划疆而治。"⑤ 江苏的"一省两治"，在清代是独一无二的情况。⑥ 本文结合清代江苏省"一省两治"的制度设计及其所带来的江苏省分合问题，分析江苏省会迁出苏州的过程与原因，并探讨省会迁出对苏州城市发展的影响。

一　清末改制与江苏省的分合问题

庚子事变后，清廷逐步推行新政，地方行政体系开始出现重大变动。在裁撤冗官冗员的潮流中，江苏省的省制问题逐渐引起关注。光绪三十年（1904）十一月十八日，军机处钞交署两江总督端方等议裁官缺一折。⑦ 同

① 何一民、范瑛：《从府城到省会：清代苏州行政地位之变迁》，《天府新论》2009 年第 5 期。
② 《清实录·高宗实录》卷 619，乾隆二十五年八月己亥，中华书局，1986 年影印本，第 16 册，第 965 页。
③ 傅林祥：《清代江苏建省问题新探》，《清史研究》2009 年第 2 期。
④ 参见纪浩鹏《宁属还是苏属：辛壬之际江苏省会之争》，《江苏社会科学》2017 年第 2 期。
⑤ 朱寿朋编《光绪朝东华录》第 5 册，张静庐等校点，中华书局，1958，光绪三十年十二月，第 5283 页。
⑥ 除了两江总督、江苏巡抚，江苏省江北地方还有驻扎清江浦的漕运总督。该漕运总督系顺治六年裁凤庐巡抚改设，仍兼巡抚事。如此，江苏一省具有抚民之责的大员有两江总督、江苏巡抚和漕运总督三个，这在清代也是独一无二的。
⑦ 朱寿朋编《光绪朝东华录》第 5 册，光绪三十年十一月，第 5273 页。

日，由端方代奏在籍翰林院修撰张謇所上徐州宜改建行省条陈。该条陈认为，徐州地当南北冲要，为抵制外力入侵，"变散地为要害"，应建徐州为行省，将江苏、安徽、山东、河南四省交界45州县归之。① 光绪三十年十二月初六日，御史周树模上奏请裁漕运总督。同月，政务处会议张謇的徐州建省条陈与周树模的裁撤漕运总督奏片，认为现漕务改章，"仍留漕督，徒拥虚名"，同意裁撤漕运总督，同时，因"徐州在江苏地居最北，若于平地创建军府，既多繁费。所请分割江苏、安徽、山东、河南四十余州县，亦涉纷更"，反对徐州建省方案。政务处建议"漕运总督一缺，即行裁撤，改为巡抚，仍驻清江。照江苏巡抚之例，名为江淮巡抚，与江苏巡抚分治，仍归两江总督兼辖"，江宁布政使所辖之江、淮、扬、徐四府及通、海二直隶州，全归其管理，巡抚所驻，即为省会。同时建议就近将淮扬海道仿照新疆镇迪道例，兼按察使衔，所有江宁各属刑名均由该道详勘巡抚奏报，江宁布政使则仍随总督，驻扎江宁。政务处认为，如此设置，"总督在江南，巡抚在江北，既无同城逼处之疑，江宁六府州前隶苏抚者即改隶淮抚，亦无增多文牍之扰，不必添移一官，加筹一饷，而行省已建，职掌更新，建置合宜，名实相副"。② 十二月二十二日，上谕可之。③ 第二天，调江苏巡抚恩寿为江淮巡抚，以漕运总督陆元鼎为江苏巡抚。④

但是苏淮分省之策，很快引起争议。江苏籍京官陆润庠等上奏，提出与苏淮分省有关系者四端，建议饬下廷臣会议，并饬下沿江督抚臣一体与议，然后复奏请旨遵行。奏入不报，寻交政务处按照奏定章程会议具奏。⑤ 政务处遵章咨行各衙门会议，各衙门旋咨送说帖前来。据统计，主苏、淮不必分省另设大员者42件，主专裁淮抚者32件，主苏、淮仍议分省暨复设漕督者7件。正在复议间，署两江总督周馥奏折亦到，称分设行省不如改设提督驻扎为合宜，而说帖中亦以改设提督驻扎者居多。政务处遂提请

① 《徐州应建行省议》，李明勋、尤世玮主编《张謇全集》第 4 册，上海辞书出版社，2012，第 83 页。
② 朱寿朋编《光绪朝东华录》第 5 册，光绪三十年十二月，第 5282～5283 页。
③ 《清实录·德宗实录》卷 540，中华书局，1987 年影印本，第 59 册，第 179 页。
④ 《清实录·德宗实录》卷 540，第 59 册，第 180 页。
⑤ 朱寿朋编《光绪朝东华录》第 5 册，光绪三十一年正月，第 5288～5289 页。

裁江淮巡抚，改淮扬镇总兵为江淮提督，节制徐州镇及江北防练各营。仍以淮扬海道兼按察使衔，凡江北枭盗重案，应即时正法，军流以下人犯，归其审勘，毋庸解苏，以免迟滞。光绪三十一年三月十七日，上谕，"苏淮分省于治理既多不便，着即无庸分设，江淮巡抚即行裁撤，所有淮扬镇总兵着改为江北提督，以资镇摄"。① 至此，江淮省仅存在 3 个月时间即匆匆裁撤，可谓旋兴旋废。② 张謇的徐州设省之议也就不了了之。

由于江淮行省的撤销，江苏省依然维持原来"一省两治"的局面。在清季官制改革过程中，江苏省一省两属的问题逐渐凸显。光绪三十二年四月，在各地设置提学使过程中，江苏省分别在苏州和江宁设江苏、江宁两提学使。宣统元年（1909）江苏筹设审判厅，关于高等审判厅是否宁苏分设曾有争论，最后确定江苏省设一个高等审判厅，其地点位于臬司驻地苏州。③ 宣统二年七月，各省按察使司改设提法使司，江苏省即遵令改设，仍驻苏州。同年，江苏增设交涉使司，因两江总督兼南洋通商大臣主管对外事务，交涉使司遂设两江总督驻地江宁。宣统二年，江苏议设巡警道和劝业道，江苏巡抚宝棻和两江总督张人骏均主张宁、苏各设巡警道和劝业道，江苏士绅则以增加民众负担为由，反对宁苏分设。④ 于是采取折中办法，于江宁设劝业道，苏州设巡警道。⑤ 时至清末，江宁布政使、交涉使、江宁提学使、江宁劝业道、江安粮道等驻江宁，江苏布政使、江苏提学使、江苏提法使、巡警道驻苏州，苏松粮储道驻常熟。⑥

在清末江苏省组织民间团体过程中也面临是否宁苏分设的问题。如1905～1906 年，江苏两属人士在上海合组江苏学会，后江苏学会拟改江苏教育总会。省方提出教育总会应设于江宁，而有人提出苏州也是省会，总会应设苏州，遂有分设之议。但两属士绅多数以合设为便，为摆脱官场羁

---

① 《清实录·德宗实录》卷 543，第 59 册，第 215 页。
② 李吉奎：《旋兴旋废的江淮省》，原刊于《历史大观园》1990 年第 4 期，后收入张文范主编《中国省制》，中国大百科全书出版社，1995。
③ 《苏抚署会议厅第二次决议案》，《申报》1909 年 9 月 26 日，第 3 版。
④ 参见纪浩鹏《宁属还是苏属：辛壬之际江苏省会之争》，《江苏社会科学》2017 年第 2 期。
⑤ 《江苏训劝两道无庸分设之建议》，《申报》1910 年 11 月 6 日，第 10 版。
⑥ 傅林祥等：《中国行政区划通史·清代卷》，第 256 页。

绊，并平息设宁设苏之纷争，最后设总会于上海。①

此后，在江苏省谘议局组建的过程中，该局是否宁苏分立亦成为江苏士绅讨论的一大问题。光绪三十三年九月十三日，清廷饬各省筹设谘议局，次年六月，公布谘议局章程及选举办法。根据宪政编查馆所编之章程，各省议员名额，因各省户口尚无确实统计，参酌各省取进学名额及漕粮多寡以定准则。江苏省因漕粮等向分宁属、苏属分别上报，所以江苏省议员名额分为宁属、苏属，定为江宁 55 名，江苏 66 名，共计 121 名。② 因议员名额有宁属、苏属之分，选举分别举行，筹备处亦宁苏分设。至此，到底江苏谘议局是合一举办还是宁苏分设的问题凸显。为此，苏属筹办处孟昭常、杨廷栋致函宁属总会称："江苏自谘议局章程发布后，江南北几有划分两省之势。"他们认为，"江南北各止四府一二州，凭空劈分为二，以小团体作小结构、负担小义务、主张小权利，二十一省无所变动，独我江苏受众建力小之祸，将来有所设施，不得与于各行省之列。其尤近者，明年选举资政院员，江南北即不能通选，自隘其取材之途。后年资政院开，江苏应出十二三人，即不能同表现一种心理"，故苏属筹办人员主张谘议局合一设置，以增加团体力量，并为此致函宁属，征询意见。③ 宁属领袖张謇答复称："宁苏应合，謇与王、许、仇诸公持此议，久矣，宁属人无不表同情者，得书益佩合谋乡土之盛心。"④ 由此可见，宁属、苏属人士皆认为谘议局应宁苏合办。

在苏、宁二属士绅的共同努力下，江苏谘议局最终由二属士绅合组而成，选举张謇为议长（宁属），仇继恒（宁属）、蒋炳章（苏属）为副议长，⑤ 其驻地则"以苏就宁"，设于两江总督驻地江宁。从江苏谘议局的组建过程来看，克服宁、苏二属的长期分隔，组成代表全省的议事机构成为江苏省士绅的主流意见。

① 沈同芳：《江苏省分合问题与升道为省共同之关系》，原刊于《地学杂志》第 3 卷第 3~4 期，1912 年，后收入张文范主编《中国省制》。

② 赵尔巽等撰《清史稿》卷 113《志八十八·选举八》，中华书局，2020，第 2336 页。

③ 《孟杨两君致宁属总会办书》，《申报》1908 年 12 月 3 日，第 3 版。

④ 《复孟昭常杨廷栋函》（光绪三十四年十一月），李明勋、尤世玮主编《张謇全集》第 2 册，第 237 页。

⑤ 王树槐：《中国现代化的区域研究——江苏省（1860~1916）》，台北，中研院近代史研究所，1984，第 176 页。

二　民初"江苏统一"与省会的迁出

辛亥革命爆发后，江苏省的分合问题再次浮出水面，并在当时"江苏统一"潮流的影响下，导致江苏省会的变动。①

1911 年 11 月 5 日，江苏巡抚程德全宣布独立，组建江苏都督府，苏州仍然维持其江苏省会的地位。但两江总督驻地江宁 11 月 21 日被苏浙联军攻克以后，苏州作为全省行政中枢的地位发生动摇。为谋"全省统一"，江苏省临时省议会开会，议长张謇力主程德全入主江宁，并鼓吹"吾江苏人民不应再有宁、苏之见"。② 江苏士绅亦敦劝程德全移驻江宁。③ 12 月 4 日，江苏省议会全体议员再次发出通电，称"江苏本为一省，宁苏分治，原属满廷弊政，今既改为共和，一省之中应只设一行政总机关，俾民政有所统一。而宁苏相较，自以驻宁为宜"。④ 程遂于 12 月 16 日启程到宁，将江苏都督府搬到江宁两江总督衙门。

江苏都督府搬到江宁很快引起苏州人士的不满，汪恩锦等苏州士绅呈文"吁请都督住节苏台"。⑤ 1911 年 12 月 29 日，钱业公会即据该文呈苏商总会，请求大都督程德全仍旧驻节"胥台"。⑥

此后事情一度出现转机。12 月 17 日蒋雁行被江北临时议会推举为都督，同时中华民国临时政府决定设在江宁，这使设在江宁的"江苏都督"变得有名无实。程德全遂于南京临时政府成立前夕，以"足疾剧增，且患舌强"为由，举庄蕴宽为代理江苏都督，自己到上海"养疴"。⑦ 与此同

---

① 周育民：《辛亥革命时期的"江苏统一"——兼论辛亥革命时期的苏沪行政关系》，上海中山学社编《近代中国》第 12 辑，上海社会科学院出版社，2002；纪浩鹏：《宁属还是苏属：辛壬之际江苏省会之争》，《江苏社会科学》2017 年第 2 期。

② 《时报》1911 年 11 月 22 日，转引自纪浩鹏《宁属还是苏属：辛壬之际江苏省会之争》，《江苏社会科学》2017 年第 2 期，第 240 页。

③ 《江苏程都督由沪赴宁》，《申报》1911 年 12 月 6 日，第 6 版。

④ 《公请苏军都督移驻江宁》，扬州师范学院历史系编《辛亥革命江苏地区史料》，江苏人民出版社，1961，第 560 页。

⑤ 章开沅等主编《苏州商会档案汇编》第 2 辑，华中师范大学出版社，2012，第 1144 页。

⑥ 章开沅等主编《苏州商会档案汇编》第 2 辑，第 1145 页。

⑦ 周育民：《辛亥革命时期的"江苏统一"——兼论辛亥革命时期的苏沪行政关系》，《近代中国》第 12 辑，第 20 页。

时，程德全与苏州绅商保持密切联系。庄蕴宽上任不久即"呈明总统，暂行赴苏料理"。① 临时大总统孙中山以"苏州事务甚繁"，同意他"移驻苏垣"。② 1912 年 1 月 10 日代都督庄蕴宽莅苏"料理"政事，同日，苏州各团体派代表去上海谒见程德全，程"面许一星期回苏养疴"。1 月 11 日，苏州各界在怡园开欢迎庄蕴宽大会，并"恳请宪节常驻苏台"。1912 年 2 月 4 日《申报》称，江苏都督业已决定驻扎苏州，驻宁机关处或并或裁。同日，江苏临时省议会移设苏州，以留园为会所。③

在苏督迁回苏州、苏州人士活动"宪节常驻苏台"之际，出现了定省会于镇江之舆论。1912 年 2 月 1 日《申报》刊登《江苏省治问题》一文，明确反对以苏州为省会，作者认为"一省之都会必择其四方集中之点，道里适均，以便于命令之宣达，而为一省政治之所自出"，从控制南北来说，南京最为合适，既然南京已为首都，江苏省治应定为镇江，这是因为"论四方之适中，南控苏松，北接淮扬，则京口重镇，山川形胜，自是都督开府之地"，至于苏州，"僻于东南之一隅，断不足以控制淮扬而平视宁镇"，故不宜为江苏省会。④ 次日，《申报》继续发表社评《江苏省宜迁治镇江说》，批评那些认为苏州和清淮可为省治的人，"江苏一省之都会，苏台偏于南，清淮偏于北，惟镇江为南北适中之地"。⑤ 迁省会于镇江之说，显然既符合宁苏合一、"江苏统一"之潮流，也便于江苏都督对江北地区的控制。因此，2 月 4 日，便传出庄代都督因"北伐军纷纷出伐，运兵运饷，必须兼筹并顾；而清淮各属，距苏较远，颇有鞭长莫及之虑"，遂"拟移驻镇江以便控制江北各州县"，将"与中央政府及地方绅士妥商定夺"的消息。⑥

1912 年 3 月 9 日，袁世凯在北京就任临时大总统，南北议和，中华民国首都即将北迁。因首都北迁已成定局，江苏省会"迁镇"之议遂终止，但都督迁宁之议却因首都北迁而再起。

---

① 章开沅等主编《苏州商会档案汇编》第 2 辑，第 1146 页。

② 《专电》，《申报》1912 年 1 月 10 日，第 2 版。

③ 《南都近事要闻》，《申报》1912 年 2 月 4 日，第 3 版。

④ 《江苏省治问题》，《申报》1912 年 2 月 1 日，第 2 版。

⑤ 《江苏省宜迁治镇江说》，《申报》1912 年 2 月 2 日，第 2 版。

⑥ 《苏都督移驻镇江预闻》，《申报》1912 年 2 月 4 日，第 6 版。

3月31日，黄兴受命留守南京。这给了苏州保留省会地位一线希望，苏州绅商认为南京已经有留守一职，江苏都督应该驻苏。恰在此时，3月27日，苏州阊门发生兵变，3月28日，苏商总会急电大总统孙中山和总理唐绍仪等，"乞速设法弭平，以维大局。并请庄都督刻即回苏，俾资镇摄"。①

4月中，当临时政府北迁已成定案，江苏省议会仍提请江苏都督驻扎南京，并通过正式议案向社会公布。省议案称，苏人争都督驻苏，是"犹存此疆尔界之心，适启四分五裂之祸"，同时强调"尽人之爱戴都督与苏人同，他处之依赖都督与苏州同"，并提请"江苏都督庄都督克日移节南京"。② 省议案从"江苏统一"来立言，代表了部分主张"江苏统一"士绅的意见，同时也代表了南京地区士绅争取省会驻扎的利益。

此时，苏州绅商极力反对都督移宁。③ 商民决定派出代表，挽留江苏都督庄蕴宽。④ 但庄蕴宽突然辞职，4月13日程德全再度被任命为江苏都督。此后，苏商总会敦请程德全回苏之议再起。⑤ 4月22日，程德全回苏，苏州商会赴车站欢迎。⑥

对于江苏省议会提请江苏都督移驻南京的议案，苏属士绅积极发表反对意见。其中，常州士绅沈同芳详细梳理了清末以来江苏苏、宁两属之间的关系，并批驳省议会敦请都督移驻南京的理由。他提出，理想的办法是以宁镇通海（海门）为一道，苏松常太为一道，扬淮徐海（海州）为一道，每道设民政总长，下辖所属各县县长，而都督则作为军事区域，不兼民事，由海陆军部委派。维持现状的办法是江苏都督仍驻苏州，辖苏松常太，南京在留守撤后即设一都督，辖宁镇通海，江北设一都督，辖淮扬徐海。⑦ 沈同芳的建议其实是在承认清代以来江苏省"一省三治"的现实和

---

① 章开沅等主编《苏州商会档案汇编》第2辑，第1165页。
② 《苏议会议案记要》，《申报》1912年4月10日，第3版。
③ 《宁苏争驻都督之异议》，《申报》1912年4月18日，第6版。
④ 参见纪浩鹏《宁属还是苏属：辛壬之际江苏省会之争》，《江苏社会科学》2017年第2期。
⑤ 《苏商总会请准都督驻苏呈总统等文》，章开沅等主编《苏州商会档案汇编》第2辑，第1153页。
⑥ 《民国元年四月十八号致全体议董》，清末苏州商务总会档案，《辛亥革命江苏地区史料》，第113页。
⑦ 沈同芳：《江苏省分合问题与升道为省共同之关系》，原刊于《地学杂志》第3卷第3~4期，1912年，后收入张文范主编《中国省制》。

合理性基础上，采取苏南、苏中、苏北分而治之的政策，是对"江苏统一"策略的反动。这一建议更多表达了江南士绅意图维持苏州原有行政地位的意愿，也符合江北地区独立的诉求。

南京留守黄兴任职不久即宣布辞职，并致电程德全，希望其早日回宁，以使江苏省政正常运转。① 江北各界则推举代表向参议院提交《江北分省请愿书》，但 6 月 5 日江北请愿分省案被参议院否决。② 袁世凯担任大总统之后，亦明确将消弭各地军事政权视为要务，维持"江苏统一"符合其消除割据势力的意图，遂下令撤销江北都督府，江北军政民政悉归江苏都督管辖。③

江苏都督为控制全省，若治所偏处苏州，似难被江北各地接受。在各方敦促之下，江苏都督程德全于 6 月到宁接收留守机关，重组都督府，都督府驻宁已经成为大势所趋，此时苏州绅商开始争取都督"宁苏分驻"。④ 11 月 19 日，原江苏都督府机要员应德闳被任命为江苏省首任民政长，实行军民分治。⑤ 此时，苏州士绅开始争取省长驻苏、都督宁苏分驻。⑥ 同时，程德全确有"于苏州留设行署，每月之中宁苏分驻，以资镇慑，而顺舆情"之议。⑦ 直到 1912 年 12 月，苏商总会仍争取江苏民政长驻苏，江苏都督宁苏分驻。⑧ 12 月 8 日，江苏民政长公署确定设在南京，江苏都督府各司除军政司外，均移驻南京。⑨ 苏州士绅的争取没有成功，苏州的省会地位从此失去。

苏州绅商从争取都督驻苏到都督分驻宁苏再到省长驻苏，可谓一步一步退让，亦在退让中一步一步争取。苏州绅商之所以力争省会驻苏，是因

---

① 《致程德全电》（1912 年 4 月 18 日），湖南省社会科学院编《黄兴集》，中华书局，2011，第 164 页。
② 李巨澜：《辛亥时期"江北分省"问题探略》，《南京政治学院学报》2004 年第 2 期。
③ 《袁世凯令免江北都督蒋雁行职和江北人民拟请暂留电稿》，中国第二历史档案馆编《中华民国史档案资料汇编》第 2 辑，江苏古籍出版社，1991，第 149 页。
④ 《苏州公民力争省治机关》，《申报》1912 年 8 月 27 日，第 2、3 版。
⑤ 《任命应德闳职务令》，骆宝善、刘路生编《袁世凯全集》第 21 卷，河南大学出版社，2013，第 95 页。
⑥ 章开沅等主编《苏州商会档案汇编》第 2 辑，第 1160 页。
⑦ 章开沅等主编《苏州商会档案汇编》第 2 辑，第 1163 页。
⑧ 章开沅等主编《苏州商会档案汇编》第 2 辑，第 1163、1164 页。
⑨ 《苏民政长议决驻宁》，《申报》1912 年 12 月 8 日，第 6 版。

为他们充分认识到省会地位对于城市发展的重要性。1912 年 4 月，苏州钱业公会呈文苏商总会，从军政、伏莽、秩序、流亡、财政、全局、惯例、实产、商务、金融等十个方面强调都督驻苏之必要。其中，军政、伏莽、秩序、流亡、全局等方面皆为治安秩序等一时之考虑，而财政、实产、商务、金融等则有长远之影响。关于财政方面，文称："都督果去，财政司必与俱去，……行见苏地之财源愈抽而愈涸，苏人之教养日退而日消。"这是说，省会迁出，财富亦随之而走。关于实产方面，文称："苟都督不留，则富有田房者，将以无所庇护而思去乡里；既思去乡里，则必无所顾恋而谋售产业；既谋售其产业，则必无所维持而得保价率。贬落果重，亏损遂深。仁见富者失其财业之信用，贫者失其依附之生机，是谋去都督之主义，直陷累苏人之主义。"这是说，省会迁出，则人随之而去，投资亦随之减少。关于商务，称："倘都督不驻于苏州，则其从人减，从人减则户籍减，户籍减则供求减，不独专属于商行为者失其业，兼使附属于商行为者同失其业。苏商何辜，忽遭灭绝！"这是说，省会迁出，政务人员随之减少，消费亦随之减少。关于金融，称："苏州金融之操纵，以苏、松、常、镇、太三十余州县为大宗所灌注。其能具有此回旋之魄力，吸取之雄资，皆由都督在苏，即大小官界之汇款汇于苏，大小富室之存款存于苏。如都督一变，则苏州之金融必变；苏州之金融既变，则各府、州、县之金融必变；各府、州、县之金融既变，则各府、州、县之商民如婴儿之失乳，如游鱼之失水，不能不相胥而变。"① 这是说，省会迁出，官界汇款和富商存款亦减，流动资金随之减少，从而影响苏州金融中心的地位。

何一民、范瑛认为，清代苏州成为江苏省会可归因于自然条件、地理位置优越，底蕴深厚，更重要的是经济地位提升。② 而民国时期苏州省会地位的丧失，固然有上海崛起后苏州经济地位大不如前之因素，但更重要的是由于苏州偏处东南，地理位置不如南京优越。从清代以来江苏省的实际治理情况来看，苏州作为江苏省省会的地位其实是与江苏省内部分为宁属、苏属两个治理单元（若加上漕运总督及以后的江北提督设置，则可以说江苏省是"一省三治"）的制度安排相联系的，在这样的制度安排中，

---

① 章开沅等主编《苏州商会档案汇编》第 2 辑，第 1150～1153 页。
② 何一民、范瑛：《从府城到省会：清代苏州行政地位之变迁》，《天府新论》2009 年第 5 期。

江苏省内部以长江为界分为两个治理区域，苏州虽为江苏省会，其实主要是江南地区的行政中心。当晚清至民国初年江苏省的"统一"成为一时潮流时，苏州僻处东南的地理位置也就使其很难保持作为全省唯一行政中心的地位。

苏州丧失省会地位，难免对其以后的城市发展产生深远影响。恰如钱业公会所指出的，财政、实产、商务、金融等方面均会因省会迁出而受到影响。无怪乎苏州士绅认为都督驻苏"乃吾苏危急存亡之机关"，"留苏督永驻苏垣一事，为吾吴第一要件"。①

三 国民政府初期的江苏省会问题

1927 年南京国民政府建立，设首都于南京，江苏省会应该在省辖境内另觅新址，苏州又面临一次成为省会的机会。据报道，江南之苏州、镇江两处，江北之徐州、清江浦、浦口、扬州四处，都曾有所考虑。②《时事新报》记者采访"在苏某要人"称："吴下为文物之邦，且旧属省会之地，如伟大之前抚台衙门，一经修葺，尽可作为省政府之用。无锡为工商发展之地，宜于商场，不宜作为省政中枢。镇江水陆交通，虽较苏州为便，但其旧有机关屋所，少而且小，实不合用，若一一从新建设，则不独经济有关，而且缓不济急。是故将来之苏省政府，必须迁往苏州，且不久必将实现。"③《申报》记者亦称，因有于右任、薛笃弼、蔡元培、宋子文、王正廷、叶楚伧、何玉书、张寿镛、何应钦等诸要人赞成，省会迁苏应不致变更。④ 以上报道言之凿凿，似乎苏州的胜算颇大。

1928 年 7 月 17 日，中华民国江苏省政府委员会举行第 90 次会议，出席会议的委员共 9 人。该会讨论的首项议题是"省会问题"，"结果：镇江六票，扬州二票，苏州一票"。⑤ 投票结果显示省政府委员的意见相对一

---

① 章开沅等主编《苏州商会档案汇编》第 2 辑，第 1154、1155 页。
② 《苏省府迁移问题》，《申报》1928 年 7 月 3 日，第 9 版。
③ 《苏省府有迁苏州说》，《时事新报》1928 年 7 月 4 日。
④ 《苏省府迁移问题》，《申报》1928 年 7 月 14 日，第 10 版。
⑤ 南京图书馆特藏部《江苏内刊》第 16 期，转引自镇江市历史文化名城研究会编著《民国江苏省会镇江研究》，江苏大学出版社，2010，第 1 页。

致，镇江得到多数支持。考虑到出席委员中叶楚伧、钱大钧都是苏州人，而苏州只得了1票，其结果颇耐人寻味。此后，国民政府正式批准镇江为江苏省省会。8月9日成立省政府迁镇筹备处。1929年2月3日，江苏省政府令各厅处限10日内全部从南京迁至镇江，按指定地点办公。① 但江苏省高等法院、检察院仍设在苏州。②

国民政府定镇江为江苏省会，显然与民国初年《申报》评论的思路一致。为谋控制南北，则南京、镇江为首选，当南京已为首都，镇江地点适中，又靠近首都，开府镇江，可"以为新都翼卫，盖建业之于京口，犹洛阳之于孟津也"。③

另外一个新的因素则与孙中山重视镇江建设有关。孙中山在《建国方略》中对镇江有详细的规划，他提出在扬子江沿线建设镇江、南京、芜湖、安庆、鄱阳港、武汉等一系列内河港埠，其中，镇江"为挈合黄河流域与长江流域中间之联锁，而又以运河之南端直通中国最富饶之钱塘江流域。所以此镇江一市，将来欲不成为商业中心，亦不可得也"。④

同时，镇江地方团体之争取，亦功不可没。⑤ 反观苏州，此时却悄无声息，大概知道自身因地理位置原因，不可能成为省会，故不费力争取。

四 省会迁出的影响

清代，江苏省有江宁、苏州两个省会，这是在"宁属""苏属"分立的情况下所形成的独特的地方行政制度设计。民国初年，在江苏士绅中"江苏统一"之潮流盛极一时，为谋合江南、江北为一省，泯除"苏属""宁属"之分立，江苏省会自须归一。而袁世凯政府为达其消弭各地军事政权、撤销江北都督府之目的，亦支持"江苏统一"。与南京相较，苏州偏居东南，不便控驭全省，江苏省会驻扎南京，顺理成章。苏州绅商在此

---

① 杨瑞彬：《民国江苏省会始末》，中国人民政治协商会议江苏省镇江市委员会文史资料委员会编《镇江文史资料》第42辑，2008，第234～236页。
② 《民国江苏省会镇江研究》，第29页。
③ 《江苏省治问题》，《申报》1912年2月1日，第2版。
④ 孙中山：《建国方略》，中州古籍出版社，1998，第203页。
⑤ 《民国江苏省会镇江研究》，第8页。

过程中积极努力，争取省会留驻苏州，其出发点并非仅限维持治安，更着意于省会驻地所带来的经济、社会利益。国民政府定都南京后，江苏省会势需迁出，苏州、镇江、扬州皆为一时选项。镇江最后胜出，除因地理位置居中、密迩首都外，还与孙中山对镇江的重视和镇江地方团体的积极争取有关。

以往论者多认为明清苏州的繁荣主要归因于苏州工商业和市场经济的发达。[1] 但也有学者指出，在明清苏州繁荣的背后，国家政策和投资具有不可忽视的基础作用。而政府的政策支持和资金投入往往和该地的行政地位密切相关。[2] 如果将行政地位视为城市发展的一个重要资源，那么行政地位的变更必然也会带来城市经济的兴衰。[3] 这种情况不仅限于古代，近代以来随着国家在经济发展和资源配置中扮演的角色日益强化，行政地位对于城市发展的影响似乎更有增强的趋势。民国时期苏州城市发展的放缓和经济层级的下降固然有其经济和地理原因，省会的迁出不能不说有很大的影响。

苏州人包天笑即说：“苏州本来是个省城，人文荟萃之区，物产繁华之地，俗语所称‘上有天堂，下有苏杭’，别一个省城所望尘弗及的。可是自从辛亥革命以后，苏州渐渐有退化的现象。为的是西化东渐，有一个‘强邻，虎视眈眈在你侧，那就是上海’。……但苏州终究是一个清嘉安适的住宅区域，所有老乡绅、老寓公，还觉得此间乐，不肯放弃。一直到国民党北伐军兴，迁都南京，江苏省政府移往镇江，苏州省城一变而成为一个县城，真有一落千丈之势。”[4] 比包天笑小一辈的顾颉刚也有同样的印象，他说道：“辛亥革命后，省会迁到南京。国民革命后，省府迁到镇江。于是苏州既不是经济中心，也不是省区政治中心。离开了经济和政治的力量，文化水准也就每况愈下了。现在苏州只成一个住宅区，做了京沪两地的移民站，凡是在京沪住不下的人，都住到苏州来。街道愈来愈不整齐，

---

① 傅衣凌：《明清农村社会经济　明清社会变迁论》，中华书局，2007，第340页。

② 罗晓翔：《陪京首善：晚明南京的城市生活与都市性研究》，凤凰出版社，2018，第413～416页；赖惠敏：《寡人好货：乾隆帝与姑苏繁华》，《中央研究院近代史研究所集刊》第50期，2005年，第187、188页。

③ 包伟民：《宋代城市研究》，中华书局，2014，第98～101页。

④ 包天笑：《钏影楼回忆录》，中国大百科全书出版社，2009，第567页。

房屋愈来愈破败，市面愈来愈不景气，可以说是破落户的总汇了。"①

探讨省会迁出对苏州的影响，也可以从抗战沦陷时期的畸形繁荣中侧面了解。

沦陷时期苏州最大的变化是其成为伪江苏省省会。此时的伪江苏省虽仅辖原江苏省的长江以南地区，面积狭小，但省会的地位仍给苏州带来了一时"繁荣"。②《江苏日报》一篇文章在分析苏州旅馆业的"繁荣"情形时指出："事变后的苏州，从住宅区的都会，一变而为商业繁盛的省会，车辆辐辏，交通频繁，旅社业便应时代而走红。"③ 其实不只是旅馆业，茶馆、菜馆也同样繁荣起来。巫仁恕即指出，沦陷初期苏州百业凋敝，在社会秩序稳定后，茶馆的数量并没有减少，尤其是 1940 年以后，反而有增长的趋势。④

沦陷时期苏州城市经济的畸形繁荣是城市地位的改变所致。随着抗日战争的结束，大量人口回迁原籍，省会重新迁往镇江，公务人员随之撤离，公务和商务往来随之减少，苏州的畸形繁荣即不再持续。⑤ 只是到了 1949 年上半年，国民党军队节节败退，苏州聚集了大量从南京及江北逃难的商民，省政府从镇江南迁苏州，随之而来大批公务人员及其眷属，苏州又迎来了短暂的"繁荣"。⑥

将苏州与同时期的杭州加以比较，也可以看出城市行政地位对城市建设的影响。苏杭历来并称，清代分别为江苏和浙江省会，民国以后，苏州失去省会地位，而杭州则仍为浙江省会。民国时期，苏州与杭州在市政建设上逐渐拉开差距，这与两者的行政地位密切相关。杭州市政发轫于辛亥革命以后，当时设有省会警察所及省会工程局，掌理公安警捐卫生及马路工程等事项，并在城西旧旗营一带，拆除城垣，建筑马路，开辟市场，市

---

① 顾颉刚：《苏州的历史与文化》，苏州市地方志编纂委员会办公室、苏州市档案局编《苏州史志资料选辑》第 2 辑，1984，第 6 页。

② 参见巫仁恕《劫后"天堂"：抗战沦陷后的苏州城市生活》，台湾大学出版中心，2017，第 105 页。

③ 雪涛：《畸形发展下的苏州旅馆业》，《江苏日报》1943 年 10 月 20 日，第 3 版。

④ 巫仁恕：《劫后"天堂"：抗战沦陷后的苏州城市生活》，第 109 页。

⑤ 长生：《市面萧条的苏州已不是天堂景象》，《礼拜六》复刊第 25 期，1946 年 5 月，第 9～10 页。

⑥ 《马乱兵荒旅客寥落，两路营业不堪回首》，《申报》1949 年 3 月 14 日，第 4 版；《春风绿透姑苏城内外》，《申报》1949 年 4 月 9 日，第 5 版。

政略具雏形。① 旧旗营一带因市政建设推动，地价飞涨，至 1926 年已增至八九倍，间有增至十倍以上者。② 至国民政府时期，杭州因省会关系，设立市政府，这对于杭州的发展有更大的促进作用。反观苏州，辛亥革命以后省会迁出，缺乏省政府的推动和资金挹注，市政建设一直没有大的进展。苏州市政府成立以后，市长陆权曾将苏杭市政进行比较，他认为苏州市政，"以视杭垣，殆多逊色"。③ 苏州市政府还专门派员去杭州考察，了解情况，吸取经验。但苏州市政府因缺乏省会地位的支撑，旋即撤销，市政亦无大的作为。④ 此外，民国时期的杭州和苏州都以人文荟萃、风景优美、地近大都市上海等优势，旅游业有很大发展，但总体上来说，苏州的旅游业不如杭州的旅游业兴盛，其对城市经济和建设的推动也不如杭州明显。归其原因，在于政府对于旅游业的推动力度不同。⑤

简而言之，省会迁出，使苏州城市发展放缓，并导致其在城市体系层级中地位的下降，同时也促使其探索新的城市发展之路。⑥ 沦陷时期苏州作为伪江苏省省会的一时"繁荣"，一定程度反映了城市政治地位与城市发展的关系。

作者：张笑川，苏州科技大学历史学系

（编辑：王静）

---

① 实业部国际贸易局编《中国实业志·浙江省》第 3 编《商埠及都市》，1933，第 8 页，王强主编《近代中国实业志》第 6 册，凤凰出版社，2014。

② 《中国实业志·浙江省》第 3 编《商埠及都市》，第 14~15 页，王强主编《近代中国实业志》第 6 册。

③ 陆权：《苏州市政月刊弁言》，《苏州市政月刊》第 1 卷第 1 号，1929 年 1 月。

④ 苏州市政府 1928 年 11 月正式设置，1930 年 5 月撤销，存在时间仅 1 年 6 个月。

⑤ 胡孝林：《苏州旅游近代化研究（1912~1937）》，硕士学位论文，苏州科技学院，2011，第 64 页。

⑥ 王国平、方旭红：《1927~1937 年苏州建设旅游休闲城市的设想与实践》，《社会科学》2004 年第 12 期。

抗战胜利后天津摊贩治理述论
（1945 ～ 1946）

袁凯旋

内容提要　抗战胜利后，天津摊贩的存在不但有效解决了人口失业问题，也为市民生活提供了便利。战后天津市政当局通过设置临时市场的方式，对马路摊贩进行治理，并在政策制定过程中尽力维持市政治理与摊贩生计之间的平衡，这是战后社会重建与社会秩序重塑的应有措施。天津摊贩的请愿活动是部分摊贩不满于当局指定的迁移地点而进行的争取生存权益的抗争，并非对上海摊贩抗争风潮的支援与呼应。"摊贩问题"根本上是一个经济发展的问题。战后国统区经济环境的恶化决定了天津摊贩难以得到有效治理。

关键词　战后天津　摊贩治理　摊贩请愿

晚清以降，在城市现代化的过程中，随着西方"市政文明"理念的传入，摊贩在"影响市容""有碍观瞻"等话语下逐渐成为一种"社会问题"，并被纳为管理对象。因此目前学界关于摊贩治理的研究大都从该时段开始。相关研究梳理了晚清民国时期武汉、上海、北京、天津等城市市政当局的摊贩治理过程，并分析摊贩对城市生活、城市管理与城市秩序的影响。[①] 此外，1946 年上海的"摊贩抗争风潮"亦颇受学术界关注，胡俊修、田春丽、魏晓锴等从"城市治理"的角度对该事件进行了较

[①]　如胡俊修、姚伟钧《二十世纪初的游动摊贩与中国城市社会生活——以武汉、上海为中心的考察》，《学术月刊》2008 年第 11 期；徐鹤涛《日常中的国家——晚清民国的北京小贩与城市管理》，《中央研究院近代史研究所集刊》第 87 期，2015 年；王静《民初天津摊贩生存空间的转换与控制》，《历史教学》（下半月刊）2010 年第 10 期；等等。

为彻底的分析。①

抗战胜利后，天津市政当局亦对摊贩进行了治理，然而目前仅有《城市基层治理中的社会冲突与政策转向》一文论及此。该文虽有意借摊贩问题谈"城市基层治理"，但其主体部分更多的还是通过"社会冲突"考察天津当局的"政策转向"，即由"建设"转向"维稳"，并未完整地关注到摊贩治理政策的出台过程及摊贩与市政当局的博弈。另外，该文有些观点也有待商讨。②

此外，在革命史的叙事中，天津摊贩为维持生计而进行的请愿活动，则被裹挟进1946年上海摊贩抗争风潮中，被认为是对该事件的支援，这使之丧失了真实性与独立性。③ 鉴于此，本文发掘天津市档案馆所藏档案以及相关报刊资料，梳理战后天津市政当局的摊贩治理过程，并论述其治理特点，以期对近代摊贩治理研究有所推进。需要说明的是，按照经营地点分，天津摊贩可分为市场（如商场、菜市）摊贩与马路摊贩，本文之论述对象实为后者。

一 摊贩与战后天津城市生活

街头设摊作为一种经济形态，是城市日常生活的重要组成部分。尤其是近代以来，随着城市人口的增多，市民多层次的消费需求刺激着摊贩的发展，为摊贩提供了广阔的谋生空间；而摊贩所售多样的货品则成为城市经济的补充，丰富了市民的日常生活。两者间的互动往来，增加了城市的生机与活力。但与此同时，由于摊贩在城市中没有固定的营业地点，具有很强的流动性，亦给城市带来了诸多不和谐因素，最普遍的问题便是因侵占马路而影响交通与市容。④

---

① 胡俊修、田春丽：《城市治理视域下的一九四六年上海摊贩风潮探析》，《中共党史研究》2012年第11期；魏晓锴：《近代中国城市治理的困境：1946年上海摊贩事件再探》，《史林》2017年第3期。

② 张萌、王先明：《城市基层治理中的社会冲突与政策转向——以战后天津摊贩整治为中心的考察》，张利民主编《城市史研究》第39辑，社会科学文献出版社，2018，第86～96页。

③ 如陶用舒主编《中国现代史（1919～1949）》（湖南大学出版社，1989，第530页）、刘引泉主编《中国民主革命战争时期通史》下卷（东方出版社，1990，第364页）等均有此种表述。

④ 参见胡俊修《流动摊贩与中国近代城市社会》，中国社会科学出版社，2019，第55～155页。

抗战胜利后，战争导致的经济衰颓使天津摊贩爆发式增长。在官方看来，"各街巷小贩充斥，秩序异常紊乱"。① 也有报刊报道："旧法租界菜市一带、教堂前后、旧英租界黄家花园，都不约而同的有若干摊子摆出来。所卖除日本人所卖的衣服家具用物以外，有日本仓库里盗出来的物资，布匹呢绒等。"② 根据市政府的调查，这些摊贩来源主要有两类："一为商号囤货亏累无法维持，设摊售卖借以还欠者；一为日伪工厂率皆停工，工人无以自活，借设浮摊以资糊口者。"③ 前者是由战后物价的急剧变动而引起的。如张嘉璈所言，人们在抗战刚结束时对价格走势极为乐观，"1945 年 8 月的最后一周，全中国的物价突然下跌。囤积了几年的消费物资涌入市场，且很多是半价销售"。④ 在这种情况下，许多商号不得不派"同人推着小车去摆地摊"，将在战时高价囤积的物资"甩出"，以还欠款。⑤ 只不过这种行为持续的时间很短。自 9 月下旬开始，天津物价又复猛涨，至 12 月各种物价反比沦陷时期峰值还高，⑥ 由是各商又转为囤积惜卖的状态。

战后天津摊贩其实更多地来自包括失业工人在内的下层市民，其主因是国民政府无序的接收造成大量人员失业与经济混乱。抗战胜利后"代表政府的文官和军官控制了日本人主持的行政机构的所有部门以及日本人和汉奸所有的公、私财产。所有财产，若属于非法占有的，要么应发还原主，要么应依据官方所定程序移交新主。在这个过渡期间，工厂要停产"。⑦ 1945 年 11 月，国民政府经济部冀察绥特派员驻津办事处成立，负责工业接收工作。其接收原则为，企业规模较大者暂由部管复工，规模较小者标售民营、发还原主或移交其他机关。但实际上，大部分的企业被接收人员"标售民营"，中饱私囊。例如，天津"被接收的机电工厂有 79

① 《警察局行政科第二股股长刘信言的签呈》（1945 年 10 月 6 日），天津市档案馆藏，档案号：J0219 - 3 - 028218 - 001。

② 砚：《天津的摊贩》，《纪事报》第 27 期，1946 年 12 月 21 日，第 4 页。

③ 《市政府齐兆生的签呈》（1945 年 11 月 6 日），天津市档案馆藏，档案号：J0002 - 3 - 002177 - 079。

④ 张嘉璈：《通胀螺旋：中国货币经济全面崩溃的十年（1939～1949）》，于杰译，中信出版社，2018，第 78 页。

⑤ 砚：《天津的摊贩》，《纪事报》第 27 期，1946 年 12 月 21 日，第 4 页。

⑥ 《平抑本市物价，社会局拟订办法》，《益世报》1945 年 12 月 14 日，第 2 版。

⑦ 费正清、费维恺编《剑桥中华民国史（1912～1949）》下卷，中国社会科学出版社，1994，第 735 页。

个，交经济部的只有 25 个工厂，其余 54 个工厂在标售民营的幌子下早已无影无踪，即便是交经济部管辖的 25 个，其机器设备也已被盗卖得残缺不全"。① 由是大部分的工厂难以复工，大批工人失业，生活无着。

加之在货币上，自国民政府宣布法币与伪联币的兑换比为 1∶5 后，天津"各商竟有借此机会将原订伪币之价改售法币，无形中增加五倍以上"。② 这实际上人为地拉大了两种货币之间的价值"剪刀差"，导致了伪联币的大幅贬值，从而加剧了包括天津在内的收复区的通货膨胀，加重市民的生活负担。③

因此，街头设摊实际成为包括失业工人在内的下层市民缓解生活压力的途径。警察局曾于提案中言道："胜利后社会情形变动甚大，因币制经济及各种问题，各市民多将自存物品及家具在街头设摊出售。"④ 社会局的统计数据也表明，当时天津大量失业工人为了家庭生计而转业成为小贩、人力车夫、苦力等。据统计，截至 1946 年 2 月，天津下辖的十个区内共有失业工人 99454 人，其中转业为小贩者 55001 人，占失业总人数的55.3%（见表1）。1946 年 4 月，社会局还派员对旧法租界内菜市、旧日租界内伏见街及南市、西马路、北马路、河北新开路等 6 处的摊贩进行了调查，共统计有摊商 1 万余人，其中"除一部分正式商人外，余者皆为工人及贫民"。⑤

表 1 1946 年 2 月天津市失业工人转业情况

区别	总数	小贩	人力车夫	苦力	其他
第一区	11286	4050	4056	587	2593
第二区	1162	202	510	210	240
第三区	21640	15910	1260	334	4136

---

① 孙德常、周祖常主编《天津近代经济史》，天津社会科学院出版社，1990，第 300 页。

② 《本市物价猛落 零售行市仍高》，《益世报》1945 年 12 月 7 日，第 2 版；《天津市政府社会局为物价暴涨事给天津市政府的签呈》（1945 年 12 月 7 日），天津市档案馆藏，档案号：J0002 - 3 - 000753 - 001。

③ 张嘉璈：《通胀螺旋：中国货币经济全面崩溃的十年（1939～1949）》，第 79 页。

④ 《天津市政府会议临时提案：警察局提取缔马路摊贩以整理市容便利交通而保障商店营业案》（1946 年 9 月 28 日），天津市档案馆藏，档案号：J0025 - 2 - 000399 - 058。

⑤ 《苗逢春关于奉派调查本市各地摊贩营业状况事的签呈》（1946 年 4 月 27 日），天津市档案馆藏，档案号：J0025 - 2 - 000399 - 071。

续表

区别	总数	小贩	人力车夫	苦力	其他
第四区	2174	594	387	220	973
第五区	10200	6860	295	360	2685
第六区	15607	11294	1596	334	2383
第七区	15744	7355	2964	1596	3829
第八区	14874	5072	4490	898	4414
第九区	2298	566	410	320	1002
第十区	4469	3098	240	110	1021
总计	99454	55001	16208	4969	23276

资料来源：《天津市政统计及市况概要》，天津市政府统计室，1946，第 27 页。

摊贩的存在不但一定程度上解决了人口的失业问题，亦给市民的生活提供了便利。胡俊修的研究表明，近代城市里的流动摊贩便利和丰富了市民的日常生活，并组成了别样的城市大众文化。① 战后天津的摊贩亦具有这些色彩。如上引社会局调查的旧法租界内菜市等 6 处摊贩，共有贩卖布匹、估衣、药品及古玩、书籍、皮革类家具、铁器、化妆品等物之摊 5000余个，"类似一杂货商场"。《纪事报》刊载的"砚"的文章亦描述道，摊贩所售物品不仅价格便宜，而且种类齐全。"我还记得白□每斤只卖联币一百二十元。罐头果品，都十分便宜。……日本人的物资渐渐卖得光了，盟军的'小货'又出现在摊子上，大桶的黄油，整条的红光纸烟，小罐头'海军饭'，不一而足。"②

然而，战后天津摊贩的激增使一些旧有的城市管理问题重新出现。上引"砚"的文章在肯定摊贩积极作用的同时，亦指出了其占道经营的问题："一年以来摊贩随时代演进，应时应景，有四季不净的种□货品，而地盘也竟扩充得不可理解。第一区正兴德这条街上地摊，竟摆到马路中间，连车子都走不通。"

一些社会力量亦对摊贩侵占道路、影响市容的问题有所反映。市民认为罗斯福路（即今和平路）绿牌电车道一带为中外人士会聚之所，而人行

---

① 胡俊修：《流动摊贩与中国近代城市社会》，第 55～65、105～155 页。
② 砚：《天津的摊贩》，《纪事报》第 27 期，1946 年 12 月 21 日，第 4 页。

道上摊贩聚集喧哗吆喝，致使"豪华商业中心区一变而为破烂小市之场，市容扫地无存"。[1] 摊贩"在街市中售卖次序甚乱，妨害交通"，应对其进行登记以规整次序。[2]

此外，一些不法摊商则扰乱了社会与经济秩序。据相关部门调查，平津各市场及场摊小贩多有售卖疑似日伪仓库中失窃军品者。[3] 第一区西开教堂后贵阳路、兰州道等处的米面摊商人"甚不规矩，食粮斤称短少，掺加劣质，不管退换"。[4] 更有甚者倒卖伪钞，扰乱金融，如第一区伏见街有30余个摊贩公然买卖敌伪钞票，"行情每元竟达联券70余元，较法币高达14倍"，等等。[5]

最后，摊贩的卫生情况也多为人诟病。据报告，第一区菜市门前便道肉摊所贩之肉率多自外县远道购买，"车载船装，辗转费时，难得新鲜干净，故肉质腐化，皮色肮脏"，臭气熏人；[6] 再有饭摊"搭棚设座，炉灶等占地甚广，炉灰烂菜遍地抛弃"，卫生、秩序堪忧。[7] 流动鱼贩聚集于金刚桥附近形成鱼市，导致此地腥臭无比，"过者掩鼻，嗅者欲呕"。[8] 更为不利的情况是，1946年平津等地霍乱严重，天津因感染虎疫而死亡的人数"每日不下数十名"。[9] 如此，卫生不佳的食品与清凉饮料摊则成为疫病传播的隐患。

总之，街头设摊作为一种特殊的经济形态，与城市之间具有一定的相

---

① 《市民梁蔚宣为取缔马路摊贩有关事项给天津市政府梁秘书长的呈》（1946年10月16日），天津市档案馆藏，档案号：J0002－3－002177－002。

② 《王凤仪为建议整顿摊贩进行登记事致天津市政府的呈》（1946年3月25日），天津市档案馆藏，档案号：J0002－3－002161－001。

③ 《后勤总司令部第五补给区司令部为乱售军品有碍观瞻请饬属收缴事给天津市政府的公函》（1946年5月26日），天津市档案馆藏，档案号：J0002－3－001034－001。

④ 《公民黄然秋的呈文》（1946年7月21日），天津市档案馆藏，档案号：J0025－2－000399－066。

⑤ 《警备司令部稽查处为摊贩买卖伪钞事给天津市警察局的函》（1946年1月31日），天津市档案馆藏，档案号：J0219－3－033564－001。

⑥ 《第一区菜市事务所管理委员宋健英为取缔菜市门处便道肉摊事致天津市社会局的呈》（1946年4月21日），天津市档案馆藏，档案号：J0025－3－002198－001。

⑦ 《第一区菜市事务所管理委员宋健英为取缔菜市门外肉贩及饭摊等致社会局的呈》（1946年5月15日），天津市档案馆藏，档案号：J0025－3－002198－002。

⑧ 《天津市政府为令查明取缔金刚桥南首鱼贩事给社会局的训令》（1946年6月22日），天津市档案馆藏，档案号：J0025－3－001779－006。

⑨ 元：《平时的卫生防疫情况甚佳》，《益世报》1946年8月18日，第5版。

互依存关系。从经济上看，战后天津摊贩的增长对于维持小民生计、丰富城市生活不无好处，然而这不能成为其无序发展的理由。因为从政治上看，摊贩的林立而无序有碍城市建设的进行。因此，对摊贩进行治理实际是战后社会重建与社会秩序重塑的应有措施。基于此，天津市政当局制定了对摊贩治理的规划与决策。

二　摊贩治理政策的出台过程

随着西方市政建设理念的传入，各大城市的市政当局均采取了不同程度的措施来推进市政现代化。清末，上海、北京、天津等城市建立了以警察为核心的管理体系，开始对街头的公共空间进行干预。20世纪二三十年代，一批具有留学背景的市政学者积极推动"市政改革"，"呼吁学习西方先进市政建设和管理经验，按照新的理念规划城市，建设城市，管理城市"。他们的建议被市政管理者广泛接受，其中有一点便是要求管理者要以培养"现代城市生活方式为旨趣"，具体而言即要求城市有着整洁的街道、优美的环境、完善的公共设施……①换言之，市容的整洁与否成为衡量一个城市是否为"现代城市"的标准。而对于一个城市而言，街道是体现市容与市政管理水平的重要地点。所以我们发现20世纪20年代后，随着城市现代化的进行，整治街道上无序摆放的摊贩便成为市政管理的常态，一些城市甚至为此制定了专门的管理条例。② 这一时期各类报刊中有关摊贩报道的数量陡增，也从侧面证明了摊贩事务成为市政管理的一个重要方面。③

在这样的治理逻辑下，抗战胜利后各地对市容进行整饬时，摊贩首当其冲。1945年9月，蒋介石的驻沪代表蒋伯诚严令相关部门"限期整饬市容，取缔道旁摊贩并清除垃圾"。④ 10月，无锡市警察局局长巡视辖境后

---

① 参见涂文学《城市早期现代化的黄金时代——1930年代汉口的市政改革》，中国社会科学出版社，2009，第3、226～278页。
② 胡俊修：《流动摊贩与中国近代城市社会》，第268页。
③ 在"全国报刊索引"数据库中以"摊贩"为关键词进行检索，1910～1919年有关条目仅17条，1920～1929年陡增至311条，1930～1939年为788条（2022年9月25日检索）。
④ 《蒋代表严令限期整饬市容　取缔道旁摊贩并清除垃圾》，《申报》1945年9月5日，第2版。

发表训话，令各分局局长"切实取缔沿马路两旁之小摊贩"。① 12 月，重庆市警察局"为打扫全市清洁，到处驱逐摊贩"。② 这种通过对摊贩进行无情的驱逐来整饬市容的做法，引来了社会舆论的批评。如《立报》上有作者认为这"不过是一种'掩耳盗铃'式的做法，连'治标'的方法也称不上，更谈不到'治本'"。③

与上述策略不同，天津市政当局对待摊贩的态度则较为谨慎，其制定的相关政策亦给摊贩留有了一定的生存余地。1945 年 9 月，天津市警察局出于保障交通安全、整饬市容的目的，"通令各分局对各重要干路禁止摆设摊贩，其他街巷在不妨碍交通秩序原则下暂免取缔以示体恤商艰"。④ 但即使这样，社会上依然出现了"报纸及舆论多有指责"的情况，各干路摊贩"遂又暂免取缔"，实际未收成效。⑤ 如市民王怀珍就认为，街头设摊不过是贫苦人民在物价高涨之下"博蝇头冀谋糊口"的无奈之举，而取缔摊贩之行为则违背了三民主义之民生主义，等等。⑥

实际上，不仅社会力量对取缔摊贩颇有微词，在决策的最初阶段，天津市政当局内部对摊贩问题也并无统一处理意见。天津市国民党党部对门前摊贩表示不满，希望警局予以驱逐。⑦ 主管路政的警察局行政科第二股股长刘信言从交通执法者的角度考虑这个问题，认为摊贩在干路摆设，"道路为之堵塞，致行人车马无法通过，殊属非是"。⑧ 警局秘书杨福保虽赞同刘信言的看法，但考虑到设摊者多为"赔累之商人"与"糊口之小

① 《张警察局长昨巡视风化区　严厉取缔摊贩凉棚》，《江苏民报》1945 年 10 月 14 日，第 2 版。
② 《打扫全市清洁，警局驱逐摊贩》，《益世报》（重庆）1945 年 12 月 16 日，第 3 版。
③ 景鸣：《谈取缔摊贩》，《立报》1945 年 10 月 9 日，第 4 版。
④ 《警察局行政科第二股股长刘信言的签呈》（1945 年 10 月 6 日），天津市档案馆藏，档案号：J0219 - 3 - 028218 - 001。
⑤ 《警察局秘书杨福保的签呈》（1945 年 10 月 6 日），天津市档案馆藏，档案号：J0219 - 3 - 028218 - 003。
⑥ 《王怀珍为吁请停止取缔沿街摊贩给市政府的呈》（1945 年 12 月 24 日），天津市档案馆藏，档案号：J0002 - 3 - 002177 - 070。
⑦ 《天津市党部为取缔门前摊贩事致警察局的函》（1945 年 11 月 8 日），天津市档案馆藏，档案号：J0219 - 3 - 028138。
⑧ 《警察局行政科第二股股长刘信言的签呈》（1945 年 10 月 6 日），天津市档案馆藏，档案号：J0219 - 3 - 028218 - 001。

贩"，加之此时为市长张廷锷"视事伊始"，因此建议"不应遽予禁设"。①
可见他是从体恤民生与塑造市长形象方面考虑的。

对于警局的摊贩治理计划，市长张廷锷最初亦不甚赞同。1945 年 11
月，警察局局长李汉元将刘信言之计划上报市政府，拟先定期取缔"浮设
摊贩最为杂乱地带"之重要干路之摊贩。② 但张廷锷并未批准此事，只是
令警察局"一面暂缓取缔，一面另拟取缔办法呈候核夺"。因为在张看来，
由于市内经济状况尚未稳定，市民生活艰苦，允许摊贩的存在不无好处：
一可以使民众赖以谋生；二可以防止商人操纵，遏制物价；三可以防止小
贩失业后致盗匪增多，饿殍载途。张明确表示，摊贩问题"影响治安之巨
实有甚于减损市容"，因此只有在"经济确复常态，工商各安其生"的状
态下，才能对其"严加取缔"。③ 所以，张又是从"维稳"的角度看待这
个问题的。

只不过，张廷锷对摊贩的处理态度很快因蒋介石的北平之旅而变
"改良"为"整饬"。1945 年 12 月蒋介石到北平视察，并对市政建设做
出详细指示，其中于"市容方面……手令市府，各街衢之棚户，行人便
道之摊贩，城门内瓮洞内之商铺，既碍交通，亦妨观瞻，均须限期迁
除"。④ 在给王怀珍的批示中，张廷锷亦明确表示："沿街摊贩固属堪怜，
究竟尚非绝无改良办法，何能放任以小害大？主座此次莅平，严令整饬，
良非得已。"⑤ 由是，天津的摊贩治理工作正式铺开，这一工作可分为两个
阶段。

第一阶段，警察局进行的试点工作。1946 年 4 月 24 日，警察局训令
下属各分局对界内摊贩进行整理，采取"划定界址，集中营业"的办法。
因为这样既可以达到治理目的，又兼顾小贩生活，维护社会稳定，两全其

---

① 《警局秘书杨福保的签呈》（1945 年 10 月 6 日），天津市档案馆藏，档案号：J0219 - 3 -
028218 - 003。

② 《天津市警察局为拟定期分别取缔各重要干路摊贩事给市政府的呈》（1945 年 11 月 2
日），天津市档案馆藏，档案号：J0002 - 3 - 002177 - 078。

③ 《天津市政府为据呈定期分别取缔摊贩事给警察局的指令》（1945 年 11 月 9 日），天津市
档案馆藏，档案号：J0002 - 3 - 002177 - 079。

④ 《北平市政建设整理　蒋主席莅平时曾详指示》，《大公报》（天津）1945 年 12 月 22 日，
第 2 版。

⑤ 《天津市政府为请停止取缔沿街摊贩事给王怀珍的批示》（1946 年 1 月 4 日），天津市档
案馆藏，档案号：J0002 - 3 - 002177 - 070。

美。① 至 5 月，各分局试点工作均已完成并呈报在案。行政科第二科长王秀忱认为各分局指定的摊贩集中地点尚属合适，应令准试办。② 6 月，行政科长饶用法召集区摊贩组织负责人征询意见，最终确定集中营业的办法。③

第二阶段，警察局将该事提交市政会议讨论，并形成最终方案。1946 年 9 月，李汉元向市政会议提交了关于"取缔马路摊贩以整理市容便利交通而保障商店营业"的提案。④ 10 月 9 日，经市政会议第 54 次会议讨论，因摊贩问题涉及民生不宜全部取缔，议定于不妨碍交通之道路或地点设置临时市场安置、管理摊贩，由警察局主办，社会、财政两局协办。随后，警、社、财三局议定管理措施：其一，警察局下属每一分局管界内须划定适宜地点筹设临时摊贩市场一处或两处（见表 2）；其二，由警局各分局行政组对摊贩实行编码登记，登记内容包括区别、摊贩姓名、住址、营业种类、原设摊贩地点、新设摊贩地点等；其三，限期各分局 11 月 25 日前完成对摊贩的登记工作，并造册上报，12 月 1 日起强制摊贩迁移至临时市场，12 月 15 日迁移完成并举行大核查。⑤

表 2　各分局界内摊贩临时市场地点

局界	地点	局界	地点
第一分局界	张自忠路河岸一段	第四分局界	新市场、大陆工厂前广场
第二分局界	金汤桥东口仓库（旧奥国菜市）	第五分局界	大王庄、八纬路
第三分局界	大悲院	第六分局界	谦德庄义园

① 《天津市警察局为限期指定摊贩地区划界址俾使集中营业事给各分局的训令》（1946 年 4 月 24 日），天津市档案馆藏，档案号：J0219 - 3 - 028515 - 012。
② 《警察局行政科第二科长王秀忱的签报》（1946 年 5 月 25 日），天津市档案馆藏，档案号：J0219 - 3 - 028515 - 045。
③ 《天津市政府行政科召集市内各摊贩商临时会议纪录》（1946 年 6 月 24 日），天津市档案馆藏，档案号：J0219 - 3 - 028515 - 083。
④ 《天津市政府会议临时提案：警察局提取缔马路摊贩以整理市容便利交通而保障商店营业等》（1946 年 9 月 28 日），天津市档案馆藏，档案号：J0025 - 2 - 000399 - 058。
⑤ 《施凤笙为汇报出席警察局商讨管理摊贩办法会议事的签呈》（1946 年 10 月 15 日），天津市档案馆藏，档案号：J0025 - 3 - 000494 - 003；《天津市政府为取缔马路摊贩一案提经市政会议决议限期完成事给社会局的训令》（1946 年 10 月 19 日），天津市档案馆藏，档案号：J0025 - 2 - 000399 - 060；《天津市警察局为筹设摊贩市场一案已拟定办法事给社会局的公函》（1946 年 12 月 4 日），天津市档案馆藏，档案号：J0025 - 2 - 000399 - 043。

续表

局界	地点	局界	地点
第七分局界	南市、西广开	第九分局界	营门东、营门西
第八分局界	城隍庙、侯家后中街	第十分局界	上海道（墙子河沿）

资料来源：《天津市警察局为筹设摊贩市场一案已拟定办法事给社会局的公函》（1946 年 12 月 4 日），天津市档案馆藏，档案号：J0025 - 2 - 000399 - 043。

三　摊贩请愿与官民博弈

摊贩与人力车夫、苦力等相似，社会地位低下，且为贫苦民众之最后退路，一旦被取缔，从业者可能就会落入窘迫的生活境地。因此，当摊贩得知官方要筹设临时市场并限期迁移的消息后，非常担忧生计问题，纷纷上书请愿免予或暂缓取缔。

众多摊贩中以第一区长春道（旧法租界菜市周围）摊贩（以下简称"第一区菜市摊贩"）的反应最大。为了争取留在原地，第一区菜市摊贩推举出张蔚屯、李凯旋、李雪棠等数十人成立了第一区菜市滞津难/失业市民摊贩联合请愿代表团，试图以集体力量影响当局决策。1946 年 11 月，该代表团两次上书市府，表示：其一，官方所定之临时市场附近官民运输车辆络绎不绝，交通繁忙影响营业；其二，新摊址地临河滨，冬天时朔风凛冽，严寒至极；其三，摊贩之资本多系借贷而来，担忧迁移别处后，一旦营业萧条，必将债台高筑，生路断绝。因此他们希望市政府能"收回取缔摊贩成命"或"缓期四个月迁移"。[①] 与此同时，张蔚屯等人还赴警察局请愿，表达诉求。

然而，目下的政策是警局规划多时并经市政会议讨论通过的全市政策，具有一定的合理性，所以张蔚屯等人的要求遭到了断然拒绝。警局表示：其一，摊贩取缔系根据法令及命令办理，南京、上海、北平各大都市

---

① 《第一区菜市滞津难/失业市民摊贩联合请愿代表团为请收回成命划第一区菜市为临时摊贩市场事给天津市政府的呈》（1946 年 11 月 20 日），天津市档案馆藏，档案号：J0002 - 3 - 002177 - 017；《第一区菜市滞津难/失业市民摊贩联合请愿代表团为请缓期迁移以苏民困事给天津市政府的呈》（1946 年 11 月 25 日），天津市档案馆藏，档案号：J0002 - 3 - 002177 - 019。

皆已实行取缔，天津位置重要，自然不得不遵令办理；其二，摊贩整理全市一律实行，第一区菜市一隅不能独异，代表团所请之缓办或者根本不迁移皆不可能；其三，代表团应转达各摊贩勿再依违观望，迅于指定临时市场择定合适地界办理登记手续，届期迁移，以免贻误时机。①

警局的态度颇为坚决，不能让步。请愿团也未就此罢休，为了争取舆论支持，他们转而向社会发表了宣言，起首便为"诸位摊贩先生们：我们的危机又来了，我们的饭碗将被打碎了"，颇具鼓动性。在该宣言中，他们陈述了在这经济破败、社会动荡之际成为摊贩的迫不得已，并表示只要政府有能力安置好摊贩，让失业者复工、失学者复学，"就是要我们摆摊我们也不摆了"，如若不能，就允许"暂时摆设以维我们最低的生活"。同时他们还喊出"建设第一，民生第一""取缔摊贩无异迫我们自杀"等口号。② 11 月 30 日，第一区菜市摊贩还组织了"跪哭请愿团"至市政府门前请愿，"全体跪地大哭，哀声遍野"，冀图将摊贩团结起来给政府施压。但负责接见他们的市政府秘书长梁子青依然表示"勒令摊贩迁移……事先已长期考虑，碍难再延时日"。无奈之中，该请愿团只能"怏怏而去"。③

与此同时，其他区域的摊贩亦有相似举动。11 月 27 日，第十区西安道摊贩代表侯宜亮等 22 人联名上书，因当局所定新址上海道为小河沿，"一面房阴，一面臭河，未结冰则臭气难堪，结冰之后则寒气逼人"，且"道路窄小，无法摆摊；人烟稀少，主顾不来"，请求仍在原址摆摊过冬，待翌年春暖之际再行迁移。④ 随后，他们"遂亦推代表侯宜亮、杨华清、张玉亭、刘成云、孟庆洲等五名，而作请愿之举"。警局乃允诺为其搭设篱墙挡风且待"篱墙建好后再为迁移始罢"。⑤ 11 月 30 日，天津市派报业职业工会理事赵耀庭上书，表示警局禁止报摊摆设不仅会影响到会员生

---

① 《天津市警察局为报派员接见第一区菜市摊贩联合代表张蔚屯呈请收回取缔摊贩成命事给市政府的呈》（1946 年 11 月 26 日），天津市档案馆藏，档案号：J0002 - 3 - 002177 - 023。

② 《第一区菜市滞津难/失业市民摊贩联合请愿代表团宣言》，天津市档案馆藏，档案号：J0003 - 1 - 000013 - 012。

③ 《津旧法菜市摊贩　昨向市府请愿　不愿迁张自忠路》，《益世报》1946 年 12 月 1 日，第4 版。

④ 《摊贩代表侯宜亮等为请仍在原址摆摊过冬事给天津市政府的呈》（1946 年 11 月 27 日），天津市档案馆藏，档案号：J0002 - 3 - 002177 - 020。

⑤ 《警察局第十分局关于黄家花园摊贩请愿调查结果的报告》（1946 年 12 月 10 日），天津市档案馆藏，档案号：J0219 - 3 - 028516 - 053。

活，而且"于文化宣传事业影响殊深"。① 12 月 3 日，第三区中山路摊贩约 300 人在大悲院前集合，预备向警察局第三分局请愿，但最终被第三分局派员"婉言劝告解散，并未发生事故"。② 4 日，第四区摊贩商人 160 余名，"手持小旗……结队赴警察四分局请愿，要求自由设摊不应限制"。③

摊贩们的多方活动博得了社会的极大关注，各大报刊对此接连报道，给当局施加了一定的舆论压力。④ 12 月 3 日，天津《大公报》发表"社评"，借用刚发生的上海摊贩抗争事件批评政府种种不当经济政策造成的消极结果，并警示政府要多给"小民生计"留出路，同时也提醒摊贩不要制造"骚动"，要在"情法两合"的情况下谋生计。⑤

对于摊贩们的几番申诉与舆论批评，警局则予以反驳，以表明取缔行为的正当性。1946 年 12 月 3 日，警察局局长李汉元发表书面谈话，陈述了取缔摊贩的必要性，并表示设置临时市场实为一种两全办法，正是政府"顾念各摊贩之生活"的体现，并未使"本市摊贩走头无路"；并强调"少数摊贩认为地点不适中，不愿迁移，并强迫其他摊贩不得迁移，是由占用官道，进而强占官道"的行为毫无道理。李还表示，如若任摊贩随意摆放，必将影响大部分市民之生活，因此取缔摊贩乃是"为多数市民福利着想"，而不能"因少数人之请求或迫胁，即俯首贴耳，惟命是从"。⑥

不过事实上，请愿引起的舆论压力还是使当局的政策有一定的松动。在坚持"各路口或交通繁重地方（摆摊者）必须迁移""集体摊场则依限于本月十五日以前按指定地方迁移营业"的原则下，警察局适当放宽对摆摊地点的要求，决定对于"在住家门前临时所设小摊、地点不在繁华街

---

① 《天津市派报业职业工会为警察局整顿市容涉及报摊事致市政府的呈》（1946 年 11 月 30 日），天津市档案馆藏，档案号：J0025 - 2 - 003566 - 001。

② 《警察局第三分局关于中山路摊贩请愿过程的报告》（1946 年 12 月 3 日），天津市档案馆藏，档案号：J0219 - 3 - 028318 - 075。

③ 《王日孝关于第四区摊贩请愿情况的社情报告》（1946 年 12 月 6 日），天津市档案馆藏，档案号：J0222 - 1 - 001310 - 017。

④ 如《津旧法菜市摊贩　昨向市府请愿　不愿迁张自忠路》，《益世报》1946 年 12 月 1 日，第 4 版；《津摊贩昨继续请愿　望展至旧年底迁移　今日将乞援于临参会》，《益世报》1946 年 12 月 4 日，第 4 版；等等。

⑤ 《社评：摊贩问题的严重性》，《大公报》（天津）1946 年 12 月 3 日，第 2 版。

⑥ 《望各摊贩遵重功令　勿受奸人操纵　李局长昨发表谈话》，《益世报》1946 年 12 月 4 日，第 4 版。

市、道路宽敞、交通不繁者，准暂摆设"。① 如允许第八区 61 处布摊在"既非干路，又鲜交通物体……与该附近商号亦无任何影响"的非指定区域——"归贾胡同"登记营业。② 甚至对于可能影响交通，但营业时间短暂（早上 7～9 时）的单街子早市，警局亦"暂准保留"。③ 同时，为了更好地将摊贩疏导至临时市场，警局亦切实解决了摊贩提出的一些问题。针对第一区与第十区摊贩反映的临时市场近河沿、寒风凛冽的问题，警、社两局开会研讨后决定在张自忠路与上海道沿河部分搭置避风墙，以挡寒风而防危险。④

警察局的"刚柔并济"策略客观上取得了一定效果。大部分摊贩见并无机会留在原地摆摊，陆续依限迁往新址设摊。12 月 1 日，第十区黄家花园摊贩大多已迁至上海道摆设；⑤ 7 日，第二区三经路的粮食摊贩及零食摊贩遵令全部迁移至四纬路营业；⑥ 意见最大的第一区菜市摊贩也同意于 16 日迁移至新址营业。⑦ 至此，警察局对天津市主要干道摊贩的整治取得一定效果。

到 1947 年下半年，大部分摊贩均已遵照命令于规定区域摆设。张自忠路、胜利桥旁、墙子河边的临时摊贩市场"每日顾客甚多"，⑧ 因之"市容交通比较整洁宽敞"。⑨ 11 月 20 日，基于职权划分，警察局将各区管界内已经整理好的临时摊贩市场移由公用局管理。1948 年初，由公用局拟订的

---

① 《天津市警察局关于摊贩迁移事的布告》（1946 年 12 月），天津市档案馆藏，档案号：J0002－3－002177－039。

② 《天津市警察局为第八分局呈以布摊代表孙复明等请愿拟在归贾胡同摆摊零售布头以维生计应暂准予登记事给市政府的呈》（1946 年 12 月 5 日），天津市档案馆藏，档案号：J0002－3－002177－028。

③ 《天津市警察局为暂予保留单街子晓市锅店街估衣街商贩一体待遇事给市政府的呈》（1946 年 12 月 16 日），天津市档案馆藏，档案号：J0002－3－002177－037。

④ 《摊贩研讨会纪录》（1946 年 12 月 3 日），天津市档案馆藏，档案号：J0025－2－000399－044。

⑤ 《警察局第十分局关于黄家花园摊贩请愿调查结果的报告》（1946 年 12 月 10 日），天津市档案馆藏，档案号：J0219－3－028516－053。

⑥ 《津河东三经路摊贩昨遵令迁移》，《益世报》1946 年 12 月 8 日，第 4 版。

⑦ 《津摊贩问题解决　今日迁往指定地点》，《益世报》1946 年 12 月 16 日，第 4 版。

⑧ 杨玖生：《天津的摊贩市场》，《时事新报晚刊》1947 年 11 月 29 日，第 4 版。

⑨ 《天津市警察局为规定限制马路内侧摊贩简要办法四项事给第十分局的训令》（1947 年 8 月 30 日），天津市档案馆藏，档案号：J0219－3－043717－058。

《天津市政府管理临时摊贩市场暂行规则》获准后公布施行，正式将迁移来的摊贩纳入官方管理，并以法条的形式确定了临时市场内摊贩的合法地位。[①]

此外，笔者想就上述研究与前人做些讨论。首先，就上引《城市基层治理中的社会冲突与政策转向》文章而言：其一，战后天津乃至国民政府对摊贩的治理开始于 1945 年下半年，而非其所称的"1946 年下半年"。其二，笔者以为天津市政当局在摊贩治理过程中对"市政建设"与"民众生计"均有所考虑，两者之间并不是一个单向转变的过程。其三，天津摊贩治理并未如上海一般"超出了摊商之间的利益冲突或政府与摊贩之间的市政民生冲突的界限"而演变为"社会冲突"。摊贩请愿运动虽声势浩大，但经劝阻后基本上均自行解散，冲突并未升级，因此其总体上还是一个"民众生计"与"市政建设"的问题。

其次，还需说明的是，在一些通史性的著作中，1946 年 11 月的上海摊贩请愿及其酿成的风潮在"革命"话语中被描述为"反蒋运动"，而随之发生的天津摊贩请愿运动则被认为是对"反蒋运动"的接续，是对上海摊贩风潮的"支援"。[②] 我们且不论其中关于上海的叙述是否正确，但就天津而言，该论点是有失偏颇的。其一，第一区菜市摊贩请愿代表团会员多为中国国民党党员、三民主义青年团团员、忠义普济社社员，[③] 将有着如此政治背景的团体举行的请愿活动归结为"反蒋运动"是不合适的。其二，各区摊贩在请愿运动中除了有关生计的诉求，并未提出其他政治性的要求，也并未有逾矩行为。换言之，摊贩仅是将"请愿"当作对当局施压以争取生存权益的一种尝试，并非想借此与政府对抗。其三，从现有材料看，天津与上海的摊贩请愿不过是在相近时间内发生的平行事件，两者之间并无联系。

---

① 《天津市政府管理临时摊贩市场暂行规则》（1948 年 1 月 24 日公布），天津市档案馆藏，档案号：J0090 - 1 - 00891 - 005。
② 陶用舒主编《中国现代史（1919~1949）》，第 530 页；刘引泉主编《中国民主革命战争时期通史》下卷，第 364 页。
③ 《天津市警察局为报遵令取缔摊贩以一区界内忽有组织公会等情给市政府的呈》（1946 年 12 月 6 日），天津市档案馆藏，档案号：J0002 - 3 - 002177 - 032。所谓"忠义普济社"实际上是由国民党军统控制的外围帮会组织，参见李世瑜《青帮在天津的流传》，政协天津市委员会文史资料研究委员会编《天津文史资料选辑》第 45 辑，天津人民出版社，1988，第 223 页。

余　论

抗战胜利后，基于市政建设的需要，各大城市为了整顿市容普遍进行了取缔摊贩的行动。然而，在社会普遍失业、通货膨胀严重的情况下，民众的生活异常艰苦，摆摊贩卖往往成为其维持家庭生计的最后退路。不同城市的管理者对待摊贩的态度及其处理方式不甚相同，而如何"既建设好市政，又维护好市民生计"，个中平衡实在难以把握，稍有不慎即会引起社会动荡。

战后上海与天津的市政当局采取相似的办法，即设置专门区域集中管理摊贩，但其治理结果却大相径庭。上海市政当局不顾小民生计而对摊贩严予取缔，无形之中断绝了摊贩的生路。面对摊贩的请愿，市长吴国桢"先是予以拒绝，之后干脆闭门不见"，丝毫没有商量的余地。警察局作为政策的执行者则在取缔摊贩的行动中大肆抓捕、拘留不配合者。种种行为，背离民生，以致引起摊贩暴动。[1] 与之相比，天津市政当局采取了较为温和的治理政策，并尽力在市政管理与民众生计之间寻求两全办法。面对摊贩的请愿诉求，天津市政当局既表明了取缔摊贩的正当性，又通过适当变通政策，使既定政策可推行下去。从该过程中，我们亦可总结出战后天津摊贩治理的一些特点。

其一，战后天津摊贩治理政策的制定经过了调查—试点—推广等阶段，对市政建设与市民生计都有所考虑。

其二，战后天津摊贩的治理过程中临时摊贩市场的设立是清末以来塑造现代城市空间努力的继续。清末民国时期，随着西方市政理念的传入，上海、杭州等市政当局为了规范街巷秩序，引入"公共菜场""公共市场"等新型的公共空间，以革新市政，冀求解决摊贩造成的城市街巷混乱无序、交通拥堵、环境脏乱等问题。[2] 民国初年，天津市政当局亦曾于城市改良运动中力求将马路摊贩迁移到"新市场"与"百货售卖

---

① 魏晓锴：《近代上海摊贩治理述论》，《江西社会科学》2014 年第 12 期，第 132 页。
② 参见褚晓琦《近代上海菜场研究》，《史林》2005 年第 5 期；张卫良、王刚《杭州新式公共空间的创建：以菜场为中心的考察（1908～1937）》，《杭州师范大学学报》（社会科学版）2019 年第 3 期。

场"。① 经过一段时间的发展，至 1947 年天津已形成了天祥、劝业场、太康、北海楼、东安、东兴、民生、兴安八个正规大商场。② 战后天津临时摊贩市场的设立在某种程度上亦是清末以来塑造现代城市空间、寻求城市现代性趋势的继续。

其三，战后国统区恶劣的经济环境决定了天津市政当局最终难以取得对摊贩的有效治理，因为摊贩治理与经济发展息息相关。战后国统区经济崩溃，摆摊贩卖往往成为人民维持生计的最后退路。不仅如此，一些公教人员亦将摊贩作为副业。如宁津县党部及县政府职员张峻华因该县人事经费均行减缩，即于 1946 年 7 月底"流亡津市，以生活策驱，在西关街摆布摊，暂维现状"。③ 当时天津市内"收入微薄的公务员、中小学教员被生活所迫，多利用早晚摆小摊卖旧物或拉黄包车，赚几个钱糊口"。④ 因此，市政当局设立的临时摊贩市场根本无法完全扼制不断增长且灵活性极强的摆摊现象，以至区位较好的地段重新成为摊贩聚集的地点。如第一区菜市周围长春道一带，摊贩驱之复来，由此引起了菜市外摊商与菜市内商号长达一年的利益纠纷。⑤ 同时，一部分摊贩则转入"游击"阶段，零星分布于各街道。⑥

实际上，所谓"摊贩问题"，根本上还是经济发展的问题。摊贩能否得到有效治理的关键就在于经济的发展能否让市民安居乐业。然而，战后国统区通货愈发膨胀乃至最终经济崩溃，实在难以给民众提供一个良好的生存空间。在此情况下，天津市政当局亦陷入了"循环治理"之中，劳而无功。

作者：袁凯旋，南开大学历史学院

（编辑：熊亚平）

---

① 王静：《民初天津摊贩生存空间的转换与控制》，《历史教学》（下半月刊）2010 年第 10 期，第 31 页。
② 杨玖生：《天津的摊贩市场》，《时事新报晚刊》1947 年 11 月 29 日，第 4 版。
③ 《张峻华（化名张玉洁）关于陈述身份的信件》（1946 年 12 月），天津市档案馆藏，档案号：J0219 - 3 - 028516 - 097。
④ 周启纶：《解放前天津物价飞涨民不聊生纪实》，1947 年 1 月 20 日记，政协天津市委员会文史资料研究委员会编《天津文史资料选辑》第 5 辑，天津人民出版社，1979，第 148 页。
⑤ 参见天津市档案馆藏 1947 年 J0002 - 3 - 002161 卷宗。
⑥ 《天津市政府警察局为抄发取缔摊贩办法一份事给第十分局的训令》（1947 年 9 月 23 日），天津市档案馆藏，档案号：J0219 - 3 - 043717 - 060。

环境、政治与日常：郑州仆射陂的空间功能与城市记忆[*]

赵　斐

内容提要　城市湖泊是人类活动的产物，其兴衰变迁与城市环境、政治、文化的发展密不可分。仆射陂曾是郑州城东的一处湖泊，北魏孝文帝将其赐予尚书仆射李冲而得名，自此从自然湖变成"非自然"湖，是闻名遐迩的"官湖"。后在明清时期经过郑州圃田阴氏大族的几代营建，成为郑州八景之一"凤台荷香"的核心和依托，是郑州城市生活的重要标志性空间，交织了娱乐、生产与消费、文化、民间信仰等多元空间功能。清代以后，随着郑州城市水环境、政局、城市空间等多重因素的变迁，尤其是近代以来城市化、现代化的影响，仆射陂最终归于平陆。这一"水域空间"的演变历程，叠加了政治、文化、生态、城镇化等诸多因素，是郑州城市文脉与城市记忆不可或缺的一部分。

关键词　郑州仆射陂　水环境　城市水域空间

　　仆射陂是郑州城东的一处湖泊，存在时间至少 1500 年，是一处兼具自然与人文的景观湖泊，见证了郑州城市发展的沧桑巨变，承载了郑州城市文化的脉搏和城市记忆，更是追寻近代郑州城市化进程的一个重要窗口。近年来城市史学界对于城市空间的研究，涌现出了众多有分量的成果，关

＊　本文系国家社科基金后期资助项目"清代黄河沿岸城市发展变迁研究"（23FZSB039）、河南省哲学社会科学规划青年项目（2022CLS023）、中共河南省委党校校级重点研究课题（ZX2020006）的阶段性研究成果。

于城市水域空间的研究更是不断推陈出新。相比公园、茶馆、戏园、街道、庙宇等城市微观空间的研究而言，城市水域空间研究的突破主要有两点：一是凸显其生成与演变历程，而非单纯的空间使用，强调自然与人为双重因素的影响；二是强调其作为政治、记忆、日常生活（体验空间）等交叉空间，而非单一的政治空间或文化空间。[①] 学界对于城市水域空间的研究是近年来环境史与城市史相结合的典范，然而仍有继续拓展的空间，尤其是其作为城市信仰空间的功能，鲜有学者论及，中原地区的郑州仆射陂则是考察城市水域空间的一个较为独特的案例。目前学界关于郑州城市水域空间的研究较为薄弱，主要从历史地理学的角度探讨史前或古代时期郑州地区黄河水系、荥阳泽及圃田泽等湖泊的发育和演变问题，仅简单提及仆射陂，亦未从城市空间的角度进行探讨。[②] 本文尝试从长时段的视野考察仆射陂由盛而衰乃至消亡的过程，探讨仆射陂是如何由自然湖变成"非自然"湖，在郑州城市日常生活中扮演了怎样的角色，最后又因何而消失，以期深化对郑州城市空间、水环境以及城市文脉的认识。

一　仆射陂的由来及营建

郑州地势西南高东北低，因而"西南既高则流峙皆钟于西南，东北既下则薮泽皆聚于东北"。[③] 郑州城东是湖泊、沼泽汇聚之地，史载于册，有名可查的有四大湖泊，分别是螺蛳湖、梁家湖、圃田泽、仆射陂。螺蛳湖、梁家湖由于地势低洼，皆是由田野之间水源汇聚而成的湖泊。螺蛳湖

---

① 代表性的成果有李嘎、王雅秀《海子边：明清民国时期太原城内的一处滨水空间（1436～1937年）》，《中国历史地理论丛》2018年第2期；李嘎《旱域水潦：水患语境下山陕黄土高原城市环境史研究（1368～1979年）》，商务印书馆，2019，第209～236、237～284页；He Qiliang, "Watching Fish at the Flower Harbor," *Landscape, Space and the Propaganda State in Mao's China, Twentieth-Century China*, Johns Hopkins University Press, Volume 46, Number 2, May 2021, pp. 181–198；陈诗源《明治后期东京水网环境变化与下层社会居民生活的记忆塑造》，任吉东主编《城市史研究》第44辑，社会科学文献出版社，2021。

② 张民服：《黄河下游段河南湖泽陂塘的形成及其变迁》，《中国农史》1988年第2期；陈隆文：《郑州历史地理研究》，中国社会科学出版社，2011，第110～128页；徐海亮：《史前郑州地区地貌与水系演化问题初探》，中国地理学会历史地理专业委员会《历史地理》编辑委员会编《历史地理》第28辑，上海人民出版社，2013。

③ 民国《郑县志》卷2《舆地志》，1931年重印刊本。

盛产螺蛳，梁家湖盛产荷花与鱼。圃田泽水域面积广阔，由多个小湖泊串联而成，史称有三十六陂，① 其中最著名的是仆射陂。仆射陂距离郑州城池较近，在清代民国时期也被称为"城湖"，明清时期距离城池五里，在城东五里堡南。② 随着城市的扩张，至民国初年距离城池仅三里。③ 但实际上，它的形成年代久远，其命名与营建更富传奇色彩，背后镌刻着深刻的政治、文化色彩。

（一）仆射陂的由来及演变

仆射陂的湖体形成由来已久，它所属的大湖泊水系——圃田泽在西周时期就有明确记载，④ 而郑州东部的湖泊发育年代更为久远，大概在全新世温暖期，⑤ 距今 7000~6000 年。它的形成虽无明确年代记载，但北魏孝文帝将其赐予当朝尚书仆射李冲（450~498），说明在北魏以前就存在，至少存在了 1500 年。尚书仆射官职相当于首席宰相，位高权重，此湖也因此得名"仆射"。唐玄宗时赐名为广仁陂⑥（或广仁池⑦），但并未得到广泛的认可。不过此时，仆射陂的水域生态环境良好，唐代诗人罗邺路过此湖时感慨"离人到此倍堪伤，陂水芦花似故乡"。⑧ 郑州的仆射陂水波荡漾，芦苇摇曳，竟让罗邺感觉此景与江南水乡的家乡余杭（今杭州）颇有几分相似。

以官名"仆射"命名，使本来只是一处自然景观的湖泊，具有了政治、文化的含义，成为"官湖"。文人雅士以此来追思古人，怀贤吊古，留下了众多的诗词歌赋，为它增添了文化的意蕴。仆射陂的命名方式，后来被其他人所效仿。唐肃宗乾元元年（758）八月，李白被流放到夜郎，在途中遇到故人尚书郎张谓出使夏口，于是再邀约沔州牧杜公、汉阳宰王

---

① 康熙《郑州志》上册卷 2《舆地志·陂泽》，孙玉德校注，中州古籍出版社，2002，第 25~26 页。

② 康熙《郑州志》上册卷 2《舆地志·陂泽》，第 25~26 页。

③ 民国《郑县志》卷 16《艺文志·记》。

④ 陈隆文：《郑州历史地理研究》，第 116 页。

⑤ 徐海亮：《史前郑州地区地貌与水系演化问题初探》，《历史地理》第 28 辑，第 39 页。

⑥ 万历《开封府志》卷 4《山川》，明万历十三年刻本。

⑦ 康熙《郑州志》上册卷 2《舆地志·陂泽》，第 25~26 页。

⑧ 嘉靖《郑州志》卷 6《杂志·艺文》，中州古籍出版社，2002，第 254~255 页。

公①，一同在江城（今武汉）南湖夜饮，曲水流觞，庆祝天下平定。"方夜水月如练，清光可掇"，面对此景，张谓颇为感慨，四望超然，对李白说："此湖古来贤豪游者非一，而枉践佳景，寂寥无闻。夫子可为我标之嘉名，以传不朽？"张谓认为江城南湖自古以来贤士豪杰来此游览的不少，但是此湖却默默无闻，想让李白为此湖命名，以传名后世。李白端起酒杯将酒洒入湖中，命名为"郎官湖"，并说这就像"郑圃之有仆射陂也"。此处所讲就是郑州的仆射陂，其被诗仙李白所称道，足见其盛名在外。宴会上众人皆赞同，由李白赋诗纪事，作诗一首，其中有言："郎官爱此水，因号郎官湖。风流若未减，名与此山俱。"② 李白此诗传世，与郑州仆射陂有莫大的关联，仆射陂也因李白的故事增添了生动的文化色彩。

时至明代，郑州东有一处湖泊，被称为"莲花池"。嘉靖《郑州志》虽未载明"莲花池"即仆射陂，但根据所记载的方位，"在州东五里"，③加之后世方志对仆射陂的描述必盛赞莲花，如康熙、乾隆《郑州志》以及民国《郑县志》的记载，"夏月荷花盛开，香风袭人，一郡之胜概也"，④可推测此"莲花池"即"仆射陂"。清代仆射陂更多地被称为"东湖"或"澄湖"。文人雅士喜欢在诗词中使用"东湖"，如《游东湖》《别东湖》《东湖偶占》《郑州东湖二首》等。

仆射陂在历史上有多个名称，包括广仁陂（池）、莲花池、东湖、澄湖等，"广仁池"的称呼使用较为短暂，并未得到普遍认同。清以前文人喜爱用"仆射陂"来借古咏今，追思怀古，更多的是承载历史记忆。同时，"君子亭""凤台荷香"也被用来指代仆射陂，它们因仆射陂而出名，又成为仆射陂的代称。随着时代的变迁，在不同历史时期，时人对仆射陂的称呼亦发生变化，从这些变化中可以看出湖泊名称的演变与当时的政治、文化和自然环境密切相关。然而，退却历史的风云变幻，仆射陂因仆射李冲而得名，此名称也在历史长河的激荡中使用最久。虽然"东湖"也

---

① 王公为汉阳令王宰。见李白撰，王琦辑注《李太白文集》卷14，清乾隆二十四年聚锦堂刻本，第931页。

② 李白撰，王琦辑注《李太白集》卷18，宋刻本，第112页。

③ 嘉靖《郑州志》卷1《舆地志·山川》，第7页。

④ 康熙《郑州志》上册卷2《舆地志·陂泽》，第25页；乾隆《郑州志》上册卷2《舆地志·陂泽》，韩富荣校点，中州古籍出版社，2005，第15页；民国《郑县志》卷2《舆地志·陂泽》。

曾广泛使用，但"东湖"并非郑州湖泊独有的名称，山西、陕西湖泊也多有此名，如山西清源东湖、陕西凤翔东湖，[①] 它们因方位而命名，通俗易懂。但仆射陂却是郑州独特的历史记忆，一说仆射陂则必定指郑州东的一处湖泊。

仆射陂的范围究竟有多大呢？唐代《元和郡县志》记载："李氏陂在郑州管城县东四里，后魏孝文帝以此陂赐仆射李冲，故俗呼为仆射陂，周回十八里。"[②] 生活在康熙、雍正朝的河臣傅洪泽在《行水金鉴》中记载："李卫公庙后湖周三里许，居民依水种莲，东南有仆射陂，源出雷家潭，周十八里，后魏孝文帝赐仆射李冲，故名，今名城湖。"[③] 以上两处记载仆射陂的面积都是周十八里。康熙三十二年（1693）《郑州志》记载："城湖即仆射陂也。在州东五里堡南，广可十余顷，水光如鉴。前对凤凰台，如屏如幛。"[④] 此处记载湖泊面积为十余顷，可见当时仆射陂是一处面积较大的湖泊水域。随着后世的营建，这样一处靠近城池的湖泊，成为郑州城市日常生活的重要空间，丰富着当地人的精神、物质和文化生活，见证了城市的发展与变迁以及城市水系的巨变。

（二）"凤台荷香"的营建

仆射陂从独具一格的"官湖"变成著名的郑州八景之一"凤台荷香"，有一个渐进的过程，这个过程始于明末。明末郑州人阴化阳对仆射陂、凤凰台进行了营建，将两处古迹名胜连成一体，成为融合古迹、传说、文化与自然的别致景观。阴化阳（？ ~ 1642），字太乙，世居郑州城东圃田，曾任户部主事，李自成攻破郑州后"伏节不屈死"。[⑤] 阴化阳是当地的望族，"素有山水癖"。[⑥] 凤凰台、东湖一带风景秀美，凤凰台在郑州城东二里许，传说有凤凰在此聚集，故名。[⑦] 东湖在郑州城东五里，与凤凰台相

---

① 李嘎：《旱域水潦：水患语境下山陕黄土高原城市环境史研究（1368 ~ 1979 年）》，第183 ~ 208、237 ~ 279 页。
② 李白撰，王琦注《李太白诗集注》卷 20，清文渊阁四库全书本，第 503 页。
③ 傅洪泽：《行水金鉴》卷 56《河水》，清文渊阁四库全书本，第 553 页。
④ 康熙《郑州志》上册卷 2《舆地志·陂泽》，第 25 页。
⑤ 民国《郑县志》卷 10《人物志》。
⑥ 民国《郑县志》卷 16《艺文志·记》。
⑦ 康熙《郑州志》上册卷 2《舆地志·古迹》，第 29 页。

距二三里，从凤凰台自北而东至东湖一带，"绿柳长廊，碧荷水殿，夏秋间，极目注望，荷香十里"，① 被誉为东山胜地。

阴化阳在此购地置园，对凤凰台及东山进行了营建，将凤凰台、东山、东湖打造成了郑州的一处繁盛的文化胜地。在凤凰台上修建了"来仪亭"，也称"水云亭"。在台南台北修建三座牌坊，台南为"鸣凤朝阳"，台北临路为"凤凰台"，路内为"竹梧楼凤"，并在牌坊的四周广植树木，营造"栖凤之景"。台东修建"石淙庄"，入门堂额题为"鸣凤堂"，门楣书为"来青别墅"，堂东建"蓬觉轩"，在其后又修一游亭为"登高望远亭"。台西北筑"先月楼"，其下又筑水树为"栖云坞"。又在西边空地建造假山，门额题为"观澜"，出了假山，又修建了一个名为"东山胜地"的小牌坊。此外靠近东湖还建有牌坊"濂溪清赏坊"，种植松柏、桃树等，仿佛东晋陶渊明笔下的世外桃源——"武陵景色"。在东湖中建有"君子亭""知乐亭"。东湖北边又广栽绿竹，名为"猗猗苑"，又名"贤林"。② 阴化阳在凤凰台、东湖一带，营建亭台楼树、假山牌坊，栽种松柏、竹子、桃树等，并为每一处景致题写富有诗意的匾额，为拥有美好传说的凤凰台注入了新的文化意蕴，也使仆射陂散发出浓浓的人文气息，二者组合成了郑州东郊的一处胜地。至清代，仆射陂闻名遐迩，到康熙年间，在阴化阳的曾孙阴永祺时期，③ 其名声达到了鼎盛。

乾隆十一年（1746），郑州知州张钺在主修的《郑州志》中提炼了郑州八景，并为之逐一绘图题诗，这八景分别是"圃田春草""汴河新柳""凤台荷香""梅峰远眺""古塔晴云""海寺晨钟""卦台仙境""龙岗雪霁"。④ 凤台荷香即仆射陂的胜景。

时隔170年，1916年编纂完成的民国《郑县志》在卷首图中承袭了乾隆《郑州志》的"郑州八景"。⑤ 后世沿用此八景，表明郑州八景在郑州人的历史记忆中已固化，被广泛认同，成为郑州城市生活不可或缺的一部分。

---

① 民国《郑县志》卷16《艺文志·记》。
② 民国《郑县志》卷16《艺文志·记》。
③ 民国《郑县志》卷10《人物志》。
④ 乾隆《郑州志》，《郑州志图》图2，第20～27页。
⑤ 民国《郑县志》卷首。

二　仆射陂与城市日常生活

从北魏"官湖"的命名到明清时期的建筑营建与文化赋予，仆射陂作为郑州的一处城市水域空间，是郑州八景之一"凤台荷香"的核心，成为城市日常生活展演的重要空间。它既是民众踏青避暑的娱乐空间，也是盛产水产品的生产与消费空间，亦是士人雅集的文化空间，更是寄托情感的信仰空间。其中的空间功能共同交织在这一片水域中，给郑州的城市生活增添了光彩、乐趣，也为郑州民众提供了精神慰藉。

（一）民众踏青避暑的娱乐空间

明末阴化阳购地营建仆射陂与凤凰台，造就了郑州八景之一的"凤台荷香"，吸引了众多的文人雅士在此集会、宴饮、赋诗，也成为普通民众踏青、避暑、游玩的好去处。如本地人张庆誉赋诗《登凤凰台》："春日郊原气象新，高台四望绝风尘。山岚积翠疑如黛，湖水翻荇竟似筎。乍逐松阴浮玉碗，还经草窠藉文茵。长途车马何鞅掌，我辈登临有几人。"①

仆射陂是郑州民众踏春的好去处，春天东郊外的空气格外清新怡人，凤凰台四望空旷，人们驾着车马来到仆射陂踏春赏玩。湖中荇菜漂浮就像翠绿的竹子一样，附近的山积翠如黛，松树荫荫，青草如茵。人们既可沿湖赏玩，又可在东山登高凭远，有山有水，但更多的人还是喜欢在湖边游览玩耍。

夏日郑州炎热，仆射陂是郑州民众避暑的胜地。乾隆时期郑州知州张钺就专门赋诗一首《凤台荷香》，称赞仆射陂是避暑的第一胜地："仆射陂边水，螺痕镜里青。凤凰难出穴，君子尚余亭。荡桨通花气，搴箫绕鹭汀。避炎应第一，礧磈思沉宜。"② 炎炎夏日，仆射陂水波荡漾，人们可以在君子亭避暑纳凉，也可以在湖中划桨乘船游荡，还有鹭在湖中小洲嬉戏。夏日的仆射陂给人们提供了一片清凉之地，船桨声、鹭鸣声、嬉笑声在仆射陂回荡，成为夏日郑州城郊日常生活的交响曲。仆射陂作为避暑胜

---

① 康熙《郑州志》下册卷 12《艺文志·诗》，第 471 页。
② 民国《郑县志》卷 18《艺文志·诗》。

地声名远播，就连外地人也慕名而来。康熙时期徐邦珍旅居郑州，曾专门作诗一首《夏日游凤凰台》，称赞"欲避炎威何处幽，凤凰台畔可寻游"。① 仆射陂荷花飘香，山色翠岚，清风拂面，船桨摇荡，简直是人间仙境，即使不是陶渊明笔下的桃花源，也是传说中的"十洲"。

本地人时弘化②以一首《游东湖》歌咏了仆射陂及周边的美景："仆射陂边烟景多，云锦十里翻风荷。面面高岭开帐幕，平湖一望漾碧波。亭名君子邃且阿，几似会稽山阴之。换鹅步苔径分穿，薜萝更寻小楼直。上窥见轩箕嵩山，远峰环列如青螺。"③ 时弘化对仆射陂的荷花、湖面、君子亭、小径、山脉等景致进行了描绘，处处是风景，在其认知中，这般景致可与会稽山相媲美。仆射陂景色优美、环境宜人，是郑州民众与朋友郊游、陪伴亲人游玩的一处胜地。时人刘士镌的《偕同人游澄湖》④、张抱的《和张父母游凤凰台广青莲之作》等诗作中均有描述。⑤

仆射陂以"自然"之湖，见证了郑州民众同家人、朋友的聚会和游玩，映照了郑州城市日常生活。诗词歌赋的传世为其增添了文化气息，其逐步演变为郑州民众不可或缺的"非自然"湖。

（二）水产品的生产与消费空间

仆射陂盛产荷花和鱼类产品，是郑州水产品的重要供应地。唐玄宗天宝六载（747）正月二十九日颁布了一道诏令，"今属阳和布气，蠢物怀生，在于含养，必期遂性，其荥阳仆射陂，陈留篷池，自今以后，特宜禁断采捕，仍改仆射陂为广仁陂，篷池为福源池"。⑥ 该诏令反映出在唐中期，仆射陂存在过度捕捞的行为，为了做到"禁断采捕"，警示时人及后人，特更名为"广仁陂"。另一个侧面也恰恰说明，仆射陂是郑州水产品尤其是鱼类产品的重要供应地。

北宋时期曾任监察御史的张舜民，曾在仆射陂买鱼，并留下一首风格

---

① 康熙《郑州志》下册卷 12《艺文志·诗》，第 462 页。
② 乾隆皇帝弘历登基后，为避名讳，后世方志将时弘化简化为"时化"，此为同一人。
③ 民国《郑县志》卷 18《艺文志·诗》。
④ 康熙《郑州志》下册卷 12《艺文志·诗》，第 472 页。
⑤ 民国《郑县志》卷 18《艺文志·诗》。
⑥ 王溥：《唐会要》卷 41，清武英殿聚珍版丛书本，第 469 页。

轻快的诗《仆射陂》："陂头下马问渔者，欲买鲜鳞充晚庖。昨夜北风冰面合，不禁杨柳已成苞。"① 此诗表明，一方面仆射陂是郑州重要的水产品供给地，另一方面也是人们重要的生计来源，他们在此捕捞，以卖鱼为生。仆射陂有哪些鱼类呢？郑州民众可以获取哪些蛋白质来源呢？嘉靖《郑州志》中记载了鳞类有七大类，即鲤、鳝、鲫、鳅、鲇、鳑、鳢；甲类有两大类，包括鳖、蟹。② 清代以后，郑州所产的鳞类略有变化，清代民国的方志中记载郑州鳞类有六大类，包括鲤、鳝、鲫、鳅、鲂、鲦；甲类有四大类，有蟹、鳖、蛤蜊、蠃。③ 可见鱼类产品丰富，相比明代，鳞类中鲤、鳝、鲫、鳅的前后记载是相同的，明代以后方志记载中"鲇、鳢、鳑"变成了"鲂、鲦"，甲类增加了蛤蜊、蠃两类。

除了鱼产品之外，仆射陂种植的凤凰米（凤凰仙）远近闻名，蒸熟后颗颗呈竖立状，④ 曾是明清贡品。光绪年间郑州署守何源洙在《凤台荷香》中留下了纪实："仆射陂前路，荷香远引来。……玉餐新入贡，努力事栽培。"⑤

仆射陂以种植荷花闻名，水产品还包括莲子、藕、菱角等，这些水产品改善了郑州民众的饮食结构。据当地老人讲述，20 世纪 50 年代，他们曾住在郑州老城内（今西大街、东大街一带），在孩童时代与小伙伴同行，走二三里地至东湖（仆射陂），当时湖水淤浅，主要种植莲藕，他们光着脚丫在湖中捉小鱼、挖莲藕，回到家中把莲藕清洗干净，灌入白糖，是儿时最美味的食物。⑥《郑州文史资料》中亦有郑州市民回忆"东湖有荷香十里、鱼虾满塘及名目繁多的水产品"。⑦ 这些记忆共同见证了仆射陂曾作为盛产水产品的生产与消费空间的历史。

---

① 张舜民：《书墁集》卷 4，清知不足斋丛书本，第 18～19 页。
② 嘉靖《郑州志》卷 3《田赋志·物产》，第 34 页。
③ 康熙《郑州志》上册卷 4《食货志·土产》，第 97 页；乾隆《郑州志》上册卷 4《食货志·土产》，第 81 页；民国《郑县志》卷 4《食货志·土产》。
④ 《凤凰台的大米——立竖》，孟宪明主编《图文老郑州——老话题》，中州古籍出版社，2004，第 201 页。
⑤ 乾隆《郑州志》下册 12《艺文志·诗》，第 423 页。
⑥ 笔者采访凤凰台社区居民李建伦记录，2022 年 9 月 15 日，郑州凤凰台社区凤凰亭外。
⑦ 宋克敏：《话说凤凰台》，郑州市政协文史资料委员会编《郑州文史资料》第 25 辑，郑州日兴印务有限公司，2004，第 100 页。

（三）士人雅集的文化空间

仆射陂因官名而命名，在后世得到了官员与文人的凭吊、游览，再加之明末的营建，更成为文人雅士宴集的重要空间。在康熙《郑州志》中收录了多首关于仆射陂（东湖）、凤凰台的诗歌，与明代以前的诗人多对仆射陂的追思怀古情感不同，清代的文人雅士在明末阴化阳营建后，习惯于将仆射陂与凤凰台视为一体，多沉浸于自然湖景、亭台楼阁的雅兴中，在他们的笔下更愿意称其为"东湖"，风景名胜也固化为"凤台荷香"。康熙年间郑州学正睢州人徐杜写了一篇《郑州揽胜赋》，歌咏了郑州的一山一水，一山即梅山，一水即东湖，并详细描述了东湖的盛景：

> 赫赫濯濯，在我东郊。东郊有湖，方可十里。澄彻如监，一泓绿水。有畜有泄，有原有委。翠鸟翔于波上，锦鳞游于渊底。迎岸弱柳垂丝，满塘芙蕖放蕊。粳稻离离，恍如南国蒔种；渔舟泛泛，疑似沧浪停舣。君子亭边，可以乘兴纳凉；东山脊上，得以极目眺视。宜乎！仆射尚其疏凿（东魏赐仆射李冲，故名仆射陂），司农作为胜纪（明阴化阳别业有东山胜地）。……每意当年全盛，得贤守牧。若苏若黄，广厦修筑。画舫酒旗，荡漾于水沚；朱户雕栏，轩骞于林麓。逸人骚客，多景物之品题；选胜踏春，纷车骑之征逐。安知不媲美于余杭，而喧阗于天竺？①

从徐杜的描述中，可以看到东湖水域面积广阔，湖水澄澈，岸边杨柳依依，湖中荷花满塘，水鸟翔翔，鱼儿游动，渔舟摇荡，还有稻田禾禾，就像南方的水田之乡。人们可以在君子亭乘兴纳凉，在东山极目眺视，乘着画舫在湖中游览品酒，文人骚客在亭台楼阁中吟诗作词，踏春时节民众纷纷驱车前来游玩，是郑州民众踏春、避暑的胜地。这样的自然胜地，生态环境良好，人文荟萃，赏花品酒，踏春赏景，小商小贩在此卖酒卖茶，热闹非凡，徐杜认为自然风光之美恐怕不逊于余杭，喧嚣繁华恐怕也不亚于天竺。此一水域，真可谓"贾客时来，可以遨游。离人持赠，可以绾

---

① 民国《郑县志》卷17《艺文志·赋》。

愁。洵足令人旷怀思曼，而悔教封侯"。①

文人的宴饮雅集构成了东湖的文化空间，亦是当时士人城市日常生活的写照。从流传下来的诗赋中可以看到当时文人雅士常常在东湖举办宴请活动，吟诗赋词，泛舟游玩，较为盛大的是阴化阳的曾孙阴永祺邀约的宴集和时任郑州训导的河南宝丰县人吴骏邀请的宴集。

阴永祺擅长音律文学，在当地颇负盛名，在他的手中当年阴化阳营建的亭台楼榭焕发出勃勃生机，远负盛名。夏日炎热，阴永祺邀请郑州学正徐杜，以及本地士人张柽、李作栋前往东湖雅集，曲水流觞，相互作诗赋唱和。阴永祺作《夏日宴集君子亭》，张柽作《东郊荷亭雅集》《题君子亭》，李作栋作《夏日游凤凰台》。② 在这次文人雅士的集会中，饮酒作诗是主题。夏日天气燥热，蝉声鼓噪，蛙声阵阵，时人把酒装在荷叶制成的筒中，更添荷叶的清香，在烹茶时加入花蕊，茶更加芬芳。吴骏邀请的宴集虽仅存吴骏的一首诗《澄湖约请诸公泛舟》，但仍可看出当时宴会热闹的情景，以及兴之所至、意犹未尽的情感："耳热兴犹酣，山际暮云卷。缓步登池亭，搔首恨日短。好景莫相忘，宁敢辞疏懒。"③ 仆射陂（东湖）的文人雅集，有赏自然之趣，更有吟诗作词的雅兴，还有饮食之乐，这共同构成了时人的城市日常生活。而这些流传下来的诗词文赋，让仆射陂、凤凰台成为永恒的文化空间。

从以上所引的部分诗歌中可以看出，由东湖的潋滟湖光所成就的"郑州八景"之一"凤台荷香"，成为文人墨客雅集宴饮、吟唱赋诗的文化空间，亦是普通民众春日郊游、夏日乘凉避暑的休闲娱乐空间。东湖作为城市的一片水域，辽阔灵动，荷花飘香，是民众日常生活的重要文化空间。流传下来的关于东湖的诗歌为我们管窥清代民国时期郑州的城市人文环境提供了一些线索，它们也成为城市记忆的一部分，随着东湖沧海桑田的变化隐藏于浩渺书海。

（四）寄托情感的信仰空间

仆射陂亦是郑州民众寄托情感的信仰空间。仆射陂在北魏孝文帝赐

---

① 民国《郑县志》卷 17《艺文志·赋》。
② 康熙《郑州志》下册卷 12《艺文志·诗》，第 473 ~ 474、465、467 ~ 468 页。
③ 民国《郑县志》卷 18《艺文志·诗》。

予李冲后，就从"自然"湖变成了"非自然"湖，民间也以李冲的官名称呼此湖。在漫长的历史发展中，仆射陂逐渐被赋予了民间信仰的空间功能。宋代《事物纪原》记载灵显王庙"在郑州城东仆射陂侧。陂本后魏孝文赐仆射李冲，里俗因呼仆射陂。唐末建庙，因陂为名俗误传为李靖。后唐明宗天成二年赠靖太保。晋天福二年八月敕唐卫国公李靖宜封灵显王"。①

但随着时代的变迁，一百多年后，当地的人们逐渐将"李氏陂"的主人李冲更换成了李靖，并于唐末在仆射陂旁建庙祭祀。② 民间之所以误传，原因有二。

第一，两人有很多相似之处，随着时代的变迁，年代久远，民间口耳相传的记忆容易模糊，易被混淆。二人的相似之处主要有四点：一是都姓李，名字皆为两字。二是都是陇西狄道（甘肃临洮）人。三是二人官名都与"仆射"有关，李冲被北魏孝文帝封为仆射，李靖在唐太宗时曾被封为左仆射。③ 四是都居功至伟。李冲在北魏孝文帝南征时被任命为辅国大将军，对迁都、政治改革做出了突出贡献，且公正严明；李靖一生征战无数，为唐朝的创建立下了赫赫战功，唐太宗时被封为卫国公，世称"李卫公"。

第二，民间的"记忆"与"遗忘"是有选择性的。"回忆空间是通过对于过去的某一部分的关注产生的，因为个人或者是群体为了意义建构、为了打造身份认同的基础、为了瞄准他们的生活方向、为了激发他们的行动，对过去有不同的要求。"④ 北魏李冲虽居功至伟、公正严明，但对于普通老百姓而言，仍是高高在上遥不可及的，并不能切实地给他们带来益处。而李靖在晚唐时期逐渐被神化，成为民间信仰中可以庇护家家户户安

---

① 高承：《事物纪原》卷7，明弘治十八年魏氏仁实堂重刻正统本，第160页。
② 嘉靖《郑州志》记载："李卫公庙：在州东门外二里许，宋建隆间建。"（嘉靖《郑州志》卷1《舆地志·祠祭》，第20页）这一记载与宋代《事物纪原》的描述有差异，但宋人记载距离唐末较近，明嘉靖方志记载唐末宋初之事已相隔四百多年，口耳相传或许有偏差，宋人的记载应更为可信。嘉靖《郑州志》中记载的李卫公庙在宋太祖建隆年间（960～963）建，或许是"重建"。
③ 《旧五代史》卷38《唐书十四明宗纪四》，1930年商务印书馆影印百衲本，第1067～1068页。一些地方误为"右仆射"，特此更正。
④ 阿莱达·阿斯曼：《回忆空间：文化记忆的形式和变迁》，潘璐译，北京大学出版社，2016，第408页。

全的"门神"。① 对于寻求精神慰藉、寄托平安愿望的普通百姓而言，似乎更愿意相信此湖是李靖左仆射之"仆射陂"。

仆射陂作为信仰空间的功能更得到了官方的认可。后唐明宗李嗣源壬申年（889）本想下诏令册封李靖为太保，欲改郑州仆射陂为太保陂，但遭到官僚士大夫的反对，他们指出仆射陂本是北魏孝文帝赐予仆射李冲的，因官名相似而被讹传为李靖，"盖误也"。② 但这一误会并未得到官方的更正，李嗣源也并未顾及朝臣的反对，最终于天成二年（927）正式下诏令册封李靖为太保。十年之后，后晋石敬瑭于天福二年（937）敕封唐卫国公李靖为灵显王。③ 仆射陂旁的庙也被称为"李卫公庙"或"灵显王庙"。为何明知仆射陂是因李冲而命名，却仍赐封李靖，改仆射陂为太保陂？或许是处于纷乱中的五代十国君主想从唐代历史寻求政权的合法性，以及将唐代作为其统一与施政的效仿对象，因而更加尊崇和效仿唐代故事。④

在历经四百多年的历史记忆、遗忘与选择中，民间为了追求安全庇护与精神寄托，统治者为了追求正统与合法性，两者在各自的需求中达成了统一，仆射陂的名称由来成功地从"李冲"转嫁到了"李靖"。郑州民众对灵显王庙的信仰与祭祀一直延续到了今天，持续了一千多年。除了李卫公庙，郑州还有城隍灵佑侯庙、关岳庙、樊将军庙、五虎庙等宗教信仰空间，但李卫公庙的独特之处在于它是依托仆射陂而存在的，仆射陂也因此成为郑州独特的信仰空间之一。

三　仆射陂的消亡与城市记忆

清代民国时期，郑州城市水环境恶化，仆射陂的湖水水量逐渐减少。仆射陂源出雷家潭，"其水四时不竭"。但康熙年间，仆射陂因金

---

① 侯峰峰：《晋东南李卫公信仰与地域社会变迁研究——以泽州县为主的考察》，硕士学位论文，山西大学，2017。
② 《旧五代史》卷38《明宗本纪第四》，吉林人民出版社，1995，第337页。
③ 高承：《事物纪原》卷7，第160页。
④ 何玉红：《汉唐故事与五代十国政治》，《中国社会科学》2021年第4期。

水河改注城东，每次金水河涨发都溢入湖中，"渐觉淤浅"。① 金水河俗称泥河，携带泥沙较多，本流入贾鲁河，清初赵鼎臣将其改道注入城壕，然而水性未顺，肆意泛滥。② 与此同时，清初黄河河道逐渐南移，泛滥的黄河之水也容易造成贾鲁河泛滥，为解决黄河泛滥的问题，康熙癸亥年（1683）在郑州段修筑了黄河月堤。③ 黄河与贾鲁河（汴河）仅相隔两公里，贾鲁河在郑州的河渠渠身窄小，"不能容水，且河身较两岸田地稍高，故夏秋水涨，屡肆湮没"，是郑州城市水患的重要诱因，在黄河大堤未修筑之前，贾鲁河虽有泛滥，但仍然可以泄入黄河。但随着黄河月堤的修建，贾鲁河不再汇入黄河。④ 仆射陂以西的贾鲁河、金水河每每泛滥向东，大量的泥沙倾泻入郑州城东湖泊，经年累月，导致仆射陂、螺蛳湖、梁家湖等出现不同程度的淤积。

然而在清代，仆射陂尚未发生根本性的变化，仍然是郑州城市名胜，是人们踏青避暑、赏荷赏月和诗人雅集的重要娱乐、文化、消费以及寄托情感的空间。如光绪年间郑州学正朱炎昭作诗《凤台荷香》歌咏了仆射陂："凤凰去后腾空台，台下陂塘面面开。乱把秧针将水刺，齐撑荷盖接天来。闲鸥眠处清芬满，孤鹜飞时落照才。自有舟如连瓣小，香风摇荡绿云隈。"⑤ 从朱炎昭的这首诗中，可以看到仆射陂仍然莲叶田田，湖中有小船、鸭子，还有飞翔的鸥鸟，表明仆射陂水域风光旖旎，并没有出现明显的淤浅。从清代民国方志中记载的鱼类的变化中也可窥见一二，康熙、乾隆《郑州志》及民国《郑县志》中记载的土产中鳞类与嘉靖《郑州志》的记载略有差异，⑥ 增加了鲂、鲦两大类，其中"鲂"的生存环境要求产卵场的水流要有显著的流动，甲类增加了蛤蜊、蠃两大类，蠃体积较大，需要有大水才可养育，说明在此时仆射陂相比前代虽有淤浅，但水流流动性仍较大，有较大的水域面积。

---

① 康熙《郑州志》上册卷2《舆地志·陂泽》，第25页。
② 康熙《郑州志》上册卷2《舆地志·山川》，第21页。
③ 康熙《郑州志》上册卷2《舆地志·堤防》，第27页。
④ 康熙《郑州志》上册卷2《舆地志·山川》，第21页。
⑤ 民国《郑县志》卷18《艺文志·诗》。
⑥ 乾隆《郑州志》上册卷4《食货志·土产》，第81页；乾隆《郑州志》下册卷12《艺文志·诗》，第423页；康熙《郑州志》上册卷4《食货志·土产》，第97页；民国《郑县志》卷4《食货志·土产》。

仆射陂真正的变化发生在民国时期。1916 年编纂的《郑县志》记载了仆射陂的变化，虽然仆射陂每当夏天"芙蕖盛开，不减三十六陂景色。傍有阴氏世居，明户部郎大乙曾筑别业，具亭台花竹之胜"，但沧桑巨变，其湖水"小浅而清"，不过仍"水舟可泛"。然而明末阴化阳营建的亭台楼阁，却因时代更迭，"沧桑既更，后人不振，凤凰台遗址，隆然土阜，仅存老柏数株倚风如啸。君子亭潦倒，一椽俯临涟漪，其月榭竹廊，平桥回磴，大都荒烟蔓草，不可问矣"。不得不让人感慨："胜地何常，风景索莫，使有好事如坡仙者，起而任之东湖之名，安见其不与西湖并传也。"[1]仆射陂虽有东湖之名，却无法与西湖并传，纵然湖仍在，但仆射陂的声名在民国时期已寂寥没落。民初文人对仆射陂大多是追思或作为一处古迹凭吊，如有文人赏析宋代画家郭熙的山水画时写道，"水行遥思仆射陂，君今置之宝绘堂"。[2] 亦有记者乘火车路过郑州时，提到郑州的郑子产墓、裴晋公墓及李仆射陂三处古迹。[3] 至 20 世纪 30 年代，在河南古迹的记载中仆射陂亦被列入，[4] 但甚为可惜的是并没有关于当时仆射陂实际情况的调查。梳理民国发行的报刊，从全国来看，郑州东湖仆射陂已不如其他城市的"东湖"声名远播，如绍兴的东湖[5]、武昌的东湖[6]，以及江西南昌的东湖[7]等频频出现在当时的报刊中，多报道游览、疏浚治理等新闻。

但实际上民国时期郑州仆射陂并未完全消亡，那么为何如此不受重视呢？原因或许有二。一是与近代城市空间发展的重心以及人们的思想观念有关。近代中国城市空间发展，"在交通方式的影响下，城市水系不再是

---

① 民国《郑县志》卷 16《艺文志·记》。

② 棠山：《乙庵属题郭熙画山水长卷》，《大公报》（天津）1914 年 8 月 1 日，"文苑"，第 13 版。

③ 伏园：《汴游辍记》，《大公报》（天津）1919 年 2 月 8 日，第 9 版。

④ 随隐：《古迹（续）河南》，《民国日报》（北京）1933 年 5 月 28 日，第 6 版。

⑤ 华家玉：《东湖偶成》，《学生文艺丛刊汇编》第 4 卷第 1 期，1911 年，第 441 页；《沪杭甬路绍兴东湖（照片）》，《铁路协会会报》第 123 期，1922 年，第 6 页；陈泽民：《秋夜泛舟游东湖记》，《学生文艺丛刊》第 3 期，1923 年，第 39~40 页；等等。

⑥ 丁珮：《东湖游泳散诗》，《文艺》（武昌）第 3 卷第 5 期，1936 年，第 45~47 页；《武昌东湖》，《南社湘集》第 7 期，1937 年，第 288 页；黄仲唐：《武昌胜迹杂咏·东湖》（1941 年 10 月），《两仪》第 1 卷第 5 期，1941 年，第 83 页。

⑦ 仲涛：《文苑：诗二十五首：湖上放歌（南昌东湖中有徐孺子亭苏云卿菜圃）》，《大中华》第 2 卷第 2 期，1916 年，第 10 页；《计划：修浚东湖之计划》，《南昌市政府市政月刊》第 3 期，1928 年，第 22~29 页。

城市的发展轴，城市的整体形态也随之改变，城市中心部位向纵深发展"。① 根据方志中记载的方位，可以绘出民国时期郑州城市水系图（见图1）。从图1来看，突破城墙之外的城市区域是沿着西郊的铁路交通线布局的。近代郑州是典型的"火车拉来的城市"，清末郑州是京汉铁路、陇海铁路的交会点，郑州城市发展的重心在以铁路为中心的西郊，而地势低下、湖泊聚集的东郊渐不受人重视。铁路带给城市新的动力与活力，而河流、湖泊退而居其次，与人们的思想观念有密切的关联。

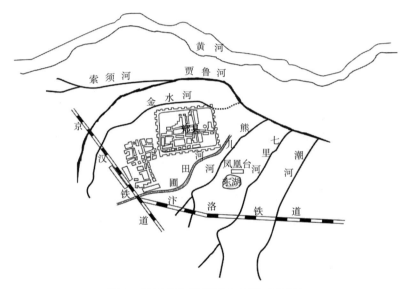

图1 民国初年郑州城市水系（自绘）

注：图中所绘圃田河在民国初年已干涸。除圃田河外，随着郑州的城市化，图中河流都已在郑州市内。

资料来源：底图采自民国《郑县志》卷首，图中河流根据卷2《舆地志·山川》所绘。

二是与近代郑州的政局、城市文化有关。郑州仆射陂曾有闻名全国的文豪罗邺、元好问、薛瑄、王士禛等为其吟诗作赋，留下了光辉的诗篇。但民国时期郑州局势动荡，城市发展远不及长江沿岸和东南沿海城市，况且年代久远，时代更迭，亭台楼阁荒芜，曾经的"官湖"渐渐退却了政治、文化的光环，重新回归自然湖，鲜有文人雅士留意，更何谈赋诗了，

---

① 陈蕴茜：《空间维度下的中国城市史研究》，《学术学刊》2009年第10期。

文化、娱乐等空间功能亦随之消失。而盛产水产品的消费空间与普通民众的日常生活空间等功能则渐渐微不足道，不受重视，官方并未对其淤积进行整治，而是任其自然发展。

仆射陂究竟何时消亡的呢？这是一个渐进的过程，由于自清代以来淤浅日益严重，至 20 世纪 50 年代，基本呈现出稻田、荷香水塘面貌，1953 年在凤凰台村播种凤凰台米面积为 1372 亩，年产量 20.9 万斤稻谷。① 但当时民众更愿意种植菱白、藕，从三者的收益来讲，菱白最高，藕次之，凤凰台米最低。为了保证名贵品种的增长，政府对凤凰台米的种植采取了预付定金和补贴化肥的措施。② 根据几位 20 世纪 50 年代出生于仆射陂附近的老人讲述，在 20 世纪 50 年代仆射陂已经淤浅得无法泛舟，仅有少量的鱼，已无法以捕鱼为生，而改种莲藕，兼种稻田；后因人口增加，粮食紧张，开始以种植稻田为主，莲藕为辅。③ 以上官方档案与口述史料相互印证，从 20 世纪 50 年代开始，"湖"基本上成为水田或种植水产品的空间，已逐渐回归"自然"。20 世纪 90 年代末至 21 世纪初，凤凰台村开始酝酿城中村改造。④ 随着郑州城镇化进程的加快，2007 年凤凰台村被拆迁，曾经作为仆射陂"影子"的水田被填，取而代之的是一栋栋现代化的高楼大厦。

仆射陂的淤浅问题始自清康熙年间，经过三百多年的更迭变迁，至 21 世纪初期完全变成平地。根据笔者在凤凰台社区的实地口述访谈，它的过往仅留存于出生在新中国成立前后老人们的记忆中，20 世纪 60 年代以后出生的凤凰台附近的市民仅知道凤凰台以北曾是一片稻田，已很少有人知晓东湖，更无从得知仆射陂的历史了。往昔存在于亲历者头脑中鲜活的"交往记忆"，在经历岁月的沧桑巨变、时代的更迭后转化为文本，成为"文化记忆"，"文化记忆关注的是过去中的某些焦点。即使是在文化记忆

---

① 郑州市粮食局：《为报告郑市凤凰台大米新专香米产销情况由》（1953 年 12 月 26 日），郑州市档案馆藏，档案号：093 - 0018 - 023。

② 郑州市粮食局：《关于凤凰台大米预放定金的请示》（1957 年 5 月 9 日），郑州市档案馆藏，档案号：093 - 0135 - 012。

③ 笔者采访凤凰台社区居民李建伦记录，2022 年 9 月 15 日，郑州凤凰台社区凤凰亭外。

④ 河南省测绘局：《凤凰台 1：10000 地形图》（1997 年），郑州市档案馆藏，档案号：DX5 - 12 - 012 - 032；郑州市城乡规划局：《关于金水区凤凰台村改造规划（总平面图）的批复》（2001 年），郑州市档案馆藏，档案号：0114 - 2001 - 0293。

中，过去也不能被依原样全盘保留，过去在这里通常是被凝结成了一些可供回忆附着的象征物"。① 但所幸凤凰台遗迹被保存了下来，在今凤凰茶城的栋栋现代化楼宇中间还保留着凤凰亭，"凤凰台"也被命名为地铁站名，周边有凤鸣路、玉凤路等。这些路名与地名，成为昔日仆射陂及周边古迹残存的掠影。

结　语

湖泊、河流等水资源对于一座城市的重要性不言而喻，城市及周边的自然环境离不开人类活动的影响。亨利·列斐伏尔在《空间政治学的反思》一文中指出，自然环境也是被创造、形塑、改造出来的，在很大程度上，它是人类活动的产物，是人类的产品。② 湖泊是自然的一部分，人类总是不断地进行改造，在有了人类的痕迹之后，湖泊作为水域空间其"自然"与"非自然"的因素早已融为一个有机整体，相互影响，无法剥离开来。郑州仆射陂的兴衰沉浮显示了政治、文化元素对自然景观的深远影响，从普通的自然湖变成"非自然"湖，这一"官湖"在文人达官的歌咏、营建之下成为闻名全国的湖泊，其独特的命名方式亦被效仿。然而自清代以来，随着郑州水环境的整体恶化，金水河、贾鲁河和黄河的淤塞、水患问题，也造成了仆射陂的淤浅问题，再加之政局的动荡、城市的扩张、人口的增加、文化上的忽视，曾经因叠加政治、文化因素而闻名遐迩的"非自然"湖，逐渐丧失了这些独特的因素，重新回归自然湖，直至消亡。

作为一处城市水域空间，仆射陂从自然湖变成"非自然"湖，再回归自然湖，历时1500多年。在漫长的历史演变中，在政治、文化、社会等多种因素的叠加影响下，仆射陂逐渐成为娱乐空间、生产与消费空间、文化空间和信仰空间等多元空间，展现出城市水域空间功能的多样性，在民众日常生活中扮演了重要的角色。这一处湖泊的存在，早已超脱了湖泊的自然属性，成为城市与自然联系的纽带，烙上了社会属性的深深印记。

---

① 扬·阿斯曼：《文化记忆：早期高级文化中的文字、回忆和政治身份》，金寿福、黄晓晨译，北京大学出版社，2015，第46页。
② 包亚明主编《现代性与空间的生产》，上海教育出版社，2003，第65页。

在回归自然湖的过程中，近代以来的现代化、城市化在很大程度上影响了仆射陂的发展。一是近代以来现代化的开启深刻地影响了中国城市空间重心的布局，中国内陆城市更倾向于沿铁路线发展的空间格局，使湖泊水域渐不受重视，被视为改造或填埋的对象，再加之近代郑州战乱频仍、政局动荡，仆射陂逐渐从多元的城市空间弱化为较单一的生产、信仰空间。二是近代以来城市化的历程深刻影响了水域空间的发展。近代城市化进程对人口、土地规模的追求，使时人更偏好"陆地"而非"水域"，水域空间整体处于劣势地位，而缺乏政治、文化附加元素后，郑州仆射陂亦不能像杭州西湖那样获得重视，也未能赶上城市"河流再生"计划的浪潮，最终消亡于自然之中，归于平陆。然而仆射陂兴衰沉浮的环境史，掺杂着政治、经济、文化和信仰等多元历史文化元素，是郑州城市文脉和城市记忆的重要组成部分，仍然值得被深思、铭记和书写。

作者：赵斐，中共河南省委党校

（编辑：王丽）

近代中国城市水质的文本书写与认知差异[*]

——以四川城市井泉水质为中心的考察

张　亮

内容提要　近代四川城市井泉水质的文本书写差异明显，生动体现了国人水质认知方式的转变。地方志中对井泉"甘美"的普遍记载，生成于传统的经验总结，从感观描述层面整体反映了井泉"原生"的水文地质状况。档案、报刊、游记等资料多载井泉"水秽"，则是在"科学"与"卫生"的标准与规范下，从感观描述与科学认知两个层面，在"原生"的基础上，突出反映了"次生"的水质污染状况。二者从不同侧面反映了四川城市的井泉水质状况，即多数城市自然水质状况较为良好，但易为外物所污染而水质欠洁。以四川城市井泉水质为案例的考察，揭示了在近代中国城市水质环境变迁的研究中，若能充分挖掘文本书写差异蕴含的水质认知方式转变，正确区分"自然的世界"与"人类认识中的世界"，应可以加深对近代中国城市水质环境变迁的认识。

关键词　四川　城市井泉水质　文本书写　水质认知

"近代中国，由于'西学东渐'，更因'科学救国'理想，自然科学研究和教育肇兴，'科学'成为一个拥有至高文化权力的公共话语，气象、地质、地理、水文、生物等诸多自然科学，逐渐改变了国人对大自然的认知方式和思想态度。"① 在此种改变下，国人的水质认知方式逐渐由传统的

---

*　本文系国家社科基金青年项目"新中国成立以来党领导农村改水事业的历史进程和基本经验研究"（21CDJ025）的阶段性成果。

①　王利华：《关于中国近代环境史研究的若干思考》，《近代史研究》2022 年第 2 期，第 7 页。

经验总结转向现代的水质标准，相关水质记载亦体现出较大差异，甚至呈现出近乎对立的表达。由此，如何认识水质记载的文本书写差异，成为近代中国城市水质环境变迁研究的重要议题之一。

近年来，已有不少学者从不同维度对前述问题加以回应。如余新忠认为在城市水质的研究中，应特别注意史料的"性质、语境和时空特性等内容"，进而超越"选精""集萃"的研究方法，以挖掘史料所蕴含的"'常识'和典型意义"。[①] 梁志平则分析了"开埠初期西方人对上海及周边地区饮用水水质的认知"，揭示了水质认知中"直观感知"的局限问题。[②] 受前人启发，笔者亦从感观描述与科学认知两个层面对近代四川城市河流水质做了复原，认为"虽然感观描述的记载远多于科学认知，但若注意辨析史料与概念，明晰水色与水质的差异，充分结合感观描述与科学认知以相互佐证"，亦可提高复原城市河流水质的研究信度。[③] 就已有研究而言，虽侧重不一，但较为一致地揭示了同一时期水质记载的文本书写差异可能并非简单的二元对立关系，而是皆为历史事实的一个侧面。此种文本书写的差异是在"科学"话语的影响下，伴随水质认知方式变迁，不同书写者在特定语境与时空下的水质认知差异。换言之，现有研究已从抽象逻辑层面基本明晰了如何正确认识水质记载差异的原则，需要进一步探讨的是，如何通过文本书写差异挖掘水质认知方式的演变过程，以及如何结合水质认知差异去客观审视近代中国城市的水质状况。

在近代四川城市井泉水质的记载中，文献抵牾的现象极为突出。地方志中普遍记载井泉"甘美"，水质欠佳的记载仅为少数，而在档案、报刊、游记等资料中，井泉水质则集中呈现为"水秽"，二者差异明显。有鉴于此，本文以近代四川城市井泉水质的文本书写与认知差异为考察对象，以期对前述问题有所回应。

---

① 余新忠：《清代城市水环境问题探析：兼论相关史料的解读与运用》，《历史研究》2013年第6期，第85页。

② 梁志平：《西人对1842年至1870年上海地区饮用水水质的认知与应对》，《农业考古》2013年第1期。

③ 张亮：《感观与科学：近代四川城市河流水质的判读》，张利民主编《城市史研究》第41辑，社会科学文献出版社，2020，第257~274页。

一 甘美：地方志中的井泉水质

由于地方志时间接续性强、覆盖面广，兼其存史、资政、教化的功用，是以蕴藏了大量有价值的城市水环境变迁的信息。学界不少相关研究成果，亦是基于地方志中的水质记载而完成，如胡英泽、周春燕对明清时期北方地区井水"咸苦"的论证，所取用的资料便多是地方志所载。[①] 就本研究而言，地方志中关于井泉水质的记载也不少见（见表1）。

表1　近代四川地方志中的井泉水质记载

城名	井泉名	水质状况	城名	井泉名	水质状况	城名	井泉名	水质状况
成都	地泉咸苦		平武	醍醐井	水味香洌	三台	横冰泉	凝澈如冰
	福泉井	泉颇清洌		天生池	水极清洌		顾公井	水甚清洌
灌县	刘海井	井水清洌		神水泉	味甘不竭	盐亭	浴丹泉	水甚甘洁
什邡	清源井	水味甘洌		甘泉	味甘且洌		飞龙泉	其味甘美
蒲江	蒲泉井	其水甘洌		甘泉井	其味甘洌	江油	天生池	水极清洌
邛崃	文君井	井泉清洌	绵阳	龙湫泉	泉清洌		神水井	水甘不竭
中江	八角井	泉甘美		高水井	清泉常溢	彰明	甘泉井	其味甘
德阳	旌阳丹井	色味不变	内江	义方井	甘洌异常		八角井	泉出清洌
	灵应宫井	味淡而甘		义泉井	泉甘水洁	安县	静修井	终岁莹澈
	水井巷井	清澈无翳		中央井	甘洌异常		龙泉井	四时味甘
安岳	东井	泉味甘洁	资阳	廉泉	水味清甘	简阳	凉水井	澄澈见底
富顺	月崖井	井泉清洌	江安	芹香井	水泉第一	兴文	大石井	其水清洌
	同心井	清洌盈满		官井	盛暑最凉	筠连	玉壶井	其水清澈
眉山	醴泉	味甘如醴	犍为	县府井	水甚清	大足	孝泉井	数百户汲之
仁寿	飞泉井	澄莹		文昌井	源清不竭	铜梁	养寿井	水极清洌
	学水井	清澈		白衣庵井	清洌甚旺	荣昌	红岩井	味甘而美
	龙洞口井	泉流清冷		四方井	莹洁如玉	秀山	方井	<u>不洁</u>

[①] 胡英泽：《古代北方的水质与民生》，《中国历史地理论丛》2009 年第 2 期；周春燕：《明清华北平原城市的民生用水》，王利华主编《中国历史上的环境与社会》，三联书店，2007，第 235～237 页。

续表

城名	井泉名	水质状况	城名	井泉名	水质状况	城名	井泉名	水质状况
西阳	龙洞泉	澄澈清冷	彭水	项家井	泉水清洌	巫山	东井	甘洌
	午沙泉	冲盈澄澈	南川	官井	以此为美	万县	包泉	泉水清洌
	雅浦泉	泉水渊渟		皂角井	不甚洁	奉节	溥利井	清洌异常
城口	桂花井	水尤清洁	大宁	龙洞泉	洞泻清泉	云阳	天狮泉	清洌甘洁
阆中	黉学井	味淡而甘	南部	湧泉井	甘美异常	营山	文林井	其水清洌
	松花井	知味者尤称赏焉	西充	慈泉	甘洌为最		凉水井	清洁可爱
			岳池	金石井	清洌甘美		双柏井	水甚甘
广安	康泽井	极长极清	新宁	老鸦井	水甘洌	巴州	醒心泉	水色澄澈
	芭蕉井	水甚清洌	大竹	四方井	水极甘洌		桂花井	味尤甘美
渠县	城中井咸不可烹		通江	香泉	味香洌		观音井	清泉一泓
雅安	苏公井	味极甘	西昌	倪家井	清甘夏澈	茂州	雪花井	宛如雪花
冕宁	甘井	其水极甘		大水井	水味甘洌	打箭厅	海泉	四季清澈
	官署庙宇多有井，味亦甜			龙眼井	甘洌无比			

资料来源：同治《重修成都县志》、光绪《增修灌县志》、民国《重修什邡县志》、光绪《蒲江县志》、民国《邛崃县志》、道光《龙安府志》、光绪《新修潼川府志》、民国《绵阳县志》、光绪《江油县志》、民国《中江县志》、同治《彰明县志》、同治《德阳县志》、光绪《德阳县志续编》、同治《内江县志》、民国《安县志》、道光《安岳县志》、咸丰《资阳县志》、民国《简阳县志》、同治《富顺县志》、民国《兴文县志》、民国《续修筠连县志》、民国《眉山县志》、同治《仁寿县志》、民国《犍为县志》、光绪《大足县志》、光绪《铜梁县志》、光绪《荣昌县志》、光绪《秀山县志》、同治《增修酉阳直隶州总志》、光绪《彭水县志》、民国《重修南川县志》、道光《夔州府志》、同治《增修万县志》、道光《城口厅志》、光绪《大宁县志》、咸丰《云阳县志》、民国《阆中县志》、道光《南部县志》、光绪《西充县志》、同治《营山县志》、光绪《广安州志》、同治《新宁县志》、民国《大竹县志》、道光《巴州志》、同治《渠县志》、道光《通江县志》、民国《雅安县志》、民国《西昌县志》、咸丰《冕宁县志》、道光《茂州志》、光绪《打箭厅志》等。

由表1可见，地方志中多载井泉水质"甘美"，仅有少数记载称井泉水质欠佳。如成都城虽有福泉井泉水颇清洌，但亦有水质咸苦的记载，同治《重修成都县志》言成都"城中地泉咸苦，每至春夏，沉郁秽浊之气不能畅达，易染疾病"。① 大足县西街的孝泉井，"深可数丈，大旱不枯"，但

---

① 同治《重修成都县志》卷1《山川》、卷2《古迹》，清同治十二年刻本。

因硝气重长期只可供民"浣衣、涤器、濯足"，直至光绪年间"硝气已
息"，"远近数百户"居民才"汲之以供朝夕"。① 南川城内北街傍城下有
皂角井，虽"可济用"以"备缓急"，然"味不佳"亦"不甚洁"。② 是
以，总体而言，近代四川地方志中记载的井泉水质呈现的是普遍"甘美"
的面貌。

二　水秽：档案、报刊、游记等资料中的井泉水质

除地方志外，档案、报刊、游记等资料对近代四川的井泉水质亦多有
记载。从此类文献中的感观描述、水质化验、调查数据看，与地方志中普
遍"甘美"的记载近乎对立，四川各城市的井泉水质多数欠洁，呈现为
"水秽"。

（一）成都

井水是成都最为重要的饮用水源，与地方志中所载"地泉咸苦"一
致，清末民初的文集中仍多见相关记载，如傅崇矩称成都城内的井水"味
咸而恶"，③ 周询称成都"井水亦劣，味略咸"。④ 此后，随着现代饮水卫
生体系的传入，有关成都井水欠洁的调查数据与水质化验亦逐渐增多。
1941 年 6 月，四川省卫生实验处防疫队调查了成都外东区的 101 口水井，
其中 83 口水井因地面污秽与污水浸入而欠洁，约占全部水井的 82%；⑤
1942 年 11 月，华西、齐鲁两大学联合医院检验科对青羊宫街上、东桂街
住宅中、北沙帽街口、三道街住宅中、白马庙附近菜园内的五口水井做了
水质化验，结果是大肠杆菌含量均较高；⑥ 1946 年 8 月，成都市自来水公
司化验室化验了三桂街公用井水与金河街河水，根据当时的《成都市饮料
来源水质化验比较表》，井水亦是被"四周环境污物，如粪便等所污染"，

① 光绪《大足县志》卷 1《古迹》，清光绪三年刻本。
② 民国《重修南川县志》卷 1《崖洞泉塘井》、卷 2《城隍》，1931 年铅印本。
③ 傅崇矩编《成都通览》，成都时代出版社，2006，第 4 页。
④ 周询：《芙蓉话旧录》，周伯谦、杨俊明点校，四川人民出版社，1987，第 24 页。
⑤ 《四川省卫生实验处防疫队水井调查表》，四川省档案馆藏，档案号：民 113 - 01 - 1009。
⑥ 谢霖：《成都自来水与市政建设》，《成都市》第 1 期，1945 年，第 2 页。

含有大量微菌与大肠杆菌，且井水的碱度为河水的 3.4 倍，暂时硬度为河水的 2.8 倍。因井水的碱度、暂时硬度高，井水煮沸后存在较多的碳酸盐沉淀，所以成都居民多以河水煮茶，有"河水香茶"的说法。而"河水香茶"说法的盛行，亦从侧面印证了井水碱度、硬度高实为成都井水水质的普遍现象。[①]

（二）重庆

1876 年，日本人竹添进一郎便曾言重庆的"井不可食，特充洗涤之用而已"。[②] 此一说法在日本人的著述中甚为常见。日本外务省通商局编《清国事情》一书中便载重庆城内"偶尔也打井"，但"由于井水只是雨后积水，蒸发旺盛且污染严重，并不适宜饮用"。[③] 在重庆日本总领事馆编《重庆领事馆管辖内事情》一书所载更为详细，称重庆"市内虽有约九百口水井"，但"蒸发旺盛且含有多种有机物质，无论如何也不适宜饮用，仅限于洗衣和杂用"。[④] 1939 年，日本海军省医务局编《长江流域沿岸的基本卫生状况》一书中载有一则 1933 年 5 月 7 日重庆市日本租界集会所水井的化验报告，虽仅一个水样，但亦可一窥重庆井水中有机物质含量高的面貌，见表 2。

表 2　1933 年重庆市日本租界集会所水井化验结果

场所	外状	臭味	反应	氨	亚硝酸	盐素	有机物	硝酸	硫酸	石灰
日本租界集会所井户	清澄浮游物多量	无臭	中性	无	无	13.0	多量	无	少量	少量

资料来源：海军省医务局编《长江流域沿岸的基本卫生状况》前篇，东亚研究所，1939，第 234 页。

从该则化验报告来看，日本租界集会所水井除"浮游物多量"外，物理特性与化学特性均较好，而生物特性中的有机物含量则较多。除近代日本人的著述外，国人的著述及水质化验中亦多言重庆井泉不宜饮用。重庆

---

① 《成都市饮料来源水质化验比较表》，四川省档案馆藏，档案号：民 113 - 01 - 0241。具体表格与内容分析参见拙文《清末民国成都的饮用水源、水质与改良》，朱庆葆主编《民国研究》第 36 辑，社会科学文献出版社，2020，第 81~84 页。

② 竹添进一郎：《栈云峡雨日记》，张明杰整理，中华书局，2007，第 63 页。

③ 外务省通商局编《清国事情》第 2 辑，外务省通商局，1907，第 895 页。

④ 在重庆日本总领事馆编《重庆领事馆管辖内事情》，外务省通商局，1919，第 16 页。

市政府秘书处编《九年来之重庆市政》一书中便载重庆"负山为城，崖石层叠，凿井不易，低下处间有井泉"，然"率臭秽不堪"，是以"全市饮料概系取之临江各城门外河边"。[①] 1948年，王良《重庆市之饮水问题》一文中载有1935~1936年重庆井水化验的平均数，见表3。

表3　1935~1936年重庆井水化验之平均数

水别	总固体	溶解物	耗氧量		总硬度	细菌数（每cc）	大肠菌数（每百cc）
			酸性	碱性			
井水	2520	2400	1.8		645	832	1000
上列数字均系百万分之一为单位，即p.p.m.							

资料来源：王良：《重庆市之饮水问题》（附表），《新重庆》第2卷第1期，1948年，第16页。

该文中有井水检验的补充说明，称井水中"细菌总数虽较少"，但"均被地面之水混合污染"，故井水中"均有大肠菌"，且"常有绿脓杆菌发现"。除多含致病细菌外，井水的硬度也很高，"溶解其中之钙盐、硝酸盐及硫酸盐等均甚多"，不仅不能供饮水之用，因"对于肥皂易生沉淀"，就连"洗衣亦觉欠佳"。此外，王良还概述"川省山地均系石层，地下之水，溶解矿物不少，硬度必甚大，取作饮料，颇不相宜"。[②] 由此亦可见重庆井泉之不宜饮用。

民国时，重庆市警察局所做的水井调查报告亦是考察重庆井水水质的重要资料。1943年，重庆市警察局消防总队第一常备大队第四队对辖区内的66口水井做了调查，其中清洁之井仅12口，不洁之井有52口，无水之井有2口，而可供食用之井仅4口，洗衣物用之井为60口。[③] 同年，重庆市警察局消防警察总队第三队亦对辖区内的79口水井做了调查，其中可供食用之井仅1口，为污水只能防火烛的井有14口，洗衣物用之井为64口。[④] 除前引两条档案外，笔者查阅到的其他水井调查报告亦是如此，可

---

① 重庆市政府秘书处编《九年来之重庆市政》，1936，第61页。
② 王良：《重庆市之饮水问题》（附表），《新重庆》第2卷第1期，1948年，第16页。
③ 《重庆市警察局消防总队第一常备大队第四队造具警防区内水井调查表》，重庆市档案馆藏，档案号：00530002012990100165000。
④ 《重庆市警察局消防警察总队第三队造呈三十二年度消防辖区内水井调查表》，重庆市档案馆藏，档案号：00530002012990000135000。

食用之井与清洁之井仅为少数，而不洁之井与洗衣物用之井占绝大多数。所以，从重庆市警察局所做的水井调查报告来看，重庆井水水质亦是普遍欠洁。

（三）四川其他城市

1940 年以后，四川各市县卫生院（所）在开展环境卫生工作时，做了大量的饮水统计，其中不仅载有饮用水源类型的相关信息，亦载有城内水井总数、可用之井、需改善之井、应封闭之井等内容。结合四川各市县卫生院（所）饮水统计与相关的描述性记载，可以得见四川其他城市的井泉水质亦多为不良。

表 4　民国时期四川部分城市井泉水质统计

单位：口

城市	调查时间	水井数	可用者	需改善者	应封闭者	资料出处
璧山	1943.1	41	1	40	—	《四川璧山县三十二年度一月份环境卫生工作月报》，四川省档案馆藏，民 113 - 01 - 0926
宜宾	1941.1	126	—	106	20	《四川省宜宾县三十年度一月份环境卫生工作月报表》，四川省档案馆藏，民 113 - 02 - 4016
郫县	1940.1	58	6	48	4	《四川省郫县卫生院二十九年一月份环境卫生工作月报》，四川省档案馆藏，民 113 - 02 - 4436
灌县	1940.6	27	3	20	4	《四川省灌县卫生院二十九年度六月份环境卫生工作月报》，四川省档案馆藏，民 113 - 02 - 4479
崇庆	1941.6	365	253	82	30	《四川省崇庆县三十年度六月份环境卫生工作月报》，四川省档案馆藏，民 113 - 01 - 0852
岳池	1942.12	242	—	101	141	《四川省岳池县卫生院三十一年度十二月份环境卫生工作月报》，四川省档案馆藏，民 113 - 02 - 3681
广汉	1942.10	224	99	64	61	《四川省广汉县卫生院三十一年度十月份环境卫生工作月报》，四川省档案馆藏，民 113 - 02 - 4377
新都	1940.1	136	56	64	16	《新都县卫生院二十九年一月份环境卫生工作月报表》，四川省档案馆藏，民 113 - 02 - 4474
梓潼	1941.10	57	25	26	6	《四川省梓潼县卫生院三十年度十月份环境卫生工作月报表》，四川省档案馆藏，民 113 - 02 - 5020

续表

城市	调查时间	水井数	可用者	需改善者	应封闭者	资料出处
渠县	1941.1	19	10	8	1	《四川省渠县卫生院三十年度一月份环境卫生工作月报》，四川省档案馆藏，民 113 - 02 - 3844
新繁	1943.2	62	21	29	12	《四川新繁县卫生院三十二年度二月份环境卫生工作月报》，四川省档案馆藏，民 113 - 02 - 4311
屏山	1942.10	12	6	4	2	《四川省屏山县卫生院三十一年度十月份环境卫生工作月报》，四川省档案馆藏，民 113 - 02 - 4163
仁寿	1941.7	19	5	12	2	《四川省仁寿县卫生院环境卫生工作月报》，四川省档案馆藏，民 113 - 02 - 4524
开县	1942	7	5	—	2	《开县卫生院三十一年度工作年报表》，四川省档案馆藏，民 113 - 01 - 0554
大足	1942.1	26	4	15	7	《四川省大足县卫生院三十一年度一月份环境卫生工作月报》，四川省档案馆藏，民 113 - 02 - 4900
忠县	1940.9	31	18	6	7	《四川忠县卫生所二十九年度九月份环境卫生工作月报》，四川省档案馆藏，民 113 - 02 - 3523
威远	1942.8	9	4	4	1	《四川省威远县卫生院三十一年度八月份环境卫生工作月报》，四川省档案馆藏，民 113 - 02 - 3985
三台	1942.5	17	13	3	1	《四川省三台县卫生院三十一年度五月份环境卫生工作月报表》，四川省档案馆藏，民 113 - 02 - 3718
安岳	1942.1	51	29	20	2	《四川省安岳县卫生院三十一年度一月份环境卫生工作月报》，四川省档案馆藏，民 113 - 01 - 1922
隆昌	1941.3	48	2	3	43	《四川隆昌县卫生院三十年度三月份环境卫生工作月报》，四川省档案馆藏，民 113 - 01 - 1787

　　基于表 4 可见，在四川部分城市的饮水统计中，需改善之水井与应封闭之水井普遍占到城市水井总数的大部分，这些城市的水井多数欠洁，需改善后才可饮用。璧山城区居民饮料在民国时只是"小部取给于井水"，这些井水不仅多受"污水之渗透"，[①] 且水井多"建筑不合，水内经常有各种病菌存在"。[②] 1943 年 1 月，璧山城中有井 41 口，然可用者仅 1 口，需

---

① 《璧山县城区给水工程计划书》，四川省档案馆藏，档案号：民 113 - 01 - 0693。
② 《饮用消毒水》，四川省档案馆藏，档案号：民 113 - 01 - 0693。

改善者多达 40 口。① 岳池县城"饮用水为河水，虽有井水，但水质不佳"。② 1942 年 12 月，岳池城有井 242 口，然却无可用之井，需改善者达 101 口，应封闭者达 141 口。③ 在屏山，城内虽"有清水涌出，但并不用于饮用"。④ 1942 年 10 月，屏山城有井 12 口，可用者 6 口，需改善者 4 口，应封闭者 2 口，欠洁之井占到城内水井数的一半。⑤

在民国档案中，还有很多关于四川各城市井泉水质欠佳的记载。如作为盐产特区的自贡，城市居民大多汲取河水与塘水，少数"吸于井水与枧水"，⑥ 这些"未加淘汰"而"作为饮料"的井水水质大多"欠佳良"。⑦ 在遂宁，城市居民因缺乏卫生常识，对水井的管理与维护"尤不注意"，是以"每于雨后则井水浑浊、渣滓沉浮，对于民众健康影响匪浅"。⑧ 总的来说，结合档案、报刊、游记等资料中的感观描述、水质化验及调查数据进行综合考量，可见四川各城市虽有部分井泉水质较为良好，但多数井泉则呈现为"水秽"的面貌。

三 原生与次生：井泉水质的认知差异

若囿于"选精"与"集萃"，以二元对立关系去理解水质记载的文本书写差异，档案、报刊、游记等资料远比地方志中的水质记载丰富，且这些资料中的水质化验、调查数据等比地方志中的感观描述更为可靠与科学，在这样的情况下，不难得出近代四川城市井泉水质"多数欠洁"的结论，而将地方志所载井泉普遍"甘美"归为记载疏漏与文献体裁所限。虽

---

① 《四川璧山县三十二年度一月份环境卫生工作月报》，四川省档案馆藏，档案号：民 113 - 01 - 0926。
② 东亚同文会编印《支那省别全志》第 5 卷《四川省》，1917，第 141 页。
③ 《四川省岳池县卫生院三十一年度十二月份环境卫生工作月报》，四川省档案馆藏，档案号：民 113 - 02 - 3681。
④ 支那省别全志刊行会编《新修支那省别全志》第 1 卷《四川省》（上），东亚同文会，1941，第 762 页。
⑤ 《四川省屏山县卫生院三十一年度十月份环境卫生工作月报》，四川省档案馆藏，档案号：民 113 - 02 - 4163。
⑥ "枧水"即碱水。
⑦ 《自贡市卫生事务所三十三年度工作报告书》，四川省档案馆藏，档案号：民 113 - 02 - 3260。
⑧ 《遂宁县卫生院九月份工作月报表》，四川省档案馆藏，档案号：民 113 - 02 - 3822。

然地方志中确实存在记载疏漏的情况，多是选择性记载城内几处重要井泉的水质状况，如道光时江安县城的"六十一眼"井中仅有芹香井、官井、天生井见载，[①] 但地方志与档案、报刊、游记等资料所载如此抵牾，并非简单因记载疏漏与文献体裁所限，而是由于井泉水质的认知方式与观念差异。

在传统中国，古人在长期的用水实践中，积累了相当程度的鉴别水质的知识，反映在不同时期的茶书、饮食及医药等典籍中。正如胡英泽所言，中国古人对水质的经验总结，"实质是不同时代、不同地域、各个阶层的身体实践与心理体验，它是视觉、口感、心理多重感受的综合"。[②] 在传统的经验总结中，水质书写虽然突出反映在视觉上的"清澈""浑浊"和口感上的"甘美""咸苦"等各方面，不及科学视域下系统的水质化验与调查数据，但亦能从感观层面一定程度反映水质的物理与化学特性。所以，近代四川的地方志虽仅是选择性记载几处重要井泉，且普遍反映井泉水质甘美，只有少数记载称井泉水质欠佳，然绝非对城市生活中的水质欠洁现象缺乏观察与认识。

实际上，从胡英泽、周春燕对明清时期北方地区井水"咸苦"的已有研究来看，地方志记载中的"咸苦"实际上与北方地区地下水浊度高、碱度大、含氟量高的水文地质情况具有极强的"同一性"。[③] 相较于北方地区，四川省地表江河水资源丰富，浅层地下水补给来源丰富，物理性质及化学性质较好，绝大部分为无色、无味、透明的重碳酸性低矿化淡水，仅有局部地区受岩性影响，导致地下水中某些微量元素含量超标或过低。[④] 由此可见，近代四川地方志中所载井泉普遍"甘美"亦与浅层地下水状况保持一致。而地方志记载的少数井泉水质欠佳的城市，亦与下垫面的水文

① 道光《江安县志》卷1《山川》，清道光九年刻本。
② 胡英泽：《凿井而饮：明清以来黄土高原的生活用水与节水》，商务印书馆，2018，第193页。
③ 胡英泽：《古代北方的水质与民生》，《中国历史地理论丛》2009年第2期；周春燕：《明清华北平原城市的民生用水》，王利华主编《中国历史上的环境与社会》，第235~237页。
④ 《中华人民共和国水文地质图集》编辑组编《中华人民共和国水文地质图集·说明书》，1980，内部资料，第478页；高宇天：《四川能源结构与发展》，四川省社会科学院出版社，1986，第239页。

地质条件相关。如同治《重修成都县志》言成都"地泉咸苦"，以及 1946 年 8 月的《成都市饮料来源水质化验比较表》中所反映的井水碱度、硬度较高，很大程度上是由于成都平原地下水的化学成分中铁、锰离子含量偏高。[1] 同治《渠县志》载渠县"城中井咸不可烹，数千家炊爨皆仰汲于河"，[2] 便是由于渠县下垫面为沙、泥岩互层，地下水补给为就地补给、就地排泄的雨水型，导致淡咸水界面普遍存在。[3] 是以，地方志中多载井泉水质"甘美"，并非文献错漏，而是在传统经验总结的基础上衍生的认知取向，即偏向于反映井泉水质"原生"的水文地质状况。

在厘清地方志所载井泉水质的基础上，便不难以理解何以档案、报刊、游记等资料中多数井泉呈现为"水秽"的面貌。相较于前者偏向于"原生"，后者则更多地体现了井泉水质的"次生"状况。"近代以降，随着西方卫生观念与机制的引入和实践，清洁问题不仅日渐受到关注，而且还被视为关涉民族兴亡的'国之大政'。"[4] 在"科学"与"卫生"的标准与规范下，近代四川城市多数井泉呈现为"水秽"的原因，除前述地方志及水质化验等资料所揭示的水文地质条件外，还集中表现在"次生"的污染，主要有以下三个方面。

一是水井构造不良。成都井水水质欠洁，除地下水的化学成分中铁、锰离子含量偏高外，还源于水井"多构造不良，污染极易"。成都的水井多浅，"井深平均不过三四公尺"，[5] "井浅水秽"的现象普遍存在。水井的建筑方式"多属古旧"，[6] "水井多无井台，致污水侵入且汲水时流溢四处"。[7] 高文明便称城内公井"井盖大半是破烂的，并且有些井口比四周的地面还低些，所有的污水，都随时流回井中，这些污水含着各种病菌，人再喝了从这井中汲出的水，便会把各种病带进家中。每逢下大雨的时

① 《中华人民共和国水文地质图集·说明书》，第 473 页。
② 贾绂麟：《水城碑记》，同治《渠县志》卷 10《城池志》，清同治三年刻本。
③ 龙凡：《干旱缺水地区地下水勘察技术》，辽宁科学技术出版社，2014，第 85 页。
④ 余新忠：《清代城市水环境问题探析：兼论相关史料的解读与运用》，《历史研究》2013 年第 6 期，第 85 页。
⑤ 《成都市饮水改善计划》，四川省档案馆藏，档案号：民 113－01－0134。
⑥ 《成都自来水特种股份有限公司筹备报告》，四川省档案馆藏，档案号：民 113－01－0241。
⑦ 《四川省会卫生实验区计划说明书》，四川省档案馆藏，档案号：民 113－02－3063。

候，更会将街道上各种的污物、病菌冲流到井中"。① 1941 年 6 月，四川省卫生实验处防疫队调查的成都外东区 101 口水井，亦多构造不良，其中有 91 口井深不足 8 公尺，53 口无井裙，71 口无井台，73 口无挑水沟。②

川省其他城市，因水井构造不良而井泉被污染的记载亦不少见。重庆歌乐山郊区各镇，因抗战军兴，"户口众夥，而水井甚少"。各镇 "仅有之水井侧畔，常有争水之象"，且各井 "因建筑简陋，竟成污水之塘，违背饮料卫生"，并为 "传染细菌之寄生场所，为害尤大"。③ 弹子石与观音桥的两处平民住宅水井亦是 "井口与地平行，面积大，无栏杆，污水易于流入"。④ 前引璧山城区水井易受 "污染之渗透"，导致井水内 "常有各种病菌存在"，亦是因水井 "建筑不合"。

二是水井地理位置差。水井临近厕所、阴沟等地，亦是井水易被污染的因素之一。成都的公私水井多在公馆与住宅院坝内，仅有少数位于偏僻街巷中，"多有与厕所、阴沟接近者"。⑤ 而市内的粪坑、便池等多为砖石或三合土修砌，极易渗漏，进而 "污染水源"。⑥ 1943 年，张恨水便称成都的私井 "与毛坑相隔很近"，存在 "流入井中的可能"。⑦

重庆的歌乐山中央医院附近有公用水井 3 口，"污浊不堪，曾经验明该井水含有霍乱弧菌，与霍乱之流行至有关系"。后据查勘，其中 1 口 "由平地开凿，深约二丈，井口高地面三尺，并置有木盖，以防污物"，而另外 2 口水井地理位置不佳，"均位于水田边，如遇天雨，污水可侵入"。⑧ 南岸玄坛庙仁济医院附近亦有水井 1 口，"附近居民多往汲饮"，但自仁济

---

① 高文明：《成都市水的供给问题》，《田家半月报》第 10 卷第 6 期，1943 年，第 6~7 页。

② 《四川省卫生实验处防疫队水井调查表》，四川省档案馆藏，档案号：民 113 - 01 - 1009。

③ 《关于拨款修建各镇公厕及水井等的呈、指令》，重庆市档案馆藏，档案号：00530019020730000041000。

④ 《关于派员验收弹子石杨坝滩观音桥各平民住宅水井工程结算总表的呈、报告、令》，重庆市档案馆藏，档案号：00530020002620000212000。

⑤ 《四川省会卫生实验区计划说明书》，四川省档案馆藏，档案号：民 113 - 02 - 3063。

⑥ 《成都市公厕改善计划》，四川省档案馆藏，档案号：民 113 - 02 - 3063。

⑦ 张恨水：《蓉行杂感》，曾智中、尤德彦编《文化人视野中的老成都》，四川文艺出版社，1999，第 282 页。

⑧ 《关于检送办理歌乐山中央医院附近公用水井清洁经过的呈、指令》，重庆市档案馆藏，档案号：00530024000910200388000。

医院在该井侧开辟菜园后，"因肥料关系以致井水变味"。①

1940 年，灌县城内有井 27 口，但其中可用之井仅 3 口，需改善者 20口，应封闭者 4 口。此应封闭的 4 口井，便是因"水质不佳，有色味，近厕所"。② 酉阳县城在民国时"基本无排污设施，污水、粪水严重污染井水"。③ 知名的雅浦泉为河街居民所仰汲，④ 然该井临近酉阳河，仅比河床略高，"河水一涨，浑水灌入，街头污水亦往下流，污染严重"。⑤ 北碚管理局司法处大门右侧有饮水井 1 口，为附近居民所资饮，然附近房主舒承椿在井边建有厕所，不仅不利于公共卫生且影响水质。⑥

三是生产生活产生的垃圾、污水污染。居民缺乏卫生意识，生产生活产生的垃圾与污水更是导致井泉污染的常见因素，简举数例。清末时，成都"城中之井水，味咸而恶"，一个重要的因素便是"井边淘菜洗衣者太多也"。⑦ 1933 年，成都各街公井运水之处"淘菜、洗衣之妇女成群，甚有东北区外汲水地点更属污秽不堪，上倒渣滓，刷洗猪头、小肠、便桶，淘菜、洗衣，下运饮料"。⑧ 及至 1942 年，该类事件仍属常态，由此，成都市政府卫生事务所强调"可供饮用之水井，本所当限期一律制盖，并条告禁止在井周倾倒垃圾、污水及浣衣、濯菜"。⑨

在重庆，多有居民在井边沐浴甚至洗涤疮痢者。1941 年 8 月 13 日，重庆放牛巷苏格兰圣经会教士冯德烈（H. D. Findlay）写信给重庆市市长吴国桢，称圣经会附近水井"因多人沐浴及洗涤疮痢"，故"井水甚为污浊"。冯德烈还在"附近水井亲见一人洗其腿上花柳病疮"，并称"此种井

---

① 《关于调查重庆市南岸市民饮水情况的呈、令》，重庆市档案馆藏，档案号：00530020005 190000104000。

② 《四川省灌县卫生院二十九年度六月份环境卫生工作月报》，四川省档案馆藏，档案号：民 113 - 02 - 4479。

③ 《酉阳县志》编纂委员会编《酉阳县志》，重庆出版社，2002，第 218 页。

④ 同治《增修酉阳直隶州绪志》卷 1《山川一》，清同治二年刻本。

⑤ 《酉阳县志》，第 508 页。

⑥ 《北碚管理局司法处关于转饬舒承椿撤去在本处饮水井边所建厕所致北碚管理局司法处、检查处、舒承椿的函、通知》，重庆市档案馆藏，档案号：0111000204366000001000。

⑦ 傅崇矩编《成都通览》，第 4 页。

⑧ 《成都市公安局防范时疫及清洁水源案的呈训令、指令》，成都市档案馆藏，档案号：民国 0093 - 05 - 311。

⑨ 《成都市政府卫生事务所三十一年度工作报告》，四川省档案馆藏，档案号：民 113 - 01 - 0689。

水，虽经煮沸，亦不堪用。似此情形，政府若不采断然措置，势将发生危剧之虎烈拉等症"。[1]

由此得见，虽然地方志中普遍记载井泉"甘美"，而档案、报刊、游记等资料中多载井泉"水秽"，但并非简单的二元对立关系。此种文本书写的差异，正是国人水质认知方式转变的体现。可以说，二者从不同的侧面反映了四川城市井泉水质的部分特征。前者基于传统的经验总结生成，从感观描述层面反映了井泉水质"原生"的水文地质状况；后者则是在"科学"与"卫生"的标准与规范下，从感观描述与科学认知两个层面，在"原生"的基础上，突出反映了井泉水质"次生"的水质污染状况。二者相结合，亦不难得知近代四川城市的井泉水质状况，即部分井泉囿于水文地质条件，自然水质较差，而多数井泉的自然水质状况较为良好。但在水井构造不良、水井地理位置差及生产生活产生的垃圾、污水等因素的影响下，仅有部分井泉的水质较为良好，而多数井泉则水质欠洁。

余　论

近代以降，随着国人水质认知方式的转变，城市水质的文本书写亦有所差异，甚至呈现出近乎对立的表达。在这样的背景下，近代中国城市水质环境变迁的复原必然要面临的问题是，文献记载中的水质差异究竟是主观的文本书写差异，还是客观的水质环境变迁。所以，要客观审视近代中国城市的水质环境变迁状况，就需要厘清文本书写所蕴含的水质认知方式，继而在此基础上加以判断。以近代四川城市井泉水质为案例，可见虽然地方志与档案、报刊、游记等资料在文本书写上差异明显，但并非简单的二元对立关系，而是皆为历史事实的一个侧面，共同构成了四川城市井泉水质的状况。笔者认为在近代中国城市水质环境变迁的研究中，要尤为注意的是，不应囿于"选精"与"集萃"，仅以文献记载的差异便简单地判断水质环境发生变化，而应在充分注意文本书写差异所蕴含的水质认知方式转变的基础上，再结合水质认知差异去客观审视。换言之，通过厘清

---

[1]　《关于取缔市民在水井沐浴给重庆市警察局的训令》，重庆市档案馆藏，档案号：00520025002440100194000。

不同的水质认知方式形成的文本书写，正确区分"自然的世界"与"人类认识中的世界"，从逻辑上可以加深我们对近代中国城市水质环境变迁的认识。

作者：张亮，西南大学马克思主义学院

（编辑：熊亚平）

"江南城市与社会学术论坛（2023）
暨浙江千年古城古镇学术研讨会"综述

杨　楠

2023 年 8 月，由浙江师范大学江南文化研究中心、浙学传承与地方治理现代化协同创新中心、衢州学院南孔文化研究中心、中国史学会城市史专业委员会共同主办的"江南城市与社会学术论坛（2023）暨浙江千年古城古镇学术研讨会"在浙江金华举办。与会专家学者围绕"江南城市与社会"这一主题，分别就城市社会治理、区域经济、古城古镇空间演变、文化生活、社会群体等方面展开深入讨论。

一　市政建设与城市社会治理研究

市政建设和城市社会治理是城市史研究的重要内容，会议期间，学者们就此问题展开了热烈讨论。宁波大学钱彦惠从历史文献与考古资料入手，探讨了吴越国时期的州治设置、城池建设、州城规划特点及意义。浙江师范大学陈彩云、吴晨露指出，元初为强化对南宋故地的控制，朝廷设宣慰司作为军政合一的管理机构。元朝后期，行省侵夺宣慰司权力，朝廷裁撤了浙西宣慰司以强化江南的行省体制。浙西宣慰司的置废，折射出元朝江南统治政策的曲折反复，也反映出行省体制在江南确立的历史细节。

湖州师范学院李学功分析了近代以来江南小镇南浔不像其他地区那样经历了较为剧烈的社会震荡，而是以"和平光复"的形式实现了社会的平稳转型，这得益于乡贤组织在其中所发挥的主导作用。南浔由传统向现代的转型、嬗变，提供了清末民初市镇社会治理中"南浔现象"的范本。

江汉大学方秋梅提出，1908 年湖北地方政府基于解决财政困难而设局专征，遭到汉口商界的群体反抗，形成"九九商捐"风潮，以官府放弃而告终。汉口"九九商捐"风潮是一场非暴力不合作运动，其社会影响折射出辛亥革命前夕武汉已深陷城市社会治理的危机。

江汉大学罗翠芳梳理了民国时期汉口平民住房建设过程，从桂系军阀统治武汉时开始筹划建设平民住房，到南京国民政府时期，因 1931 年长江流域大水被迫停止。后经汉口市政府重启该计划，至 1935 年建成了汉口贫民宿舍，1937 年建成了汉口平民新村。此计划均为政府救济性住房，需平民支付低廉租金，但由于平民不愿居住，因此对于解决当时汉口住房紧张问题的意义不大。不过，这次住房建设的实践是近代中国城市发展史上的进步。

城乡社会秩序是城市治理研究的重要内容。浙江省社会科学院杨巍巍关注的是 1930 年以后厦门地方保甲制度的恢复。20 世纪 30 年代，保甲制逐渐由乡村走向城市，厦门地方当局整顿保甲组织，将常务保长改为常驻分所的助理员，从而完成了对保甲职权的控制。由此揭示了城市基层政权同样存在国家权威与地方势力的政治互动，还反映了保甲在城市建立后引发的市制演进趋向。江汉大学陈恪迁认为，太湖湖匪祸乱由来已久，是困扰中央与地方政府的棘手难题。南京国民政府时期，湖匪之患越发严重。为此，中央与地方采取设立机构、制定法章、两省会剿、多县联防等系列措施打击湖匪。

交通是市政建设的重要内容，体现出城市空间发展的时代变迁，所以无论是城市的轨道交通，还是城市与城市之间的公路交通都引起了与会学者的关注。天津社会科学院任吉东认为，作为近代中国最早实现"轨道交通"的城市，天津的有轨电车与殖民强权、行业竞争、市民运动乃至地方政治等宏大主题关联在一起，成为众多阶层势力亮相发声的"政治工具"，体现出近代天津的时代特色和社会变迁。上海师范大学岳钦韬、李颐指出，上海城市轨道交通规划始于清末重建吴淞铁路时的租界高架支线计划，解放后上海城市轨道交通系统由高架转为地下。上海轨道交通规划的演进体现了近现代上海城市空间发展的阶段性特征。南京医科大学李沛霖以全面抗战时期我国公路交通的典型江南汽车公司和西南运输处为中心，通过其战争初期准备和车辆被调遣征用，进行抗战后方的公路运输，以及参与西南公路交通与运输国际物资等多向维度，展示公路交通在战时中国的关键地位和重要作用。

南京大学黄河强调，抗战胜利后重庆市政府制定的《十年陪都建设计划草案》，推进了新型下水道工程建设。为了筹措经费，地方政府与中央政府向市民征收附加税，由于市民大规模的抵制而流产。由重庆下水道工程"利民"的初衷与经费摊派"害民"的结果，折射出战后国民党政府财政收支划分的失衡与国家治理能力的崩塌。

四川大学王刚梳理了新中国成立后上海市粪溺处置的变迁过程。1949年后上海将粪溺作为肥料销往农村，实现了粪溺处置的统一化和国有化，70年代末基本实现粪溺清运机械化，但此后由于化肥的大规模使用等原因，粪溺失去了作为肥料的价值，市政府对其只能转向废物化的处理方式。

二　区域经济与城市商业研究

经济问题也是城市史研究者一直关注的焦点，区域经济与城市商业是研究者关注的重点。复旦大学吴松弟通过分析宋元温州的民众生计，以及宋代温州的人口增长和农业技术的改进，认为宋代是温州经济发展较好的时期，也是区域经济特点形成并对后世产生长远影响的时期。

浙江大学孙竞昊指出，明中期以后随着商业化、城市化的发展，江南物质和非物质的消费水平显著提高，居民生活的高消费之风兴起。城市化消费模式、享乐主义冲击传统观念和体制的同时，消费主义也显露出"前现代"的弊端和缺陷，由此看出，即便是明清时期市场经济最为发达的江南城市也难以超越"传统内变迁"的形式。

上海社会科学院熊月之认为明清时期徽商具有灵动性、开拓性、黏合性与嵌入性的特点，徽商对推进长三角一体化发挥了重要的促进作用。

复旦大学戴鞍钢梳理了清末民初至1937年沪杭两地商贸关系的演进过程。他认为，上海开埠后，很快便成为江南乃至全国的经济中心城市；轮船、火车等近代交通工具的运行，使沪杭间的经济交往空前便捷和紧密，商贸关系相应发生一系列演进，从而助推了相关区域经济社会的近代化进程，也折射出近代江南城市商贸格局的历史变迁。

重庆红岩革命历史博物馆的龚燕杰认为，国民党政府移驻重庆后，红岩嘴（红岩村）的经营开发者为内迁后的金城银行，金城银行当时面对国内外复杂多变的局势，随即转变经营方针，积极参与重庆城市建设。由此过程折射出政策和企业对于城市区域塑造的积极作用，亦可一窥银行作为城市新区建设主体的优势与特点。

重庆中国三峡博物馆的张宸以重庆金融公会为考察对象，探索在新中国成立初期，同业公会在改组机构、转变职能、响应政府政策、参与社会运动的过程中的演变轨迹，揭示在特定形势与环境下，金融公会如何寻求"行业至上"与"奉献国家"二者间的平衡，在提高爱国热情、维护国家利益的同时，兼顾行业自身的发展。

三　空间与古城古镇研究

本次会议主题除"江南城市与社会"之外，学者们还就"浙江千年古城古镇"这一专题展开了热烈讨论。

浙江师范大学陈国灿认为，西方学者强调乡村城镇化是在城市文明的强力推动下展开的，但中国的乡村城镇化是以乡村地域为中心的社会变革。在古代江南地区，市镇化推动了农村市场体系的成长和商品生产的发展，引发农村经济结构的变动。但古代江南乡村城镇化的总体水平是有限的，并没有从根本上改变农村经济和社会的基本性质。

浙江省社会科学院徐吉军考察了运河名镇临平镇，强调其在宋代时的交通、军事地位以及与临安的紧密关系。潍坊学院王明德认为江南运河是一个以大运河江南段为主干连接其他水系而构成的庞大复杂的水运网络，江南运河为沿线城市的发展提供了契机，构成了沿线城镇发展的生命线。

江汉大学涂文学发现，在主流城市之外，中国还有一种自发的、由商人等民间力量自我建设、自我管理的工商业市镇，这些体制外城镇大规模出现是在宋尤其是明清时期。明代中叶因汉水改道形成了汉口镇，汉口因两江交汇、九省通衢的自然禀赋，成为绾毂南北、沟通东西的集散中心与市场枢纽。他指出明清以来中国城市发展格局变迁和城市化路径的转向，其根本动因在于商品经济的发展，在经济发达的江南及长江流域产生了大批的手工业和商业性专业市镇。

衢州学院马丽敏以浙西南与闽北交界处的仙霞古道为研究对象，指出仙霞古道在明以后发展为沟通浙闽的商贸要道，对沿线市镇发展及城镇体系的形成起了决定性作用。

浙江师范大学徐枫、孙杰认为清代江阴县经历了从均田均役到版图顺庄的赋役改革历程，县以下基层建制体系也出现从"乡都图"到"镇保"的转变。

燕京理工学院周孟杰以同治年间编造的《兰溪鱼鳞图册》为基础，用GIS方法对图册中的相关地物进行定位，复原其内部功能空间结构，总结出兰溪城市内部各要素的分布与城市各种活动之间的关系。

江汉大学李卫东通过对中国传统城市功能和城市社会结构的梳理，认为在中国近代城市化以前，中国传统城乡关系比较简单，城市功能主要体现为行政功能，城市的发展因军事而起。真正的城市市民和城市社会阶层是在近代中国城市化进程中产生和发展的。

湖北省社会科学院张卫东对民国时期的衡阳进行研究，他认为，1933年至1949年期间，粤汉铁路株韶段工程局、粤汉铁路管理局的迁入以及粤汉区铁路管理局的设立，给衡阳带来了前所未有的发展机遇，但是一种畸形"繁荣"。

四　文化生活与社会群体研究

近年来，城市史、社会史学者运用多学科知识，越来越重视对社会生活史以及社会群体的研究。

四川大学尹波阐述了魏了翁文集的刊刻与流传，指出研究魏了翁对认识宋代思想史、经学史、文学史及巴蜀文化史的重要意义。

浙江师范大学姚建根通过对元代士人群体服饰的研究，既发现了制度规定与实际情况的差距，也凸显了当时士人群体的精神面貌。

厦门大学王日根认为浙江杭州的鄞县试馆建于同治年间，主要服务于同乡试子备考寓居，会馆制定了严格的规章制度，涉及禀告立案、会馆收支、入住资格、住馆规范等。由鄞县试馆可窥见晚清自上而下权力运行的规范化趋势及民间社会对这一趋势的呼应，体现出中国社会官民力图走出被欺凌窘境的积极努力。

温州大学尤育号、杨洪娜研究了浙南士绅张棡的日记，充分发掘了他所记录的近代浙南疾痛与医疗方面的丰富史料。

浙江师范大学金晓刚关注了浙江金华白沙溪流域关于卢文台退隐辅苍、修筑三十六堰的传说，该传说在对卢文台从人到神的塑造过程中，地方家族、寺僧、官员、士人均起到了重要作用，反映出白沙溪流域当时的地理环境和早期农业开发史。

浙江师范大学曾礼军以金华山为研究对象，认为金华山自东晋南朝以来就吸引了众多文人墨客前来游历，形成独具特色的金华山诗路。他分别从晋唐开创期、宋元繁荣期、明清普及期和现代重塑期来分析金华山诗路的历史演变。

苏州大学朱小田考察了近代江南戏剧搬演过程中，作为台口和戏班的中介"牌下"的角色定位。"牌下"依据市场运作俗例，居间牵合双方交易；"牌下"还无法脱离非市场因素影响，经营于礼俗社会。厦门大学汪湛穹考察了近代江南会戏圈，他认为近代江南庙会戏剧与祭仪融为一体，显示了会戏圈中的血缘关系，维护着家族生活秩序。会戏圈与其他生活圈共同维系着特定空间的生活关系，整合了传统江南礼俗社会。

重庆中国三峡博物馆的艾智科提出，20 世纪 20 年代后博物馆在城市中扮演着文化消费空间的角色，科学与爱国是近代中国博物馆最重要的两个价值取向。

温州大学的吴龙灿、卜菲强调明代温州永嘉场是当时重要的对外贸易点和盐政中心，并揭示了以王瓒、张璁、项乔为代表的永嘉场士大夫群体在温州历史文化发展中的关键作用。宁波大学的钱茂伟因为整理董朴垞遗稿以及阅读《孙诒让学记》《修学庐日记》《乡邦文献集》，开始关注近代温州尤其是瑞安学人群体的研究。

结　语

本次会议发表论文近 40 篇，成果充分体现了近年来国内城市史研究的热点和前沿，比如对学界一直关注的市政建设与城市社会治理、区域经济和市镇研究等方面，学者们都展开了热烈的讨论。进入新世纪以后，运用交叉学科进行综合研究也是城市史研究的新风向，此次会议即有明显体现，比如日常生活史方面的系列论文，很多是学者们跨学科的研究成果。

但是本次会议也反映出国内城市史研究的不足和亟待完善的方面，如目前的研究主要还是围绕城市商业、区域经济等方向，对其他问题的关注则不够。此外，近年来国内城市史研究地域差异明显，对上海、北京、天津、汉口、苏州等热点城市的研究较集中、全面，而对其他城市的关注较少。总体来看，此次城市史会议促进了学术交流，反映的问题也值得我们深思。

作者：杨楠，天津社会科学院历史研究所

（编辑：任吉东）

稿　约

《城市史研究》创办于 1988 年，是目前国内最早的城市史研究专业学术集刊，由天津社会科学院历史研究所主办，现为中国城市史研究会会刊，一年两辑，由社会科学文献出版社出版发行。

一、本集刊欢迎具有学术性、前沿性、思想性的有关中外城市史研究的稿件，涉及的内容包括城市政治、经济、社会、文化、环境及与之相关的地理、建筑、规划等多学科和跨学科研究成果。对选题独特、视角新颖、有创见的文稿尤为重视。

二、文章字数一般应控制在 15000 字，优秀稿件可放宽至 3 万字，译稿在本集刊须首发，并附原文及原作者的授权证明，由投稿人自行解决版权问题。

三、来稿除文章正文外，请附上：

（一）作者简介：姓名、所在单位、职称、学位、研究方向、邮编、联系电话、电子邮箱；

（二）中文摘要：字数控制在 150~200 字；

（三）中文关键词：限制在 3~5 个；

（四）文章的英文译名；

（五）注释：一律采用脚注，每页编号，自为起止。具体格式请参见《社会科学文献出版社 2012 年学术著作出版规范》第 17~25 页，下载地址：http://www.ssap.com.cn/pic/Upload/Files/PDF/F6349319343783532395883.pdf。

四、本集刊有修改删节文章的权利，凡投本集刊者视为认同这一规则。不同意删改者，请务必在文中声明。

五、本集刊已加入中国学术期刊（光盘版）全文数据库，并许可其以数字化方式在中国知网发行传播本刊全文，相关作者著作权使用费与稿酬不再另行支付，作者向本集刊提交文章发表的行为即视为同意上述声明。

六、为方便编辑印刷，来稿一律采用电子文本，请径寄本集刊编辑部电子邮箱：chengshishiyanjiu@163.com。来稿一经采用，即付样刊两册。未用稿件，一律不退，三个月内未接到用稿通知，可自行处理。文稿如有不允许删改和做技术处理的特殊事宜，请加说明。

请与《城市史研究》编辑部联系。联系方式：电子邮箱 chengshishiyanjiu@163.com。

本刊地址：天津市南开区迎水道7号天津社会科学院历史研究所

邮编：300191；电话：022-23075336

更多咨讯欢迎搜索关注城市史研究公众号。

《城市史研究》编辑部

图书在版编目（CIP）数据

城市史研究 . 第 48 辑 / 任吉东主编 . -- 北京：社
会科学文献出版社，2024.3
ISBN 978 - 7 - 5228 - 3122 - 0

Ⅰ. ①城… Ⅱ. ①任… Ⅲ. ①城市史 - 文集 Ⅳ.
①C912. 81 - 53

中国国家版本馆 CIP 数据核字（2023）第 245402 号

城市史研究（第 48 辑）

主　　编／任吉东

出 版 人／冀祥德
责任编辑／李丽丽
文稿编辑／李蓉蓉
责任印制／王京美

出　　版／社会科学文献出版社·历史学分社（010）59367256
　　　　　　地址：北京市北三环中路甲 29 号院华龙大厦　邮编：100029
　　　　　　网址：www. ssap. com. cn
发　　行／社会科学文献出版社（010）59367028
印　　装／唐山玺诚印务有限公司

规　　格／开　本：787mm × 1092mm　1/16
　　　　　　印　张：21　字　数：342 千字
版　　次／2024 年 3 月第 1 版　2024 年 3 月第 1 次印刷
书　　号／ISBN 978 - 7 - 5228 - 3122 - 0
定　　价／128. 00 元

读者服务电话：4008918866